Cours D'anatomie Médicale
by Antoine Portal

Address:
HardPress
8345 NW 66TH ST #2561
MIAMI FL 33166-2626
USA
Email: info@hardpress.net

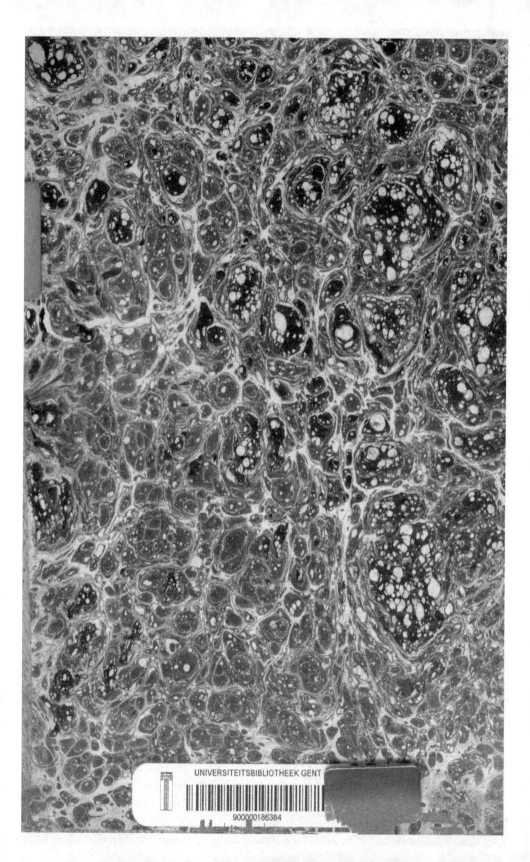

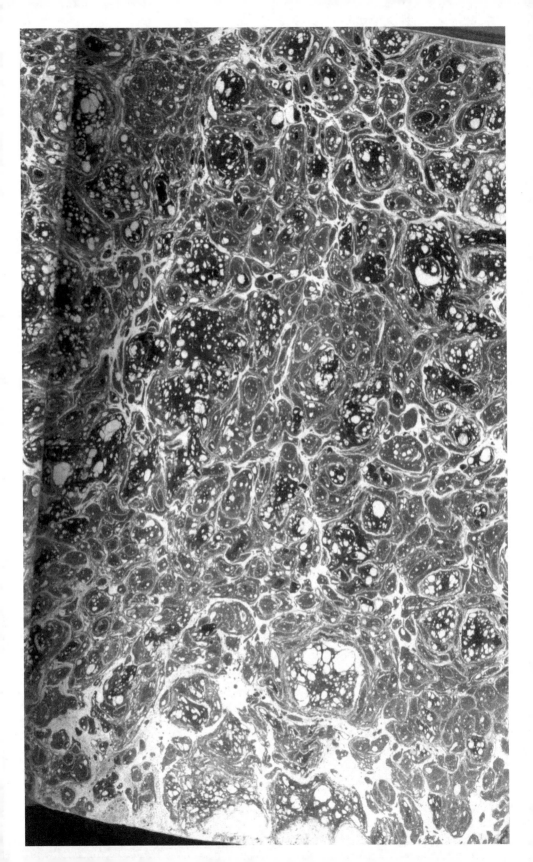

COURS

D'ANATOMIE MÉDICALE.

COURS

D'ANATOMIE MÉDICALE,

OU

ÉLÉMENS

DE L'ANATOMIE DE L'HOMME,

Avec des remarques physiologiques et pathologiques,
et les résultats de l'observation sur le siége et la nature des
maladies, d'après l'ouverture des corps ;

Par Antoine PORTAL,

Professeur de médecine au collége de France, d'anatomie au Muséum
d'histoire naturelle ; membre de la Légion d'Honneur; de l'Institut
national de France et de celui de Bologne ; de l'Académie des sciences
de Turin ; de la Société des sciences de Harlem, et de celles de médecine
d'Edimbourg, de Padoue, de Gênes, de Bruxelles, d'Anvers, de Paris,
de Montpellier, de Toulouse, de Bordeaux, de Tours, de Neufchâtel.

*Quisquis enim artificiosè corpora humana secare novit, corumque
singulas particulas diligenter inquirit, ex his latentium
morborum causas et sedes facilè intelliget, necnon accom-
modata remedia prescribet.* J. RIOLAN, *Anthrop.* lib. I, p. 15.

TOME DEUXIÈME.

~~~~~~~~~~~~

PARIS,

BAUDOUIN, Imprimeur de l'Institut national.

An XII. — 1804.

COURS

D'ANATOMIE MÉDICALE.

MYOLOGIE.

Du tissu cellulaire, de la graisse et des membranes (1).

Du tissu cellulaire. LE tissu cellulaire (2) entre dans la structure de toutes les parties du corps humain, et en forme en quelque manière le canevas; il concourt à leur donner leur figure, et quelquefois leur solidité; il établit leur correspondance et leur harmonie; et comme il remplit de si grands usages dans le corps de l'homme sain, il est le siége du plus grand nombre des maladies qui l'affligent (3).

Histoire. Nous ne chercherons pas dans les anciens des anecdotes historiques sur cette importante partie du corps; ils ne l'ont point décrite, à peine en ont-ils même parlé, quoique le tissu cellulaire se trouve universellement répandu par-tout, et qu'on ne puisse ouvrir un corps sans l'apercevoir.

---

(1) Nous croyons devoir traiter de ces parties avant de parler des muscles, parce qu'elles les revêtent et entrent dans leur structure.

(2) C'est un extrait d'un Mémoire que j'ai lu en 1773 à l'Académie royale des Sciences.

(3) *Voyez* l'ouvrage de Schobinger : *De tunicæ cellulosæ dignitate in corpore humano*, Gott, 1747. *Elément. physiolog.*, t. I, p. 8.

2.

Charles Étienne, célébre médecin de la faculté de Paris, qui vivoit vers le milieu du quatorzième siècle, a le premier décrit les filamens cellulaires qui fixent les vaisseaux aux parties voisines. *Vesale* et *Columbus* ont aperçu et décrit diverses gaînes que le tissu cellulaire fournit aux muscles. Par-tout où il y a de la graisse, disoit *Piccolhomini*, il y a du tissu cellulaire, et cette partie, ajoute-t-il, se trouve encore dans beaucoup d'autres endroits qui en sont dépourvus. Mais *Ruysch* est le premier qui se soit convaincu que toutes les membranes étoient formées de tissu cellulaire; et *Kaau Boerhaave* a fait une application à la médecine pratique de ces découvertes.

Depuis cette époque, les anatomistes ont reconnu qu'il y avoit du tissu cellulaire dans diverses parties du corps, et en ont donné une description plus ou moins étendue.

Monro a prouvé que la cloison du scrotum, qui sépare les testicules, n'étoit que du tissu cellulaire plus ou moins rapproché. *Lassone* l'a démontré dans les artères, *Haller* dans les nerfs, *Lieutaud* dans le cerveau, *Albinus* dans les intestins, etc., et enfin *Hérissant* dans les os. Cet anatomiste croyoit encore pouvoir démontrer le tissu cellulaire dans les dents.

Or, en réunissant toutes ces recherches, comme *Haller* a entrepris de le faire dans sa grande physiologie, on pourroit conclure que toutes les parties du corps contiennent du tissu cellulaire différemment modifié et diversement arrangé, plus ou moins à nu, ou plus ou moins intimement confondu avec d'autres substances (1).

_____

(1) Tellement, que *Bichat* a cru devoir le considérer relativement aux organes; et, indépendamment de ces organes, rela-

Noms. Le tissu cellulaire a été connu des anatomistes sous différens noms. *Hippocrate* l'appeloit corps
cribleux, *corpus cribrosum*, et *Fouquet*, célèbre
médecin de Montpellier, a adopté cette dénomination (1). Quelques-uns ayant observé qu'il forme des
enveloppes aux muscles, l'ont nommé *la membrane
commune des muscles* ; d'autres ont tiré son nom
de la graisse qu'il contient, et l'ont appelé *la membrane adipeuse. Bordeu* lui a donné le nom de
tissu muqueux (2), par rapport à sa consistance molle
dans les embryons.

Enfin, les anatomistes modernes ayant égard aux
vides en forme de cellule que ses divers filamens ou
ses lames laissent entr'eux, l'ont appelé et l'appellent
encore *membrane cellulaire, toile cellulaire, tissu
cellulaire*. Nous adopterons cette dernière dénomination, tant parce qu'elle est assez convenable, que
parce qu'elle est plus généralement reçue.

Communications générales. Toutes les parties du
corps communiquent entr'elles ; c'est ce que les anatomistes n'ignorent pas. Les bouchers font passer tous
les jours de l'air d'une partie dans les autres ; les
chirurgiens savent que les balles, les esquilles ou autres
corps étrangers parcourent quelquefois des chemins
étonnans dans le corps par le moyen du tissu cellulaire. *Borel* parle d'un malheureux père qui souffla
le corps d'un de ses enfans jusqu'à ce qu'il fût dis-
tendu comme un outre ; et les livres de médecine

tivement encore aux humeurs qu'il renferme, à son organisation,
à ses propriétés, à son développement dans le premier âge, et
à ses dispositions dans les adultes et dans les vieillards. Voyez
son *Anatomie générale*, prem. part., t. I.

(1) *Voyez* une thèse soutenue dans les écoles de Montpellier :
De corpore cribroso Hippocratis, etc., in-4°. 1774.

(2) *Recherches sur le tissu muqueux*. Paris, 1767. in-12.

sont remplis de faits qui prouvent cette communication réciproque de nos organes moyennant le tissu cellulaire.

Mais on s'est peu occupé à démontrer par des expériences que certaines parties ont un plus grand rapport entr'elles qu'avec d'autres parties , et on a mal décrit les voies de communication qui existent.

Communications partielles. Frappé de divers phénomènes que j'avois lus ou observés sur les enflures des extrémités supérieures dans diverses maladies du poumon, et principalement dans l'emphysème et dans l'hydropisie de ce viscère, j'ai poussé de l'air dans son tissu cellulaire , pour voir s'il passeroit facilement dans les extrémités supérieures ; l'effet répondit à mon attente. Je fis une petite ouverture à la membrane extérieure du poumon , et j'y introduisis le tuyau d'un soufflet ; j'en écartai et rapprochai les panneaux diverses fois , et je vis l'air gonfler les extrémités supérieures. Au lieu de pousser de l'air dans le poumon d'un autre cadavre , j'y introduisis une certaine quantité d'eau , bien moindre que celle qu'on trouve dans le poumon dans certaines hydropisies ; je comprimai ensuite le poumon plusieurs fois : l'eau pénétra les extrémités supérieures et le col. Peut-être que , s'il y eût eu dans le poumon une plus grande quantité d'eau , le tissu cellulaire des autres parties s'en seroit successivement abreuvé : cela est même probable ; mais toujours est-il certain que les extrémités supérieures s'en sont gorgées les premières.

Cependant, pour mieux confirmer ces expériences, je crus devoir procéder d'une autre manière ; je poussai tantôt de l'air et tantôt de l'eau dans une des extrémités supérieures , et je vis les poumons se tuméfier facilement dans l'un et dans l'autre cas.

J'ai injecté le même tissu cellulaire des bras , et j'ai toujours vu l'injection se répandre dans le pou-

mon : si je ne cessois point alors, je voyois le col
se tuméfier, et ensuite le visage ; ce qui donnoit au
cadavre le plus maigre un embonpoint apparent : et
comme la matière de l'injection dont je me servois
étoit légèrement teinte en rouge, je donnois au visage du cadavre des couleurs qui imitoient les naturelles. N'est-ce pas de cette manière que *Ruysch*
donnoit de l'embonpoint et un air de vie à des cadavres décharnés ? Les momies de Ruysch, disoit
Fontenelle, prolongeoient en quelque sorte la vie,
au lieu que celles de l'ancienne Égypte ne prolongeoient que la mort. *Hildan* nous apprend que des
mendians de son temps se faisoient souffler sous la
peau du crâne ou du visage pour paroître bouffis,
ou hydropiques. Lorsqu'on veut gonfler la face d'un
cadavre, on peut ouvrir la peau derrière et dessous
l'oreille, et souffler le tissu cellulaire par cette
ouverture.

Les plèvres et le médiastin communiquent aussi
avec le tissu cellulaire du col et des aisselles. Ces
membranes forment dans la poitrine deux sacs, et
le médiastin est produit par leur adossement ; en bas
elles tapissent le diaphragme, et interceptent toute
voie de communication entre la poitrine et le bas-
ventre ; en haut, elles se terminent par deux paquets
de tissu cellulaire qui passent sous les clavicules :
lesquels aboutissent d'un côté aux aisselles, et de
l'autre ils se répandent sur le cou.

Si l'on fait une petite incision à la plèvre, et qu'on
insinue quelques gouttes d'eau, et à plusieurs reprises,
dans le tissu cellulaire dont elle est formée, on parvient à la rendre spongieuse, et l'eau se filtre et
se fait un passage dans le cou et dans les aisselles :
l'expérience fournit aussi les mêmes résultats, lorsqu'on insinue de l'eau dans le tissu cellulaire interposé
entre les lames du médiastin.

Tel est le résultat des expériences physiologiques ;

il reçoit un nouveau degré de certitude par les observations recueillie sur les malades. On lit dans le *Ratio
medendi* de de Haen, qu'un homme fut guéri d'une
phthisie confirmée par un abcès qui survint au bras.
Les transactions philosophiques nous apprennent
qu'une épingle enfoncée dans la main, monta dans
la poitrine ; et, suivant *Ravaton*, une autre épingle
enfoncée dans la main d'un homme sortit par
l'aisselle (1).

La plèvre est aussi attachée aux muscles intercostaux par divers filamens cellulaires, dont la surface
externe est hérissée ; c'est par ces filamens qu'il se
fait souvent des transports de matière dans le dos,
et du dos aussi dans la poitrine (2).

Les grands praticiens tâchent d'obtenir ce succès par l'application des vésicatoires, à l'imitation

_____

(1) *Voyez* notre Mémoire, lu à l'*Acad. des sciences*, 1791, sur
quelques voies de communication du poumon avec les bras et
avec les parties extérieures de la poitrine. *Picamilh* a rapporté
dans un des journaux de médecine plusieurs exemples de gonflement
des extrémités supérieures dans des fluxions de poitrine ; et, dans
le *Traité de la phthisie pulmonaire*, j'ai cité, au contraire,
des exemples de phthisie survenue après la disparition des enflures, abcès, et de vesicatoires, des cautères ou des ulcères des
bras.

(2) J'en ai vu un exemple dans une femme qui avoit fait une
chute si violente sur le dos, qu'il se forma long-temps après
un abcès dans la région lombaire du côté droit, qu'on tarda
trop à ouvrir ; il survint de la difficulté de respirer, de la
toux, des crachemens de pus, etc. Cette femme mourut
phthisique, et l'on trouva, à l'ouverture du corps, un abcès dans
le poumon droit, qui communiquoit avec le tissu cellulaire du
médiastin et avec le tissu cellulaire interposé entre les muscles
dorsaux. *Morgagni* cite, *Anat. med.*, *epist.* LIII, art. 24,
l'exemple d'un jeune homme chez lequel il se forma un abcès
au dos après une chute, et qui cracha du pus avant de mourir.
Une fille qui crachoit du pus abondamment, et qu'on croyoit
devoir bientôt périr de la phthisie pulmonaire, fut guérie par
un abcès au dos que je fis très-heureusement ouvrir.

des Égyptiens, qui, au rapport de *Prosper Alpin*, faisoient mettre des vésicatoires sur les points douloureux pour y déterminer la matière de l'inflammation, et pour prévenir les épanchemens dans la poitrine. Nous pouvons nous flatter d'avoir suivi cette méthode plusieurs fois avec un avantage manifeste. Les Égyptiens appliquoient aussi les vésicatoires dans les esquinancies sur la partie antérieure du col qui répond au larynx même, sur-tout lorsque l'inflammation étoit profonde ; et par cette méthode ils détournoient la matière du dedans au-dehors. On peut démontrer sur le cadavre les voies par lesquelles ce transport des matières se fait.

Cependant, si la poitrine a un plus grand rapport avec les extrémités supérieures qu'avec les extrémités inférieures, comme nous venons de l'établir par des observations, le bas-ventre et les diverses parties qu'il renferme ont des communications plus libres et plus manifestes avec les extrémités inférieures. Les anatomistes exercés savent que les vaisseaux inguinaux sont revêtus d'une masse de tissu cellulaire qui les accompagne et qui communique avec le tissu cellulaire de la cuisse ; que les artères, veines et nerfs obturateurs sont couverts de tissu cellulaire qui établit une voie de communication avec le bassin et la partie interne de la cuisse, et que les nerfs sciatiques sont pareillement revêtus de tissu cellulaire qui se répand dans les fesses ; ce qui forme une troisième communication, etc. Les anatomistes n'ignorent pas non plus que l'intestin rectum est entouré d'un tissu cellulaire lâche et spongieux, qui se confond avec celui des extrémités inférieures.

L'anatomie démontre toutes ces voies de communication entre les extrémités inférieures et le bas-ventre, et leur existence est prouvée par des insufflations et des injections de liquides, expériences que j'ai faites sur des animaux vivans, et dans des cadavres humains; elle est encore prouvée par les observations de médecins et de chirurgiens, que j'ai recueillies dans leurs meilleurs ouvrages.

L'hydropisie du bas-ventre est souvent accompagnée de celle des extrémités inférieures seulement, ou du moins elle précède celle des autres parties du corps. Il est donc prouvé que la cavité du bas-ventre a des communications libres et manifestes avec les extrémités inférieures.

Le tissu cellulaire de la poitrine est séparé de celui du bas-ventre par le diaphragme. C'est sans doute pour se faire plus facilement entendre que *Bordeu* a dit (1) qu'il y avoit deux poches adossées l'une contre l'autre, au moyen du diaphragme sur lequel elles s'appuient. Elles forment ainsi une division naturelle : la supérieure porte les humeurs vers les parties supérieures, la gorge, le cou, la bouche, les parotides : ce sont les voies par lesquelles elle s'évacue. Le vomissement et les crachats la dégorgent singulièrement ; les fièvres catharrales se dissipent ordinairement par les parties supérieures ; mais quant à la poche inférieure elle tend à se dégorger vers le bas, portant ses humeurs vers la vessie et les intestins : aussi est-ce par des évacuations d'urines, et des selles, que les maladies abdominales se terminent ordinairement.

Les maladies qui ont leur siége dans la poche supérieure (c'est toujours *Bordeu* qui parle) exigent fréquemment l'usage des émétiques, et celles de la poche inférieure plus souvent celui des purgatifs et des diurétiques. Les humeurs, disoit l'immortel *Hippocrate*, situées au-dessus du diaphragme, doivent, lorsqu'il est nécessaire de purger, être purgées par le haut, et celles situées au-dessous du diaphragme doivent être purgées par le bas (2).

(1) *Recherches sur le tissu muqueux.*
(2) *Aphorisme* 18.

La tension de l'hipocondre, dit Bordeu, est une suite de l'engorgement de la poche inférieure cellulaire : la gêne de la respiration indique que la substance du poumon, et le tissu cellulaire qui enveloppe les côtes, sont dans le même état; et alors il n'est pas étonnant que la parotide, qui est à la pointe et à l'aboutissant de la poche cellulaire de la poitrine, se gonfle par le dépôt de la matière mobile.

En effet, cette parotide peut être considérée comme l'aboutissant du tissu cellulaire répandu hors et dans la tête ; de sorte qu'elle est comme le point de réunion du tissu cellulaire de la poitrine et de celui de la tête : aussi remarque-t-on dans plusieurs maladies de ces parties que les parotides se gonflent.

J'eusse voulu m'assurer, par l'expérience, des communications de la tête avec les autres parties par le moyen du tissu cellulaire ; mais l'eau et le souffle font une telle pression sur le cerveau des animaux vivans, qu'ils produisent les convulsions ou l'apoplexie. En effet, j'ai observé que la pression modérée du cerveau donnoit lieu aux convulsions, et que si on l'augmentoit, on faisoit périr l'animal d'apoplexie. Cette expérience a été faite au collége ci-devant royal, en 1771.

Je ne pouvois donc employer ni le souffle ni l'injection pour m'assurer des voies de communication entre le cerveau et les parties voisines ; je me contentai de disséquer ces parties avec soin, et je m'assurai, après plusieurs anatomistes, que les artères et les nerfs qui passent par la fente sphénoïdale sont accompagnés de beaucoup de tissu cellulaire qui communique avec celui qui remplit la fente sphéno-maxillaire, et que, de plus, tout le tissu cellulaire intérieur de la tête et de la face communique en divers endroits avec celui du cerveau et avec celui des parotides : il y a donc par ces parties une libre communication avec le cerveau, avec les yeux et avec les fosses nasales.

Ici vient encore aboutir un prolongement du tissu cellulaire, qui sort de la tête avec les veines jugulaires; ici se rend encore le tissu cellulaire de la bouche : en sorte qu'on peut dire que les parotides sont placées dans l'endroit où se réunit le tissu cellulaire de la plupart des parties de la tête.

C'est encore autour des parotides qu'aboutit le tissu cellulaire du cou ; et comme celui-ci communique avec celui des poumons, l'on ne doit pas être surpris que les parotides se gonflent dans beaucoup de maladies de la tête et de la poitrine , et que tantôt ce gonflement soit salutaire , et que tantôt il soit funeste.

Je viens d'exposer le précis de mes recherches sur le tissu cellulaire intérieur ; je vais décrire en très-peu de mots les cloisons apparentes et externes que l'on n'a pas assez exactement déterminées , ou du moins que l'on n'a pas démontrées.

Division extérieure du tronc en deux parties égales.

Il règne tout le long de la partie postérieure du tronc , depuis le tubercule de l'os occipital jusqu'à l'os coccyx , un repli du tissu cellulaire , qui sépare les muscles du côté droit de ceux du côté gauche. Les anatomistes en ont décrit la portion cervicale , et quelques-uns l'ont appelé le ligament descendant. Cette espèce de ligament est composée de deux lames de tissu cellulaire , lesquelles revêtent les muscles du dos , et leur forment des gaînes et des cloisons qui les maintiennent dans leur place : il est facile de démontrer cette structure.

Ces deux lames ainsi jointes adhèrent aux apophyses épineuses et aux ligamens qui vont de l'une à l'autre ; elles forment , par leur réunion , une cloison qui sépare le côté droit du côté gauche , au point que , lorsqu'on y introduit de l'air ou un fluide , il ne passe pas au côté opposé , à moins qu'on n'emploie une force capable de rompre la cloison membraneuse.

Le tissu cellulaire qui revêt et maintient les muscles du dos, se propage sur les muscles de la poitrine et du bas-ventre ; il s'enfonce dans l'interstice de chacun d'eux, donne des prolongemens qui forment autant de gaînes aux trousseaux musculeux, et d'autres aux fibres mêmes : ainsi il maintient d'abord tous les muscles, ensuite il les fixe en particulier, et enfin donne une gaîne à chacun des trousseaux et à chaque fibre musculeuse : et comme la surface de ce tissu cellulaire est intérieurement lubrifiée par une sérosité plus ou moins abondante, ou par la graisse qu'elle contient, il facilite les mouvemens des muscles en même temps qu'il les modère, et concourt à les ramener dans leur véritable situation.

Les deux expansions du tissu cellulaire, parvenues au-devant du tronc, y adhèrent de la manière la plus intime ; d'abord au milieu du sternum, ensuite elles se confondent avec la ligne blanche des muscles du bas-ventre, et concourent à former, dans l'un et l'autre sexe, le raphé du périné. La cloison qui sépare les testicules provient, dans l'homme, des deux sacs du tissu cellulaire : ainsi le tronc se trouve extérieurement divisé en deux parties ; savoir, par un repli du tissu cellulaire qui règne tout le long du dos, et par un autre repli qui se propage de l'échancrure supérieure du sternum jusqu'à l'anus.

L'anatomie démontre ces deux cloisons. D'ailleurs elles sont encore démontrées par les emphysèmes, par les infiltrations, par les insufflations d'air, les injections d'eau ou de toute autre liqueur.

Le tissu cellulaire contracte des adhérences intimes avec la lèvre externe des os innominés. On peut s'en convaincre en suivant les mêmes procédés que j'ai employés pour développer les autres cloisons ; en avant, ce tissu cellulaire se propage sous le ligament inguinal, et se joint avec celui de la cuisse : voilà sans doute pourquoi , dans beaucoup de cas , des esquilles , des balles ont été retenues en arrière au-dessus du bassin, et qu'elles ont coulé des interstices des muscles du bas-ventre dans ceux de la cuisse , en suivant la direction de l'aine , etc.

Un homme , dit *Bagliyi* , reçut un coup de fusil sur la partie supérieure du dos , et plusieurs grains de plomb percèrent la peau dans l'endroit où elle recouvre l'omoplate droite : il survint un abcès dans le voisinage ; mais la matière qui le formoit fusa le long des muscles du dos , et se ramassa au-dessus de la cuisse du même côté : on lui donna issue ; le pus coula et entraîna plusieurs grains de plomb. — Suivant *André de Lacroix* , un morceau de fer enfoncé sur l'épaule sortit neuf ans après au-dessus de la cuisse , du même côté.

Les cloisons que le tissu cellulaire forme dans les extrémités supérieures et inférieures ont été mieux connues que celles dont je viens de parler. *Winslow* a aussi décrit avec beaucoup d'exactitude la coiffe aponévrotique du crâne.

Il résulte de ce que je viens de dire , 1º. que le tissu cellulaire de la tête interne et externe communique avec celui du cou, aussi interne et externe, moyennant les glandes parotides.

2º. Que le tissu cellulaire des poumons communique tellement avec le tissu cellulaire du cou et des extrémités supérieures , que l'air et les humeurs passent facilement d'une de ces parties dans l'autre, tandis qu'elles éprouvent la plus grande difficulté à s'insinuer dans des parties plus éloignées.

3º. Que la cavité du bas-ventre , et les parties qui y sont contenues , ont des communications plus libres avec les extrémités inférieures qu'avec les extrémités supérieures.

4º. Qu'il règne deux cloisons externes formées

par le tissu cellulaire , et qui séparent les muscles du côté droit du tronc des muscles du côté gauche.

Quelques autres Remarques. Ces observations anatomiques jettent le plus grand jour sur l'histoire des métastases, ou transports d'humeurs, si communs dans l'économie animale pendant ou après les fièvres, les maladies éruptives, la petite vérole, la rougeole, la galle, les affections rhumatismales, arthritiques, à la suite des transpirations arrêtées, de vieux ulcères , d'anciens cautères supprimés, etc.

Elles indiquent le lieu où il faut appliquer un cautère , un vésicatoire, les ventouses , le moxa , dont l'usage est si négligé en France, quoique les étrangers, les Anglais sur-tout, au rapport de *Pott* principalement, en retirent le plus grand avantage ; elles établissent la doctrine des Égyptiens , détaillée par *Prosper Alpin* , et démontrent la solidité de plusieurs conseils qu'il a donnés dans son excellent ouvrage sur l'emploi des exutoires.

D'après ce qui a été dit , il est évident qu'ils doivent être placés à la nuque, dans les maladies de la tête en général , des yeux , et des oreilles en particulier ; qu'on doit les mettre sur les bras et un peu intérieurement dans les maladies du poumon : car alors (1) les applications des vésicatoires sur la poitrine , dans ces maladies , ne sont pas aussi efficaces qu'on le croit ; que dans les maladies du bas-ventre les exutoires doivent être établis aux extrémités inférieures , ce que la nature démontre d'ailleurs par les heureux effets des métastases du bas-ventre sur elles , et encore par les affections trop fréquentes des viscères abdominaux à la suite des métastases provenant des extrémités inférieures.

On peut comparer le tissu cellulaire des embryons du premier âge à la mousse ou à l'écume du savon ; mais sa consistance augmente à proportion que les parties se développent et se durcissent. Les filets du tissu cellulaire des nouveaux nés ont une solidité incomparablement plus grande qu'ils n'avoient dans les embryons ; cependant ils sont encore bien tendres relativement à ce qu'ils sont dans les adultes , et à ce qu'ils seront dans les vieillards, chez lesquels ils paroissent comme tendineux.

Le tissu cellulaire n'étant primitivement qu'un suc nourricier épanché entre les fibres , on peut présumer qu'il ne se nourrit

_____

(1) *Voyez* notre *Mémoire sur les communications des extrémités supérieures avec les inférieures ; et aussi les Mémoires sur la nature et le traitement des maladies*, t. I, p. 293 ; 2 vol. in-8°, Paris , 1800.

que par un nouveau suc qui s'épanche sur ses fibres et sur les lamelles en forme de vernis : d'où il résulte qu'elles croissent, s'épaississent comme par couche ; que les fibrilles animales n'augmentent jamais en nombre, et que c'est dans le tissu cellulaire que se font les changemens les plus notables, et par rapport aux âges, et aussi par rapport aux maladies (1).

Les filets du tissu cellulaire étant plus ou moins rapprochés, ses cellules sont plus ou moins amples, et sa consistance plus ou moins ferme. Il est souple et spongieux dans les interstices des parties qu'il remplit entre les trousseaux des muscles, plus rapproché le long des vaisseaux et près des membranes qu'il forme, mais pas également, étant moins dense près des membranes muqueuses que des membranes appelées séreuses ; moins dans les parties molles, comme le cerveau, la moelle des os, que dans celles qui sont dures, les os, les tendons, les cartilages ; mais il est plus solide dans les viscères compactes, comme le foie, que dans le poumon et la rate (2).

Cependant la différence de densité et d'épaisseur du tissu cellulaire ne dépend pas du seul rapprochement de ses fibres ; elle provient aussi de la diversité des substances qu'il renferme, ainsi que de leur plus ou moins grande quantité ;. car ces parties, indépendamment de leur tissu cellulaire, ont une substance qui leur est propre.

Le tissu cellulaire n'est point sensible, ni irritable de sa nature : les expériences de *Haller* sur les animaux vivans, que nous avons nous-mêmes réitérées après tant d'habiles physiologistes, ne peuvent laisser aucun doute à cet égard, malgré l'opinion de quelques modernes, plutôt fondée sur leur imagination que sur les résultats des expériences physiologiques, et sur ceux des phénomènes pathologiques, examinés et recueillis sans prévention.

Si le tissu cellulaire paroît quelquefois se contracter, c'est qu'il adhère à des muscles ou à des parties pourvues de fibres musculeuses, et que la contraction de celles-ci occasionne des rétractions du tissu cellulaire ; s'il paroît souffrir, c'est qu'il est traversé par divers filets nerveux, qui sont eux seuls le vrai siége de la douleur.

Le tissu cellulaire devient quelquefois tellement compacte,

---

(1) *Voyez* les *Recherches sur le tissu muqueux*, par Théophile de Bordeu, chez Didot, 1767, in-12.

(2) *Voyez* l'ouvrage de Bichat, *sur toutes les diversités du tissu cellulaire : Anat. générale*, part. 1ʳᵉ, t. I.

qu'il forme de fausses membranes, des sacs ou kistes (1), comme
dans les loupes, dans quelques hydropisies ; c'est le tissu cellulaire qui forme les parois des hydatides (2), qu'on a trouvé
dans toutes les parties du corps, dont l'épaisseur est quelque
fois si considérable, qu'on a remarqué des kistes, des loupes
ou des tumeurs, même des sacs herniaires, qui étoient aussi
durs que de la corne, et aussi épais qu'un écu de six livres (3).

Ces fausses membranes se dessèchent, s'ossifient quelquefois
par l'âge; d'autres fois, au contraire, elles tombent en une
espèce de fonte, et quelquefois elles sont le siége de divers abcès, ulcères, ou carcinomes.

De la graisse. Le tissu cellulaire dont nous venons de donner la description, est toujours humecté
d'une humeur séreuse plus ou moins abondante, et
renferme la graisse, substance onctueuse, plus ou
moins fluide, qui se fond à la plus douce chaleur,
qui s'enflamme lorsqu'on la jette sur le feu, qui ne
se mêle pas avec l'eau, mais qui y surnage, qui perd
sa fluidité en se refroidissant, et qui prend alors
une consistance plus ou moins ferme.

La graisse diffère considérablement par rapport
aux âges, tant par sa qualité que par sa quantité.
Dans les embryons, elle est si fluide et si fluxile,
qu'elle ressemble à de la sérosité ; elle acquiert de
la consistance par degrés, et elle devient aussi plus
inflammable.

Dans un fœtus de neuf mois, on trouve beaucoup
de graisse rougeâtre, graniforme, et assez solide dans
les interstices des muscles du tronc et des extrémités ;
mais on n'en trouve ni à la base du cœur, ni
dans l'épiploon. Chez les enfans de deux ou trois
ans, il y a proportionnellement une plus grande
quantité de graisse dans l'épiploon que dans les autres

(1) Heister : *De tumor. cysticis singul.* Helmstad, 1744.

(2) Risler : *De tumor. cysticis serosis.* Argent. 1766, in-4°.

(3) *Voyez* ce qui a été dit aux articles *dure-mère, plèvre, péricarde, péritoine,* etc.

parties du corps ; mais dans les adultes les plus maigres, ordinairement l'épiploon est encore plus chargé de graisse, proportionnellement aux autres parties : de sorte que l'on peut avancer, d'après l'observation, que dans les sujets du premier âge il y a beaucoup de graisse dans les parties extérieures du corps, et qu'il y en a peu dans les parties internes ; tandis que dans les adultes les parties intérieures contiennent plus de graisse proportionnellement, que les parties externes.

Il y a d'autres changemens à observer relativement à la graisse, suivant l'âge des sujets : ils sont ordinairement plus maigres dans le temps de leur accroissement que lorsqu'il est fini. Depuis l'âge de trente jusqu'à celui de cinquante-huit ans, par exemple, il se ramasse beaucoup de graisse dans les diverses parties du corps, et cette graisse diminue ensuite chez les vieillards, et tellement qu'ils deviennent quelquefois aussi secs que des momies (1).

S'il est des parties dans le corps humain qui contiennent beaucoup de graisse, il en est qui n'en contiennent que très-peu, et d'autres où il n'y en a point du tout. On trouve beaucoup de graisse à la base du cœur, entre les lames du médiastin dans l'épiploon, et sur-tout autour des reins. Les glandes parotides, les axillaires, les inguinales, celles des mamelles, sont recouvertes d'une masse graisseuse ; et en général il y a beaucoup de graisse dans les creux que les muscles laissent autour des articulations, dans les interstices de divers muscles exposés à des mouvemens fréquens, entre leurs trousseaux et entre leurs fibres.

Les parties qui jouissent de beaucoup de sensibilité sont dépourvues de graisse, et on en trouve

_____

(1) *Voyez*, sur ce sujet, une excellente thèse de *Pringle*, *De marcore senili*. Leyde, 1730.

beaucoup dans celles qui sont peu sensibles.... Le cerveau, le cervelet, la moelle épinière, n'ont point de graisse; il n'y en a pas non plus dans le gland de la verge virile, ni dans le clitoris des femmes, etc. Elle est plus coulante dans les jeunes gens que dans les vieilles personnes: celle qui entoure les reins a ordinairement dans les cadavres plus de consistance qu'ailleurs. La chaleur de la vie maintient la graisse dans une espèce de fluidité; elle se fige par le froid de la mort: ce qui fait qu'elle est compacte dans les cadavres.

La matière de la graisse coule des extrémités des artères dans le tissu cellulaire, où elle se ramasse en une quantité plus ou moins grande. On est d'autant plus porté à le croire, qu'en injectant de la graisse chaude dans les artères, elle passe alors dans le tissu cellulaire. C'est de cette manière qu'on peut donner à un cadavre étique un embonpoint réel. Nous avons déja dit que *Ruysch* donnoit, par ce moyen [1], un air de vie aux cadavres qu'il vouloit conserver; et divers anatomistes célèbres ont retiré les mêmes avantages de la même expérience. Il faut même savoir que la graisse, après s'être ramassée dans le tissu cellulaire, et après y avoir acquis de la consistance en se refroidissant, peut comprimer les vaisseaux et devenir un obstacle aux injections: et n'est-ce pas de cette manière qu'il arrive que les personnes qui sont très-grasses ont les vaisseaux sanguins généralement moins amples, qu'elles ont moins de sang que les personnes maigres, et qu'elles peuvent cependant périr d'apoplexie et même d'hydropisie?

L'eau, l'esprit-de-vin, et autres liqueurs subtiles, passent facilement à travers les parois des extrémités des vaisseaux sanguins; ce qui a fait croire à des physiologistes que la graisse transsudoit ainsi immédiatement des artères dans le tissu cellulaire, qu'elle couloit aussi immédiatement des orifices, des extrémités capillaires de ces artères dans ses cellules.

2.   3

On croyoit généralement, avant la découverte des vaisseaux lymphatiques, que la graisse étoit rapportée dans la masse du sang par les veines sanguines dont les extrémités la repompoient du tissu cellulaire ; mais aujourd'hui qu'on connoît un autre système de vaisseaux blancs, appelés lymphatiques, par le moyen desquels l'absorption se fait dans toutes les autres parties , il n'est plus possible de douter que ce ne soit par leur moyen que s'opère l'absorption de la graisse ; absorption d'ailleurs qu'on peut déterminer dans les animaux en leur injectant une liqueur colorée dans le tissu cellulaire : d'où elle passe visiblement dans les extrémités capillaires des vaisseaux lymphatiques.

Mais n'est-ce que par les vaisseaux lymphatiques que l'absorption de la graisse a lieu ? ne se fait-elle pas aussi par les veines sanguines ? On ne peut étayer cette opinion par aucune preuve solide.

On ne découvre pas dans le corps humain des glandes adipeuses ou des glandes qui aient la faculté de séparer la graisse de la masse du sang. *Malpighi* est un des premiers qui ait parlé de ces glandes, et qui en ait donné une description (1) que divers anatomistes ont adoptée , parmi lesquels on peut compter les célèbres *Duverney , Perrault, Santorini, Littre* , etc. Cependant *Ruysch* combattit si victorieusement cette erreur , que *Malpighi* crut devoir rétracter l'opinion qu'il avoit émise. Il est singulier que d'autres anatomistes aient ensuite admis l'existence des glandes, à laquelle l'auteur même de la prétendue découverte ne croyoit plus.

La graisse étant continuellement portée dans le tissu cellulaire s'y accumule , le remplit en coulant dans les interstices de ses filets et de ses lames, et les

_____

(1) *De omento et de adiposis ductibus.* Bonon. 1661.

distend d'autant plus, qu'ils sont eux-mêmes très-extensibles : sur-tout dans les parties saillantes du corps et dans les interstices des muscles près des articulations, ainsi que dans l'intérieur du corps, dans l'épiploon, autour du cœur, entre les lames du médiastin, aux environs des reins, où le tissu cellulaire étant très-lâche, la graisse s'y ramasse en très-grande quantité ; ce qui n'a pas lieu naturellement dans les replis de la peau et des autres membranes, où les filets du tissu cellulaire sont très-rapprochés, et presque sans interstices qui les séparent les uns des autres.

L'humeur huileuse de la graisse est mêlée dans le tissu cellulaire à la lymphe, laquelle est composée d'une humeur séreuse, et de l'albumine qui a plus de consistance, et qu'on doit regarder comme la véritable matière de la nourriture. Ces humeurs sont réunies ensemble dans le tissu cellulaire, mais en des proportions bien différentes dans quelques individus sur-tout ; ce qui fait que la matière contenue dans le tissu cellulaire est plus ou moins coulante, et que la lymphe a d'autant plus de consistance qu'elle contient moins de sérosité : d'où il résulte que le tissu cellulaire contient quelquefois une très-grande quantité d'eau, comme dans les hydropisies ; ou que la substance qu'il renferme a beaucoup de consistance, comme dans les écrouelleux, il est quelquefois plutôt plein d'une lymphe concrète que d'une bonne graisse.

Il paroît que les principaux usages de la graisse sont d'oindre les surfaces des diverses parties qui doivent se mouvoir, d'empêcher que les humeurs n'acquièrent une trop prompte acrimonie, de diminuer la sensibilité, de remplir les creux de certaines parties, de soulever la peau, et de la rendre plus unie et plus blanche ; la graisse doit donc être en proportion requise : car, si divers accidens ont lieu lorsqu'elle est trop abondante , d'autres surviennent lorsqu'elle est en défaut. Elle peut en effet être si copieuse qu'elle gonfle énormement le corps , qu'elle en surcharge les diverses parties , et qu'elle en empêche l'action (1). Ramassée en trop grande quantité entre les muscles , elle rend nos mouvemens difficiles, même impossibles , rétrécit, et même oblitère les vaisseaux ; elle comprime aussi les nerfs et émousse leur sensibilité. Le sang reflue d'autant plus dans les parties internes des personnes grasses , qu'il peut moins se porter dans les vaisseaux extérieurs , et sur-tout dans le poumon et dans le cerveau.

Il résulte de - là que les personnes surchargées de graisse respirent difficilement , et qu'elles peuvent facilement périr de la suffocation , qu'elles sont plus ou moins assoupies , et qu'elles peuvent finir par périr apoplectiques : or l'excès de graisse pouvant donner lieu à des maux si graves , mérite bien l'attention des médecins (2).

La graisse n'augmente pas toujours en des quantités proportionnelles dans toutes les parties du corps ;

---

(1) *Polysarcia adiposa*, *Cyrilli consult.* de Latour: *Journal de Méd.*, 1757, p. 422. *Obesitas vulgò*, Sauvages, *Nosolog.*, classe X ; *Cachexiæ intus essentia*, p. 467.

Lieutaud a aussi parlé de l'excès de graisse dans son *Synopsis* , t. I, p. 55 ; et nous pourrions nous-mêmes citer plusieurs observations de ce genre, qui tendroient à prouver que divers malades ont péri apoplectiques, ou d'hydropisie de poitrine ou du bas-ventre, par une suite de l'extrême quantité de graisse dont ils étoient surchargés.

(2) *Sennert* parle de deux hommes si gras , que l'un pesoit quatre cent quatre-vingts livres, et l'autre six cents. *Haller* parle d'un autre qui pesoit huit cents livres. Or, dans de pareils sujets, la graisse pesoit de trois à quatre fois plus que les autres parties du corps.

car quelquefois elle se ramasse en quantité prodigieuse dans quelques-unes d'elles, et n'augmente pas dans les autres, ou même diminue ; l'épiploon en est quelquefois surchargé dans des personnes qui ne sont pas d'ailleurs extrêmement grasses. C'est cette intumescence que *Sauvages* a appelé *la physconie* (1). D'autres fois cette graisse se ramasse entre les lames du médiastin, sur la base du cœur, même dans des sujets qui sont réduits à un grand degré de maigreur. J'ai trouvé dans des cadavres de personnes mortes de la phthisie pulmonaire, et dont le corps étoit atrophié, des congestions graisseuses dans l'intérieur de leur corps, qu'on n'auroit pas osé soupçonner.

La graisse est absorbée facilement du tissu cellulaire par les vaisseaux lymphatiques, lorsqu'il y a de l'augmentation dans le mouvement du sang, par la fièvre, par l'exercice excessif du corps, qui consume jusqu'à la moelle des os, comme on l'a remarqué dans les animaux qui avoient péri par des courses extrêmes.

Rien ne diminue davantage la graisse que les contentions pénibles de l'esprit. On a vu aussi des personnes énormément grasses, réduites en peu de jours dans un état de maigreur extrême, soit par quelque fièvre putride ou maligne, soit par la petite vérole, et encore par d'autres maladies, dans lesquelles la partie huileuse, la séreuse, et l'albumine de la graisse étant une fois séparées, elles sont sans doute plus facilement absorbées par les vaisseaux lymphatiques. Les anciens vouloient que ce fût par les veines sanguines, ce qu'ils n'ont point prouvé. Peut-être aussi qu'une partie de la graisse se dissipe par les excrétions, par la transpiration même ; car il est certain que dans

---

(1) *Physconia* : *Hyposarca* III ; Linnæi, *Gen. morb.*, 218 ; *Nosolog.* de Sauvages, classe X, p. 478.

quelques phthisiques cette excrétion a véritablement la forme de la graisse fondue.

On ne peut encore disconvenir que certains vices acrimonieux ne portent bientôt leurs premiers effets sur la graisse, et ne la détruisent, au point de faire périr les individus dans le marasme ou dans l'atrophie.

C'est la graisse qui forme la matière des abcès, et aussi est-ce en elle que les furoncles et les anthrax ont leur siége. En rentrant dans la masse des humeurs, la graisse infectée de quelque humeur acrimonieuse ne devient-elle pas délétère, la cause d'une nouvelle acrimonie, et la source d'une infinité d'autres maux (1)?

Rien n'engraisse davantage que la vie calme et tranquille; que l'heureuse gaîté des jours, qui procure de bonnes nuits; que l'usage des alimens incrassans, mucilagineux, gélatineux, et légèrement anodins; que des bains tièdes, et que l'habitation d'un climat un peu humide et tempéré.

On sait que le long usage des acides, comme le vinaigre, et autres plus puissans encore, détruisent l'embonpoint, et souvent d'une manière si funeste, qu'ils produisent la phthisie pulmonaire; on sait que les alkalis, tous les sudorifiques qui donnent du mouvement à nos humeurs, en stimulant les solides, ou qui diminuent peut-être même leur consistance en agissant sur elles-mêmes, réduisent bientôt le corps à un grand degré de maigreur.

Il faut, pour la nutrition, un concours d'heureuses dispositions des organes de la digestion, des

_____

(1) On trouvera dans le premier volume des *Mémoires de l'Académie de Chirurgie* des remarques précieuses à cet égard, par Quesnay : *Mémoire sur la dépravation des humeurs*, t. I, p. 79.

voies lactées, lymphatiques, du poumon et de diverses autres parties du corps, et tel que si l'une
d'elles vient à être troublée ou viciée, la nutrition
s'en ressent nécessairement. Or, alors l'amaigrisse-
ment, le *tabès* et l'atrophie surviendront.

Aussi doit-on regarder l'embonpoint comme un
signe général de bonne santé, et la maigreur comme
un indice de la lésion de quelqu'un de nos organes ;
mais la recherche de celui ou de ceux qui sont viciés,
est quelquefois d'autant plus difficile à faire, que
l'on pourroit établir que toutes les parties du corps
servent plus ou moins à sa nourriture (1).

On voit, d'après ce qui vient d'être dit sur le
tissu cellulaire, qu'il est diversement affecté, 1°. dans
les maladies qui diminuent le volume du corps,
comme dans toutes les espèces d'émaciation ; 2°. dans
celles qui l'augmentent, comme dans la polysarcie
charnue ou adipeuse, dans la bouffissure, dans
l'hydropisie anasarque, ou leuco-phlegmatie, dans
les diverses cachexies scorbutiques, vénériennes,
scrophuleuses, rachitiques, psoriques, etc. Dans les
émaciations, les cellules du tissu cellulaire sont si
rétrécies, qu'elles peuvent être effacées; dans la bouffissure, elles sont agrandies par l'air qu'elles contiennent;
dans l'hydropisie, elles sont plus ou moins remplies
d'eau plus ou moins claire ou visqueuse, qui est
très-souvent mêlée avec de l'air ; dans les cachexies,
la substance du tissu cellulaire est sur-tout altérée
dans sa structure, étant tantôt gonflée et ramollie,
desséchée, rongée et détruite.

Nous renvoyons, pour de plus grandes notions sur
cet objet, à divers ouvrages qui en traitent.

_____

(1) *An omnes corporis partes nutritioni inserviant : affirmat.*
Thèse soutenue aux écoles de la Faculté de Paris.

Des membranes. Les membranes sont, après le tissu cellulaire, les parties du corps qui ont le plus d'étendue, et elles sont composées, pour la majeure partie, de ce même tissu cellulaire.

Quoique leur structure, au premier coup d'œil, paroisse la même, il y a cependant entre elles des différences si grandes, qu'on confondroit des corps d'une nature très-diverse si on la croyoit la même ; aussi a-t-on cru devoir admettre trois espèces de membranes simples ; les muqueuses, les séreuses, les fibreuses : et trois autres composées, les fibro-séreuses, les séro-muqueuses, les fibro-muqueuses ; il y a en outre d'autres corps membraneux isolés qui ne peuvent être compris parmi ces espèces de membranes simples ou composées, dont nous venons de parler.

Les membranes muqueuses qui sont très-nombreuses, ont paru être de la nature de la peau, communiquant avec elle, et formant la paroi de plusieurs cavités internes ; ce qu'il y a de certain, c'est qu'elles communiquent entre elles, et qu'elles ont une étendue prodigieuse. On pourroit, relativement à leur situation, admettre deux membranes muqueuses, celle qui revêt les fosses nasales, le canal, le sac, et les points lacrymaux, ainsi que la conjonctive qui leur est unie, celle qui revêt la cavité de la bouche, le voile du palais, le gosier, les cavités des trompes, l'oreille interne, le larynx, les bronches, l'œsophage, l'estomac, et le canal intestinal, les réservoirs de la bile, du suc pancréatique ; enfin les canaux excréteurs des glandes, des voies nasales, buccales, gutturales, pulmonaires, et du canal alimentaire.

La seconde espèce de membrane muqueuse seroit celle qui se réfléchit de la peau dans le canal de l'urètre, dans la vessie, dans les uretères, dans les bassinets, et qui forme enfin la paroi interne des conduits urinaires dans les reins ; en même temps qu'elle pénètre les canaux excréteurs des glandes qui s'ouvrent dans les voies urinaires, comme les vési-cules séminales, les canaux déferens, les follicules des corps prostatiques. Cette même membrane, chez les femmes, revêt la face interne du vagin, de la matrice, des trompes, etc., par l'ouverture desquels con-duits elle paroît se continuer avec le péritoine (1) : cette seconde espèce de membrane muqueuse, comme la première, est unie à la peau.

Structure de membranes muqueuses. Les mem-branes muqueuses, ainsi que la peau, sont pourvues d'un épiderme, d'un corps muqueux, d'un chorion, dans lequel sont des sinus, canaux et corps glan-duleux, ainsi que quelques villosités. Elles sont aussi extérieurement couvertes pour la plupart de fibres musculaires, et d'un tissu cellulaire qui les unit au chorion, leur forme des enveloppes, et les attache extérieurement aux parties voisines.

L'épiderme a plus ou moins d'épaisseur ; on le démontre sur l'union des membranes muqueuses avec la peau. Il est plus difficile à distinguer à pro-portion qu'il s'enfonce dans l'intérieur du corps ; mais si on ne peut facilement l'apercevoir dans l'état naturel, diverses affections morbifiques le rendent aussi très-apparent.

Après l'épiderme se trouve une substance mu-queuse qui a plus ou moins d'épaisseur, qui colle l'épiderme au chorion, revêt ses papiles, et donne passage à des villosités dont quelques membranes muqueuses sont couvertes, et dont la structure n'est pas parfaitement connue.

_____

(1) Voyez le *Traité des membranes*, pag. 21, par *Bichat*, jeune anatomiste, que la mort vient d'enlever au moment où l'on attendoit de lui divers ouvrages intéressans.

2.   4

Le chorion, que cet épiderme revêt, est plus ou moins plissé par des rides plus ou moins longues et saillantes, dans et entre lesquelles sont contenues des follicules, dont les parois sont pourvues de petits corps glanduleux qui communiquent avec eux par des ouvertures très-petites, plus ou moins apparentes; ces follicules, s'ouvrent dans les cavités formées par les membranes muqueuses;

Le chorion est pourvu d'une tunique dense et épaisse, élastique, composée de fibres longitudinales, et transversales, entre lesquelles serpentent beaucoup de vaisseaux artériels et veineux, des vaisseaux lymphatiques, et des nerfs.

Il est recouvert d'une couche dense de tissu cellulaire, qui l'attache aux parties voisines; immédiatement aux os, dans les fosses nasales et palatines, et qui, en d'autres organes, concourt à former la couche musculeuse dont les membranes muqueuses sont couvertes, comme dans l'œsophage, l'estomac, les intestins, le canal de l'urèthre, la vessie, le vagin et la matrice chez les femmes.

Les *membranes* qu'on a appellées *séreuses*, et quelquefois *lymphatiques*, ne forment pas une continuité entre elles, et avec la peau, comme les membranes muqueuses paroissent le faire; car elles sont isolées, très-nombreuses, tapissent diverses cavités du corps, des viscères creux, et recouvrent des organes dont les membranes muqueuses forment les parois internes. Les membranes de cette espèce sont la membrane arachnoïde, la pie-mère, les plèvres, le péritoine, la membrane qui revêt l'intérieur du péricarde, des capsules articulaires, et des gaînes tendineuses.

Ces membranes forment des espèces de sacs plus ou moins composés, les uns étant simples et d'autres très-nombreux, communiquant ou ne communiquant pas ensemble ; de leurs deux surfaces , l'une est libre sans adhérence , unie , luisante , diaphane , laissant transsuder de la sérosité ; l'autre face adhère , par des filamens plus ou moins nombreux , cellulaires , aux membranes qu'elle revêt.

Elles sont blanches, fibreuses et si minces dans quelques endroits , qu'il est impossible de les diviser en deux lames ; elles sont formées d'un tissu cellulaire , plus ou moins rapproché , ayant des vaisseaux sanguins artériels et veineux , beaucoup de vaisseaux lymphatiques ; elles sont dépourvues de nerfs , ou seulement leur donnent passage pour se rendre en d'autres parties ; elles n'ont ni fibres musculaires , ni glandes.

Parmi les *membranes fibreuses* , on peut comprendre le périoste, la lame externe du péricarde, des capsules articulaires, la dure-mère, les membranes extérieures de l'oreille , de la verge , du testicule chez les hommes , du clitoris et des ovaires chez les femmes ; les aponévroses qui revêtent le tronc et les membres , pour en fixer les divers muscles ; celles qui s'enfoncent dans leurs interstices , et qui leur donnent des attaches ou des gaînes ; celles qui sont un prolongement des muscles , comme les aponévroses du bas-ventre , du grand pectoral , du grand dorsal , et du diaphragme, etc.

Ces membranes sont minces, on ne peut les séparer en plusieurs feuillets, pas même la dure-mère, quoiqu'elle paroisse avoir plusieurs lames quand on la froisse sous les doigts.

Elles sont composées de fibres dures , élastiques , arrondies diversement , entrelacées plus ou moins : celles, par exemple , qui forment la sclérotique , celles de la membrane extérieure des testicules et des ovaires, sont si étroitement unies, qu'on n'en peut détruire les adhérences.

Celles des aponévroses des muscles , sont princi-

palement formées de fibres qui sont dans la dire-
tion des musculaires ; elles ont aussi des fibres
transversales assez fortes ; mais celles qui servent de
gaînes aux muscles du tronc et des extrémités, ne
sont presque tissues que de fibres longitudinales,
seulement réunies par des filamens d'un tissu cellulaire intermédiaire plus ou moins rapproché.

Ces membranes sont traversées plus ou moins obliquement par des vaisseaux sanguins et lymphatiques,
ainsi que par des nerfs : on n'y observe aucune
fibre musculaire qui leur soit propre, quoique
quelque trousseaux s'y attachent et les soulèvent
pour prévenir leur froissement, lorsque les muscles
qu'elles recouvrent ou dont elles sont recouvertes,
se contractent.

Membranes composées. On y a compris les *séro-
fibreuses*, les *séro - muqueuses*; les *fibro - muqueuses*. Parmi les séro - fibreuses, on a placé
l'albuginée, le péricarde, les capsules articulaires
qui sont formées de deux lames, l'externe qui est
fibreuse, et l'interne qui a la structure des membranes séreuses.

On a trouvé des exemples de membranes séro-
muqueuses dans le canal intestinal, dans la vésicule
du fiel, et des membranes fibro-muqueuses dans les
urétères, dans le conduit déférent, et dans la portion
membraneuse de l'urètre.

Tel est le précis de la classification des membranes,
peut-être plus ingénieuse que réelle, que *Bichat* a ex-
posée ; mais cet auteur ne se dissimuloit pas qu'il y en
avoit encore d'autres qu'on ne ponvoit y comprendre,
comme la tunique des artères, la membrane médullaire, la choroïde, la rétine, etc.

Remarques. Si les membranes diffèrent par leur structure,
elles ont aussi dans l'économie animale des usages bien divers,

et elles sont sujettes à des maux qui ne sont pas de la même nature.

Les membranes muqueuses sont destinées à la sécrétion et à l'excrétion d'une humeur glutineuse qui enduit leur surface libre et qui les garantit, ou du contact de l'air, comme dans les voies de la respiration, ou de celui des alimens dans la bouche, dans l'esophage, dans l'estomac et dans les intestins, ou de l'acrimonie des humeurs que certaines contiennent, comme dans la vésicule du fiel et dans la vessie urinaire.

Le nom qu'on a donné aux membranes séreuses annonce leurs usages; elles sont les organes de la sécrétion et de l'excrétion des sérosités qui les humectent et qui s'exhalent de leur surface en forme de rosée, ou de transpiration insensible; et ces importans usages doivent être rapportés aux vaisseaux lymphatiques dont ces membranes sont pourvues.

Les membranes fibreuses servent plus particulièrement à unir diverses parties entr'elles, à recouvrir et à fixer les muscles sans nuire à leurs mouvemens, à soutenir les vaisseaux et les nerfs, et à donner aux parties une forme régulière.

Ces grandes propriétés des membranes étant *lésées* par état de maladie, il en résulte une suite nombreuse de maux. Les membranes muqueuses sont nécessairement plus ou moins engorgées, lorsque l'excrétion de l'humeur muqueuse qu'elles ont filtrée est diminuée, et encore plus si elle est supprimée : or, de-là proviennent des rhumes, des catharres, l'asthme, la phthisie pulmonaire, trachéale, laringée, la squinancie vraie et fausse, la dyspnée, même l'inflammation des divers organes de la respiration, et autres maladies.

Elles peuvent aussi être affectées par quelque vice acrimonieux. La galle n'a-t-elle pas son siége dans les glandes et le sinus de la peau, ainsi que les dartres; la morve dans les glandes muqueuses de la membrane pituitaire de plusieurs animaux?

A combien de maladies l'affection morbifique de ces membranes ne donne-t-elle pas lieu? Les diarrhées, les dyssenteries violentes, par exemple, ne dépendent-elles pas souvent de l'acrimonie de l'humeur muqueuse intestinale? Combien de fois aussi une humeur trop abondante et épaissie n'a-t-elle pas formé de concrétions qui ont irrité, excorié, même bouché le canal alimentaire, et qui ont été aussi rendues par les selles sous la forme de fausses membranes; souvent à ces concrétions muqueuses se joignent celles des substances lymphatiques?

Les excrétions muqueuses, si abondantes par les voies nasales, par les selles, par les voies urinaires, etc., tirent aussi leur source des membranes muqueuses qui tapissent l'intérieur

de ces organes : ces évacuations contre nature sont ordinairement le résultat de quelque acrimonie qui les irrite.

L'affection morbifique des membranes séreuses produit un excès
ou un défaut de sécrétion de l'humeur lymphatique, et de-là
provient le flux séreux, quelquefois abondant, ou les hydropisies,
si les sérosités ne sont pas proportionnellement absorbées, ou si elles
n'ont pas une libre issue par les émonctions : or, comme leur sécrétion et excrétion sont les effets de leur sensibilité naturelle, on
peut établir, d'après le résultat des faits pathologiques, que
des stimulus légers provoquent les sécrétions, et que de trop
forts les suppriment, ainsi que les calmans, diminuent et même
suppriment les sécrétions et excrétions en général, excepté celle de
la transpiration. Voyez ce qui a été dit à l'article des *glandes*,
relativement aux vices des sécrétions, et aussi à l'article des *nerfs*,
où on a traité des vices de la sensibilité.

Les membranes fibreuses, ainsi que les ligamens qui se ressemblent beaucoup par leur structure (1), perdent de leur souplesse naturelle par le défaut de sérosité qui les lubrifie naturellement, et à un tel point quelquefois, qu'elles deviennent
dures, compactes et osseuses ; souvent même elles sont enflam-
mées, rongées par cette humeur devenue acrimonieuse, comme
dans quelques ankiloses, dans le rhumatisme, la goutte, le
scorbut. Or, que de douleurs n'éprouvent pas les malades, et
sur-tout pendant les nuits, lorsqu'il existe un vice vénérien! Alors
les mouvemens des muscles sont plus ou moins gênés, souvent
même abolis : on les a trouvés hors de leur place naturelle, distendus, et même déchirés après des mouvemens violens ou après
des chutes.

Les infiltrations relâchent les membranes et gonflent leur tissu :
on a souvent trouvé en elles des hydatides, et même des tumeurs
stéatomateuses ; car étant principalement formées de tissu cellulaire, elles sont sujettes aux mêmes altérations.

Non-seulement les membranes peuvent acquérir un surcroît
d'épaisseur et de densité (2) par l'effet de diverses maladies aiguës
et chroniques, mais encore il peut s'en former de nouvelles ou
fausses, interposées entre les naturelles, isolées, ou plus ou
moins adhérentes avec elles : on en citera des exemples à
l'article des affections morbifiques des divers organes.

Les hydatides, les kistes sont aussi formés par des membranes

(1) Bacheracht : *De morbis ligament.* Leid. 1750.

(2) Voyez *Morgagni*, epist. LX, art. 10. *Voyez* encore l'ouvrage intéressant de *Bichat*, déja cité, article 7e : *Des membranes contre nature.*

contre, nature, produites principalement par la transsudation et la concrétion des matières lymphatiques, mais d'une manière qui nous est inconnue (1).

Des muscles.

Les muscles qui font l'objet de cette partie de l'anatomie, sont des corps rougeâtres, fibreux, susceptibles d'irritation, par l'effet de laquelle ils ont la faculté de se contracter ; ils sont les vrais et les seuls organes du mouvement ; c'est par leur moyen que les os, qui sont des espèces de leviers, sont mus en divers sens ; le cœur ne se contracte que parce qu'il est musculeux ; les viscères creux, comme l'estomac, les intestins et la vessie urinaire, ne se meuvent et n'agissent sur les matières qu'ils renferment, que parce qu'ils sont pourvus de fibres musculaires.

Les anatomistes modernes se sont convaincus, par des expériences très-variées, sur les animaux vivans, que les muscles reçoivent leur action des nerfs, lesquels sont absolument immobiles pendant que les muscles se contractent, quoiqu'ils leur procurent la faculté de se contracter ; ils tombent dans le relâchement, lorsqu'on coupe les nerfs qui s'y distribuent.

Noms des muscles.

Pollux, suivant divers auteurs, est le premier qui ait comparé le muscle à un rat écorché, et de là, dit-on, le nom de musculus. Presque tous les anciens anatomistes ont adopté cette comparaison ; ils ont même divisé le muscle en tête,

_____

(1) On trouvera aux articles dure-mère, plèvre, péritoine et autres membranes, les remarques pathologiques qui les concernent.

ventre et queue, mais ils ont singulièrement varié
dans leurs divisions ; *Charles Etienne*, anatomiste
français, qui vivoit vers le milieu du quatorzième
siècle, est le premier qui ait senti le ridicule de cette
comparaison, et qui l'ait blâmée dans ses ouvrages.

Lycus ou *Lupus* est celui des anciens qui a le mieux
écrit, au rapport de *Galien*, sur les muscles, et qui
en ait découvert un grand nombre ; Galien compte
encore *Marinus* et *Ruffus d'Ephèse*, parmi ceux qui
ont perfectionné l'histoire des muscles.

Ruffus d'Éphèse donna à plusieurs muscles le nom
qu'ils portent encore aujourd'hui ; mais il en découvrit plusieurs sans leur donner de nom : *Galien* et
les anatomistes qui lui succèdèrent, ayant également
traité des muscles sans les nommer, il n'en est résulté
que confusion et obscurité dans leurs écrits. *Jacques
Sylvius* ou *Dubois*, ancien professeur de médecine
au collége royal de France, sentit l'indispensable né-
cessité qu'il y avoit de donner des noms à chaque
muscle ; il en imagina plusieurs qu'il dériva du grec,
lesquels nous restent encore ; cependant il ne finit pas
cet ouvrage. *Riolan* le continua, il donna plusieurs
noms nouveaux à des muscles qui n'en avoient pas, et
en changea beaucoup d'autres.

Les anatomistes français ont adopté, pour la plupart,
la nomenclature de *Riolan* ; et *Winslow* s'est ordinairement contenté de traduire en français les noms
grecs inventés ou adoptés par ce grand maître : cependant quelques muscles portent de noms si singuliers
et si bizarres, que la mémoire la plus heureuse ne
peut souvent les retenir ; c'est ce qui a déterminé
Lieutaud à en changer plusieurs ; et dans ces derniers temps *Chaussier* a perfectionné cette nomenclature, à laquelle *Dumas*, et quelques autres anatomistes ont fait aussi des additions.

Les noms des muscles ont été tirés de leur situation, de leur grandeur, de leur structure, de leur direction, de leur figure, de leurs attaches, de leur étendue et de leurs usages.

Relativement à leur *situation*, on distingue les muscles de la tête de ceux de la poitrine, les supérieurs des inférieurs, les antérieurs des postérieurs, les externes des internes, etc.

Relativement à leur *grandeur*, tels que le grand pectoral, le grand dorsal, le très-long du cou, le très-large du dos.

Par rapport à la *structure*, il est des muscles que l'on appelle complexus, demi-membraneux, demi-tendineux. Deux portions charnues, divisées par une expansion tendineuse, forment un muscle digastrique. Des muscles divisés en deux ou trois portions ont été nommés *biceps*, *triceps*.

Par rapport à la *direction*, il est des muscles droits, obliques, transverses.

Parmi les muscles qui ont reçu le nom de *leur figure*, sont le deltoïde, le trapèze, le rhomboïde, les scalènes, les pyramidaux, le carré, le grand et le petit rond, le triangulaire, les dentelés, les lombricaux.

D'autres muscles sont *nommés* d'après leurs *attaches* aux différentes parties, et ces noms sont les moins susceptibles d'induire en erreur : ils sont pour la plupart tirés du grec ; tels sont les aryténoïdiens, les crico-aryténoïdiens, les basio-glosses, les styloglosses, les mylo-hyoïdiens, les sterno-mastoïdiens, etc.

Il est des muscles qui sont distingués des autres par leur *étendue* comparative plus ou moins grande ; ainsi il y a un'grand, un moyen et un petit fessier, etc.

Enfin, les noms des muscles ont été tirés de leurs *usages*, et l'on peut dire que cette nomenclature est la plus infidèle, parce que rien n'étant plus variable que les opinions des anatomistes sur les usages de divers muscles, ils ont donné différens

2.   5

noms à un même muscle ; il y a cependant des muscles
fléchisseurs et des muscles extenseurs, des adducteurs
et des abducteurs, des rotateurs, des supinateurs,
des pronateurs, des releveurs, des abaisseurs, etc.

De la situation des muscles.

Les muscles sont plongés dans le tissu cellulaire qui est répandu dans tout l'intérieur du corps,
en même temps qu'il entre dans la composition de
toutes les parties musculaires; mais de ces muscles,
les uns sont situés immédiatement sous la peau, et on
peut les regarder comme *superficiels* , tels que le péricrâne , les orbiculaires des paupières et des lèvres ,
et autres muscles de la face , le peaucier , le sterno-
mastoïdien , le grand pectoral , les muscles grands
obliques du bas-ventre , le trapèze , le grand dorsal,
le deltoïde , le biceps , le triceps brachial , le sublime , les radiaux , le palmaire , le grand fessier ,
le droit antérieur , le couturier , le grêle interne ,
le jambier antérieur , les soléaires , etc. D'autres
muscles, trop nombreux pour être énumérés , sont
profonds ; d'autres sont intermédiaires entre les
superficiels et les profonds , ou sont eux-mêmes en
partie superficiels et en partie profonds ; mais il ne
faut pas ignorer que la situation des muscles dans le
relâchement n'est pas la même que celle dans laquelle
ils se trouvent quand ils sont contractés , et qu'il
y a aussi des causes morbifiques qui peuvent donner
lieu à leur déplacement.

Volume des muscles.

Les muscles sont bien différens par leur volume,
puisqu'il y en a d'infiniment petits , comme ceux
de l'oreille interne , etc. , etc. , et de très-gros ,
comme les fessiers , le deltoïde, le grand pectoral,
les grands obliques du bas-ventre ; mais leur gran-

deur absolue varie, et est dans certains sujets très-
grande, dans d'autres très-petite ; elle est plus grande
à proportion dans les personnes grasses que dans
les personnes maigres, sans pour cela que le nombre
des fibres musculaires soit augmenté, mais parce que
le tissu cellulaire qui sépare leurs fibres contient beaucoup de graisse : l'exercice les tuméfie, le repos les
flétrit et diminue leur rougeur.

Structure générale des muscles.

. Les muscles sont composés de fibres molles, flexi-
bles, rouges pour l'ordinaire, lesquelles forment
des trousseaux séparés les uns des autres par du
tissu cellulaire qui contient plus ou moins de graisse;
ces fibres musculaires aboutissent à des fibres tendineuses, plus blanches, plus solides, plus compactes
et plus intimement rapprochées.

Les expansions tendineuses s'implantent dans les
os, en se ramifiant dans leur substance. Certains
muscles sont coupés d'espace en espace par des énervations tendineuses : tels sont les muscles droits du bas-
ventre, le diaphragme ; et, outre ces énervations si
apparentes dans certains muscles, il en est dans les
fibres desquels on aperçoit à la loupe des intersections tendineuses d'espace en espace.

Cependant il est des fibres musculaires qui n'aboutissent nullement à des fibres tendineuses : telles sont
celles des sphincters, et celles des muscles creux ;
dans quelques muscles, les fibres sont parallèles les
unes aux autres, comme sont celles des muscles
droits antérieurs de la cuisse, du couturier, etc.
Les fibres, dans d'autres muscles, sont plus ou moins
entrelacées : telles sont celles du complexus, du
deltoïde, etc. Les fibres musculaires sont beaucoup
plus rapprochées dans certains muscles que dans
d'autres ; celles du grand dorsal, du pectoral, des

transverses, des fessiers, forment des trousseaux qui
sont plus ou moins écartés ; mais ceux des soléaires,
du deltoïde, sont bien plus intimement rapprochés,
quoiqu'il y ait encore de grands interstices qui les
séparent en quelques endroits.

Les muscles de tous les membres sont recouverts
par des gaînes membraneuses qui les lient et les
fixent sans gêner leur mouvement ; mais, outre les
gaînes générales, chaque muscle est revêtu par une
gaîne membraneuse particulière, plus ou moins
forte, et les divers trousseaux et les fibres de chaque
muscle sont à leur tour logés dans des gaînes subalternes de ce même tissu cellulaire.

De la fibre musculaire en particulier.

La fibre musculaire paroît grêle, cylindrique, molle,
sans rameaux ; elle est longitudinale, mais un peu
plissée, même pendant le relâchement du muscle,
comme *Stenon* l'a observé (1). Ce sont ces plis que
quelques anatomistes ont regardés comme des rides,
des dépressions. *Gottsched*, séduit par ces rides,
disoit que la fibre musculaire étoit formée d'une
suite de fibrilles articulées entre elles (2) ; mais ces
rides disparoissent, lorsque la fibre est bien étendue,
et elles sont d'autant plus apparentes, que la fibre
est raccourcie ; c'est ce qui la fait paroître comme
torse (3), quoiqu'elle ne le soit point. Tous les anatomistes ne sont pas d'accord sur la structure de
cette fibre. *Leewenhoeck*, si célèbre par ses observations microscopiques, pensoit que la fibre musculaire n'étoit pas plus grosse que la quatrième partie

(1) Observ. anat. : *De muscul.*, Haffniæ, 1664.
(2) *De motu muscul.*, Regiomont. 1715.
(3) Winslow : *Traité des muscles*, n° 9.

d'un cheveu, et que dans chacune d'elles il y avoit
3200 filamens. Cet anatomiste hollandais, à la parole duquel on a eu la complaisance d'ajouter foi pendant quelque temps, ne craignit pas de déterminer
les dimensions de la fibre musculaire de l'homme,
et de celle des animaux. A l'entendre, on eût dit
qu'il avoit vu tout ce qu'il avoit avancé ; mais il
tomba si souvent en contradiction avec lui-même,
qu'on vit qu'il ne se repaissoit que de fictions :
cependant son aveuglement étoit tel que, lorsqu'il
fut parvenu à un âge très-avancé, et sa vue s'étant
très-affoiblie, il croyoit encore voir ce qu'il avoit imaginé. Des médecins célèbres s'occupèrent à réfuter
ses opinions, et en imaginèrent d'autres aussi singu-
lières et aussi peu vraisemblables. *Antoine de Heide*,
son contemporain et son compatriote, assuroit que
les fibres musculaires longitudinales étoient entourées
d'espace en espace par des fibres circulaires (1), ce
qui les faisoit paroître plissées, quoiqu'elles ne le
fussent pas. *Guillaume Muys*, professeur célèbre
de médecine à Franequer, admettoit, dans chaque
fibre musculaire, trois classes de fibres différentes par
leur volume, dont la dernière est vésiculaire. Dans
la plupart des animaux, toutes ces classes ne se trouvent
pas ; mais il disoit qu'il lui étoit facile de les démontrer
dans l'homme : outre les fibres longitudinales musculaires qui sont les seules qui existent, il admettoit
des fibres transversales et des fibres obliques (2).

Mais si les anatomistes ne sont point d'accord sur
la figure et l'étendue de la fibre musculaire, ils le
sont bien moins sur sa structure. *Borelli*, ce médecin d'Italie qui s'est rendu si célèbre par l'application des mathématiques à la médecine, pensoit que
la fibre musculaire étoit cylindrique, creuse, et rem-

(1) *Experimenta circa. . . . fibras motrices.* Amstel. 1686, p. 36.
(2) *Muscul. artificiosa fabrica*, Leid. 1741, in-4°. cap. 1.

plie d'une substance médullaire, spongieuse, et semblable à la moelle du sureau, *spongiosa instar medullæ sambuci*. Ce cylindre, disoit-il, est coupé d'espace en espace par des fibres circulaires qui rétrécissent le calibre, et qui forment des espèces de vésicules (1). L'opinion de Borelli sur la structure de la fibre musculaire a été adoptée de divers médecins ; *Hoocke* et *Stuart* l'ont soutenue en Angleterre, *Bernouilli* en Suisse, *Baglivi* en Italie, *Astruc*, *Senac*, *Quesnay*, etc. en France. Cependant ces médecins n'ont pas été d'accord sur la figure et sur la capacité des vésicules : elles sont rhomboïdes suivant Borelli, ovales suivant Bernouilli ; mais le tissu de la fibre musculaire, disoit *Lecat* qui blâmoit l'opinion des autres pour faire adopter la sienne, est entièrement cellulaire. Selon lui, la fibre musculaire est un canal dont les parois sont faites d'une infinité de fils liés entre eux, et dont la cavité est divisée en un grand nombre de cellules en losanges, ou au moins approchant de cette figure, ajoute modestement Lecat (2). *Guillaume Cowper* (3), anatomiste anglais, et *Kaau Boerhaave* croyoient aussi que le tissu de la fibre étoit vésiculaire ; cependant ils n'ont pas osé déterminer la figure ni la capacité de ces cellules, comme Borelli l'avoit fait avant d'autres médecins qui ont aveuglément adopté son opinion.

---

(1) *De motu animalium*, pars 1, cap. 11, propos. 1.

(2) *Dissertation sur l'existence du fluide des nerfs*, qui a remporté le prix à Berlin en 1765.

(3) Voyez sa *Myotomie réformée*, seconde édit., et une *Dissertation sur la cause des mouvemens musculaires*, par *Bertier*. Celui-ci critique vivement *Borelli*, et le blâme d'avoir publié une hypothèse sur la structure de la fibre musculaire ; cependant nous craignons que celle qu'il propose lui-même ne soit aussi peu vraisemblable.

Mais abandonnons toutes ces hypothèses sur la structure de la fibre musculaire. La diversité des opinions multipliées que l'on a voulu accréditer dans toutes les universités de l'Europe, est une preuve des plus convaincantes de leur peu de solidité. *Leewenhoeck* lui-même, qui a tant abusé de ses observations microscopiques, n'a jamais osé affirmer l'existence des cellules ; il vaut mieux dire que nous ne connoissons pas sa structure, que de nous repaître de chimères.

Vaisseaux et nerfs des muscles.

Les muscles reçoivent un grand nombre d'artères, de veines, de vaisseaux lymphatiques et de nerfs. Tantôt des troncs artériels particuliers se répandent et se perdent dans les muscles, comme les artères fessières, intercostales ; tantôt les gros troncs artériels fournissent des rameaux qui s'insinuent dans les muscles, sur lesquels ils passent : c'est ce que font les artères brachiales, cubitales, radiales, crûrales surales, etc.

Mais ces artères, soit troncs ou branches, serpentent d'abord entre les trousseaux des muscles, les plus gros ; elles se divisent en des rameaux secondaires qui s'insinuent entre les trousseaux musculeux, plus serrés, et enfin ces artères paroissent se distribuer dans les fibres, mais on ne peut voir en aucune manière, même avec les meilleurs microscopes, les dernières distributions des artères dans les muscles. *Ruysch* croyoit que la fibre musculaire étoit creuse, et une production d'une artère capillaire, mais cette opinion est purement conjecturale.

On peut seulement assurer que les artères forment divers réseaux sur les fibres musculaires, ce qui fait que celles-ci sont d'autant plus rouges que ces vaisseaux sont plus ou moins pleins de sang, et plus ou moins nombreux.

Les muscles des enfans sont beaucoup plus rouges que ceux des vieillards, et ils sont aussi très-colorés dans ceux qui ont péri d'une maladie inflammatoire ; ordinairement ils ont une couleur rouge très-foncée dans les sujets qui sont morts de la petite vérole, et ils sont pâles, blanchâtres dans ceux qui avoient quelque hydropisie. J'ai observé diverses fois que des muscles fort rouges perdoient leur couleur lorsqu'on les faisoit macérer dans l'eau, et l'on n'ignore pas qu'on peut augmenter ou diminuer par l'injection la couleur rouge des muscles, suivant que la liqueur qu'on pousse dans les vaisseaux de ces muscles est plus ou moins colorée en rouge.

Les veines des muscles accompagnent les artères, pour la majeure partie ; il en est aussi d'autres qui ont une marche qui leur est propre ; elles sont plus nombreuses et plus amples. Les veines des muscles, sur-tout celles de ceux des extrémités, sont pourvues d'un grand nombre de valvules (1).

Les muscles ont aussi beaucoup de vaisseaux lymphatiques, et si nous ne les voyons pas toujours, c'est par rapport à leur ténuité, et souvent faute de précautions et de moyens. *Meckel* a, un des premiers, démontré que ces vaisseaux lymphatiques s'ouvroient dans le tissu cellulaire qui revêt les muscles et qui entre dans leur structure ; il a suivi une multitude de ces vaisseaux dans les extrémités.

La plupart des nerfs vertébraux se répandent dans les muscles du tronc et des extrémités, et l'on peut

(1) Comme l'ont d'abord remarqué *Fabrice d'Aquapendente* et *Harvée*, qui ont cru que ces valvules favorisoient la circulation du sang dans les veines des muscles qu'elles parcouroient, lorsqu'elles étoient comprimées pendant leur contraction.

dire que des viscères volumineux, comme le foie, ne
reçoivent pas autant de nerfs proportionnellement
que de très-petits muscles (1). En général, on voit
que le volume et le nombre des nerfs sont propor-
tionnés au volume et au nombre des muscles ; cependant, si les nerfs des muscles sont plus gros, ils
sont aussi plus durs, mais cette densité ne leur
vient que de leur tunique ; ils s'en dépouillent en
s'insinuant dans le muscle, et alors ils deviennent
si mous qu'il n'est pas possible de savoir si la fibre
nerveuse se confond avec la fibre musculaire, au
point d'être continues, ou s'il n'y a qu'une simple
contiguité (2).

Des tendons.

Les tendons sont des prolongemens des muscles
dans des parties plus ou moins éloignées, par le
moyen desquels les fibres motrices des muscles sont
réunies en un seul ou en plusieurs corps. Les tendons ne sont pas, comme les muscles, capables de
contraction ; ils ont plus de consistance, non-seulement parce que les fibres qui les composent sont plus
rapprochées les unes des autres, mais parce qu'elles
sont encore plus denses. Les fibres tendineuses sont
blanches, longitudinales, cylindriques, parallèles
les unes aux autres ; elles forment par leur réunion
de petits faisceaux qui se réunissent eux-mêmes en
d'autres plus gros ; chacune d'elles est revêtue d'une
gaîne cellulaire, et le tendon est recouvert par
une gaîne générale.

On ne trouve presque point de fibres tendineuses
dans les muscles qui ne s'implantent pas dans les os,
comme dans le cœur, dans la langue, dans la ma-

---

(1) Haller, *Élément. physiol.*, t. IV, p. 424.
(2) Voyez *Histor. muscul.* Albini, p. 12.

2.   6

trice, etc. mais les muscles qui s'implantent dans les os dégénèrent en des tendons plus ou moins longs, qui s'enfoncent dans leur substance, et s'y ramifient, en épanouissant leurs fibres (1). On voit aussi que les surfaces des muscles qui se meuvent les unes sur les autres sont tendineuses : on en trouve des exemples dans les muscles gastrocnémiens et soléaires de la jambe, dans le muscle droit antérieur et dans le triceps crural de la cuisse. Cette induration est encore plus sensible dans les muscles qui glissent immédiatement sur les os : telle est celle du deltoïde qui couvre la tête de l'humérus, et celle de l'obturateur interne qui se meut sur l'os ischion, etc., etc.; et comme ces espèces de tendons sont, en partie, l'effet du froissement, ils sont plus nombreux et plus solides dans les vieillards que dans les jeunes sujets; bien plus, le tissu même du muscle est quelquefois si racorni qu'il paroît comme tendineux. La compression trop long-temps continuée peut produire cet effet. *Lieutaud* (2) a trouvé dans un chapelier les muscles droits du bas-ventre divisés par une grande expansion membraneuse, etc.

Il est facile de distendre et d'allonger le muscle d'un cadavre, mais il est presque impossible d'étendre un tendon; le plus grêle résiste extraordinairement : il faut des poids énormes pour rompre le tendon d'Achille; j'ai autrefois observé, avec *Sauvages*, que les tendons se distendoient très-peu sans se rompre, ce qui est le contraire des muscles et de la peau, qui s'allongent beaucoup avant de se rompre.

Les anciens, séduits par la blancheur des tendons, avoient avancé qu'ils étoient dépourvus de vaisseaux sanguins; mais *Ruysch*, cet anatomiste si célèbre

---

(1) *Voyez* ce qui a été dit, tom. I , à l'égard des ligamens.
(2) Voyez *Histor. anatomico-medica*, t. II , p. 329.

par les vaisseaux qu'il a découverts à la faveur des injections, est parvenu à démontrer beaucoup d'artères et de veines dans les tendons ; il est cependant vrai qu'il y en a bien peu qui s'insinuent dans leur substance, en comparaison des vaisseaux qui se répandent sur leur gaîne extérieure (1) ; mais on voit des branches artérielles qui s'y plongent, et des branches veineuses qui en sortent. *Albinus* croyoit que la lymphe seule s'insinuoit dans plusieurs de ces vaisseaux, qu'ils rougissoient par l'inflammation, le sang les pénétrant alors.

Les anatomistes ne sont pas encore parvenus à démontrer des nerfs dans les tendons, et ce n'est, sans doute, que par conjecture qu'*Albinus* a écrit que plusieurs nerfs qui se répandoient dans le tissu des muscles, parvenoient dans celui des tendons, et qu'ils en pénétroient le tissu cellulaire.

J'ai suivi plusieurs nerfs jusque sur les gros tendons, mais il ne m'a jamais été possible de les voir pénétrer dans leur substance : *Leewenhoeck* n'a pas même pu les apercevoir avec son microscope, et *Haller* ne les a point découverts, quelques recherches qu'il ait faites (2).

Les anciens ont confondu les tendons avec les nerfs ; ils connoissoient les uns et les autres sous le nom de *nevron*, et il paroît qu'ils les confondoient encore souvent avec les ligamens ; mais *Galien* ne commit pas cette faute, quoiqu'il ait abusé du mot ; et *Avicenne* insista beaucoup dans ses ouvrages pour faire voir la différence de ces parties. On a peine à comprendre aujourd'hui comment il a été possible de confondre sous la même dénomination les tendons et les nerfs, etc.

---

(1) Albinus, *Hist. muscul.*, lib. 1, cap. 1, p. 11.
(2) *Élément. physiol.*, t. IV, p. 430.
(3) *Ibid*, p. 185. Morgagni, *Epist. ad Celsum*, epist II.

Une question qui divise beaucoup les anatomistes, c'est de savoir si les tendons sont une production des muscles, et continus avec eux, ou s'ils ne sont que contigus à ces mêmes muscles. *Fabrice d'Aquapendente* regardoit les tendons comme un prolongement des muscles (1). *Riolan* disoit que les fibres musculaires ne différoient de celles des tendons que parce qu'elles étoient plus rapprochées (2) : les tendons, suivant *Stenon* (3), sont de simples cordages formés par la propre réunion des fibres musculaires, beaucoup plus rapprochées ; et *S. Albinus* a soutenu la même opinion (4). Les fibres charnues dégénèrent, dit-il, en des fibres tendineuses, et celles-ci se changent en fibres musculaires ; *Lieutaud* croit aussi que les fibres tendineuses sont un prolongement des fibres musculaires (5).

Cependant l'opinion contraire a trouvé des partisans célèbres et assez nombreux. *Heucher* disoit pouvoir séparer les fibres tendineuses des fibres musculaires, sans les déchirer ; et *Leewenhoeck*, *Muys* et *Wier* (6) croyoient que les fibres tendineuses étoient collées avec les fibres musculaires, mais qu'elles étoient entièrement différentes.

Selon *Haller*, les muscles reçoivent beaucoup de nerfs, et les tendons n'en reçoivent pas ; les muscles sont irritables, et non pas les tendons. Il est encore prouvé, ajoute Haller, que les tendons se réduisent en vrai tissu cellulaire qui n'est pont irritable : raisons qui feroient croire que la substance des tendons est différente de celle des muscles.

---

(1) *Opera chirurgica*, p. 339.
(2) Riolan, *Manuel anat.*
(3) Observ. anat. : *De muscul.* Amstel. 1664.
(4) Voyez *Hist. muscul.*, lib. 1, p. 7.
(5) *Anat. historique et pratique.*
(6) *Muscul. artif. fabrica*, p. 94.

Quoi qu'il en soit, les muscles et les tendons sont revêtus par des gaînes membraneuses ou par des aponévroses plus ou moins fortes, qui s'opposent à leur déplacement dans l'état naturel, et qui facilitent leur action et leur mouvement ; il est des gaînes qui sont très-étendues et qui couvrent beaucoup de muscles ; d'autres qui n'en revêtent qu'un ou deux ; certaines s'enfoncent entre les trousseaux des muscles, et enfin chaque fibre musculaire est revêtue de sa gaîne cellulaire. Les muscles du dos sont fortifiés par deux fortes aponévroses qui s'attachent aux apophyses épineuses des vertèbres, et qui se prolongent, en dégénérant en tissu cellulaire, jusqu'au sternum, et à la ligne blanche ; les extrémités supérieures sont couvertes d'une aponévrose qui est plus ou moins épaisse en différens endroits ; et les extrémités inférieures sont aussi contenues dans des capsules aponévrotiques qui en recouvrent et fixent les différens muscles ; elles s'insinuent fréquemment dans leurs interstices, et leur donnent des gaînes plus ou moins fortes. Ces gaînes aponévrotiques paroissent formées par l'expansion de différens muscles ; et ceux qui les fournissent peuvent, en se contractant, soulever la gaîne, et faciliter les mouvemens des muscles qui sont par-dessous : tel est, sans doute, le principal usage du muscle *fascia lata*, ou de l'épineux de *Lieutaud* ; plusieurs autres muscles peuvent produire par leur contraction un effet analogue sur les capsules membraneuses : on peut voir, à ce sujet, ce qui a été dit dans différens endroits de ce volume sur les muscles.

On décrit ordinairement, avec assez d'exactitude, l'enveloppe aponévrotique des extrémités inférieures ; on connoît moins bien celle des extrémités supérieures, et à peine parle-t-on de celle qui fixe les muscles du dos. Les anatomistes, si l'on en excepte *Albinus* et quelques-uns qui l'ont imité, n'ont pas fait attention que les muscles sont toùs entourés d'une gaîne cellulaire qui contient de la graisse en plus ou moins grande quantité, laquelle lubrifie les muscles, et remplit leurs insterstices. Albinus a principalement insisté sur les bourses qui entourent le tendon du crotaphite, les muscles sterno-mastoïdiens, les splénius, les muscles sous-scapulaires, les susépineux et sousépineux, les tendons du grand dorsal et du grand pectoral, le biceps du bras, et le brachial interne, les muscles fléchisseurs et extenseurs de la main, les longs du dos, les sacrolombaires, etc. Il y a une bourse commune aux tendons du psoas, de l'iliaque et du pectiné; et les muscles demi-nerveux, demi-membraneux, le couturier et le grêle interne, sont couverts d'une expansion cellulaire, etc., etc. On peut consulter sur cet objet l'excellent *Traité de myologie* d'*Albinus*, et les *Élémens de physiologie de Haller* (1).

Cependant les gaînes membraneuses qui revêtent les muscles du tronc et des membres en général, et les bourses cellulaires qui contiennent les muscles en particulier, leurs trousseaux et leurs fibres sont lubrifiées par une vapeur séreuse qui leur donne une certaine souplesse, et qui facilite leur jeu et leur action dans l'état naturel; mais cette vapeur séreuse est souvent la source de plusieurs maladies graves, comme *Kaau Boerhaave* l'a prouvé dans un excellent ouvrage (2). Quelques anatomistes ont imaginé qu'elle étoit séparée de la masse du sang par des glandes analogues aux glandes synoviales; mais il est impossible d'en démontrer aucune dans les gaînes des muscles, ni dans celles des tendons (3).

---

(1) Tom. IV, p. 437.

(2) *Perspiratio dicta Hippocrati per diversum corpus anatomicè illustrata*. Lugd. Batav. 1738, in-12.

(3) *Mucus*, dit M. de Haller, *ex minutioribus glandulis natus*, Élém. physiol., t. IV, p. 436.

Classification des muscles.

Il y a deux méthodes très-connues de classer les muscles : celle tirée de leurs usages, que presque tous les anatomistes anciens ont adoptée, et celle de leur situation, suivie par *Albinus* (1), ainsi que par la plupart des anatomistes modernes.

On ne sauroit dire quelle est celle qui est la plus parfaite, ou plutôt qui a le plus d'avantages, et le moins d'inconvéniens. N'a-t-on égard qu'à l'*action des muscles* sur telle ou telle partie du corps, et au mouvement qu'ils lui font faire, on n'indique pas celle qu'ils exercent sur telle ou telle autre partie ; et il y a peu de muscles qui n'aient au moins deux actions différentes, selon qu'une partie à laquelle ils sont attachés devient plus ou moins fixe relativement à l'autre.

La méthode de démontrer les muscles *selon leur situation*, et comme ils se présentent dans les dissections, est la plus naturelle et la plus favorable à ces mêmes dissections ; mais elle ne peut donner une idée de leurs usages combinés et de leur antagonisme : chacune a donc ses imperfections, si elle a ses avantages. C'est aussi ce qui nous a engagés à présenter les muscles sous ces deux méthodes, et à diviser la myologie en deux parties ; la première contenant les muscles selon leur situation, et la seconde selon leurs usages.

---

(1) *Historia musculorum hominis*, in-4°. Leid. 1734, ouvrage précieux, qui placera toujours son auteur parmi les plus grands anatomistes.

PREMIÈRE PARTIE.

Des muscles, considérés selon leur situation.

Nous admettrons quatre classes de muscles ; ceux de la tête, ceux du tronc, ceux des extrémités supérieures, et ceux des extrémités inférieures.

PREMIÈRE CLASSE.

Des muscles de la tête.

La tête peut être divisée en quatre régions, la supérieure, l'antérieure et les deux latérales.

PREMIÈRE SECTION.

Muscles de la région supérieure de la tête.

La région supérieure de la tête, formée par la calotte du crâne, est principalement occupée par un muscle qu'on nomme *épicrâne*, dont on a cependant fait plusieurs muscles, quoiqu'ils n'en soient que des dépendances.

Du muscle épicrâne (1).

Nom, situation. Ce muscle a été appelé *épicrâne*, parce qu'il est placé au-dessus du crâne.

_____

(1) Ce muscle est formé des frontaux, des occipitaux, des auriculaires, des pyramidaux du nez, que *Vesale*, *Fal-*

Figure. Il est irrégulièrement carré.

Division. On doit y considérer une portion moyenne, large, qui est membraneuse, et les portions postérieures, antérieures et latérales, qui sont charnues, lesquelles comprennent ; savoir,

La postérieure, les deux *muscles occipitaux*.

L'antérieure, les *deux muscles frontaux*, les *deux pyramidaux du nez*.

Les deux portions latérales, les *deux muscles auriculaires externes*, *l'antérieur et le supérieur* (1).

Étendue. L'épicrâne s'étend de derrière en avant, depuis la ligne supérieure de l'os occipital et la portion mastoïdienne du temporal jusqu'aux arcades surcilières, et sur le dos du nez.

Latéralement il se prolonge jusqu'aux arcades zygomatiques et aux oreilles ; de sorte qu'il recouvre entièrement la calotte du crâne.

Division. On peut y distinguer une face supérieure externe, une face inférieure interne ; quatre bords, l'antérieur, le postérieur, et deux bords latéraux.

Confrontations et adhérences. La face supérieure et externe de ce muscle adhère, par un tissu cellulaire serré, au cuir chevelu et à la peau du front.

La face inférieure et interne correspond à la face externe de l'os frontal, des pariétaux, des temporaux et de l'occipital auxquels il est attaché par ses bords,

---

lope, *Cowper*, *Bertrand*, *Douglass*, *Santorini*, *Winslow*, *Morgagni* et la plupart des anatomistes modernes ont soigneusement distingués et décrits comme autant de muscles particuliers. *Albinus* en a réuni plusieurs en un seul, appelé *musculus epicranius* * ; c'est le grand surcilier de *Lieutaud*. *Douglass* lui a donné le nom d'*occipito-frontal*, *Myographia*, cap. 4, que *Boyer* et *Gavard* lui ont conservé.

(1) On n'y comprend pas l'auriculaire postérieur, parce qu'il n'appartient pas à l'épicrâne.

* *Historia musculorum*, p. 138.

2, 7

ainsi qu'au cartilage de l'oreille, et à ceux du nez par des expansions musculaires. Quant à la portion moyenne de ce muscle, qui est membraneuse, elle adhère, par un tissu cellulaire très-lâche, à la partie supérieure de l'os occipital, presqu'à toute celle des pariétaux et du frontal.

Portions musculaires postérieures de l'épicrâne, ou des muscles occipitaux (1).

Ces muscles sónt immédiatement placés sur les deux tiers externes de la ligne courbe supérieure de l'os occipital, s'étendant jusqu'aux apophyses mastoïdes.

Divisions. On pourroit admettre deux muscles occipitaux de chaque côté, un supérieur et un inférieur (2), parce qu'il y a une séparation qui distingue ces muscles en deux portions; mais la dernière ne fait pas portion de l'épicrâne, elle appartient à l'oreille externe. Les occipitaux supérieurs sont larges et minces à proportion qu'ils s'éloignent de leur insertion aux os.

Structure. Leurs fibres charnues dégénèrent en des fibres aponévrotiques, qui vont, par leur réunion, concourir à former l'aponévrose moyenne de l'épicrâne. Ces fibres charnues sont courtes : les unes adhèrent à de petites aponévroses, qui sont des expansions de la grande aponévrose ; d'autres les attachent aux os du crâne.

Attaches. Les muscles occipitaux sont attachés aux deux tiers externes de la ligne courbe supérieure de l'os occipital, et à l'os temporal jusqu'à la partie postérieure de l'apophyse mastoïde.

---

(1) Occipito-frontal, *Douglass.* Les muscles occipitaux de *Winslow.* Occipito-frontal de *Boyer*, *Chaussier*, *Dumas*, p. 94.

(2) *Postici corrugatores minores, seu occipitales :* Santorini, *Obs. anat.*, cap. 1, pag. 6.

Usages. Ces muscles servent à retirer la peau du crâne en arrière.

Portions musculaires antérieures de l'épicrâne. Des muscles frontaux.

Nom et situation. Ces muscles sont ainsi nommés, parce qu'ils couvrent l'os frontal : ils sont placés antérieurement sous la peau.

Étendue. Ils revêtent les deux tiers extérieurs de la face externe du frontal, en y comprenant la bosse frontale moyenne, les arcades surcilières ; ils couvrent aussi la majeure partie de la face externe des os carrés du nez.

Attaches. Ces muscles adhèrent intimement par leur face externe ou antérieure, à la peau ; par leur face interne ou postérieure, au périoste du frontal ; par son extrémité supérieure, à l'aponévrose moyenne de l'épicrâne ; inférieurement, au muscle pyramidal.

Structure. Ils sont, supérieurement, séparés l'un de l'autre, et ils sont réunis inférieurement ; leurs fibres sont légèrement contournées de dedans en dehors, les externes étant plus longues que les internes, et un peu plus obliques.

Des muscles pyramidaux (1).

Ces muscles sont une production des frontaux, qui recouvre la racine du nez ; elle n'est point divisée, comme on le dit ordinairement, en deux parties, dont on a formé les *deux pyramidaux du nez* : ce n'est que vers le tiers moyen des os carrés du nez que

(1) Ces muscles paroissent, dans les planches d'*Eustache*, une vraie continuation des frontaux. Les dilatateurs du nez de *Columbus*, les pyramidaux de *Winslow*, *musculi procri* de *Santorini*. Observ. anat., cap. I, p. 12. — *Chaussier*, fronto-nasal ; *Dumas*, idem.

cette portion inférieure, commune aux frontaux, se divise en deux bandelettes, d'abord charnues, et ensuite tendineuses, qui sont elles-mêmes divisées en deux ou trois autres qui s'attachent à la face externe des os carrés.

Divisions. On pourroit admettre dans ces muscles deux extrémités, la supérieure et l'inférieure ; deux faces, l'antérieure et la postérieure ; deux bords, l'interne et l'externe.

Confrontations et attaches. L'extrémité supérieure est unie aux muscles frontaux ; l'extrémité inférieure se confond par quelques fibres à celle du muscle transverse du nez. La face antérieure adhère à la peau qui la revêt, et la face postérieure aux os carrés du nez et aux cartilages latéraux, principalement par une petite aponévrose qui lui est commune avec les transverses. Les bords internes sont confondus dans la partie supérieure et moyenne ; les bords externes sont isolés, et correspondent aux muscles releveurs communs des ailes du nez et de la lèvre supérieure.

Usages. Ces muscles, de concert avec les frontaux, dont ils font pour ainsi dire partie, froncent la peau du front et du nez, et peuvent retirer la peau du crâne de derrière en avant, en entraînant devers eux la portion postérieure de l'épicrâne quand elle est dans le relâchement.

Portions musculaires latérales de l'épicrâne.

Les *muscles auriculaires* externes sont communément au nombre de deux, mais plus ou moins apparens dans divers sujets.

Situation. L'un est antérieur, l'autre est supérieur à l'oreille.

L'antérieur (1) qui est de forme triangulaire, est,

_____

(1) Antérieur de *Valsava*, de *Vieussens*, de *Santorini*, de *Willis* et de *Winslow. Chaussier*, zigomato-auriculaire. *Dumas*, zigomato-conchinien.

par son extrémité antérieure et grêle, adhérent à la portion de l'aponévrose temporale qui est attachée à l'arcade zygomatique, et par son extrémité postérieure, qui est plus large, il se perd dans la partie antérieure de la conque cartilagineuse de l'oreille.

Le supérieur (1) vient de la partie inférieure de la membrane de l'épicrâne, et répand ses fibres sur le bord supérieur du conduit auditif externe et sur la face postérieure du grand cartilage de l'oreille.

L'aponévrose de l'épicrâne remplit l'espace que les muscles décrits laissent entre eux : elle est tissue de fibres longitudinales, et de quelques - unes obliques; plusieurs de ses fibres se confondent avec celles des muscles. Elle adhère intimement au cuir chevelu par un tissu cellulaire resserré, et elle est moins intimement attachée au crâne. Cette aponévrose ne se prolonge pas, comme quelques anatomistes l'ont dit, sous le muscle crotaphite qui adhère immédiatement au crâne par sa face interne; car c'est sans raison que quelques anatomistes ont admis une membrane intermédiaire entre ce muscle et le crâne, n'y ayant en cet endroit que le seul périoste comme sur tous les autres os du crâne.

Du surcilier (1).

Nom. Ce muscle tire son nom de sa situation.

Figure. Il est grêle, et transversalement contourné en forme d'arcade. Son extrémité interne est plus large que l'externe.

---

(1) Ce muscle a été connu de *Riolan*, qui ne lui a pas donné de nom ; c'est le *corrugateur* des sourcils de *Cowper*, de *Morgagni*, d'*Albinus*, le sourcilier de *Winslow*.—Frontosurcilier de *Chaussier*; cutaneo - surcilier de *Dumas*.

Situation. Il est placé sous la portion de la peau du front, recouverte par les poils des sourcils, montant d'abord assez directement de la racine du nez sur les tempes, mais se contournant ensuite légèrement sous les deux tiers internes des sourcils, de haut en bas.

Confrontation et attaches. Il adhère, par son extrémité interne, à la bosse frontale et à la partie interne de l'arcade surcilière du frontal. Son extrémité externe est en partie recouverte par les fibres du frontal, avec lesquelles sa face externe ou antérieure est unie à la portion de la peau du front qui est couverte des sourcils. Son bord supérieur est uni aux fibres du frontal, et son bord inférieur, à celles de l'orbiculaire des paupières.

Structure. Ses fibres se confondent avec celles du muscle frontal et de l'orbiculaire de la paupière. Elles sont aponévrotiques à l'extrémité interne.

Usages. Ce muscle fronce les sourcils, et les rapproche l'un de l'autre en les abaissant. Les affections violentes de l'ame, la colère, la frayeur, en déterminent les contractions permanentes, plus ou moins de temps ou rapidement interposées.

Muscle postérieur externe de l'oreille (2).

Situation. Ce muscle est placé en arrière et plus bas que le muscle supérieur de l'oreille; il est

---

(1) Auriculæ primus, *Fallopii*; attollens auricula, *Spigellii*; superior, *Valsavæ*; temporo - conchinien, *Dumas*. *Lieutaud* n'admet pas l'existence de ce muscle. Le temporo-auriculaire, *Chaussier*.

(2) Auri musculus à maxillari processu proficiens, *Columbus*; retrahens auriculam, *Cowper*; posteriores, *Valsavæ*; retrahentes auriculi, *Albinus*; le postérieur de *Vieussens*, *Winslow*, *Sabatier*, *Boyer*; les petits occipitaux de *Santorini*; mastoïdo-conchinien, *Dumas*; le mastoïdo-auriculaire, *Chaussier*.

beaucoup plus considérable que lui, il paroît ordinairement comme double.

Figure et attaches. Sa figure est un peu pyramidale, et ses attaches sont telles qu'il adhère à
la partie supérieure de la face externe de l'apophyse
mastoïde, de laquelle il se porte presque transversalement à la partie postérieure du conduit cartila-
gineux auditif externe sur lequel il répand ses fibres,
ainsi que sur la face postérieure de la conque cartilagineuse ; la face externe de ce muscle adhère à
la peau du crâne.

Usage. Il sert à dilater le conduit auditif externe
en le retirant en arrière, ainsi que la conque, et
à froncer la peau du crâne.

*Vaisseaux et nerfs des muscles supérieurs de la
tête.*

Les artères et les veines frontales, temporales et occipitales, communiquent entre elles diversement, en
fournissant des rameaux nombreux au muscle épicrâne.

Les nerfs lui sont fournis par le facial, par les
trois branches des jumeaux, par l'orbitaire, la sous-
orbitaire et la maxillaire inférieure.

SECTION II.

Muscles de la région antérieure de la tête.

Cette région comprend,

1º. Les muscles des yeux : ici l'on trouve l'orbiculaire des paupières, le releveur de la paupière supérieure, l'abaisseur de la paupière inférieure, les muscles droits de l'œil, le grand et le petit oblique.

2º. Les muscles du nez : l'on doit comprendre ici,

le releveur commun de l'aile du nez et de la lèvre supérieure, le transversal du nez, l'abaisseur de l'aile du nez.

3°. Les muscles des lèvres, qui comprennent, l'orbiculaire, le releveur propre de la lèvre supérieure, le petit et le grand zygomatique, le canin, le buccinateur, le triangulaire, le carré et la houppe du menton.

1°. DES MUSCLES DES YEUX.

De l'orbiculaire des paupières (1).

Nom. Ce muscle est ainsi appelé par rapport à sa forme ovalaire, et parce qu'il entoure les paupières en manière de sphincter.

Situation. Il est placé au-devant de l'orbite ou de sa base, entre la peau des paupières et le ligament large ciliaire.

Etendue. Ce muscle s'étend de l'angle interne de l'œil qu'il concourt à former, jusque sur l'os de la pommette qu'il recouvre en partie et où il forme l'angle externe de l'œil ; il s'étend aussi depuis les arcades surcilières où il est confondu avec le muscle surcilier, et la partie inférieure du frontal jusqu'à la joue, où il est réuni par divers trousseaux charnus avec le muscle petit zygomatique.

Division. On peut y considérer une face externe

---

(1) Les deux muscles des paupières, *Vesal : De humano corp. fab.*, lib. XI, cap. 9. L'orbiculaire, premier muscle des paupières, *Colombus.* L'orbiculaire large avec le ciliaire, *Riolan : Anthrop.*, lib. V, cap. 11. L'orbiculaire des paupières de *Winslow : Traité de la tête*, 288 ; d'*Albinus*, p. 148 ; de *Lieutaud*, de *Sabatier*, de *Boyer*, de *Gavard* ; le maxillo-palpébral de *Dumas*, tableau 94 ; le naxo-palpébral de *Chaussier*.

ou superficielle, et une face interne ou profonde, une grande circonférence, une ouverture moyenne qui a aussi une circonférence.

Confrontations. La face externe est recouverte par la peau, et y adhère par un tissu cellulaire plus serré à sa partie supérieure qu'à sa partie inférieure qui contient quelquefois de la graisse ; la face interne recouvre une portion du ligament large ciliaire, et adhère au cartilage tarse par le contour de l'ouverture ; il recouvre le sac lacrymal, une portion du muscle surcilier, du frontal, de l'aponévrose du muscle temporal, du muscle masseter, du canin, une partie de la face externe de l'os maxillaire, de la pommette, du releveur propre de la lèvre supérieure, et une partie du grand et petit zygomatique.

Attaches. Ce muscle cutané est attaché à l'apophyse orbitaire interne du frontal et à la lèvre externe de la gouttière creusée sur le bord postérieur de l'os maxillaire par un petit tendon, du bord postérieur duquel sort une expansion tendineuse ou une aponévrose qui va s'insérer à la crête de l'os unguis. Cette expansion adhère par quelques fibres aux extrémités internes des cartilages tarses. Ce muscle n'adhère point aux os par le reste de son contour, mais il est réuni à divers muscles, comme il a été dit.

Structure. Les fibres de ce muscle sont en général circulaires, contournées autour de l'ouverture des paupières ; elles sont par-tout charnues, à l'exception de l'endroit où elles sont attachées à l'apophyse orbitaire interne du frontal, et à l'apophyse montante de l'os maxillaire où elles forment une espèce de petit tendon transversal et un peu aplati, bien plus apparent dans les vieilles personnes que dans les jeunes sujets, lequel est formé par une espèce d'entrecroisement de fibres de la portion

2. 8

supérieure de ce muscle avec celles de sa portion inférieure.

Les trousseaux charnus du muscle orbiculaire sont écartés vers sa grande et sa petite circonférence, ceux qui sont placés sous les paupières étant séparés des autres par une couche de tissu cellulaire remarquable : on distingue dans quelques sujets une espèce d'énervation tendineuse à l'angle externe ; le muscle petit zygomatique est une production de l'orbiculaire des paupières.

Quelques anatomistes ont cru devoir distinguer de l'orbiculaire quelques fibres musculaires voisines des cartilages tarses, qu'ils ont appelées les ciliaires (1).

Usage. Ce muscle, en se contractant, couvre la cornée transparente, rapproche les paupières l'une de l'autre en même temps que l'angle externe se porte vers l'angle interne qui a une attache fixe.

Du releveur de la paupière supérieure (2).

Nom. Ce muscle a tiré son nom de son usage.

Situation. Il est situé dans l'orbite et à sa partie supérieure, s'étendant du fond de cette cavité jusqu'au cartilage tarse de la paupière supérieure.

---

(1) *Vinslow* avoit aussi cru devoir distinguer la portion supérieure de l'orbiculaire des paupières, de la portion inférieure. Il a nommé la première *le muscle sus-demi-orbiculaire*, et la seconde *le muscle sous-demi-orbiculaire*.

(2) Le second muscle des paupières qui ouvre l'œil, *Columb.*: *De re anat.*, lib. V, cap. 8. Le releveur de la paupière supérieure, *Fallope*: *Observ. anat.* * *Riolan*, *Anthrop.*, lib. V, cap. 10. Pyramidal de *Molinetti*. Le releveur propre de *Winslow*. * Les anatomistes ont singulièrement varié dans la description de ce muscle. *Fallope* est le premier qui en ait donné une bonne. Des anatomistes qui l'avoient précédé, les uns l'avoient attribué au globe de l'œil, et d'autres le regardoient comme une production de l'orbiculaire. *Fallope* détruisit ces erreurs en consultant la nature, et ce fut vers 1553 qu'il publia que ce muscle appartenoit à la paupière supérieure, et non au globe de l'œil. *Carcanus* lui fait honneur de cette découverte : cependant *Arantius* ne craignit pas de se l'approprier.

Figure et division. Il est pyramidal et aplati, ayant deux faces, l'une supérieure, l'autre inférieure, une extrémité postérieure et une extrémité antérieure.

Confrontation. Il confronte par sa face supérieure avec la voûte de l'orbite, avec les nerfs de la branche du nerf ophthalmique de *Willis*, avec le ligament orbiculaire de la paupière supérieure ; par sa face inférieure, avec le muscle droit supérieur du globe de l'œil, sur lequel il est placé.

Attaches. Ce muscle s'attache à la partie supérieure et antérieure du trou optique, par un tendon court et grêle, qui lui est commun avec celui du muscle droit supérieur ; et par son extrémité antérieure il adhère au bord supérieur du cartilage tarse de la paupière supérieure par une courte expansion ligamenteuse qui est une continuation de ses fibres musculaires, longitudinales et épanouies.

Structure. Il est simple : ses fibres tendineuses postérieurement donnent origine à des fibres charnues, parallèles entre elles, et qui s'épanouissent en avançant vers la paupière supérieure ; les fibres internes paroissent un peu plus droites que les externes qui sont légèrement contournées.

Usage. Son usage est de relever la paupière supérieure, et de la porter en arrière et un peu en dedans : s'il agit avec force, il sert à découvrir le globe de l'œil ; et s'il se contracte alternativement avec l'orbiculaire, il produit le clignotement de la paupière supérieure.

---

trait. de la tête, p. 285. Le releveur de la paupière supérieure, *Albinus*, p. 173. Orbito-palpébral de *Chaussier*, de *Sabatier*, de *Boyer*. L'orbito sus-palpébral de *Dumas*.

De l'abaisseur de la paupière inférieure (1).

On voit quelquefois au-devant de la portion inférieure de l'orbiculaire des paupières un trousseau de fibres musculaires, de trois à quatre lignes de largeur, qui a très-peu d'épaisseur, lequel monte jusqu'au cartilage tarse de la paupière inférieure et s'y perd. Ce muscle paroît dans quelques sujets une production de la portion du peaucier, qui se répand sous la peau du visage.

Des muscles droits du globe de l'œil (2).

Nom. Nombre. Ces muscles qui sont au nombre de quatre, sont ainsi nommés par rapport à leur direction, par rapport à leur situation relative au globe de l'œil : on les distingue en supérieur et inférieur, en interne et en externe (3).

Situation. Tous ces muscles sont situés dans l'orbite, s'étendant du fond de cette cavité jusqu'à la partie antérieure du globe de l'œil.

Figure. Ils sont très-allongés de derrière en de-

---

(1) *Depressor palpebræ inferioris*, Caldani : *Instit. anat.*, tom. XI, p. 41.

(2) Les muscles droits ont été connus de *Galien*, et décrits par *Vesale : De humano corp. fab.*, lib. XI, par *Columbus*, *Fallope*, et enfin tous les anatomistes, mais sous divers noms.

(3) Le droit supérieur (a), par rapport à son usage, est aussi appelé le *releveur* (b), et le superbe, l'élévateur de *Dessault*, *Boyer*, *Gavard*.

(a) *Fabric. de ocul.*, part. I, cap. 11.

(b) De Riolan : *Anthrop.*, lib. V, cap. 11.

vant, et leur attache à l'orbite forme un cône (1), dont la pointe est diamétralement opposée à leurs attaches au globe de l'œil.

Situation et confrontation. Le droit supérieur est recouvert par le releveur de la paupière supérieure, et par la branche supérieure du nerf de la troisième paire ; il est placé sur le nerf optique et sur le globe de l'œil.

Le droit inférieur est placé sous le globe de l'œil, recouvre la paroi inférieure de l'orbite, et répond, du côté externe, au petit oblique.

Le droit externe touche au globe de l'œil par sa face interne, à la glande lacrymale par sa face externe.

Le droit interne répond au globe de l'œil, et à l'artère optique.

Attaches. Le droit supérieur s'attache à la partie

L'inférieur (*a*), l'abaisseur (*b*), l'humble (*c*).
Le droit externe (*d*), l'abducteur (*e*), le dédaigneux (*f*).
Le droit interne (*g*), l'adducteur (*h*), le buveur (*i*).
Chaussier, le droit supérieur, ou le releveur; le droit inférieur, ou l'abaisseur; le droit interne, ou l'adducteur; le droit externe, ou l'abducteur.
Dumas, le droit supérieur sus - optico - sphéni - scléroticien, le droit inférieur sous - opti - sphéno - scléroticien, le droit interne orbito-intus-scléroticien, le droit externe orbito-extus-scléroticien.

(1) Voyez l'*Anat.* de *Lieutaud*, t. II, p. 36.

(*a*) *Fabric. de ocul.*, part. I, cap. 11.
(*b*) Riolan : *Anthrop.*, lib. V, cap. 11.
(*c*) *Casser. pent.*, lib. V, sect. I, cap. 18.
(*d*) *Fabric. de occul.*, part. I, cap. 11.
(*e*) Riolan : *Anthrop.*, lib. I, cap. 11.
(*f*) *Casser. pent.*, lib. V, sect. I, cap. 18.
(*g*) *Fab. de occul.*, part. I, cap. 11.
(*h*) Riolan : *Antrhop.*, lib. V, cap. 11.
(*i*) *Casser. pent.*, lib. V, sect. I, cap. 12.

postérieure de l'orbite, à l'os sphénoïde dans l'intervalle qui sépare la fente sphénoïdale d'avec le trou optique, immédiatement au-dessous et derrière le muscle releveur.

Le droit inférieur, le droit interne et le droit externe naissent par un tendon commun, grêle et court, qui s'attache au bord inférieur et un peu postérieur du trou optique : ce tendon est éloigné de quelques lignes du trou optique, et semble se ramifier dans l'os.

Direction. Ces quatre muscles ainsi attachés postérieurement, marchent le long du globe de l'œil, et se terminent antérieurement par un tendon, ou plutôt l'extrémité antérieure de ces quatre muscles droits s'épanouit en une aponévrose qu'on peut suivre jusque sur la cornée transparente.

Structure. La structure de ces muscles est telle, qu'ils sont formés de fibres tendineuses et charnues. Les tendineuses occupent leur extrémité antérieure et postérieure, et les fibres charnues qui sont moyennes sont plus rapprochées en arrière qu'en avant ; ce qui fait que chacun de ces muscles a une forme pyramidale.

Les usages généraux de ces muscles sont destinés à mouvoir l'œil en le contournant diversement, de manière que la cornée transparente soit tantôt relevée, tantôt abaissée, et tantôt portée en dedans ou en dehors : mais en même temps que la partie antérieure du globe de l'œil parcourt de grands espaces, la partie postérieure est nécessairement tournée dans un sens contraire ; mais les espaces qu'elle parcourt sont infiniment petits, et sans aucun tiraillement du nerf optique, qui est légèrement contourné dans l'orbite.

Usages particuliers. Les usages du droit supérieur sont de *relever* le globe de l'œil, c'est pour cela qu'on l'a nommé le releveur. L'inférieur l'abaisse, aussi on l'a nommé abaisseur ; l'externe le porte en dehors, aussi l'appelle-t-on l'abducteur ; enfin, le droit interne amène le globe de l'œil, en dedans ou vers le nez ; c'est pour cet usage qu'on lui a donné aussi le nom d'adducteur.

Du muscle grand oblique de l'œil (1).

Nom. C'est de sa direction que ce muscle tire son nom (2), ainsi que de sa longueur comparée à celle d'un autre muscle plus petit, qu'on appelle aussi le *petit oblique.*

Situation. Le grand oblique est situé à la partie supérieure et interne de l'orbite, au côté interne du droit supérieur et du nerf optique ; son tendon est logé dans la poulie sous l'apophyse orbitaire interne.

Structure et attaches. Ce muscle est attaché à l'orbite postérieurement par un tendon grêle, à deux ou trois lignes de distance du contour interne du trou optique, au-dessous du bord interne du muscle droit supérieur, dont il est séparé par du

---

(1) *Vesale* a connu ce muscle, mais non dans toute son étendue. *De fabr. corp. hum.*, lib. XI, cap. 12.

(2) *Tertius palpebrarum*, de *Columb. : De re anat.* lib. V, cap. 8. *Duorum in gyrum flectentium prior. Fallope*, observ. anat. Cet anatomiste est le premier qui ait décrit la poulie de l'œil ; il n'a point divisé le grand oblique en deux muscles, comme *Vesale* le faisoit : aussi attribuoit-il sept muscles au globe de l'œil, quoiqu'il n'y en ait que six *. *Trochlearis*, de *Casser. Pent.*, lib. V, sect. 1, cap. 18. L'oblique supérieur de *Winslow : Exp. anat. trait. de la tête*, §. 445. Le trochléateur de *Bertin*, t. I, p. 9. Le grand oblique de *Lieutaud*, *Sabatier*, t. III, p. 87. De *Boyer*, de *Gavard : Traité de splanchnol.*, p. 126. *Chaussier*, l'oblique supérieur, ou le grand. *Dumas*, optico-trochéi-scléroticien.

* *Voyez* notre *Hist. d'anat.*, tom. VI, p. 414.

tissu cellulaire ; ce tendon est uni à un corps charnu, mince et étroit, dont la direction est telle, qu'il se porte d'arrière en avant, le long de la partie interne et supérieure de l'orbite jusqu'auprès de l'apophyse angulaire interne du coronal, où ce corps musculeux s'unit à un tendon arrondi, qui a à peu près la moitié de sa longueur ; lequel passe dans le corps ligamento-cartilagineux en forme de poulie, attachée à l'apophyse orbitaire interne du coronal, d'où il descend après avoir passé dans cette poulie en se recourbant en arrière et en dehors, et en formant un angle très-aigu entre le muscle droit supérieur et le globe de l'œil, où il s'élargit en se portant sur sa partie postérieure, et adhère à la sclérotique à très-peu de distance du nerf optique.

Poulie de l'œil. L'harmonie qui règne dans la poulie et le tendon qu'elle soutient, mérite bien d'être considérée. La poulie est une espèce de lame ligamento-cartilagineuse, légèrement concave, et unie supérieurement du côté de l'orbite ; le tendon du grand oblique passe sur elle. Cette lame ligamento-cartilagineuse est convexe inférieurement du côté de l'œil ; chaque extrémité de ce cartilage trochléateur est attachée à un petit ligament implanté dans le périoste et dans le coronal.

A cette poulie adhère une gaîne membraneuse, imbibée de suc synovial, qui contient le tendon du grand oblique et qui se prolonge aussi sur le corps musculeux du grand oblique : d'où il résulte une espèce de capsule qui fixe le tendon en même temps qu'elle facilite ses mouvemens sur la poulie ; la portion de cette gaîne capsulaire qui est attachée au corps musculaire du grand oblique est très-mince, celle qui renferme le tendon est beaucoup plus épaisse et plus forte.

La quatrième paire des nerfs se distribue dans le muscle grand oblique, et est pour cela appelée le nerf *trochléateur.*

Usages. Ce muscle contourne le globe de l'œil , en le portant en dedans et en avant , en même temps que la pupille est dirigée par ce mouvement en dedans et en bas.

Du petit oblique de l'œil (1).

Nom. Ce muscle a été ainsi nommé par rapport à sa direction et à sa grandeur.

Situation. A la partie antérieure et inférieure de l'orbite , s'étendant depuis le côté externe du canal nasal jusqu'au globe de l'œil , extérieurement et postérieurement.

Structure. Il est grêle , charnu dans son milieu , et tendineux à ses extrémités.

Le tendon qui s'attache à l'orbite est court et grêle ; les fibres musculaires qui y adhèrent sont longitudinales, et se terminent sur le globe de l'œil par une aponévrose assez large.

Attaches. Au bord interne et inférieur de l'orbite , au côté externe et très-près du canal nasal ; ensuite sa portion d'abord charnue se porte en arrière et en dehors, entre le muscle droit inférieur et l'orbite , entoure la partie externe du globe de l'œil , en passant sous le muscle droit externe ; elle se termine ensuite par une espèce d'aponévrose tendineuse , qui se perd dans la sclérotique à très-peu de distance du nerf optique.

Usages. Ce muscle contourne le globe de l'œil ;

(1) C'est l'un des muscles qui contournent l'œil , *Vesale :* *De hum. corp. fab.* , lib. 11 , cap. 11. L'oblique interne de *Fabrice* d'Aquapend. : *De ocul.* , part. I , cap. 11. L'oblique inférieur , ou le petit oblique de *Riolan :* *Anthrop.* , lib. V, cap. 11. L'oblique inférieur d'*Albinus :* *Myolog.* , p. 281 ; de *Winslow : Exp. anat. trait. de la tête,* §. 247. Le petit oblique de *Sabatier*, t. III, p. 87 ; de *Boyer: Myolog.*, t. II, p. 60. L'oblique inférieur , ou le petit, *Chaussier.* Maxillo-scléroticien , *Dumas.*

il est congénère du grand oblique pour le porter
en dedans et en avant, mais il dirige la pupille en
dehors et en haut. On trouvera dans la seconde
partie de la myologie quelques remarques sur les
usages combinés de ces muscles.

Remarques. Les muscles du globe de l'œil (1) ont fixé l'attention des plus célèbres anatomistes ; *Galien* et *Vésale* en
admettoient sept, et pour les trouver ils divisoient le grand
oblique en deux portions qu'ils séparoient dans l'endroit où ce
muscle passe sur la poulie que *Fallope* a découverte, ainsi
que la continuité des deux parties du grand oblique.

Galien avoit avancé que les muscles des yeux s'attachoient à
la dure-mère : cette opinion a été adoptée jusqu'au milieu du
dix-septième siècle, époque à laquelle *Arantius*, un des plus
grands anatomistes qu'ait fournis l'Italie, dit que ces muscles
s'attachoient à l'orbite même, et autour du trou optique, si
l'on en excepte le petit oblique.

Selon *Valsalva*, ces muscles forment un anneau autour du
trou optique, qui entoure exactement le nerf qui y passe ; on a
cru depuis que ces muscles pouvoient resserrer assez exactement
le nerf optique pour donner ainsi lieu à la goutte sereine.
Winslow, ayant observé que le trou optique étoit placé
plus près de l'angle interne que de l'angle externe de l'œil,
conclut que les muscles droits étoient inégaux en longueur, et
que l'interne étoit plus court que l'externe ; cependant cette
conséquence toute naturelle qu'elle lui a paru, n'est point vraie,
aussi *Lieutaud* (2) et *Zinnius* l'ont-ils relevée.

J'ai disséqué ces muscles avec soin, et j'ai remarqué que
l'inférieur et l'externe étoient réunis à un tendon grêle et
court, lequel est implanté au bord inférieur et postérieur du
trou optique ; le muscle droit supérieur et le releveur de la
paupière s'attachent au bord supérieur et un peu antérieur du
même trou.

Ces tendons sont très-apparens, chez les vieillards sur-tout ;
ils sont éloignés de quelques lignes du trou optique. C'est par
les extrémités antérieures tendineuses des muscles droits qui
s'épanouissent sur la portion postérieure de la sclérotique, appelée *cornée opaque*, qu'ils se confondent avec elle.

_____

(1) Voyez les *Mémoires de l'Acad. des Sciences*, année 1770.
(2) *Anat. historique*, t. II, p. 36.

Le grand oblique s'implante à l'orbite vers le bord interne du trou optique : il n'y a aucun muscle d'attaché près du segment inférieur du même trou. *Valsalva* a donc eu tort d'avancer que les muscles de l'œil formoient un anneau autour du trou et du nerf optique, et c'est sans aucun fondement qu'on a cru que la goutte sereine pouvoit être occasionnée par la compression du nerf optique par le prétendu anneau.

2°. DES MUSCLES DU NEZ.

Du releveur commun de l'aile du nez et de la lèvre supérieure (1).

Nom. Le nom de ce muscle lui vient de ses usages.

Figure. Il est grêle, mince, rétréci supérieurement du côté du nez, et large inférieurement dans la lèvre supérieure.

Étendue. Il s'étend de l'apophyse montante de l'os maxillaire jusqu'à la lèvre supérieure, en passant sur l'aile du nez.

Confrontations. La face antérieure est recouverte supérieurement par l'orbiculaire de la paupière, par la veine labiale, et ensuite par la peau à laquelle il adhère.

Sa face postérieure recouvre une portion de l'os maxillaire, du cartilage latéral du nez, quelques rameaux du nerf sous-orbitaire, les muscles trans-

---

(1) Le cinquième muscle d'un côté de l'aile du nez : *Vesale*, lib. II, cap. 3. Le dilatateur de l'aile du nez, et le releveur de la lèvre supérieure, *Cowper : Myol.*, cap. 10. La grande portion de l'incisif latéral de *Winslow : Traité de la tête*, 562. L'oblique latéral du même auteur. Le releveur de la lèvre supérieure et de l'aile du nez, *Albinus : Hist. muscul.*, p. 153. *Sabatier.* L'oblique descendant de *Lieutaud : Anat. hist.*, t. II. L'élévateur commun de l'aile du nez et de la lèvre supérieure de *Boyer*, de *Gavard*. Le grand sus-maxillo-labial, *Chaussier.* Maxillo-labii-nasal, *Dumas*.

versal et myrthiforme, et s'unit à son bord externe près de son extrémité inférieure au releveur propre de la lèvre supérieure, en se perdant avec lui dans l'orbiculaire des lèvres.

Attaches. L'extrémité supérieure de ce muscle est attachée par une expansion aponévrotique à la face externe de l'apophyse montante ou nasale de l'os maxillaire, au côté externe des pyramidaux, au-dessous du tendon du muscle orbiculaire des paupières.

Ce muscle descend obliquement en s'élargissant sur la face latérale externe des cartilages latéraux supérieurs du nez, au périchondre desquels il adhère; ensuite, par ses fibres plus extérieures, il s'unit au releveur propre de la lèvre supérieure, et avec la portion supérieure de l'orbiculaire des lèvres.

Structure. L'extrémité supérieure de ce muscle est aponévrotique; il est ensuite formé de fibres longitudinales, charnues, un peu obliques.

Usages. Ce muscle, comme son nom l'indique, sert à dilater le nez en élevant ses ailes, et à relever la lèvre supérieure.

Le transversal du nez (1).

Nom. Il tire son nom de sa situation presque transversale.

---

(1) Ce muscle a été connu d'*Eustache* et de *Fallope*, qui ne lui ont pas donné de nom. *Qui dilatat alam nasi sine elevatione*, Riolan : *Anthropol.*, lib. V, cap. 13. Le transversal, *Santorini*, *Obs. anat.*, p. 4, qui l'a divisé en plusieurs parties. Le transversal ou inférieur de *Winslow*. *Compressor nasi*, Albinus : *Myol.*, p. 150. Le triangulaire du nez, *Lieutaud*, *Sabatier*, *Boyer*, *Gavard*, etc. Le sus-maxillo-nasal, *Chaussier*. Maxillo-alvéoli-nasal, *Dumas*.

Figure. Il est mince et un peu triangulaire.

Situation. Il est situé à côté du nez, se prolongeant de la partie latérale et inférieure du nez jusqu'à la partie antérieure de la fosse canine.

Confrontations. Sa face antérieure est recouverte par la peau et par le releveur commun des ailes du nez et de la lèvre supérieure ; sa face postérieure couvre une partie de l'os maxillaire et les cartilages latéraux du nez.

Attaches. Il s'attache, par sa face postérieure, à l'os maxillaire, entre la partie interne de la fosse canine et l'ouverture antérieure des fosses nasales.

Antérieurement et du côté interne, le muscle transversal adhère aux cartilages latéraux du nez, par quelques trousseaux musculeux, et par une aponévrose, laquelle se prolonge sur le dos du nez, en se confondant avec celle du transversal de l'autre côté ; de sorte que ces deux muscles pourroient être considérés comme ne faisant qu'un digastrique.

Usages. Ce muscle ne peut se contracter sans comprimer les ailes du nez, et les rapprocher ainsi de la cloison : ce qui lui a fait donner le nom de *compresseur* des ailes du nez.

De l'abaisseur de l'aile du nez (1).

Figure. Celle d'un quadrilatère.

On a cru pouvoir le comparer à une feuille de myrthe ; c'est pour cette raison que quelques anatomistes l'ont appelé *myrthiforme.*

---

(1) Constricteur de l'aile du nez de *Cowper.* Le myrthiforme ou le dilatateur propre des ailes du nez, *Santorini.* L'incisif

Situation. Il est placé au - dessous de l'aile du nez, et derrière la lèvre supérieure.

Confrontations. Sa face antérieure est immédiatement recouverte par le releveur commun des ailes du nez et de la lèvre supérieure, ainsi que par la membrane interne de la bouche. Sa face postérieure couvre une partie de la face antérieure et inférieure de l'os maxillaire, ainsi que le cartilage latéral du nez.

Attaches. Supérieurement au cartilage de l'aile du nez et au cartilage de sa cloison. Inférieurement à l'os maxillaire supérieur, au-dessus des alvéoles des dents incisives.

Structure. Ses fibres charnues sont presque toutes droites intérieurement, et obliques extérieurement; elles adhèrent à celles du transverse du nez, et à celles de la portion supérieure de l'orbiculaire des lèvres.

Son principal usage est d'abaisser l'aile du nez. Il paroît aussi pouvoir concourir à l'abaissement de la lèvre supérieure.

3°. DES MUSCLES DES LÈVRES.

De l'orbiculaire des lèvres (1).

Nom. Ce muscle tire son nom de la direction de ses fibres.

---

mitoyen de *Winslow*. *Depressor alæ nasi* d'*Albinus*, cap. XVIII, p. 166. *Chaussier* le comprend dans le labial. Le maxillo-alveoli-nasal de *Dumas*.

(1) *Vesale* et les anatomistes qui lui ont immédiatement succédé, ont connu et bien décrit ce muscle, sans lui donner de nom particulier.

Situation. Il entoure les deux lèvres, et concourt à leur formation.

Figure et structure. Il est circulaire et formé de deux plans larges, de fibres charnues, un pour chaque lèvre, lesquels se rencontrent et s'entrecroisent aux deux angles ou commissures de la bouche, où ils adhèrent par leur face externe plus intimement à la peau que dans le reste de leur étendue.

Les trousseaux de ce muscle sont séparés vers le grand bord, et laissent quelque interstice, sur-tout sous le cartilage moyen du nez.

Divisions. On peut distinguer dans ce muscle une face antérieure et une face postérieure, deux bords : l'un interne, qui fait le contour de l'orifice de la bouche, et qui est le plus petit ; l'autre externe, qui est plus étendu. On peut aussi y considérer deux espèces d'angles appelés commissures, auxquels la portion supérieure de ce muscle se réunit à l'inférieure et à d'autres muscles latéraux des lèvres.

Confrontations et attaches. La face antérieure et externe de l'orbiculaire des lèvres est immédiatement recouverte par la peau des lèvres à laquelle ce muscle est adhérent ; la face postérieure et interne recouvre la membrane qui revêt l'intérieur de la lèvre, et quelques glandes labiales, vaisseaux et nerfs dont ces branches intermédiaires répandent les rameaux.

Il est attaché, par sa grande circonférence, supé-

Riolan l'a appelé *orbiculaire des lèvres : Anthrop.*, lib. V, cap. 12. C'est le constricteur des lèvres *de Cowper* ; le sphincter de *Douglass. Winslow* en faisoit deux muscles demi-orbiculaires, le supérieur et l'inférieur, et il divisoit encore chacun d'eux en deux autres : l'orbiculaire d'*Albinus*, liv. III, cap. 18. Le labial de *Chaussier* et *Dumas. Gavard* et *Boyer* ont admis un muscle demi-orbiculaire supérieur et un demi-orbiculaire inférieur.

rieurement par quelques fibres au milieu de l'épine
nasale, à la partie inférieure et antérieure des ouvertures nasales; le reste de sa circonférence est uni
supérieurement au muscle releveur commun de
l'aile du nez et de la lèvre supérieure, au muscle
releveur propre, au canin; latéralement, avec le
petit et le grand zigomatique, avec le buccinateur;
inférieurement, avec le triangulaire, avec les muscles
carrés et avec la houppe du menton.

Usages. Ce muscle rétrécit, en se contractant, la
cavité de la bouche, sert à la mastication, à la déglutition et à la formation de la voix. Si, lorsque
les deux portions de l'orbiculaire, la supérieure et
l'inférieure, se contractent, les buccinateurs sont aussi
en action, l'ouverture de la bouche se ferme en
même temps que les angles ou commissures s'éloignent; mais si le buccinateur se relâche, l'ouverture de la bouche se rétrécit par le rapprochement
des lèvres, au point de fermer exactement la bouche
en s'arrondissant; et si les fibres circulaires externes se
contractent seules, sans que les internes se contractent aussi, les lèvres font une saillie en avant, en
se renversant plus ou moins en dehors, et forment
une saillie comme un cul-de-poule. Combien les mouvemens des lèvres ne sont-ils pas variés et pour
la mastication des alimens, et pour la formation des
sons !

Du releveur propre de la lèvre supérieure (1).

Situation. Ce muscle est placé au-dessous de la
partie interne et presque moyenne de l'orbite, d'où

_____

(1) Ce muscle a été connu de *Vesale* : c'est la p***** portion
de l'incisif latéral de *Winslow*, le releveur, *levator*, de la lèvre
supérieure d'*Albinus*, p. 153. L'élévateur de la lèvre supérieure
de *Boyer*, de *Gavard*. Le moyen sus-maxillo-labial, *Chaussier*.
Orbito-maxilli-labial, *Dumas*.

il s'étend dans la lèvre supérieure ; il est dirigé obliquement de dehors en dedans, et est plus externe que le releveur commun de la lèvre supérieure et de l'aile du nez, dont il est séparé par un petit espace qui est rempli de tissu cellulaire et de graisse.

Figure. Il est un peu plus long que large, ayant la forme pyramidale ; son extrémité supérieure est plus large que l'inférieure.

Confrontations et attaches. Sa face antérieure est couverte supérieurement par la portion inférieure de l'orbiculaire des paupières, et le reste par la peau.

Sa face postérieure recouvre une partie de l'os de la pommette et de l'os maxillaire ; les vaisseaux et le nerf sous-orbitaires, le muscle canin, une portion de l'abaisseur de l'aile du nez et de l'orbiculaire des lèvres.

Il est attaché, par son extrémité supérieure, au bord inférieur de la base de l'orbite, en partie à l'os maxillaire, et en partie à l'os de la pommette.

Son extrémité inférieure, qui est plus interne et plus rétrécie, s'unit à la partie supérieure et presque moyenne du muscle orbiculaire des lèvres, après s'être confondue en dedans avec l'abaisseur de l'aile du nez, et extérieurement avec le petit zigomatique.

Structure. Ce muscle est formé de fibres charnues à peu près parallèles les unes aux autres ; elles sont écartées en quelques endroits, et son extrémité supérieure est aponévrotique.

Usages. Ce muscle relève la lèvre supérieure, et la porte en dehors.

Du petit zigomatique (1).

Nom. Ce muscle porte le nom de *petit zigoma-tique* pour le distinguer d'un autre plus grand que nous décrirons bientôt.

Le petit zigomatique manque quelquefois.

Figure. Il est long, plus grêle et plus court que le grand zigomatique.

Situation. Il s'étend de l'os de la pommette à la partie inférieure du bord externe du releveur propre de la lèvre supérieure, avec lequel il s'unit et se perd dans la portion supérieure de l'orbiculaire des lèvres.

Confrontations. Sa face antérieure est couverte supérieurement par la partie inférieure de l'orbiculaire des paupières, et le reste par la peau.

Sa face postérieure recouvre une portion de la face externe de l'os de la pommette, le muscle canin, ainsi que quelques veines labiales.

Attaches. Par son extrémité supérieure, à la partie inférieure de la face externe de l'os de la pommette, plus intérieurement et un peu plus haut que le grand zigomatique.

Son extrémité inférieure, après s'être unie, par son bord interne, au bord externe de celle du releveur propre de la lèvre supérieure ; ces deux muscles vont ensemble se terminer à la portion supérieure de l'orbiculaire des lèvres.

Structure. Son extrémité supérieure est un peu

---

(1) Le petit zigomatique de *Santorini* : *Obs. anat.*, cap. 23, pag. 25. De *Winslow*, ibid. : *Traité de la tête*, 360. Le petit zigomato-labial, *Chaussier* et *Dumas*.

tendineuse ; le reste du muscle est formé de petits
faisceaux charnus.

Usages. Ses usages sont de relever la lèvre supérieure, en la portant en dehors.

Du muscle grand zigomatique (1).

Nom. Ce muscle, comme le précédent, tire son
nom de son attache à l'os de la pommette, qu'on a
aussi appelé *zigoma*.

Situation. Ce muscle occupe la partie moyenne
de la joue, s'étendant obliquement de l'os de la
pommette à la commissure des lèvres.

Confrontations. Sa face externe est couverte supérieurement par la portion inférieure et externe
du muscle orbiculaire des paupières, et ensuite immédiatement par la peau qu'il soulève d'une manière bien apparente dans les personnes maigres.

Sa face interne couvre une partie de la face externe
de l'os de la pommette, du muscle masseter, du
buccinateur, de l'orbiculaire des lèvres, à la commissure desquelles il se termine supérieurement.

Attaches. Par son extrémité supérieure, il s'attache à la face externe de l'os de la pommette, et
à peu de distance du bord inférieur de cet os, près
de son articulation à l'apophyse zigomatique de l'os
temporal.

Son extrémité inférieure, qui est charnue comme
presque tout le reste de son étendue, se confond
avec la partie externe et supérieure de l'orbiculaire
des lèvres dans la commissure.

Structure. Il est un peu tendineux supérieure-

---

(1) L'un des quatre muscles des lèvres, *Vesale.* Riolan lui
a donné le nom de *zigomatique;* il ne connoissoit pas le petit
zigomatique. Les anatomistes les ont depuis bien distingués et
décrits. Le grand zigomato-labial, *Chaussier* et *Dumas.*

ment, et ensuite il est formé de plusieurs trousseaux musculeux longs qui s'élargissent en descendant ; ce qui fait que ce muscle a la forme d'une pyramide allongée.

Usages. Ce muscle rend, en se contractant, la joue plus saillante, et élève la commissure des lèvres, en la portant en dehors et en arrière.

Du releveur de l'angle des lèvres, ou du canin (1).

Nom. Ce muscle est ainsi appelé d'après ses usages et d'après son attache dans la fosse canine, creusée à la partie moyenne de la face externe de l'os maxillaire supérieur, au-dessus des premières dents molaires.

Confrontations. La face antérieure de ce muscle est couverte par le releveur propre de la lèvre supérieure, par le petit zigomatique, par les vaisseaux et les nerfs sous-orbitaires dont il reçoit les branches, et inférieurement par la peau ; sa face postérieure recouvre une portion de l'os maxillaire, de l'orbiculaire des lèvres et du buccinateur, et de la membrane interne de la bouche.

Attaches. Ce muscle est attaché à la fosse canine de l'os maxillaire par son extrémité supérieure, immédiatement au-dessous de l'orifice du canal sousorbitaire ; il descend un peu obliquement vers l'orbiculaire des lèvres pour confondre ses fibres avec celles de ce muscle, et avec celles du buccinateur, et du triangulaire, dans la commissure de la lèvre supérieure avec la lèvre inférieure.

Structure. Il est composé de fibres charnues lon-

---

(1) Le canin de *Santorini*, de *Winslow*, de *Lieutaud*, de *Sabatier*, de *Boyer*, de *Gavard*. Le releveur de l'angle de la bouche d'*Albinus*, lib. III, cap. 11. Le petit sus-maxillolabial, *Chaussier* et *Dumas*.

gitudinales, formant des trousseaux quelquefois légèrement séparés par du tissu cellulaire.

Usages. Ce muscle relève l'angle des lèvres et le
porte un peu en dedans.

Des petits muscles incisifs supérieurs.

Ce sont deux petits trousseaux musculeux très-
rapprochés, qu'on pourroit bien prendre pour deux
petites portions de l'orbiculaire ; ils sont attachés
par leur extrémité supérieure à la fossette superficielle de l'os maxillaire, au-dessous de l'épine nasale,
au-dessus des dents incisives moyennes.

Leurs extrémités inférieures se réunissent à la partie
moyenne et supérieure de l'orbiculaire des lèvres ;
les fibres de ces muscles sont parallèles.

Ils peuvent servir à relever un peu la lèvre supérieure, et à la rapprocher du bord alvéolaire supérieur.

Du buccinateur (1).

Situation. Ce muscle concourt à former la joue
dans laquelle il est situé, occupant l'espace qu'il y
a entre la partie latérale du bord alvéolaire supérieur
et la partie latérale du bord alvéolaire inférieur,
s'étendant depuis le ligament intermaxillaire jusqu'à
la commissure des lèvres dont ce muscle fait partie.

Figure. Il ressemble à un carré irrégulier, ayant
plus de largeur dans son milieu.

Divisions. Il a deux faces, une externe et l'autre

---

(1) Le second muscle des joues, des lèvres et des ailes du nez,
de l'un et de l'autre côté, *Vesale : De hum. corp. fab.*, lib. 11,
cap. 13. *Musculus buccœ. Columbus : De re anat.*, lib. V, cap. 6.
Bucco, Riolan : *Anthrop.*, lib. V, cap. 12. Buccinateur de
Cowper, *Winslow*, *Lieutaud*, *Sabatier*, *Boyer*, *Gavard*, etc.
Le bucco-labial, *Chaussier*. Alvéolo-maxillaire, *Dumas*.

interne ; quatre bords, le supérieur, l'inférieur, le postérieur et l'antérieur.

La face externe de ce muscle est recouverte par la peau, un peu par le grand zygomatique, par le muscle masseter, et par le crotaphite.

Vers le milieu de cette face passe un peu obliquement le canal excréteur de la glande parotide, ou le conduit de *stenon*, qui pénètre dans un écartement de fibres musculaires, qui correspond à la troisième dent molaire supérieure pour s'ouvrir dans la bouche.

La face interne du buccinateur est recouverte par la membrane buccale.

Confrontations et attaches. Le bord supérieur est attaché à l'os maxillaire un peu au-dessus du bord alvéolaire, depuis sa partie postérieure jusqu'à la première petite dent molaire, et le bord inférieur de ce muscle est attaché au-dessous du bord alvéolaire de la mâchoire inférieure à peu près dans la même étendue. Le bord postérieur du buccinateur est attaché en partie au ligament intermaxillaire, et communique par quelques trousseaux musculeux avec les muscles du pharynx.

Son bord antérieur est rétréci comme un angle tronqué, et se confond dans la commissure des lèvres avec le muscle orbiculaire, ainsi qu'avec des fibres du petit et du grand zygomatique, et avec des fibres du triangulaire qui recouvrent une partie de sa surface externe.

Structure. Ce muscle est formé de fibres charnues qui ont diverses directions : les moyennes sont à peu près transversales ; les supérieures et inférieures sont plus ou moins obliques. Les attaches de ce muscle aux mâchoires et au ligament intermaxillaire sont un peu tendineuses, et vers la commissure des lèvres ces fibres sont charnues, et la continuation de celles dont le muscle est généralement formé.

Usages. Ses usages sont de retirer l'angle de la bouche en arrière. S'ils agissent ensemble, les deux angles reculent ; mais si l'un se contracte quand l'autre est dans le relâchement, les lèvres sont retirées d'un seul côté. Ces muscles, en se contractant, resserrent la cavité de la bouche, et concourent ainsi à l'expulsion des alimens qu'elle peut renfermer, et à coopérer à la déglutition. Ils poussent encore l'air hors de la bouche lorsqu'on parle, qu'on siffle ou qu'on joue de quelque instrument à vent; d'où lui est venu le nom de buccinateur, qu'il porte.

Du triangulaire, ou l'abaisseur des lèvres (1).

Situation. Il occupe la partie latérale de la mâchoire inférieure, et s'étend à l'angle de la bouche.

Figure. Le nom qu'on lui a donné l'indique.

Division. Il a deux faces, dont l'une est antérieure et l'autre postérieure ; trois bords, l'un est interne, l'autre externe et oblique, et le troisième est inférieur et presque horizontal.

Confrontations et attaches. La face antérieure est couverte par la peau; la face postérieure couvre le carré, le buccinateur et le peaucier, une partie de la face externe de l'os maxillaire inférieur, à la ligne oblique externe de laquelle il est attaché par son bord inférieur. Son bord interne correspond au muscle carré, et son bord externe au muscle masseter dont il est séparé par le tronc de l'artère maxillaire. Ce bord et l'interne réunis se confondent vers la com-

---

(1) Le premier des muscles de l'un et l'autre côté qui meuvent les joues et les lèvres : *De hum. corp fab.*, lib. 11, cap. 13. Le *depressor palpebrarum* de *Cowper*. Le triangulaire de *Santorini* et de *Winslow*. L'abaisseur de l'angle de la bouche, *Albinus : Hist. muscul.*, lib. III, cap. 13. Le maxillo-labial, *Chaussier*. Sous-maxillo-labial, *Dumas*.

missure des lèvres, et y forment un angle aigu qui s'y attache en se réunissant avec l'orbiculaire des lèvres, le buccinateur, le grand et le petit zygomatique. Son bord inférieur adhère à la ligne oblique externe de la mâchoire inférieure.

Structure. Ce muscle est très-mince, et composé de fibres qui forment divers trousseaux séparés en quelques endroits les uns des autres, lesquelles sont charnues dans la majeure partie de leur étendue, excepté à leur insertion à la mâchoire inférieure où elles sont un peu tendineuses. Le bord externe a plus d'épaisseur que le reste du muscle ; ce qui a pu faire croire qu'il y avoit en cet endroit un muscle particulier (1).

Usages. Ce muscle abaisse l'angle de la bouche, en le portant un peu en dehors.

Du muscle carré (2).

Situation. Ce muscle occupe la partie inférieure et moyenne de la face, ou le menton, s'étendant de la lèvre externe de la base, ou du bord inférieur de l'os maxillaire, à la lèvre inférieure.

Figure. Il est de forme carrée, comme son nom l'indique.

Confrontations et attaches. Sa face antérieure est recouverte par le peaucier et par le triangulaire ; sa face postérieure couvre la partie moyenne de la face antérieure et externe de la mâchoire inférieure, appelée le menton, et le muscle à houppe, des rameaux artériels, ainsi que les nerfs mentonniers.

---

(1) *Voyez* la figure que *Santorini* a donnée des muscles de la face. Obs. anat.

(2) Ce muscle a été connu de *Vesale*. C'est l'abaisseur de la lèvre inférieure de *Cowper*, de *Douglass*, de *Santorini*, d'*Albinus*. *Winslow* l'a appelé *le carré*. Le mento-labial, *Chaussier*. Mentonnier-labial, *Dumas*.

Son bord interne est continu supérieurement au muscle carré de l'autre côté, et inférieurement il est uni par quelques fibres avec le muscle à houppe.

Le bord externe correspond au triangulaire des lèvres par son bord inférieur, il est attaché à la ligne oblique externe de l'os de la mâchoire inférieure au-devant du muscle triangulaire des lèvres ; son bord supérieur est confondu avec la partie inférieure de l'orbiculaire des lèvres. C'est dans l'intervalle où les fibres de ces deux muscles se confondent par leur bord interne, qu'est logé le repli membraneux de la lèvre inférieure, qu'on appelle le frein.

Structure. Ce muscle est composé de fibres en partie charnues et en partie tendineuses, qui sont en divers endroits réunies à celles du peaucier. Elles montent de la mâchoire inférieure, à laquelle elles adhèrent obliquement, jusqu'à la lèvre inférieure.

Usages. Il ne peut avoir d'autres usages que celui d'abaisser la lèvre inférieure et de la porter un peu en dehors.

Du muscle à houppe (1).

On l'a divisé en deux muscles, que *Cowper* a appelés les deux incisifs de la lèvre inférieure.

Situation. Il occupe le menton, et concourt à former l'élévation qu'on y observe.

Sa *figure* est un peu triangulaire, la pointe est en haut et la base en bas.

Confrontations et attaches. Sa base est inégale, adhérente au muscle carré du menton. Sa pointe qui

---

(1) C'est *Lieutaud* qui lui a donné ce nom, et qui l'a bien distingué du carré : *Anat. hist.*, t. I. Quelques anatomistes plus modernes, l'ont appelé en latin *musculus penicillatus. Chaussier* et *Dumas* le réunissent avec le carré. C'est la houppe du menton de *de Sault*, de *Boyer*, de *Gavard*.

est postérieure et supérieure, adhère immédiatement à la mâchoire inférieure au-dessous des dents
incisives moyennes. Son bord externe confronte avec
celui du muscle carré.

Structure. Ses fibres sont charnues, mais courtes,
et pour la plupart perpendiculaires à l'os; elles sont
entourées d'un corps graisseux, et paraissent, quand
on en a détaché le peaucier et la peau qui les recouvrent, inégales et frangées; ce qui a sans doute
donné lieu à *Lieutaud* de lui donner le nom de
muscle à houppe, qu'il a conservé.

Usages. Ce muscle sert à relever la lèvre inférieure; il sert aussi à froncer la peau du menton.

Vaisseaux et nerfs des muscles de la région anté- rieure de la tête.

Les muscles de cette région reçoivent leurs vaisseaux des artères et veines labiale, temporale,
maxillaire interne et optique.

Les nerfs viennent de la troisième, de la quatrième
des trois branches des trijumeaux, ou de la cinquième
paire, de la sixième et du nerf facial, ou de la septième paire. On peut aussi démontrer divers vaisseaux lymphatiques qui se répandent sur ces muscles, ou qui les pénètrent, lesquels vont aboutir
à des branches ou à des troncs qui accompagnent
fréquemment les vaisseaux sanguins, pour se terminer dans ceux du col, descendans dans la poitrine
pour s'ouvrir enfin dans le canal thorachique.

TROISIÈME SECTION.

Muscles des deux régions latérales de la tête.

Chacune d'elles comprend les muscles auriculaires,
l'antérieur et le supérieur, dont nous avons donné la

description avec celle du muscle épicrâne ; le muscle auriculaire postérieur, qui est déja décrit; le temporal, le masseter, le ptérygoïdien externe et le ptérygoïdien interne, dont nous allons donner une succincte description.

Du temporal ou crotaphite (1).

Ce muscle tire son *nom* du lieu où il est placé.

Situation. Dans la fosse temporale, depuis l'arcade demi-circulaire du crâne jusqu'à l'apophyse coronoïde de la mâchoire inférieure, depuis l'apophyse orbitaire externe du coronal, jusques un peu au-dessus de l'apophyse mastoïde, recouvrant la partie inférieure du pariétal, la face externe des grandes ailes du sphénoïde et de la portion écailleuse du temporal.

Figure. On le compare à un éventail déployé.

Division. Deux faces, l'externe et l'interne ; trois bords, un supérieur et arrondi, un antérieur presque droit, et un postérieur oblique, lesquels forment, par leur réunion, une espèce d'angle tronqué.

Confrontations et attaches. La face externe de ce muscle est immédiatement recouverte presque entièrement par l'aponévrose temporale, ainsi que par le muscle auriculaire antérieur et le supérieur, l'artère temporale superficielle, par les veines du même nom, par les nerfs qui les accompagnent, branches des trijumeaux, par l'arcade zygomatique, par le masseter.

La face interne du temporal couvre toute la face extérieure des os qui forment, par leur concours,

---

(1) Le premier des muscles qui meuvent la mâchoire inférieure, ou le temporal, *Vesale : De hum. corp. fab.*, lib. II, cap. 15. Le temporal ou le crotaphite, de *Riolan : Anthrop.*, lib. V, cap. 15. Le crotaphite de *Winslow : Exp. anat. trait. des muscl.*, §. 753, p. 27. Le temporo-maxillaire, *Chaussier.* Arcadi-temporo-maxillaire, *Dumas.*

la région temporale ; elle recouvre une partie du muscle ptérygoïdien externe.

Son bord supérieur est attaché à l'arcade demi-circulaire de la fosse temporale ; son bord antérieur adhère à la face postérieure de l'apophyse orbitaire externe, à la face également postérieure de l'angle supérieur de l'os de la pommette : le reste du bord antérieur de ce muscle appartient au tendon qui entoure et adhère à l'apophyse coronoïde.

Le bord postérieur du crotaphite est attaché à la racine horizontale de l'apophyse zygomatique ; ce bord se réfléchit, et de manière que d'horizontal qu'il est supérieurement, ou à peu près, il devient vertical jusqu'à sa partie inférieure, laquelle est formée par un tendon en manière d'angle tronqué qui se termine à l'apophyse coronoïde de la mâchoire inférieure, en l'entourant et y adhérant intimement, excepté à sa face externe.

Structure. Le crotaphite est divisé verticalement dans sa largeur par une aponévrose moyenne, interposée entre deux plans principaux de fibres charnues, un externe et un interne. Les fibres musculaires du plan externe adhèrent intimement à cette aponévrose moyenne, ainsi qu'à celle qui revêt extérieurement ce muscle, laquelle est superficielle et très-forte, sur-tout inférieurement. Elle adhère par sa partie supérieure à l'arcade demi-circulaire temporale, et par la partie inférieure elle est unie au bord supérieur et postérieur de l'os de la pommette, ainsi qu'au bord supérieur de l'apophyse zygomatique.

Les fibres musculaires du plan interne adhèrent par leur face extérieure à l'aponévrose moyenne ; et par la face interne, elles sont très-intimement attachées aux os qui forment la région temporale, sans aucune aponévrose intermédiaire (1).

_____

(1) Ce point d'anatomie a été l'objet de plusieurs discussions

Le crotaphite a encore des fibres musculaires qui adhèrent à d'autres feuillets aponévrotiques inférieurs qui sont unis au tendon inférieur ou à l'angle du crotaphite ; mais toutes ces fibres ont une direction différente : les antérieures descendent en arrière, les moyennes verticalement, et les postérieures en devant.

Les fibres charnues interposées entre les aponévroses et la fosse temporale sont les plus courtes, et sont implantées pour la plupart dans les os mêmes de la fosse temporale ; ce qui leur donne l'attache la plus fixe. *Winslow* a divisé ce muscle en trois plans, qu'il a nommés plan charnu interne, plan charnu externe, et plan tendineux mitoyen.

Usages. Les usages de ce muscle sont de lever avec force la mâchoire inférieure contre la supérieure, laquelle est immobile dans l'homme relativement à celle-ci.

La partie postérieure de ce muscle peut seule retirer la mâchoire inférieure en arrière quand elle a été portée trop en avant par le masseter et par le ptérygoïdien externe.

Du masseter (1).

Nom. Ce nom paroît être tiré d'une prétendue division de ce muscle en trois parties, ou masses de chair ; mais ces trois portions ne sont apparentes qu'extérieurement, étant confondues dans le reste du muscle.

Situation. Ce muscle s'étend de l'arcade zygomatique à l'angle et au bord inférieur de la branche

que l'observation seule a terminées. *Voyez* à ce sujet une lettre curieuse de *Brethous*, sur différens points d'anatomie: Lyon, 1723, p. 38, et même l'*Histoire de l'anatomie*, article *Brethous*.

(1) Le second muscle d'un côté, qui meut la mâchoire inférieure, ou le masseter, *Vesale: Corp. hum. fab.*, lib. II, cap. 15. Le nom de *masseter* lui est resté depuis, tous les anatomistes

de la mâchoire inférieure ; il forme la partie postérieure de la joue.

Figure et division. Il a la forme d'un carré allongé, ayant une face externe et une face interne, un bord antérieur, un postérieur, un supérieur et un inférieur.

Confrontations et attaches. La face externe de ce muscle est couverte par le grand zygomatique, par la glande parotide et par son canal excréteur, par l'artère faciale et le nerf du même nom, le muscle orbiculaire des paupières, le muscle peaucier, et par la peau.

Sa face postérieure couvre une portion de la face du temporal, l'échancrure sygmoïde de la mâchoire inférieure, le ptérygoïdien externe, les vaisseaux et nerfs massetériens, la portion postérieure du buccinateur, et la face externe de la branche de la mâchoire inférieure.

Le bord interne de ce muscle est plus long et moins épais que l'externe.

Attaches. Son bord supérieur est attaché au bord inférieur de l'arcade zygomatique de la manière suivante : au bord inférieur de l'apophyse malaire de l'os maxillaire, par sa portion antérieure ; au bord inférieur de l'os de la pommette, par sa portion moyenne ; à une partie de la face interne de l'apophyse zygomatique de l'os temporal, par sa portion postérieure.

L'extrémité inférieure et le bord qui la termine s'attache à la face externe et au bord inférieur de l'angle de la mâchoire inférieure.

Structure. Le masseter est formé de beaucoup de trousseaux charnus et tendineux. Il est divisé supérieurement et extérieurement en trois parties ; l'une, antérieure et interne ; l'autre, moyenne ; et la troisième, postérieure et externe.

---

qui lui ont succédé l'ayant adopté ; excepté *Chaussier* et *Dumas*, qui l'ont appelé le *zygomato-maxillaire*.

Il y a dans le masseter des aponévroses qui ad-hèrent à l'arcade zygomatique, et d'autres qui tiennent à la branche de la mâchoire inférieure ; les supérieures paroissent descendre et les inférieures monter dans l'épaisseur des fibres charnues.

Usages. La portion antérieure de ce muscle peut porter la mâchoire en avant, la postérieure peut la faire reculer, et la moyenne la relever plus directement ; mais quand ces trois portions agissent ensemble, la mâchoire inférieure est relevée, et les dents inférieures sont fortement appliquées contre les supérieures : ce muscle est par conséquent très-propre à la mastication (1).

Du ptérygoïdien externe, ou petit ptérygoïdien (2).

Nom. Ce muscle a été ainsi appelé par rapport à sa situation et par rapport à sa grandeur, qui est moindre que celle d'un autre muscle du même nom, dont nous parlerons bientôt.

Situation. Ce muscle est situé presque horizontalement dans la fosse zygomatique, s'étendant depuis le côté externe de l'apophyse ptérygoïde jusqu'au condyle de la mâchoire inférieure.

Figure et divisions. Sa forme est pyramidale. On peut y considérer une base et une pointe, une face externe, une face interne et une face supérieure.

Attaches. Sa base s'attache à la face externe de l'aile externe de l'apophyse ptérygoïde, à la face externe de la tubérosité de l'os du palais, ainsi qu'à

---

(1) *Voyez*, pour les usages généraux des muscles de la mastication, la seconde partie de la *Myologie*.

(2) Le quatrième muscle d'un côté, qui meut la mâchoire inférieure, *Vesale : De hum. corp. fab.*, lib. II, cap. 15, p. 295. Ptérygoïdien externe de *Riolan : Anthrop.*, lib. V, cap. 15. Ptérygoïdien de *Winslow : Exp. anat. trait. des muscl.*, §. 746. Le petit ptérygo-maxillaire, de *Chaussier*. Ptérygo-colli-maxillaire, de *Dumas*.

la partie de l'os sphénoïde qui forme la paroi supérieure de la fosse zygomatique. La pointe ou le sommet de ce muscle, qui est plus relevée que la base, est attachée dans une petite fossette de la partie antérieure du col de la mâchoire inférieure au-dessous de son condyle, ainsi qu'à la face antérieure de la capsule qui entoure l'articulation de cet os avec la cavité glénoïdale du temporal.

Confrontations. Sa face externe est recouverte par le muscle crotaphite, par le masseter ; sa face interne couvre une partie du ptérygoïdien interne et du ligament de l'articulation de la mâchoire inférieure avec la cavité glénoïdale du temporal, et par l'artère maxillaire interne ; sa face supérieure correspond à la paroi supérieure de la fosse zygomatique.

Structure. Ce muscle est formé de plusieurs petites aponévroses, et de fibres charnues interposées entre elles. Sa partie antérieure est quelquefois traversée par l'artère maxillaire interne.

Usages. On croit généralement que ce muscle sert à relever la mâchoire inférieure ; mais on ne peut lui accorder cet usage, si on fait attention à ses attaches : ce muscle est, au contraire, plus propre à porter en avant le condyle de la mâchoire inférieure qu'à le relever, et par conséquent à ouvrir la bouche et non à la fermer. Il sert aussi à contourner la mâchoire ; si l'un d'eux se contracte quand l'autre est dans le relâchement, la mâchoire avance du côté du muscle contracté.

Il soulève en même temps la capsule de l'articulation, et empêche qu'elle ne soit pincée, lorsque le masseter et le crotaphite agissent fortement et lèvent la mâchoire inférieure,

Du ptérygoïdien interne , ou grand ptérygoïdien (1).

Ce muscle tire son *nom* de sa situation et de sa grandeur.

Situation. Il est placé au côté interne des branches de la mâchoire inférieure, s'étendant depuis la fosse ptérygoïdienne jusqu'au bord inférieur de la branche de la mâchoire inférieure.

Figure et divisions. Allongé, large et épais, ayant une face externe et une face interne, une extrémité supérieure et une extrémité inférieure.

Confrontations et attaches. Sa face externe confronte avec le ptérygoïdien externe et avec le buccinateur, le ligament latéral interne et le ligament intermaxillaire, le nerf lingual, l'artère buccale, les vaisseaux et nerfs dentaires inférieurs, avec l'extrémité inférieure du temporal, et la face interne de la branche de la mâchoire inférieure.

Sa face interne confronte avec le muscle péristaphilin externe, la portion antérieure du digastrique, le stylo-hyoïdien, le stylo-glosse, ainsi qu'avec les artères palatines, la glande maxillaire et la membrane interne de la bouche.

Son extrémité supérieure est logée et attachée dans la fosse ptérygoïdienne, principalement à la face interne de l'aile externe de l'apophyse ptérygoïde, d'où ce muscle descend d'arrière en avant, et de dedans en dehors, pour s'attacher, par son

_____

(1) Le troisième muscle de la mâchoire inférieure, qui est caché dans la bouche, *Vesale : De hum. corp. fab.*, lib. II, cap. 15. Le ptérygoïdien interne de *Riolan : Anthrop.*, lib. V, cap. 15 : c'est le grand ptérygoïdien, ou ptérygoïdien interne de *Winslow*. Le grand ptérigo-maxillaire de *Chaussier*. Ptérygo-angula-maxillaire de *Dumas*.

2. 12

extrémité inférieure, aux inégalités de la face interne de la branche de la mâchoire inférieure.

Structure. Ce muscle a des fibres tendineuses, tant à son attache à l'apophyse ptérygoïde, qu'à la mâchoire inférieure; sa portion moyenne est toute charnue.

Les *usages* de ce muscle sont de relever fortement la mâchoire inférieure contre la supérieure; il peut aussi la faire reculer en arrière, et il est alors antagoniste du petit ptérygoïdien.

Vaisseaux et nerfs des muscles des régions latérales de la tête.

Les artères et veines qui vont s'y distribuer viennent des maxillaires externe et interne, des temporales qui se répandent particulièrement dans le crotaphite. Le masseter reçoit une branche artérielle qui lui est particulière, et qu'on appelle l'artère *massetériene.* Les ptérygoïdiens externe et interne ont aussi leurs vaisseaux, fournis par les maxillaires internes; les nerfs viennent des seconde et troisième branches des trijumeaux, du nerf facial.

DEUXIÈME CLASSE.

Des muscles du tronc.

On peut comprendre dans cinq régions tous les muscles du tronc; savoir, ceux de la région antérieure, ceux de la région postérieure, ceux des deux régions latérales, et ceux de la partie inférieure du bassin ou de la région inférieure du tronc.

I. *Région antérieure des muscles du tronc.*

Les muscles de la région antérieure du tronc peuvent être compris en trois sections, la supérieure, la moyenne et l'inférieure.

La première sera appelée cervicale, la moyenne pectorale, et la troisième abdominale.

PREMIÈRE SECTION.

De la région antérieure du tronc.

Portion cervicale.

Les muscles de la portion cervicale sont le peaucier, le sterno-cléido-mastoïdien, le digastrique, le mylo-hyoïdien, le génio-hyoïdien, l'omo-hyoïdien, le stylo-hyoïdien, le sterno-hyoïdien, le sterno-thyroïdien, le thyro-hyoïdien, le cryco-thyroïdien, le cryco-aryténoïdien latéral, le cryco-aryténoïdien postérieur, le thyro-aryténoïdien, les aryténoïdiens, le stylo-glosse, le génio-glosse, l'hyo-glosse, le pérystaphilin interne et externe, le glosso-staphilin, le palato-pharyngien, ou le pharyngo-staphilin, le palato-staphilin.

Le pharynx et ses muscles; savoir,

Le constricteur supérieur, auquel on peut rapporter les muscles basio, ptérygo, buccinato, mylo, glosso-pharyngiens.

Le constricteur moyen, dans lequel on peut comprendre les hyo-pharyngiens, formés par les syndesmo, les grands et petits kérato-pharyngiens.

Le constricteur inférieur, sous lequel on réunit les thyro et les crico-pharyngiens.

A ces muscles, l'on ajoutera les stylo-pharyngiens, qui sont comme communs au pharynx.

Cette première section, appelée cervicale, comprendra encore les droits antérieurs de la tête, grands et petits, le long du cou.

Du peaucier (1).

Nom. Il a été ainsi appelé parce qu'on l'a cru appartenir à la peau, ou parce qu'il est immédiatement placé sous elle.

Situation. Ce muscle couvre la partie moyenne inférieure de la face, les parties antérieures et latérales du col; se prolongeant sur la sommité de l'épaule et sur la partie supérieure et antérieure de la poitrine.

Divisions. Deux faces, externe et interne; quatre bords, l'interne, l'externe, le supérieur et l'inférieur.

Confrontations et *attaches*. Sa face externe adhère à la peau, à laquelle il est intimement uni par un tissu cellulaire serré.

Sa face interne recouvre plusieurs muscles de la face, notamment le buccinateur et le masseter, ainsi que la glande parotide; il revêt la portion antérieure du digastrique, descend au-devant des muscles du col, se prolonge sur les clavicules et sur la partie antérieure et même latérale des épaules, et se perd sur la partie antérieure et supérieure de la poitrine.

Son bord interne est éloigné inférieurement du muscle du côté opposé, il en est rapproché supérieurement au-dessous du menton au point de s'entre-croiser ensemble.

---

(1) Platisma - myoïdes de *Galien*. Le premier muscle qui meut les joues et les lèvres, *Vesale : De hum. corp. fab.*, lib. II, cap. 13, p. 288. Platisma - myoïdes de *Fallope : Obs. anat.* — *Musculus latus*, de Riolan : *Anthrop.*, lib. V, p. 311. Le peaucier de *Winslow : Exp. anat. de la tête*, §. 570 *et seq.* Le *Latissimus colli* d'Albinus : *Hist. musc.*, lib. III, cap. XXXV, p. 191. Le thoraco-facial de *Chaussier*. Le thoraco-maxilli-facial de *Dumas*.

Ce muscle est attaché supérieurement au bord inférieur et à la ligne oblique externe de la mâchoire inférieure, ainsi qu'aux parties de la face déja énumérées, particulièrement à la commissure des lèvres, au-dessous de laquelle il est recouvert par le triangulaire. Il est inférieurement prolongé plus ou moins bas.

Structure. Ce muscle est formé de fibres charnues mêlées à d'autres qui sont tendineuses (1). Les charnues occupent les parties latérales du col ; il y en a aussi en quelques endroits du visage. Les fibres aponévrotiques forment des expansions plus ou' moins larges, et qui couvrent principalement les surfaces des os sur lesquels passe le peaucier, ou auxquels il adhère : le peaucier paroît, au premier aspect, divisé en deux parties, chacune formant un carré alongé, mais qui sont cependant réunies supérieurement par des fibres aponévrotiques minces ; lesquelles adhèrent à la face interne de la peau, et dont on enlève souvent des portions en la soulevant. Ces deux parties, plus réunies supérieurement que vers la partie inférieure, vont se perdre, en dégénérant en tissu cellulaire, sur la partie supérieure et antérieure de la poitrine, et on peut le suivre plus ou moins bas, suivant les différens sujets.

Usages. Ce muscle fronce la peau et l'éloigne des muscles qui sont placés sous elle, pour qu'ils puissent plus facilement se contracter ; il ne paroît pas que le peaucier serve à abaisser la mâchoire inférieure, puisqu'il s'attache à des parties qui sont au-dessus.

---

(1) *Carnea membrana*, Vesale, lib. II, cap. 13.

Du sterno-cleïdo-mastoïdien.

Nom. Ce muscle a été ainsi nommé par rapport à ses attaches (1).

Divisions. Quelques anatomistes (2) font deux muscles des deux parties dont il est composé ; une d'elles s'attachant au sternum, et l'autre à la clavicule.

Quant à nous, nous n'admettons qu'un seul muscle, divisé inférieurement en deux parties ; et à l'exemple de *Winslow*, nous appellerons une de ses portions *sternale*, et l'autre *claviculaire*.

Situation. Ce muscle est placé obliquement de bas en haut, de dedans en dehors, et de devant en arrière, sur la partie latérale et antérieure du col, Il s'étend depuis le sternum et la clavicule jusqu'aux os temporal et occipital.

Ces deux muscles, considérés ensemble, forment un angle dont la pointe est en bas, et la base en haut.

Figure. Long et aplati, ayant une face superficielle et une face profonde ; deux bords, un interne et l'autre externe ; deux extrémités, une postérieure et supérieure, et une inférieure et antérieure.

Confrontations. La face superficielle est recouverte supérieurement par la parotide et par le muscle

(1) Le muscle qui est attaché à l'os de la poitrine, à la clavicule et à la tête, *Vesale : De hum. corp. fab.*, lib. II, cap. 28, p. 331. *Mastoïdeus, Riolan : Anthrop.*, lib. V, cap. 21. Le sterno-mastoïdien ou mastoïdien antérieur de *Winslow : Exp. anat. trait. des mus.*, §. 607. Sterno-cléido-mastoïdien d'*Albinus*, de *Lieutaud*, de *Sabatier*, de *Boyer*, de *Gavard*. Sterno-mastoïdien de *Chaussier*. Sterno-clavico-mastoïdien de *Dumas*.

(2) Parmi lesquels on peut compter *Galien* et *Albinus*, etc.

peaucier, la veine jugulaire externe, des filets des paires cervicales, et un peu par le grand pectoral inférieurement.

Sa face profonde recouvre inférieurement une petite portion du sternum et de la clavicule, ainsi que l'articulation de ces deux os ; le ligament inter-claviculaire : par le reste de son étendue, elle revêt une partie de la veine souclavière droite, dont elle est séparée par du tissu cellulaire, la glande thyroïde, l'artère carotide primitive, la veine jugulaire in-terne, les branches du nerf cerebro-spinal, du nerf spino-cranien ou accessoire de Willis, les troncs et quelques branches de la paire vague et du grand sympathique, les muscles sterno-hyoïdiens, omo-hyoïdiens, le scalène, le digastrique, le splenius de la tête ; enfin, il revêt une portion de l'os temporal auquel il s'attache postérieurement.

La portion sternale est attachée antérieurement à l'extrémité supérieure du sternum, proche l'articu-lation de la clavicule, par un tendon court et assez gros, auquel est uni un corps charnu, d'abord ar-rondi, mais qui s'aplanit et s'élargit un peu en montant.

Son extrémité supérieure se termine par une àpo-névrose large qui monte jusque derrière l'oreille, et s'attache à la partie postérieure de l'apophyse mastoïde de l'os temporal, et à la partie latérale contiguë de l'os occipital.

La portion inférieure claviculaire est attachée à la partie supérieure et antérieure de la clavicule, dans presque toute sa moitié interne, par des fibres tendineuses plus ou moins longues : elle est plus large en bas qu'en haut, au lieu que la portion ster-nale l'est beaucoup plus en haut qu'en bas.

De là cette portion monte, en devenant plus étroite et plus mince, avec moins d'obliquité que la première, et se termine après avoir passé derrière la portion sternale, à laquelle elle se réunit intimement, et s'attache à la partie antérieure de l'apophyse mastoïde.

Structure. Le sterno-cléido-mastoïdien est ainsi formé de deux portions, ayant chacune des fibres tendineuses à ses attaches inférieure et supérieure, et des fibres charnues dans le reste de son étendue. Les fibres musculaires forment des trousseaux qui sont plus ou moins rapprochés, et parallèles entre eux. Ceux de la portion claviculaire sont postérieurs à ceux de la portion sternale, et dans une direction plus verticale ; ils fournissent la partie antérieure de la portion aponévrotique supérieure de ce muscle.

Les artères et veines de ce muscle lui viennent de l'occipital, de la thyroïdienne supérieure et de la cervicale transverse.

Les nerfs lui sont fournis par le facial, le spinocranien, la paire vague et par les paires cervicales.

Usages. Ces muscles fléchissent la tête quand ils agissent à la fois ; mais si l'un d'eux se contracte tandis que l'autre est dans l'inaction, il fait tourner la tête du côté opposé, rapprochant de la poitrine le côté de la tête où il s'attache, tandis que l'autre côté de la tête se relève un peu, et le menton se porte extérieurement en arrière et en haut : mais si les deux muscles sterno-cléido-mastoïdiens se contractent et se relâchent alternativement et successivement, ils deviennent des rotateurs de la tête. On pourroit croire que la portion sternale, si elle se contractoit seule, étendroit plutôt la tête qu'elle ne la fléchiroit, et que la portion claviculaire pourroit plutôt concourir à sa flexion qu'à son extension.

Les muscles sterno-mastoïdiens servent à rapprocher la tête de la poitrine quand on est couché sur le dos ou assis ; et, dans quelques cas, ils coopèrent à fixer le sternum pour donner une attache plus solide aux muscles abdominaux.

Du digastrique (1).

Nom. Ce muscle a été ainsi appelé par rapport aux deux corps musculeux dont il est formé, et que les anatomistes ont appelé les *ventres du digastrique*, lesquels sont réunis par un tendon mitoyen.

Situation. A la partie antérieure supérieure et latérale du col, depuis la rainure mastoïdienne de l'os temporal jusqu'à l'os hyoïde, et de cet os à la partie inférieure moyenne et interne de la mâchoire inférieure.

Divisions. Deux corps musculeux, dont l'un est antérieur et l'autre postérieur, qui sont réunis par un tendon mitoyen et par une expansion aponévrotique, et dans chacune de ces parties on peut considérer une face externe ou superficielle, et une face interne ou profonde. Chaque corps musculeux a une base et une pointe ; celle-ci est attachée au tendon mitoyen.

Confrontations. La face externe de ce muscle est recouverte par le peaucier, par le splénius de la tête, par le sterno - cléido - mastoïdien, par les glandes parotides et maxillaires, par la mâchoire inférieure.

La face interne recouvre une portion du stylo-hyoïdien, du mylo - hyoïdien, de l'artère caro-

---

(1) Le quatrième muscle d'un côté, de ceux qui meuvent la mâchoire inférieure, *Vesale : De hum. corp. fab.*, lib. II, cap. 15. Muscle digastrique, *Riolan : Anthrop.*, lib. V, cap. 15, p. 311. — De *Cowper*, de *Winslow : Exp. anat. des musc.*, §. 749. — D'*Albinus : Hist. musc.*, lib. III, cap. 42. *Winslow : Traité des muscles*, §. 1075. Le mastoïdo-génien, de *Chaussier*. Mastoïdo-hygénien, de *Dumas*.

2.   13

tide externe et interne, ainsi que de la veine jugulaire interne, de la paire vague et du lingual, de l'hypoglosse, du grand sympathique, de
l'artère labiale, et de la linguale, du corps de l'os
hyoïde.

Attaches. L'extrémité supérieure de la portion
postérieure du digastrique est attachée à la rainure
mastoïdienne par des fibres tendineuses très-courtes,
d'où cette portion postérieure, après être descendue
vers l'os hyoïde, se réunit à un tendon arrondi qui
passe dans une ouverture formée par l'écartement de
deux portions du muscle stylo-hyoïdien.

Ce tendon passe aussi sous une bandelette en
forme d'anse, laquelle s'attache au corps de l'os
hyoïde, et fixe le digastrique vers cet os, de manière
qu'il ne peut, en se contractant, soulever le stylo-
glosse seul ; il y a encore une seconde expansion
aponévrotique venant du bord inférieur de ce tendon, qui se prolonge sur le corps de l'os hyoïde,
et s'y attache après avoir recouvert la face antérieure
de l'extrémité inférieure du mylo-hyoïdien (1).

Le tendon du digastrique, maintenu dans une
espèce de pli par ces expansions aponévrotiques,
s'unit à la partie inférieure et rétrécie du corps
charnu antérieur, lequel monte en grossissant pour
s'attacher à l'os maxillaire inférieur près de la symphyse au-dessus du bord interne de sa base. Je n'ai
jamais trouvé les deux digastriques confondus et unis

(1) *Laborie*, démonstrateur de la ci-devant université de
Montpellier, et avec lequel j'ai fait mes premiers cours d'anatomie, est un des premiers qui ait fait quelque attention
à ces brides membraneuses, et dans un temps où les partisans de *Boerhaave* soutenoient que le tendon du digastrique rou-
loit comme une corde sur une poulie, dans l'écartement du
stylo-hyoïdien contre ses propres fibres ; ce qui ne peut avoir
lieu. L'inspection anatomique a suffi pour démontrer cette
erreur.

en cet endroit, comme on dit l'avoir observé; ils se
touchent seulement par leurs extrémités antérieures.

Structure. Les deux corps charnus du digastrique
sont composés de trousseaux de fibres longitudinales;
ils forment chacun un cône allongé, dont la pointe
aboutit au tendon mitoyen. Entre ces trousseaux
sont des expansions aponévrotiques, dont les unes
viennent du tendon même, et d'autres sont attachées
à ces mêmes corps charnus près de leur base, soit
à la rainure mastoïdienne, soit à l'os maxillaire
inférieur.

Le ventre postérieur est plus long que l'antérieur;
le tendon mitoyen a plus d'un pouce de longueur,
et les expansions membraneuses qui l'attachent à l'os
hyoïde sont, dans quelques sujets, plus longues que
dans d'autres.

Usages. Les deux portions du muscle digastrique,
en se contractant à la fois, élèvent l'os hyoïde, et
servent ainsi à la déglutition; le corps antérieur
agissant seul peut aussi élever l'hyoïde et le porter
en avant, si la mâchoire est plus fortement fixée
par les muscles releveurs que l'os hyoïde ne l'est par
ses muscles abaisseurs : mais si ces derniers muscles
sont plus fortement contractés, alors le ventre antérieur du digastrique est un véritable abaisseur de
la mâchoire inférieure, et est congénère des muscles
mylo-hyoïdiens et des génio-hyoïdiens (1).

----

(1) L'opinion de *Ferrein* *, qui vouloit que le corps postérieur du digastrique servit à renverser la tête en arrière, ne
peut être adoptée. Nous croyons, avec *Monro* **, que les deux
portions du digastrique, agissant ensemble, sont très-propres à
élever l'os hyoïde.

* *Académie des Sciences*, 1744.
** *Essais de médecine d'Édimbourg*, t. I, p. 47.

Du mylo-hyoïdien (1).

Nom. Dérivé de ses attaches, ainsi que les autres muscles de l'os hyoïde, du larynx, de la langue, et du pharynx.

Situation. A la partie supérieure antérieure et un peu latérale du col, depuis la ligne myloïdienne de l'os maxillaire inférieur jusqu'à l'os hyoïde.

Figure. Presque triangulaire.

Divisions. Il a une face antérieure et une face postérieure, un bord supérieur, un bord inférieur en forme d'angle tronqué, et deux bords latéraux.

Confrontations. Sa face antérieure est recouverte par les extrémités antérieures des deux digastriques, par la glande sous-maxillaire et par le muscle peaucier, au moyen d'un tissu cellulaire abondant et lâche.

Sa face postérieure recouvre les glandes sublinguales, les muscles génio-glosse, hyo-glosse et génio-hyoïdiens.

Attaches. Le bord supérieur de ce muscle est attaché à la ligne oblique interne myloïdienne de la mâchoire inférieure dans presque toute son étendue, depuis le muscle grand ptérygoïdien jusqu'à la symphyse du menton, où la moitié de ce muscle se réunit à l'autre moitié, moyennant la partie large de son tendon moyen.

Le bord inférieur de ce muscle, ou l'angle tronqué, est attaché à la moitié supérieure de la face externe du corps de l'os hyoïde par des fibres tendineuses très-courtes, au-dessus des muscles sterno-hyoïdiens.

Les deux bords latéraux de ce muscle n'ont point d'attaches.

---

(1) La seconde paire des muscles de l'os qui ressemblent à la lettre ʊ, *Vesale*. Mylo-hyoïdien, *Riolan*, *Winslow*, *Chaussier*, *Dumas*.

Structure. C'est un muscle penniforme dont les fibres sont réunies par un tendon grêle et longitudinal ; les fibres musculaires s'y rendent obliquement en descendant de dehors en dedans de la mâchoire inférieure vers l'os hyoïde : les internes sont moins longues que les externes.

Usages. L'usage de ce muscle est de relever l'os hyoïde en le portant en avant ; cependant si cet os étoit fixé ou tiré vers le sternum par ses muscles abaisseurs, alors le mylo-hyoïdien pourroit concourir à abaisser la mâchoire inférieure. Il peut aussi la retirer en arrière lorsqu'elle a été portée en avant par les ptérygoïdiens externes et aussi par les masseters.

Du génio-hyoïdien (1).

Situation. A la partie supérieure et antérieure du col, s'étendant de l'os maxillaire inférieur à l'os hyoïde.

Figure. Ce muscle est long, plus large qu'épais, et plus étroit à son extrémité supérieure qu'à son extrémité inférieure.

Confrontations. La face antérieure et inférieure de ce muscle est recouverte par le mylo-hyoïdien, et sa face postérieure et supérieure couvre le génioglosse.

Attaches. Son extrémité supérieure s'attache par un tendon grêle à la partie inférieure et interne de la symphyse du menton, à la petite éminence appelée *géni*.

L'extrémité inférieure adhère à la lèvre externe

---

(1) La cinquième paire des muscles de l'os qui ressemble à la lettre ʊ, *Vesale.* *Riolan* l'a connue sous le nom de *mylo-hyoïdien.* *Winslow, Chaussier* et *Dumas* le lui ont conservé.

du bord supérieur du corps de l'os hyoïde, et à la partie supérieure de sa face externe.

Structure. Les fibres de ce muscle sont longitudinales, plus rapprochées cependant à l'extrémité supérieure et antérieure où elles sont même un peu tendineuses, qu'à leur extrémité inférieure et postérieure ; le muscle est en cet endroit plus large et plus épais ; ses fibres, qui s'attachent à la face externe de l'os hyoïde, sont aussi tendineuses.

Usages. Les muscles génio-hyoïdiens relèvent l'os hyoïde ; ils peuvent aussi concourir à abaisser la mâchoire inférieure quand l'os hyoïde est fixé par ses muscles inférieurs.

De l'omo-hyoïdien (1).

Figure. Ce muscle est long, mince, plat, et rétréci dans sa partie moyenne.

Situation. A la partie latérale du col, et s'étend du bord inférieur de l'os hyoïde jusqu'au bord supérieur de l'omoplate.

Confrontations. Sa face externe ou antérieure est recouverte par le trapèze, le sterno-cléido-mastoïdien et le peaucier ; sa face postérieure recouvre une partie des scalènes, du sterno-hyoïdien, du sternothyroïdien, du thyro-hyoïdien, de l'artère carotide interne, de la veine jugulaire interne, à laquelle il touche immédiatement par sa portion rétrécie, souvent tendineuse, plus ou moins longue ; ce qui donne à ce muscle la forme d'un digastrique.

Attaches. Il est supérieurement attaché au bord inférieur du corps de l'os hyoïde près de ses grandes

(1) Septième et huitième muscles de l'os hyoïde, *Vesale.* Le quatrième de l'os hyoïde, de *Columbus.* Le coraco-hyoïdien, de *Riolan.* L'omoplato-hyoïdien, de *Winslow.* Le scapulo-hyoïdien, de *Chaussier* et *Dumas.*

cornes, devant le thyro-hyoïdien, au côté externe du muscle sterno-hyoïdien. Il descend obliquement vers le bas du col, d'abord assez directement le long du bord externe du sterno-hyoïdien ; il se porte après plus transversalement derrière l'extrémité antérieure ou sternale de la clavicule, à laquelle il adhère quelquefois ; il se prolonge jusqu'au bord supérieur de l'omoplate derrière son échancrure, et adhère à son ligament : il finit par s'attacher à la base de l'apophyse coracoïde.

L'omo-hyoïdien est logé dans une gaîne de tissu cellulaire qui le maintient naturellement dans sa situation, en lui permettant cependant les mouvemens qui lui sont nécessaires.

Structure. Ce muscle est une espèce de digastrique, étant divisé en deux parties, dont l'une est supérieure et l'autre inférieure, par une espèce de tendon grêle qui couvre la face antérieure de la veine jugulaire externe. Les fibres des deux corps musculeux sont longues, et se réunissent au tendon, qui est mieux formé dans la vieillesse que dans un âge peu avancé.

Usages. Il porte directement l'os hyoïde en bas lorsqu'il agit avec son semblable et avec les sterno-hyoïdiens, ou obliquement lorsqu'il agit seul ; il peut concourir à l'abaissement de la mâchoire inférieure.

Le stylo-hyoïdien (1).

Situation. Ce muscle est placé obliquement, de haut en bas, de derrière en avant, et de dehors en

(1) C'est le troisième muscle de l'os hyoïde, de *Vesale*, liv. V, chap. 12, et de plusieurs anatomistes qui lui ont succédé. *Riolan* l'a appelé le stylo-cératoïde : *Anthrop.*. lib. V, cap. 16. *Cowper* l'a nommé le *stylo-hyoïdien*, ainsi que *Winslow*, *Lieutaud*, *Sabatier*, *Chaussier*, *Boyer*, *Gavard*, *Dumas*, etc.

dedans, à la partie supérieure, latérale et antérieure du col, depuis l'os temporal jusqu'à l'os hyoïde.

Figure. Ce muscle est long et arrondi, grêle supérieurement, et étendu inférieurement.

Confrontations. Sa face externe est recouverte par le ventre postérieur du digastrique, et sa face interne couvre le stylo-glosse, le stylo-pharyngien, l'artère carotide interne, la veine jugulaire externe, le nerf hypoglosse.

Attaches. Ce muscle est attaché supérieurement par un tendon grêle à l'apophyse styloïde de l'os temporal extérieurement près de sa base ; inférieurement il est attaché à la grande et à la petite corne de l'os hyoïde, ainsi qu'à la partie supérieure de la face antérieure du corps de cet os.

Structure. Le tendon qui l'attache à l'apophyse styloïde est grêle et court ; en se confondant à la partie charnue, il se divise en deux ou trois petits tendons subalternes.

Les fibres charnues de ce muscle forment, avant de parvenir à l'os hyoïde, deux trousseaux principaux, l'un antérieur et externe, l'autre postérieur et interne, qui s'écartent l'un de l'autre, et de cet écartement résulte une ouverture longitudinale dans laquelle passe le tendon du digastrique.

Ces deux trousseaux se réunissent à peu de distance de l'os hyoïde, et donnent lieu à une petite aponévrose qui s'attache au corps et aux grandes cornes de l'os hyoïde. Un de ses trousseaux musculeux s'insère assez souvent à la petite corne de l'os hyoïde, lequel est quelquefois séparé du stylo-hyoïdien, et forme un petit muscle (1) qui s'attache par

(1) *Styloïdeus alter*, Douglass. *Styloïdeus novus*, Santorini : *Observ. anat.*, cap. 6, §. 20. *Styloïdeus alter*, Albinus, part. III, cap. 64. Le petit stylo-hyoïdien ou stylo-hyoïdien interne, de Gavard.

un tendon grêle à l'apophyse styloïde, comme le précédent.

Usages. Les stylo-hyoïdiens relèvent l'os hyoïde directement de bas en haut, et le ramènent en arrière quand il a été porté en avant par les mylo et génio-hyoïdiens, et par les portions antérieures des digastriques.

Le sterno-hyoïdien (1).

Situation. Ce muscle est placé à côté de son semblable à la partie antérieure du col, depuis la partie antérieure et inférieure de l'os hyoïde jusqu'à la partie supérieure et postérieure du sternum.

Figure et divisions. Il est long, plat, mince et large, mais moins inférieurement que supérieurement; ayant deux faces, l'antérieure et la postérieure; deux extrémités, une supérieure et une inférieure.

Confrontations. Sa face antérieure est recouverte par les muscles omo-hyoïdien, le sterno-cléido-mastoïdien, le peaucier; sa face postérieure revêt les muscles sterno-thyroïdiens, la glande thyroïde, le larynx, le nerf récurrent, les artères et veines gutturales antérieures, le muscle thyro-hyoïdien, et le crico-thyroïdien.

Attaches. Son extrémité supérieure est attachée au bord inférieur de la partie moyenne de l'os hyoïde, un peu sur sa face externe, à côté de son semblable, par des fibres tendineuses courtes.

Ces muscles s'écartent en descendant, s'élargissent un peu, s'amincissent ensuite, et terminent par

_____

(1) Le premier muscle de l'os qui ressemble à la lettre V, *Vesale.* Le premier muscle de l'os hyoïde, de *Colombus.* Le sterno-hyoïdien, de *Riolan*, de *Winslow*, de *Lieutaud*, de *Sabatier*, de *Chaussier*, de *Dumas*, de *Boyer*, de *Gavard*, etc.

s'implanter à la partie supérieure du sternum, à sa face postérieure, ainsi qu'au ligament de l'articulation de la clavicule avec cet os, et quelquefois encore au cartilage qui fixe la première côte au sternum.

Structure. Ce muscle est composé de fibres longitudinales, un peu tendineuses à leurs insertions à l'os hyoïde et au sternum; celles-ci sont ordinairement plus longues, et forment une petite aponévrose. Vers le tiers inférieur de ce muscle il y a quelquefois une intersection tendineuse plus apparente à la face antérieure qu'à la face postérieure.

Usages. Ce muscle ne peut se contracter sans abaisser l'os hyoïde, et cet os ne peut descendre sans que la langue ne soit retirée en arrière et en bas, et sans que le larynx ne descende aussi en même temps que la trachée-artère se raccourcit; il peut aussi concourir, par l'intermède des autres muscles, à abaisser la mâchoire inférieure.

Le sterno-thyroïdien (1).

Figure. Ce muscle ressemble à un ruban long, assez large et mince.

Situation. A côté de son semblable, immédiatement au-devant du larynx.

Confrontations. Sa face interne ou postérieure est au-devant des muscles crico-thyroïdiens, de la trachée-artère, du nerf récurrent, de la glande thyroïde, de la carotide, et de la veine jugulaire interne.

Sa face externe ou antérieure est recouverte par

(1) Ces muscles ont été connus de *Vésale*, qui ne leur a pas donné de nom particulier : *De hum. corp. fab.*, lib. II, cap. 21. *Bronchius*, Riolan : *Anthrop.*, lib. V, cap. 18. Sterno-tyrohyoïdien, de *Winslow* : *Traité de la tête*, p. 44.

l'omo-hyoïdien et par le sterno-hyoïdien dans presque toute sa longueur.

Attaches. L'extrémité supérieure de ce muscle est attachée à la ligne oblique de la face externe latérale et moyenne du cartilage thyroïde, au-dessous du muscle thyroïdien.

Son extrémité inférieure adhère à l'extrémité supérieure de la face postérieure du sternum, à côté du cartilage qui unit la seconde côte à cet os, et quelquefois à ce cartilage même.

Structure. Ce muscle est composé de fibres longitudinales, parallèles les unes aux autres, plus rapprochées inférieurement que supérieurement ; elles sont tendineuses à leur insertion au cartilage thyroïde et au sternum.

Usages. Ces muscles servent à abaisser le larynx, et même l'os hyoïde, en les rapprochant du sternum ; ils sont aussi congénères des sterno-hyoïdiens, pendant la déglutition et dans la formation des sons.

Le *thyro-hyoïdien* (1).

Figure. D'un carré long.

Division. Deux faces, quatre bords.

Confrontations. Sa face externe ou antérieure correspond aux muscles sterno et omo-hyoïdiens, et au peaucier.

Sa face interne et postérieure revêt le cartilage thyroïde et la membrane thyro-hyoïdienne.

Le bord interne qui correspond au bord interne du même muscle collatéral, est plus long que l'externe.

---

(1) Le premier et le second des muscles communs du larynx, *Vésale.* L'hyo-thyroïdien, de *Riolan.* Le thyro-hyoïdien, de *Winslow* et autres anatomistes. L'hyo-thyreoïdien d'*Albinus*, *Hist. muscul.* pag. 205.

Attaches. Son bord supérieur adhère au bord inférieur du corps de l'os hyoïde, et au bord externe de sa grande corne.

Son bord inférieur s'attache à la ligne saillante qu'on voit sur la face antérieure du cartilage thyroïde.

Structure. Charnu dans toute son étendue, et formé de fibres droites parallèles les unes aux autres.

Usages. Ce muscle relève le larynx vers l'os hyoïde ou rapproche cet os du larynx, et ainsi sert à la formation de la voix et à la déglutition.

Le crico-thyroïdien (1).

Situation. Ce muscle est placé sur la partie antérieure et inférieure du larynx sous la glande thyroïde, et sous le muscle sterno-hyoïdien.

Chacun de ces deux muscles est placé obliquement relativement à son semblable, de manière que l'extrémité inférieure d'un d'eux est si rapprochée de celle de l'autre, qu'elles se touchent; ce qui fait que par leur réunion ils forment un angle aigu dont la pointe est en bas, et la base en haut.

Figure. Il est un peu triangulaire, grêle et court.

Confrontations. Sa face antérieure est recouverte par la glande thyroïde, par les sterno-thyroïdiens, par le constricteur inférieur du pharynx. Sa face postérieure couvre la face antérieure du cartilage cricoïde.

Attaches. Son attache supérieure est au bord inférieur et à la partie latérale du cartilage thyroïde, et son extrémité inférieure adhère à la partie anté-

_____

(1) C'est l'un des quatre muscles du larynx, *Vesale.* Le premier muscle du larynx, *Colombus.* Le crico-thyroïdien antérieur, de *Riolan*, de *Winslow* et autres anatomistes.

rieure et latérale du cartilage cricoïde, séparé de
son semblable par un intervalle de quatre à cinq
lignes.

Structure. Ces deux muscles sont charnus, et seulement divisés par une légère intersection tendineuse.

Usages. Ce muscle, en se contractant, rapproche
le cartilage thyroïde du cricoïde et celui-ci du
thyroïde ; d'où résulte nécessairement que les aryténoïdes et les cordes vocales sont plus tendues : or,
c'est ce qui a lieu lorsque nous rendons des sons
aigus. (*Voyez la seconde partie de la Myologie.*)

Du crico-aryténoïdien latéral (1).

Figure. Elle a quelque ressemblance à celle d'un
trapèze.

Confrontations. Sa face externe correspond au
cartilage thyroïde et aux muscles crico-thyroïdiens.

Sa face interne revêt la membrane du larynx.

Attaches. Il est attaché supérieurement au bord
externe et inférieur du cartilage aryténoïde près
de sa base, et un peu plus haut que le crico-aryténoïdien postérieur; inférieurement au cartilage cricoïde; un peu au-dessus et latéralement, aux muscles
crico-aryténoïdiens.

Structure. Ce muscle est charnu et formé de fibres
obliques, un peu tendineuses à son insertion au
cartilage aryténoïde.

Usages. Ces muscles élargissent ou dilatent la
glotte en même temps qu'ils la relèvent.

Du crico-aryténoïdien postérieur (2).

Situation. Ce muscle est immédiatement placé

(1) Le septième et le huitième muscles du pharynx, *Vesale.* Le
crico-aryténoïdien, de *Spigel* et de la plupart des anatomistes.
Crico-latéro-aryténoïdien, *Dumas.*

(2) Le cinquième et le sixième muscles du larynx, de *Vesale.*

sur la face postérieure et inférieure du larynx, au-
devant de la portion inférieure et antérieure du
pharynx.

Sa forme est triangulaire.

Confrontations. La face antérieure répond aux
cartilages thyroïde et aryténoïde. La face postérieure
est recouverte par la membrane du pharynx.

Attaches. Par son extrémité supérieure à la face
postérieure et au bord inférieur du cartilage aryténoïde, assez éloigné de celui du côté opposé, duquel
il se rapproche, un peu en descendant, et il va s'attacher à la face postérieure concave et latérale de la
portion sigillaire du cartilage cricoïde.

Structure. Il est entièrement charnu.

Usages. Il retire en arrière les cartilages aryténoïdiens.

Du thyro-aryténoïdien (1).

On ne décrit ordinairement qu'un seul muscle
thyro-aryténoïdien de chaque côté ; cependant il y
en a deux qu'on peut facilement distinguer, dont
l'un est un peu plus gros et plus long que l'autre.

Ces deux muscles sont contigus, et forment un
corps charnu, aplati, assez mince, plus gros antérieurement que postérieurement.

Confrontations. La face interne de ces muscles
réunis correspond à la face externe de la corde
vocale de leur côté ; leur face externe correspond
à la face interne et postérieure du cartilage thyroïde.

Structure. En examinant attentivement ce corps
charnu, on voit qu'il est composé de deux petits

Le crico-aryténoïdien, de *Riolan.* Le crico-aryténoïdien postérieur, de *Spigel* et de la plupart des anatomistes. Le crico-
créti-aryténoïdien, de *Dumas.*

(1) Neuvième et dixième muscles du larynx, *Vesale.* Le thyro-
aryténoïdien, *Riolan, Albinus, Winslow* et autres anatomistes.

muscles bien distincts et qu'on ne doit pas confondre (1).

Attaches. Ils s'attachent antérieurement à la face concave du cartilage thyroïde, postérieurement à la face antérieure de l'aryténoïde de leur côté ; mais l'un de ces muscles, qui est supérieur à l'autre par son attache au thyroïde, s'attache plus inférieurement que l'autre à l'aryténoïde, et près de sa base : tandis que l'autre trousseau musculeux qui est attaché au cartilage thyroïde au - dessous du précédent, s'attache au-dessus de lui à la pointe du cartilage aryténoïde, de sorte que ces deux trousseaux musculeux sont un peu entre-croisés.

Usages. Les thyro-aryténoïdiens doivent, en se contractant, rapprocher les cartilages aryténoïdes du thyroïde, et par conséquent relâcher les bandes ligamenteuses vocales, tant les supérieures que les inférieures.

Des aryténoïdiens (2).

On croiroit, au premier aspect, qu'il n'y a qu'un seul muscle, comme *Riolan* l'a dit ; mais on voit, avec un peu d'attention, qu'il y en a trois, deux dont les fibres sont obliques, et un autre dont les fibres sont transverses ; c'est ce qui a déterminé *Winslow* et *Albinus* (3) à admettre deux muscles aryténoïdiens croisés ou obliques, et un aryténoïdien transverse (4).

(1) Caldani : *Institut. anat.*, tom. II, part. II, p. 144.

(2) Ce sont les onzième et douzième muscles du larynx, de *Vesale.* L'aryténoïdien, de *Riolan : Anthrop.*, lib. V, cap. 18. Cet anatomiste dit qu'il n'y a qu'un seul aryténoïdal, quoiqu'il en admette deux. L'ary-aryténoïdien, de *Winslow.* L'aryténoïdien, de *Chaussier*, de *Dumas.*

(3) *Hist. Muscul.*, lib. II, cap. 65, que *Winslow* a appelé *les aryténoïdiens.*

(4) *Winslow* l'appeloit l'*ary-aryténoïdien.*

Ces muscles forment une petite masse carrée, laquelle est placée sur la face postérieure des cartilages aryténoïdes et sur les ligamens qui les réunissent.

Les aryténoïdiens obliques s'attachent par une de leurs extrémités à la face postérieure et près de la base d'un des deux cartilages, et par l'autre extrémité à la partie moyenne et un peu supérieure de l'autre cartilage ; celui qui est attaché à la face externe de la base du cartilage gauche, couvre celui qui s'attache à la base également externe du cartilage droit ; ils sont ainsi entre-croisés.

Usages. Il n'est pas douteux que lorsqu'ils se contractent, ils rapprochent les cartilages aryténoïdes, et qu'ils ne resserrent la glotte.

L'aryténoïdien transverse (1) est formé de plusieurs petits trousseaux de fibres qui vont d'un cartilage aryténoïde à l'autre transversalement, en adhérant à leurs faces externes et à la capsule articulaire qui les réunit ; de sorte que quand ces fibres musculaires se contractent, elles rapprochent les aryténoïdes comme les précédens, et en même temps elles tirent en arrière le ligament capsulaire, et l'empêchent d'être froissé par les cartilages aryténoïdes.

Du stylo-glosse (2).

Nom. Il tire son nom de son attache à l'apophyse

---

(1) On peut regarder ce muscle comme impair. L'aryténoïdien transversal, de *Winslow : Traité de la tête*, p. 153. Caldani: *institut. anat.*, t. II, p. 144.

(2) Le cinquième et le sixième muscles de la langue, *Vesale*, lib. II, cap. 19. Stylo-glosse, *Riolan : Anthrop.*, lib. V, cap. 7 ; *Winslow*, etc. etc.

styloïde du temporal, et de la langue dans laquelle il se répand.

Situation. Ce muscle est situé à la partie supérieure latérale et antérieure du col ; il est rétréci en arrière, et ample en avant.

Confrontations. Sa face externe est recouverte par le digastrique et par la glande maxillaire ; sa face interne revêt le constricteur supérieur du pharynx, les muscles hyo-glosse et lingual.

Attaches. Son extrémité supérieure et postérieure s'attache, à la base de l'apophyse styloïde, au ligament stylo-maxillaire ; son extrémité inférieure et antérieure est répandue dans la langue.

Structure. L'extrémité supérieure de ce muscle est formée par un tendon court et grêle qui aboutit à un corps charnu, lequel se porte en avant et en dedans, en s'élargissant en même temps.

Ses fibres les plus internes pénètrent la langue au-devant de la réunion des deux hyo-glosses, vers le tiers postérieur de cet organe ; les moyennes se portent un peu plus antérieurement dans la langue, et les plus externes plus antérieurement encore.

On voit plusieurs de ses trousseaux qui, en s'écartant les uns des autres, se plongent dans la face dorsale de la langue, en laissant quelques interstices pour les fibres musculaires du génio-glosse ; d'autres se prolongent jusqu'à la pointe de la langue, en suivant ses bords. Des fibres les plus internes du stylo-glosse, quelques-unes se réfléchissent en arrière.

Usages. On ne peut douter que si les deux stylo-glosses agissent ensemble, ils ne retirent directement la langue en arrière, qu'ils n'en relèvent la pointe, et qu'ils ne puissent aussi élever directement l'os hyoïde ; mais si l'un d'eux agit seul, il entraîne la langue sur le côté de la bouche qui lui correspond , en la relevant vers le voile du palais ; de plus , ils doivent , en agissant ensemble , aplanir et élargir la langue.

Du génio-glosse (1).

Situation. Ce muscle est placé à côté de son semblable, derrière la mâchoire inférieure, à la partie antérieure et supérieure du cou.

Figure. Triangulaire, ayant une pointe, une base, une face interne et une face externe.

Confrontations et attaches. Antérieurement ils ne sont séparés l'un de l'autre que par un peu de tissu cellulaire ; et postérieurement , en pénétrant la langue , leurs fibres sont très-rapprochées , cependant toujours séparées par une couche de ce même tissu cellulaire. Leur face externe est recouverte par la glande sublinguale , par les muscles stylo - glosse , l'hyo-glosse, et encore par le lingual. Sa face interne correspond au muscle génio-glosse du côté opposé, son bord supérieur à la langue , et son bord inférieur au génio-hyoïdien. Sa pointe s'attache à la partie supérieure de l'apophyse-géni. Sa base occupe la partie latérale et inférieure de la langue , depuis sa pointe jusqu'à sa base. Elle s'attache aussi quelquefois aux petites cornes de l'os hyoïde.

Structure. Ce muscle se porte de devant en arrière , en grossissant à proportion. Les trousseaux supérieurs de son extrémité postérieure pénètrent la langue vers le milieu de sa face inférieure; les moyennes se prolongent vers la pointe de cet organe , et les inférieures paroissent se perdre dans la base de la langue.

_____

(1) Le neuvième muscle de la langue, *Vesale ;* le troisième et le quatrième de *Columbus ;* et le génio-glosse de *Riolan ,* de *Winslow ,* etc. etc.

Usages. Ce muscle porte la langue hors de la bouche : quand il se contracte, il peut la rendre plus ou
moins convexe ; les fibres latérales de ces deux muscles peuvent, en se contractant ensemble, aplanir et
élargir la langue; et si l'un de ces deux muscles
se contracte lorsque l'autre sera dans le relâchement,
il portera la langue sur le côté de la bouche en la
portant en avant, de sorte que les mouvemens de
ces muscles sont très-variés : ils peuvent aussi concourir à relever l'os hyoïde, lorsque la mâchoire
inférieure est fixée par ses releveurs, ou l'abaisser,
lorsque les muscles abaisseurs de l'os hyoïde sont
en contraction.

De l'hyo-glosse (1).

Situation. Il est placé à la partie antérieure et
supérieure du cou, et se prolonge de l'os hyoïde
dans la langue, comme son nom l'indique.

Figure et divisions. Il a la forme d'un carré
irrégulier, ayant une face antérieure et externe,

---

(1) *Vesale*, *Fallope*, *Casserius*, les ont comptés, mais diversement, parmi les muscles de la langue. *Riolan* l'a compris
dans le *basio-glosse* : Anthrop., lib. V, cap. 17. *Winslow*
et les anatomistes qui lui ont succédé l'ont appelé *hyo-glosse.*
Albinus l'a distingué du *cérato-glosse*, ainsi que *Morgagni*
et d'autres anatomistes.

Riolan avoit aussi distingué ces deux parties sans les différencier
par des noms particuliers. *Spigel* paroît être le premier qui ait donné
le nom de *cérato-glosse* à la portion de ce muscle attachée aux
cornes de l'os hyoïde, que *Douglass*, *Morgagni*, *Albinus*, lui
ont conservé *. *Winslow* a distingué une troisième portion
intermédiaire qu'il a appelée le *chondro-glosse* **.

* *Hist. musc.*, pag. 220.
** Tom. IV, pag. 520.

une face postérieure et interne, un bord supérieur et un bord inférieur , deux latéraux, dont l'un est interne et antérieur, et l'autre externe et postérieur.

Confrontations. La face antérieure est recouverte par le digastrique, par le stylo-hyoïdien, par le mylo-hyoïdien, par la glande maxillaire et le canal salivaire de Warthon, par le muscle stylo-glosse, par le nerf hypoglosse.

Sa face postérieure revêt le constricteur moyen du pharynx, le nerf glosso-pharyngien, l'artère linguale, et confronte avec les muscles génio-glosse et lingual.

Son bord supérieur se perd dans la partie latérale du corps de la langue, et ses fibres se confondent avec celles du stylo-glosse.

Le bord inférieur de ce muscle est attaché par une de ses trois portions à la partie supérieure de la face du corps de l'os hyoïde, et par l'autre portion, qui est plus externe et plus postérieure, à sa grande et à sa petite cornes , et par la troisième portion à la petite corne.

De ses bords latéraux , l'antérieur et interne monte de l'os hyoïde à la partie latérale de la langue. L'externe et postérieur, qui est plus court, s'étend de la grande corne de l'os hyoïde à la base de la langue.

Structure. Ce muscle est composé de trois portions charnues bien distinctes, qui sont attachées, de la manière qu'il vient d'être dit, à l'os hyoïde et à ses cornes.

Les fibres de ce muscle pénètrent la langue plus postérieurement que les stylo-glosses, et plus inférieurement que les génio-glosses; leur direction est d'avant en arrière , et de bas en haut; les fibres internes du muscle hyo-glosse droit sont très-rapprochées de celles du muscle gauche ; cependant elles sont toujours séparées par une légère couche de tissu cellulaire : ce qui fait que la langue est divisée par une ligne médiane.

Les trousseaux latéraux de l'hyo-glosse se prolongent dans les bords de la langue, quelques-uns d'eux s'entrelacent avec ceux du génio-glosse.

Usages. Ces deux muscles retirent la langue en arrière, et l'aplanissent dans toute son étendue, ou d'un côté seulement, si l'un d'eux se contracte quand l'autre est dans le relâchement ; mais lorsque la contraction de ces muscles est contre-balancée par celle des génio-glosses, alors leur action porte sur l'os hyoïde ; ils le relèvent en même temps qu'ils le portent un peu en avant (1).

Le péristaphylin interne (2) ou *supérieur.*

Situation. Il est situé obliquement dans la fosse gutturale, et derrière l'ouverture postérieure des fosses nasales, s'étendant de la face inférieure de la portion pierreuse du temporal au voile du palais.

Figure et structure. Il est arrondi, un peu tendineux supérieurement et extérieurement, ensuite charnu et aplati inférieurement.

_____

(1) On ne trouvera point ici la description du muscle lingual : ce muscle étant propre à la langue, et ne s'attachant nullement à aucun os, comme le font tous les muscles que nous avons compris dans ce traité de *Myologie*, nous avons cru en devoir rapporter la description à l'article *de la langue.*

(2) Seconde paire des muscles qui dilatent et qui resserrent l'arrière-bouche, *Fallope.* Péristaphylin interne, de *Riolan.* Sphéno-staphylin, de *Cowper.* Pétro-salpingo-staphylin de *Winslow*, *Dumas.* Péristaphylin interne ou supérieur, *Sabatier*, *Boyer*, *Gavard.* Pétro-staphylin, *Chaussier.*

Confrontations. La face externe répond au péristaphylin externe, et au pharyngo-staphylin.

La face interne est recouverte par la membrane du pharynx et par celle du voile du palais.

Attaches. Son extrémité supérieure s'attache à l'os temporal entre les trous carotidien externe et celui de la trompe d'Eustache, dont il recouvre la partie interne et y adhère; son extrémité inférieure se répand dans le voile du palais.

Usages. Ce muscle ferme l'ouverture par laquelle la bouche communique avec les cavités nasales, en relevant et en étendant le voile du palais, et empêche ainsi que les alimens n'y refluent.

Du péristaphylin externe ou inférieur (1).

Situation. Dans la fosse du gosier, supérieurement sous la face interne de l'apophyse ptérygoïde, et s'étendant derrière la base de cette apophyse sous le crochet qui termine son aile interne, pour se perdre dans le voile du palais.

Figure. Il est mince et long, plus rétréci supérieurement et évasé dans le voile du palais.

Confrontations. Sa face extérieure correspond à la face interne du grand ptérygoïdien, sa face interne au péristaphylin interne.

Attaches et structure. Son extrémité supérieure est attachée à la base, et un peu en arrière de l'aile interne de l'apophyse ptérygoïde dans la fosse

---

(1) Première paire des muscles qui dilatent ou resserrent l'arrière-bouche, *Fallope.* Péristaphylin externe, *Riolan.* Le sphéno-ptérygo-palatin, de *Cowper.* Le sphéno-salpingo-staphylin, de *Winslow, Dumas.* Le circonflexe, d'*Albinus.* Le contourné, de *Lieutaud.* Le péristaphylin externe ou inférieur de *Sabatier,* de *Boyer* et de *Gavard.* Ptérygo-staphylin, de *Chaussier.*

scaphoïde , par un petit tendon , et à la grande
aile du sphénoïde , à la partie antérieure du cartilage externe de la trompe d'Eustache par des fibres
musculaires ; et ce muscle descend ensuite le long du
bord postérieur de l'apophyse ptérygoïde , en formant un corps charnu qui aboutit à un tendon
grêle , lequel se contourne bientôt et passe sous
le crochet de l'aile interne de l'apophyse ptérygoïde.
Ce tendon se réunit à une petite aponévrose qui se
répand dans le voile du palais , et se confond avec
celle du muscle péristaphylin interne de l'autre côté.

Usages. Ce muscle , avec son semblable , relève
le voile du palais , et , conjointement avec les autres
muscles , l'empêche d'être renversé par le bol alimentaire dans les fosses nasales.

Du glosso-staphylin (1).

Situation. Ce muscle est placé au-devant de l'amyg-
dale et concourt à former le pilier antérieur du
voile du palais , s'étendant de ce voile à la base
de la langue.

Figure. Il est long , très - grêle , un peu triangulaire dans son milieu , ou dans la partie qui est
située dans le pilier , et plus évasé à ses extrémités
dans le voile du palais et sur-tout dans la langue.

Confrontations. Par sa face externe et postérieure
avec le constricteur supérieur du pharynx , par sa
face interne et antérieure avec la membrane de la
bouche.

Son extrémité supérieure ou palatine , qui est plus
rétrécie , paroît s'unir à celles des muscles du pha-

_____

(1) De *Santorini*, de *Valsava*, de *Douglass*, de *Winslow* et des
anatomistes français qui lui ont succédé , à l'exception de *Lieutaud*, qui l'a appelé *l'antérieur.*

ryngo-staphylin et à celles du péristaphylin externe.

Structure. Son extrémité inférieure ou linguale est formée par un épanouissement de fibres musculaires qu'on peut apercevoir à la base et à la partie latérale de la langue.

Usages. Ce muscle forme l'isthme du gosier, abaisse et rapproche le voile du palais de la langue, et relève aussi la langue vers le voile du palais.

Du palato-pharyngien (1) *ou du pharyngo-staphylin.*

Situation. Il est situé dans le pilier postérieur du voile du palais, et concourt à former la paroi latérale du pharynx.

Figure. Plus large à ses extrémités qu'à sa partie moyenne.

Confrontations. Sa face externe est recouverte par le muscle ptérygo-pharyngien, sa face interne revêt la membrane du pharynx.

Attaches. Son extrémité supérieure est attachée au bord postérieur de la voûte palatine, et y répand ses fibres charnues.

. Son extrémité inférieure, après s'être répandue dans la partie latérale du pharynx, s'attache par quelques fibres au bord postérieur du cartilage thyroïde.

Usages. Ce muscle relève et rétrécit le pharynx.

---

(1) Le pharyngo-staphylin, de *Valsava.* Le thyro-pharyngo-staphylin, de *Winslow.* Le palato-pharyngien, d'*Albinus*, de *Sabatier*, de *Boyer*, de *Gavard.* Le pharyngo-palatin, de *Haller.*

Du palato-staphylin (1).

Situation. Dans la partie postérieure du voile du palais , s'étendant jusqu'à la luette.

Confrontations. La face inférieure et antérieure de ce muscle couvre une partie des péristaphylins internes.

Sa face supérieure et postérieure est recouverte par le repli postérieur de la membrane du voile du palais.

Attaches. Son extrémité antérieure et supérieure adhère à l'épine et un peu au bord postérieur de l'os du palais. Son extrémité postérieure et inférieure se termine à la luette et au bord postérieur du voile du palais.

Structure. Il est formé de fibres charnues longitudinales, et ce muscle est très-mince.

Usages. Il rétrécit le voile du palais et le relève, il peut aussi mouvoir la luette et la retirer un peu en avant.

Vaisseaux et nerfs des muscles du voile du palais.

Les artères sont des branches des palatines, des nasales, des tonsillaires, des pharyngées; les veines viennent aussi des troncs des mêmes noms, mais elles sont plus variables , elles s'ouvrent dans la veine jugulaire interne.

Les nerfs sont des rameaux des palatins, fournis par le ganglion sphéno-palatin, du lingual et du maxillaire inférieur interne.

Des muscles du pharynx.

Ces muscles, très-nombreux , ont été compris sous

_____

(1) Muscle impair, ou *azigos uvulæ*, de *Morgagni.*

trois principaux , désignés sous le nom de *cons-*
tricteurs par rapport à leur usage ; on les distingue
en supérieur, moyen et inférieur ; on y joint aussi
les stylo-pharyngiens , et les palato-pharyngiens que
nous venons de décrire , avec les muscles de la luette
à laquelle il appartient également.

Le constricteur supérieur comprend les ptérygo-
pharyngiens, les buccinato-pharyngiens , les mylo-
pharyngiens , les glosso-pharyngiens. Ces cinq muscles de chaque côté, qui ont reçu le nom de leurs
attaches , forment ce constricteur (1).

Ce constricteur a une forme quadrilataire (2) ,
ayant par conséquent quatre bords et deux faces.
Des bords l'un est *supérieur* , et est attaché à une
aponévrose appelée *céphalo-pharyngée*. Le bord *in-*
férieur correspond aux côtés de la base de la langue ,
et y adhère. Le bord *antérieur* s'unit d'abord à l'aile
interne de l'apophyse ptérygoïde de l'os sphénoïde ,
ensuite à l'aponévrose buccinato-pharyngienne, à la
ligne myloïdienne de la mâchoire inférieure , et aux
parties latérales de la langue et à sa base. Le bord
postérieur est confondu avec celui du côté opposé.

La face externe du constricteur supérieur (3) confronte avec le muscle grand droit antérieur de
la tête , le très-long du cou , la veine jugulaire
interne , l'artère carotide interne , les muscles stylo-
pharyngiens et stylo-glosse et avec les ligamens antérieurs de l'épine , enfin à la face antérieure des
deux premières vertèbres du cou. La face interne
recouvre le pharyngo-staphylin , le péristaphylin interne et la membrane du pharynx.

---

(1) Ptérygo-sindesmo-staphyli-pharyngien, *Dumas*.

(2) De *Riolan*, *Santorini*, *Winslow*, etc.

(3) *Voyez* dans *Gavard* une description intéressante du constricteur supérieur et des deux suivans.

Usages. Tous ces muscles réunis resserrent le pharynx, et le rapprochent de la langue, comme aussi quelques-uns d'eux retirent la langue en arrière et vers le pharynx, quand l'os hyoïde est abaissé ; le constricteur supérieur est uni au constricteur moyen par les hyo-kérato-pharyngiens.

Le *constricteur moyen* du pharynx (1) comprend le grand et petit hyo-kérato-pharyngiens, le syndesmopharyngien, muscles qui sont attachés aux parties que leurs noms désignent ; ils sont d'abord assez distincts les uns des autres, et séparés ; mais ils se rapprochent et se confondent pour former ce constricteur moyen. On distingue dans ce corps musculeux deux parties, une droite et une gauche, ayant chacune la forme triangulaire, composée de deux faces, une externe convexe, correspondant au muscle grand droit ou très-long du cou, et au muscle hyo-glosse. Sa face interne concave est recouverte par la membrane du pharynx et par les stylo-pharyngiens. Son bord supérieur confronte et est uni avec le bord inférieur de la face postérieure du constricteur supérieur, et le bord inférieur répond à la partie supérieure de la face antérieure du constricteur inférieur. Son bord inférieur correspond à la partie supérieure de la face antérieure du constricteur inférieur ; mais de la réunion du bord supérieur avec l'inférieur résulte une espèce d'angle qui est attaché à la grande corne de l'os hyoïde et à l'extrémité inférieure du ligament stylo-hyoïdien.

Usages. Les muscles qui composent ce constricteur peuvent, par leur contraction, resserrer le pharynx, et concourent par conséquent à faire passer les alimens de cette cavité dans l'œsophage.

Le *constricteur inférieur du pharynx*, qui comprend

_____

(1) Hyo-glosso-basi-pharyngien, *Dumas.*

le thyro-pharyngien et le crico-pharyngien, s'étend depuis les cartilages thyroïde et cricoïde jusqu'au-devant de la colonne vertébrale, et depuis le constricteur moyen jusqu'à la partie supérieure de l'œsophage. Ce constricteur paroît formé de deux portions, une droite et l'autre gauche, dont les extrémités antérieures adhèrent à la partie postérieure du bord supérieur du cartilage thyroïde et au cartilage cricoïde, et dont les extrémités postérieures tendineuses forment une espèce de repli.

La contraction de ces muscles concourt à opérer le même effet que celui des autres constricteurs. Voyez d'ailleurs, dans la seconde partie de la *Myologie*, mes *remarques* sur les usages des constricteurs.

Usages. Le pharynx est encore pourvu de deux grands muscles congénères des constricteurs, les stylo-pharyngiens, qui méritent une description particulière.

Des stylo-pharyngiens (1).

Situation. Ces muscles sont placés à la partie supérieure du cou, obliquement dirigés de haut en bas et de derrière en avant.

Figure. Ils sont irrégulièrement triangulaires, grêles et arrondis supérieurement, et plus évasés inférieurement.

Confrontations. La face externe est recouverte par le muscle stylo-hyoïdien, la face interne recouvre supérieurement l'artère carotide, la veine jugulaire interne, inférieurement le pharynx, en s'élargissant et se portant en arrière.

Attaches. Ils s'attachent supérieurement par un

---

(1) Ces muscles ont été connus de *Vesale*, d'*Eustache*, de *Fallope.* Stylo-pharyngiens, *Riolan : Anthrop.*, lib. V, cap. 19. Stylo-pharyngiens, de *Winslow* et des anatomistes modernes.

tendon grêle au tiers inférieur de la face interne de l'apophyse styloïde de l'os temporal, et inférieurement ce muscle se porte à la partie latérale du pharynx, en épanouissant ses fibres, dont les unes montent et les autres descendent ; quelques-unes marchent plus horizontalement : les inférieures s'attachent au cartilage thyroïde.

Usages. Ils peuvent comprimer le pharynx, en élevant en même temps l'œsophage, auquel il est attaché, ou plutôt qui en est la continuation : si l'un des deux stylo-pharyngiens agit seul, il relève le pharynx et le larynx devers lui, et les porte sur le côté.

Du grand droit antérieur de la tête (1).

Nom. Ce muscle tire son nom de sa situation, n'occupant aucune des régions de la tête, mais étant situé à la partie antérieure du cou.

Il s'étend de l'apophyse basilaire de l'os occipital, jusqu'à l'apophyse transverse de la sixième vertèbre cervicale inclusivement.

Figure. Ce muscle est long, un peu aplati, plus volumineux en haut qu'en bas.

Confrontations. Sa face antérieure est couverte par le pharynx, par la veine jugulaire interne, et par l'artère carotide, par les troncs de la paire-vague, et par celui du nerf grand sympathique.

Sa face postérieure recouvre supérieurement le petit droit de la tête et le long du cou, l'articulation

---

(1) Ce muscle a été connu de *Vesale*, et des anatomistes qui lui ont succédé : ils l'ont décrit, mais sans lui donner de nom particulier. Il paroît que *Cowper* est le premier qui l'a appelé le *droit antérieur*; Winslow, *antérieur long*, et ensuite le *droit antérieur long*. Le grand trachélo-sous-occipital, de *Chaussier*. Le grand trachélo-basilaire, de *Dumas*.

de l'os occipital avec la première vertèbre, ainsi que la masse latérale de la première, et l'articulation de cette vertèbre avec la seconde, et celle de la seconde avec la troisième. Il revêt aussi, par sa face postérieure, les faces antérieures des apophyses transverses des vertèbres cervicales suivantes jusqu'à la sixième inclusivement.

. Il est, par la partie supérieure de son bord interne, rapproché de son semblable ; il s'en écarte en descendant et se place sur le très-long du cou. Son bord externe est d'abord libre, ensuite adhérent aux vertèbres cervicales, comme je vais l'exposer.

Attaches. Supérieurement ce muscle s'attache au-devant du grand trou occipital, au tubercule de l'apophyse basilaire de cet os, à côté et très-près de son semblable, d'où il descend obliquement de dedans en dehors, sur la partie latérale du corps de la première et de la seconde vertèbres, pour aller s'attacher au sommet du tubercule antérieur des apophyses transverses de la troisième, quatrième, cinquième et sixième vertèbres du cou.

Structure. Ce muscle a quatre tendons qui s'attachent aux vertèbres cervicales, comme il a été dit. Chacun est uni à un plan charnu, et ces plans charnus adhèrent aussi à une aponévrose qui couvre une partie de leur face antérieure.

Usages. Il concourt à fléchir la tête et à la porter en avant, fléchissant d'abord la première vertèbre sur la seconde, et celles-ci successivement sur les inférieures jusqu'à la sixième, où il finit de s'attacher.

Du petit droit antérieur de la tête (1).

Situation. C'est un très-petit muscle placé à la

_____

(1) Ce petit muscle n'a pas été inconnu d'*Eustache* ni de

partie antérieure et supérieure du cou , immédiatement au-devant de l'articulation de la première
vertèbre avec les apophyses condyloïdes de l'os
occipital.

Figure et divisions. Celle d'un petit carré long ,
ayant deux faces, une antérieure, une postérieure ;
deux bords, l'interne et l'externe ; une extrémité
supérieure, et une extrémité inférieure.

Confrontations. Sa face antérieure est recouverte
par l'extrémité supérieure du muscle grand droit
antérieur. Sa face postérieure couvre la capsule de
l'articulation de l'os occipital avec la première vertèbre du cou.

Attaches. Son extrémité supérieure est attachée
à la face inférieure de l'apophyse basilaire de l'os
occipital, un peu plus latéralement et plus postérieurement que le grand droit antérieur, d'où ce
petit muscle descend obliquement pour s'attacher au
bord antérieur de la face externe de la masse latérale
de la première vertèbre cervicale, ainsi que de celle
de son apophyse transverse.

Structure. Ce muscle est tissu de diverses fibres
tendineuses et aponévrotiques, auxquelles adhèrent
des trousseaux charnus mitoyens.

Usages. Il doit coopérer à la flexion de la tête ,
et encore à son inclinaison vers l'une ou l'autre
épaule , en soulevant la partie antérieure de la capsule de l'articulation de la première vertèbre avec
l'os occipital , pour prévenir son froissement.

Cowper. C'est le rengorgeur oblique de *Dupré : Hist. de cinq paires
de muscles*, 1696 , in-12. *Hist. de l'anat.*, t. IV, p. 222.
Le petit droit antérieur de la tête , de *Winslow* , de *Sabatier*,
Boyer, Gavard. Le petit trachélo-sous-occipital , de *Chaussier.*
Le petit trachélo-basilaire , de *Dumas.*

Le long du cou (1).

Ce muscle *est long* comme son nom l'indique ; il est plus gros à son milieu qu'à ses extrémités.

Situation. Il s'étend du milieu de la face anté-rieure du corps de la seconde vertèbre cervicale sur le corps des cinq vertèbres cervicales suivantes et des trois premières vertèbres dorsales, en descendant obliquement sur leurs parties latérales et en s'éloi-gnant réciproquement.

Confrontations. La face antérieure de ce muscle est recouverte par le grand droit antérieur de la tête, par le pharynx, par l'œsophage, par le tronc de l'artère carotide primitive, et par ceux de la pai-re-vague, et grand sympathique.

Sa face postérieure revêt une partie des vertèbres dont il vient d'être fait mention, ainsi que leurs ligamens intervertébraux.

Attaches. Il est attaché à toutes les vertèbres sur lesquelles il est placé, depuis la seconde et la troi-sième dorsale inclusivement, de manière que ce muscle est très-rapproché de son semblable au-devant du corps de la seconde vertèbre cervicale où il s'at-tache, en formant un angle aigu, que les deux mus-cles grands droits antérieurs de la tête recouvrent ; en descendant, ces muscles s'attachent successive-ment à la face antérieure et latérale du corps des vertèbres suivantes.

Structure. Ce muscle est composé de beaucoup de trousseaux obliques, en partie charnus, et en partie tendineux.

_____

(1) *Vesale* a connu ce muscle sans lui donner de nom, lib. II, cap. 38. C'est le *long* de *Riolan*, le *long* du cou de *Spigel*, de *Cowper*, de *Winslow*, etc. etc. ; le *très-long* du cou de *Gavard*. Pré-dorso-atloïdien, de *Chaussier*.

Ceux de la partie supérieure sont tendineux extérieurement et charnus intérieurement, et ceux de
la partie inférieure sont charnus en dedans et tendineux en dehors.

Usages. Ces muscles effacent, en se contractant,
non-seulement la convexité de la portion vertébrale
du cou, qui existe lorsque la tête est renversée, mais
encore la rendent un peu concave, et de cette manière ils la fléchissent; ils sont ainsi congénères des
grands droits antérieurs de la tête.

*Vaisseaux et nerfs des muscles de la partie cer-
vicale de la région antérieure du tronc.*

Ses artères viennent des rameaux de la thyroïdienne
inférieure, de la vertébrale, de la cervicale transverse,
de la thyroïdienne supérieure, de la linguale, de la
labiale, de la pharyngienne inférieure, et de l'occipitale.

Les veines des muscles de cette région sont les
veines jugulaires internes et externes, les verté-
brales, les céphaliques, les trachéales, les gutturales, les ranines et les maxillaires, dont les rameaux
vont se distribuer dans les divers muscles du cou,
s'anastomosant fréquemment ensemble.

Divers vaisseaux lymphatiques, rameaux, branches et troncs serpentent entre et sur les muscles
du cou, en descendant de la tête vers la poitrine
pour se rendre dans le canal thorachique du côté
gauche, et dans la grande veine lymphatique du côté
droit.

Les nerfs des muscles antérieurs de la portion cervicale viennent de la deuxième et de la troisième
branches des nerfs trijumeaux, lesquels distribuent
plusieurs de leurs rameaux aux muscles du voile du
palais, de la langue et du pharynx; ils viennent
aussi du facial, qui donne des rameaux au sterno-

cléido-mastoïdien, au digastrique, au milo-hyoïdien ; de la paire-vague qui répand des rameaux aux muscles du pharynx et dans le larynx, dont les muscles reçoivent aussi des rameaux, des recurrens, branches de la paire-vague ; de l'hypoglosse qui va se distribuer aux muscles de la langue.

Le grand sympathique dont le tronc descend à côté de celui de la paire-vague, derrière la carotide interne, derrière la carotide primitive, au-devant des muscles droits de la tête et longs du cou, fournit aussi beaucoup de rameaux aux divers muscles dont on vient de parler.

Les nerfs cerébro-spinaux, ou la dixième paire de *Willis*, les spino-craniens, ou l'accessoire de la huitième paire, et les branches antérieures des nerfs cervicaux provenant de la moelle épinière, répandent beaucoup de rameaux dans ces muscles.

SECONDE SECTION.

De la région antérieure du tronc.

Portion pectorale.

On comprend dans cette portion le grand et le petit pectoral, le souclavier et les sterno-costaux.

Du grand pectoral (1).

Ce muscle tire son *nom* de sa situation et de son

---

(1) Le premier des muscles qui meuvent le bras, *Vesale* : *De hum. corp. fab.*, lib. II, cap. 23, p. 311. *Pectoralis*, de *Riolan*, *Anthrop.* lib. V, cap. 24, p. 36. Le grand pectoral

volume, comparé à un autre muscle qu'on appelle le petit pectoral.

Situation. Ce muscle est placé à la partie antérieure et supérieure de la poitrine et de l'aisselle, s'étendant de la clavicule et du sternum au bord antérieur de la coulisse bicipitale de l'humérus.

Figure. Il est de forme triangulaire, ayant quelque ressemblance à un éventail déployé.

Division. En deux parties, une petite connue sous le nom de *claviculaire*, et une grande qu'on appelle *thorachique.* On peut distinguer dans le muscle pectoral deux faces, l'une antérieure, l'autre postérieure ; trois bords, un supérieur, un inférieur, l'autre interne, un angle ou extrémité qui est externe.

Confrontations. La face antérieure et superficielle de ce muscle est couverte par la partie inférieure du peaucier, par les mamelles et par la peau. La face interne couvre les cartilages des vraies côtes, à l'exception de celui de la première constamment, et quelquefois de celui de la dernière.

Ce muscle couvre aussi la portion des muscles intercostaux externes comprise dans les interstices de ces côtes, le souclavier, le petit pectoral, le muscle grand dentelé.

Du côté du bras, il recouvre une portion du muscle coraco-brachial et une autre du biceps.

Par son bord interne, il confronte avec l'extrémité sternale de la clavicule, avec la face antérieure du sternum.

---

de *Winslow*, *Traité des muscles*, §. 185, et de la plupart des anatomistes modernes. Pectoral d'*Albinus*, regio X, cap. 71. Sterno-huméral, *Chaussier.* Sterno-costo-clavico-huméral, *Dumas*.

Son bord supérieur correspond à la moitié interne de la clavicule, au deltoïde, au bord interne duquel il confronte. Ces deux muscles sont distingués par la veine céphalique.

Le bord inférieur confronte et est même continu près du sternum à l'aponévrose du muscle oblique externe du bas ventre ; il forme, par son tiers externe, le bord antérieur et inférieur de l'aisselle.

L'angle ou l'extrémité externe, résultant de la réunion du bord supérieur et du bord inférieur, a environ deux pouces de largeur, et est formé par un tendon qui couvre la moitié antérieure de la coulisse bicipitale.

Attaches. La portion claviculaire s'attache à la moitié interne du bord antérieur de la clavicule par ses fibres charnues et par une aponévrose très-courte ; des fibres qui sont à peu près parallèles les unes aux autres, descendent obliquement vers le bras, et dégénèrent en un tendon plat et mince qui adhère au bord antérieur de la coulisse bicipitale de l'humérus ; cette portion adhère aussi par une expansion tendineuse à celle du deltoïde et est continue avec l'aponévrose brachiale.

La portion thorachique s'attache par son bord interne à la face antérieure du sternum par une expansion tendineuse, fort mince et fort courte, qui paroît se confondre avec l'expansion tendineuse du muscle grand pectoral de l'autre côté.

Le grand pectoral adhère encore par la portion interne et antérieure de sa face postérieure aux cartilages des vraies côtes, et un peu à leurs extrémités osseuses ; il adhère aussi quelquefois au cartilage de la première fausse côte, et souvent avec celui de la seconde et en divers endroits.

Le grand pectoral contracte des adhérences avec les intercostaux externes.

On remarque à la partie inférieure du grand pectoral quelques digitations qui s'entrelacent avec celles des muscles droits, et ensuite avec celles du grand oblique du bas-ventre; elles se confondent quelquefois avec ces deux muscles ou avec l'un d'eux.

Le grand pectoral fournit aussi de son bord inférieur une expansion aponévrotique qui se répand sur le muscle droit, et se confond avec l'aponévrose du grand oblique.

L'angle tronqué, formé par le tendon de la portion thorachique du grand pectoral, et celui de la portion claviculaire qui le recouvre extérieurement, et qui lui est uni; s'attache au bord externe et antérieur de la coulisse bicipitale, d'où ce tendon, ainsi formé, se prolonge sur la face de cette coulisse jusqu'à peu près à sa moitié, où il s'unit aux tendons du grand rond et du grand dorsal, moyennant une bande ligamenteuse qui les lie ensemble.

Structure. Ce muscle est charnu du côté de la poitrine, et tendineux du côté du bras. Il y a vers le tiers supérieur une ligne oblique, formée de tissu cellulaire et de graisse, laquelle descend de l'extrémité sternale de la clavicule vers le tiers supérieur du bras; elle paroît sur-tout à la face externe du muscle, et semble le séparer en deux parties, l'une supérieure, petite, correspondant à la clavicule, et que *Winslow* a nommée *claviculaire*, et l'autre inférieure, plus de deux fois plus grande, et qui correspond au reste de la partie antérieure de la poitrine, et qu'il a appelée la *portion thorachique*.

Le grand pectoral est, dans la plus grande partie de son étendue, composé de trousseaux charnus, plus ou moins rapprochés. Leurs interstices sont pleins d'un tissu cellulaire qui les unit, ainsi que les diverses fibres charnues dont chacun d'eux est composé; ce tissu cellulaire contient plus ou moins de graisse selon l'embonpoint du sujet.

Les trousseaux du grand pectoral en s'approchant du sternum s'écartent un peu les uns des autres, et paroissent rayonnés; ils sont terminés par des expansions aponévrotiques qui ont plus ou moins d'étendue, et dont quelques-unes se confondent, comme il a été dit, sur la face antérieure du sternum avec celle du grand pectoral de l'autre côté, de manière que ces deux muscles paroissent continus en cet endroit.

Les bords supérieur et inférieur du grand pectoral sont charnus; le supérieur est plus mince que l'inférieur, qui est un peu arrondi. Tous les trousseaux charnus du muscle grand pectoral, soit de la grande, soit de la petite portion, terminent par se réunir pour former un tendon large d'environ trois travers de doigt, dont la partie inférieure répond aux fibres charnues supérieures, la moyenne aux fibres moyennes, et la supérieure aux fibres inférieures. Ce tendon est formé, comme il a été dit, de deux lames, dont l'antérieure appartient à la portion claviculaire, et la postérieure à la portion thorachique du muscle; ces deux lames sont unies par du tissu cellulaire très-serré.

Usages. Le grand pectoral est principalement destiné aux mouvemens du bras, il tend toujours à le rapprocher de la poitrine. Sa portion supérieure ou claviculaire est congénère du deltoïde qui le relève, et sa grande portion inférieure ou la thorachique sert au contraire à abaisser le bras et l'épaule; les deux portions réunies de ce muscle peuvent contourner le bras de dehors en dedans et concourir à la pronation de la main; ce muscle tend à élever la poitrine lorsque les bras sont relevés, par exemple, quand on est suspendu à un arbre.

Du petit pectoral (1).

Nom. Ce muscle est ainsi nommé parce qu'il occupe la région de la poitrine, et qu'il est plus petit que le grand pectoral, sous lequel il est placé.

Situation. A la partie supérieure, latérale et antérieure de la poitrine.

Figure. Sa forme est triangulaire ; il est large et dentelé par l'extrémité qui s'attache aux côtes ou pectorale, laquelle est interne et inférieure ; il est rétréci et comme pointu par l'extrémité supérieure et externe qui s'attache à l'omoplate, ce qui fait qu'on l'appelle scapulaire. De ses deux bords latéraux, le supérieur est moins long que l'inférieur.

Confrontations. La face externe et antérieure est recouverte par le grand pectoral, quelquefois aussi un peu par la peau.

Il revêt par sa face interne et postérieure les extrémités antérieures des troisième, quatrième et cinquième côtes, quelquefois de la seconde, adhérant par quelques trousseaux aux muscles intercostaux externes ; ce muscle recouvre aussi la portion supérieure et antérieure du grand dentelé, les vaisseaux et les nerfs axillaires, par son extrémité scapulaire.

Attaches. Le petit pectoral est attaché par son extrémité large interne et inférieure à la face externe

(1) C'est le muscle qui porte l'épaule en avant, *Vesale*, liv. II, chap. 23. *Serratus minor anticus*, Riolan, *Anthrop.*, lib. V, cap. 23, pag. 316, qui l'a ainsi nommé par rapport à ses dentelures et à son voisinage avec le muscle grand dentelé : mais *Winslow*, qui l'a comparé avec le grand pectoral, l'a appelé le petit pectoral : *Traité des muscles*, §. 156. Cependant *Albinus* a cru devoir l'appeler le *dentelé antérieur*, comme *Riolan*, lib. III, cap. 72. Costo-coracoïdien, de *Chaussier* et de *Dumas*.

des troisième, quatrième et cinquième côtes, et quelquefois à celle de la seconde par autant de dentelures terminées par une expansion aponévrotique assez large, qui se prolonge sous le grand pectoral, sur les cartilages des côtes et sur les muscles intercostaux intermédiaires.

Son extrémité externe et supérieure, rétrécie, pointue, tendineuse, s'attache au bord interne de l'extrémité antérieure de l'apophyse coraçoïde ; elle est contiguë au tendon du coraco-brachial.

Structure. Ce muscle est charnu dans toute son étendue, excepté à sa partie rétrécie attachée à l'omoplate, qui est tendineuse. Les trousseaux musculeux dont il est formé sont écartés vers l'extrémité pectorale ; et ce muscle a d'autant plus d'épaisseur supérieurement, qu'il se rétrécit en montant vers l'épaule ; les fibres musculaires aboutissent à un tendon large.

Usages. Ce muscle abaisse l'angle antérieur de l'omoplate et le bras. On lui attribue l'usage de soulever les côtes pendant l'inspiration ; mais cela ne peut avoir lieu que dans quelques cas très-rares, comme on le dira lorsqu'il sera question des mouvemens combinés des muscles de l'épaule.

Du muscle souclavier (1).

Nom. Ce muscle est ainsi appelé parce qu'il est placé sous la clavicule.

Situation. Entre la clavicule et la première côte.
Figure. Il est petit, grêle et long.

---

(1) Le premier des muscles moteurs de l'épaule, *Vesale*, liv. II, chap. 25. *Subclavius*, *Riolan : Anthrop.*, lib. V, cap. 31. Le souclavier de *Winslow*, *Traité des muscles*, §. 170, ainsi que des anatomistes modernes. Le costo-claviculaire de *Chaussier* et de *Dumas*.

Confrontations. La face antérieure de ce muscle est recouverte par une aponévrose et par le grand pectoral, et sa face postérieure revêt une partie des vaisseaux et des nerfs axillaires, ainsi que le ligament closto-claviculaire.

Attaches. Par son bord supérieur, aux deux tiers externes de la face inférieure de la clavicule, jusqu'au ligament qui la fixe à l'apophyse coracoïde ; son bord inférieur est libre.

Son attache interne et inférieure est au-devant du ligament costo-claviculaire, à la partie supérieure de l'extrémité sternale de la première côte quelquefois, et toujours à la face supérieure du cartilage, qui la fixe avec le sternum.

Structure. Il est tendineux inférieurement, et charnu supérieurement. Son tendon, en remontant sur la face postérieure de ce muscle, se prolonge jusque vers son milieu ; ce qui fait que sa face antérieure est charnue dans une plus grande étendue que sa face postérieure.

Usages. Ce muscle sert à abaisser la clavicule en la rapprochant de la première côte.

Des sterno-costaux (1).

Situation. Les sterno-costaux sont placés à la partie latérale du sternum, derrière les cartilages des cinq dernières vraies côtes.

Nombre. Ils sont au nombre de cinq de chaque

_____

(1) C'est le sixième des musles qui meuvent la poitrine, *Vésale* : *Est autem*, disoit-il, *musculus iste triangularis*, lib. II, p. 345. Le triangulaire et pectoral interne, *Riolan* : *Anthrop.*, lib. V, chap. 31. *Sterno - costalis* de *Verheyen*. Sterno - costaux de *Winslow*. Le triangulaire du sternum d'*Albinus*, de *Boyer*. Gavard a compris ces muscles parmi les intercostaux internes. Sterno-costal, de *Chaussier* et *Dumas*.

2. 18

côté, assez distincts, et séparés supérieurement et extérieurement sur-tout, pour qu'on ne puisse pas les regarder comme ne faisant qu'un seul et même muscle.

Attaches. Ils sont attachés par leur extrémité interne et inférieure à la face interne de la moitié inférieure du sternum, par le moyen d'une aponévrose, qui non-seulement unit ensemble les muscles d'un côté, mais encore ceux-là avec ceux du côté opposé, après avoir recouvert la face interne du sternum, à laquelle cette aponévrose est fortement adhérente. Elle se réunit aux digitations du transverse du bas-ventre et du diaphragme.

L'extrémité externe et supérieure des muscles sterno-costaux s'attache au cartilage sterno-costal le plus voisin, près de son extrémité costale, et même aussi à l'extrémité de la côte qui lui est unie.

Direction. Le plus inférieur de ces cinq petits muscles est presque situé horizontalement; le quatrième est plus relevé par son extrémité externe; le troisième et le second le sont encore davantage, et le premier est presque perpendiculaire.

Variation. J'ai trouvé dans quelques sujets six muscles sterno-costaux, dont le plus supérieur s'attachoit aux extrémités du cartilage de la seconde côte; mais, dans d'autres sujets, ces muscles sont si peu exprimés, qu'il n'y a que les deux ou trois derniers qui soient bien formés.

Usages. Ces muscles, en abaissant les cartilages et les extrémités antérieures des cinq dernières vraies côtes, servent à l'inspiration.

Les vaisseaux et nerfs des muscles de la portion pectorale sont des rameaux des artères et des veines mammaires internes, des thorachiques: les nerfs sont fournis par le plexus cervical superficiel et profond, par les nerfs thorachiques et intercostaux.

TROISIÈME SECTION.

De la région antérieure des muscles du tronc.

Portion abdominale.

Elle comprend les muscles ordinairement appelés du bas-ventre, qui sont au nombre de cinq de chaque côté; savoir, l'oblique externe, l'oblique interne, le transverse, le droit, le pyramidal, parmi lesquels le diaphragme peut aussi bien être compris que parmi ceux de la poitrine, puisqu'il forme une cloison qui est commune aux deux cavités.

Il y a, de plus, dans la région abdominale, d'autres muscles, le grand et le petit psoas, le carré, l'iliaque.

Les noms des dix muscles ordinairement appelés du bas-ventre, sont tirés de la direction de leurs fibres ou de leur figure. Il y en a trois de chaque côté, qui sont larges, en partie charnus, et en partie membraneux : ce sont les deux obliques et le transverse. Les muscles droits et pyramidaux sont placés antérieurement.

Les trois muscles larges, l'oblique externe, l'oblique interne et le transverse, sont, antérieurement et à la partie moyenne, terminés par des aponévroses qui se réunissent entre elles, depuis l'extrémité inférieure du cartilage xyphoïde du sternum jusqu'à la partie supérieure de la symphyse du pubis, d'où il résulte un espace aponévrotique considérable, dont la partie moyenne est appelée la ligne blanche (1).

_____

(1) C'est sans raison que l'on a accordé à *Picolhomini*, ana-

Cette ligne est percée, à peu près au milieu de sa longueur, par une ouverture qui donne passage dans le fœtus aux vaisseaux ombilicaux ; le contour de cette ouverture est tissu de fibres aponévrotiques, qui se replient sur elles-mêmes en s'entrecroisant avec les collatérales. Cette ouverture se rétrécit et s'oblitère presque après la naissance (1) : la ligne blanche est plus large au-dessus de l'ombilic qu'au-dessous.

De l'oblique externe (2).

Nom. C'est de sa situation relative à celle des autres muscles du bas-ventre, et de l'obliquité de ses fibres

tomiste italien, l'honneur d'avoir le premier décrit la ligne blanche, et de lui avoir donné ce nom. *Vesale* *, *Fallope* **, *Berenger* et *Carpi*, sur-tout, l'avoient décrite et regardée comme le concours des aponévroses des muscles du bas-ventre.

(1) Quelquefois, soit parce qu'elle n'est pas assez fermée, ou parce que ses parois sont trop foibles, l'épiploon et les intestins grêles sortent par l'ouverture ombilicale, et forment l'exomphale : mais plus fréquemment l'estomac sort de la cavité abdominale par l'écartement de la ligne blanche au-dessus de l'ombilic. L'épiploon, les intestins grêles et gros, l'estomac, une partie de la vessie et de la matrice, ont formé des hernies de la ligne blanche au-dessous du nombril, malgré qu'en cet endroit cette ligne soit moins large. Cet écartement est survenu à plusieurs femmes après des couches laborieuses ***. J'en ai vu plusieurs exemples.

(2) *Obliquus descendens* de *Vesale*, de *Columbus* ; externe, de *Dulaurens* ; de *Riolan* ; descendant et externe de *Santorini*.

* *Candidior abdominis linea* : De corp. hum. fab., p. 338.

** *Linea alba in qua concurrunt cordæ omnium musculorum* : Obs. ana., p. 385.

*** *Voyez*, dans le *Journal de Médecine*, plusieurs exemples de déplacement des viscères abdominaux par l'écartement de la ligne blanche. Pareils exemples sont rapportés dans les actes helvétiques, VII : *Essais d'Edimbourg*, II. *Ruysch* a cité l'histoire d'un fœtus dont les intestins étoient sortis du bas-ventre par la ligne blanche. *Voyez* aussi 9. A. Fried *De fœtûs intestinis plane nudis extra abdomen propendentibus.* Argent. 1760.

charnues, que ce muscle a reçu le nom que la plupart des anatomistes lui donnent aujourd'hui.

Situation. Sous la peau, sur les parties latérales antérieures et inférieures de la poitrine, de l'abdomen, s'étendant depuis les deux ou trois vraies côtes inférieures, et les cinq fausses, au pubis, à l'arcade crurale, et au tiers antérieur de la crête de l'os iléum, remplissant aussi l'intervalle qu'il y a de la ligne blanche, que l'aponévrose de ce muscle concourt à former, à la région lombaire.

Figure. Il a la forme d'un carré irrégulier, et il est le plus large des muscles du bas-ventre.

Divisions. Deux faces, l'une externe, l'autre interne; et quatre bords, l'antérieur, le postérieur, le supérieur, l'inférieur.

Confrontations. La face externe et superficielle est immédiatement recouverte par la peau dans toute son étendue, excepté en arrière, où elle est un peu recouverte par le grand dorsal; en haut, par une expansion aponévrotique du grand pectoral qui s'unit à ce muscle; inférieurement et en dedans dans l'homme par le cordon spermatique, et dans la femme par le ligament rond.

Le muscle oblique externe revêt, par sa face interne et profonde, une très-grande partie de l'oblique interne, les cartilages des sept ou huit dernières côtes, ainsi que leurs extrémités antérieures.

Attaches. C'est par ses bords que le grand oblique est attaché.

L'oblique externe de *Winslow*, d'*Albinus*, de *Sabatier*, de *Boyer*. Le grand oblique de l'abdomen, de *Gavard*. Le costo-abdominal, *Chaussier*. Ilio-pubi-costo-abdominal, *Dumas*.

Par le supérieur, avec le grand pectoral, moyennant une ou deux digitations; aux deux ou trois vraies côtes inférieures, et aux cinq fausses côtes, par des languettes, dont trois ou quatre sont interposées, entre celles du grand dentelé et du grand dorsal, à peu près comme nous passons les doigts d'une main entre ceux de l'autre main.

Les languettes qui s'attachent aux côtes diffèrent beaucoup entre elles par leur longueur et par leur largeur. La première est courte, les quatre suivantes sont plus longues, les trois dernières le sont moins; mais elles sont plus larges, sur-tout la dernière.

L'attache de la première digitation est très-près du cartilage de la côte, celle des trois autres en est beaucoup plus éloignée; mais la sixième s'en rapproche, et encore plus celle de la septième. Quant à la dernière digitation, qui est très-large, elle est attachée à la côte et au dernier cartilage.

Le bord inférieur adhère à la lèvre externe du tiers antérieur des os des îles jusqu'à l'épine antérieure et supérieure de cet os, où ce muscle, en cet endroit, est tout aponévrotique, et où il se confond si intimement avec l'aponévrose du *fascia lata*, qu'il en résulte, par l'entrecroisement de leurs fibres, une espèce de ligament commun, appelé *inguinal*.

C'est sous ce ligament que passent les vaisseaux et nerfs inguinaux, ainsi que l'extrémité inférieure du grand psoas et iliaque. Dans l'état naturel, il est fortement tendu pour empêcher que les viscères abdominaux, l'épiploon, les intestins, l'iléum principalement, la vessie, etc., ne puissent sortir de la cavité abdominale, quoique cependant cela arrive encore trop souvent.

Près du pubis est une ouverture dans l'aponévrose du grand oblique, oblongue, à laquelle on a donné le nom d'*anneau*. C'est par cette ouverture que

passent, dans l'homme, les artères, veines et nerfs
spermatiques, les vaisseaux lymphatiques, les canaux déférens.

Chez les femmes, cette ouverture, qui est plus latérale et moins grande, donne passage aux ligamens
ronds, à des vaisseaux sanguins, et à des nerfs qui
communiquent avec ceux des aines.

Des bords de cette ouverture, qu'on appelle co-
lonnes ou piliers, l'un est interne et antérieur,
l'autre est externe et postérieur. L'interne est dirigé
vers la synchondrose du pubis, passe sur elle, et
va s'attacher à la partie inférieure de la face externe du corps de l'os pubis de l'autre côté, ses
fibres s'entrecroisant avec les fibres du pilier interne
du côté opposé. Le pilier externe se rapproche,
en descendant, du pilier interne, et s'attache à l'é-
pine du pubis de son côté : par l'écartement de
ces deux piliers, il en résulte une ouverture plutôt
triangulaire (1) que ronde ; elle est très-rétrécie en
haut, et large en bas : c'est parce que cette ouverture n'est point arrondie, que *Gunzius* (2) a voulu
substituer le nom de scissure à celui d'anneau.

L'extrémité supérieure de l'anneau est fortifiée intérieurement par diverses fibres tendineuses qui cou-
pent celles de l'aponévrose de l'oblique externe, et
ainsi cette ouverture est supérieurement très-fortifiée
et moins susceptible de dilatation : il a paru à *Lieutaud*
que ces fibres transversales venoient du couturier.

Vésale et *Fallope* ont décrit le ligament inguinal.
C'est sans raison qu'on en a accordé la découverte
à *Poupart* ; mais ce prétendu ligament n'est autre
chose, comme *Morgagni*, *Winslow* et *Lieutaud*

(1) Haller : *Élem. physiol.*, t. III, p. 64.
(2) *De herniis libellus*, p. 530.

l'ont observé, qu'un entrelacement de fibres de l'aponévrose du grand oblique, et de celles du *fascia lata*.
Gunzius prétendoit, en dernier lieu, qu'il y avoit un
véritable ligament inguinal, auquel s'attachoit l'aponévrose du grand oblique, et celle du fascia lata,
lequel étoit entièrement indépendant de ces aponévroses. Cette opinion nous paroît gratuite : ce
prétendu ligament n'est pas tel que *Gunzius* l'a
décrit.

Le *bord antérieur* de l'oblique externe est aponévrotique ; il se confond avec celui du côté opposé ;
et c'est par cette réunion principalement que la
ligne blanche est formée, et bien moins par l'aponévrose des obliques internes et des transverses,
quoiqu'ils y concourent. La ligne blanche se prolonge du cartilage xyphoïde jusqu'à la symphyse du
pubis, étant bien plus large en haut qu'en bas,
comme il a été dit.

Le bord postérieur de l'oblique externe est libre, ou
sans attaches ; il est recouvert par le grand dorsal,
et s'étend depuis le sommet du cartilage de la dernière fausse côte, jusques à l'os des îles vers le milieu de sa crête. Il est recouvert par le grand dorsal,
laissant quelquefois inférieurement un espace de forme
triangulaire ; ce qui fait que l'oblique interne est
alors recouvert par la peau.

Structure. Les fibres supérieures de l'oblique externe sont presque transversales ; les moyennes sont
plus obliques, plus élevées vers les côtes que du
côté de l'aponévrose. Les fibres inférieures du grand
oblique sont à peu près verticales ; celles-ci concourent peu à former l'aponévrose.

Les fibres moyennes obliques sont les plus longues,
et les fibres de l'aponévrose qu'elles forment ont la
même direction que celles des fibres musculeuses
dont elles paroissent une production.

Cette aponévrose adhère avec le feuillet aponévrotique antérieur du petit oblique, 1°. le long du bord externe du muscle droit ; 2°. aux énervations de ce muscle ; 3°. à la ligne blanche. Il semble, quand on considère cette ligne, que les fibres aponévrotiques du muscle grand oblique droit se continuent avec celles du petit oblique gauche, et que celles du muscle grand oblique gauche se continuent avec les fibres aponévrotiques du petit oblique droit ; de sorte que les quatre obliques formeroient un muscle *quadriceps*.

La portion aponévrotique du grand oblique est moins large supérieurement qu'inférieurement ; elle est formée de fibres qui vont un peu obliquement vers la ligne blanche : les supérieures sont plus horizontales, les moyennes plus obliques, et les inférieures descendent davantage. Vers les os pubis, ces fibres forment des trousseaux séparés par de petits interstices dans lesquels l'aponévrose est moins forte ; elle est traversée de plusieurs vaisseaux artériels et veineux ; et même de quelques nerfs.

Usages. L'oblique externe rétrécit la cavité du bas-ventre, et sert ainsi à l'expulsion des matières fécales et à l'expiration. Il rapproche la poitrine du bassin en l'inclinant de son côté, et fait ainsi fléchir latéralement le tronc ; et si la poitrine est fixée, il relève le bassin et le rapproche latéralement des fausses côtes. Il concourt à fixer le tronc dans un homme qui est debout, et l'empêche de se renverser en arrière. S'il agit conjointement avec son semblable, et encore avec les muscles obliques internes et les muscles droits, il incline directement le tronc en avant.

De l'oblique interne (1).

Nom. Ce muscle a été ainsi nommé par rapport à l'obliquité de ses fibres, et parce qu'il est placé plus intérieurement que le précédent.

Situation. Il s'étend depuis la partie inférieure de la poitrine jusqu'à la partie antérieure et supérieure du bassin, et depuis les apophyses épineuses des trois dernières vertèbres lombaires, la partie postérieure du sacrum, jusqu'à la ligne blanche.

Il a un peu moins d'étendue que l'oblique externe; ce qui a donné lieu à quelques anatomistes de l'appeler le petit oblique.

Figure, Divisions. Ce muscle a la forme d'un carré irrégulier, étant plus large en avant qu'en arrière, ayant deux faces, l'interne et l'externe, quatre bords, l'antérieur, le postérieur, le supérieur, et l'inférieur.

Confrontations. Sa face externe est recouverte par l'oblique externe, et postérieurement par le très-large du dos. Sa face interne recouvre le transverse, le sacro-lombaire, le long dorsal.

Son bord antérieur présente une aponévrose qui est divisée, dans ses deux tiers supérieurs, en deux feuillets, par le moyen desquels ce muscle recouvre et est recouvert par le muscle droit. Il recouvre aussi le muscle transverse. De ces deux feuillets, l'un est antérieur et l'autre postérieur. La face antérieure

---

(1) Oblique ascendant de *Vesale* : *De hum. corp. fab.*, lib. II, cap. 31. Oblique interne de *Riolan* : *Animadver. in Laurent.*, cap. 32. — De *Winslow*, *Traité des muscles*, etc., §: 87, etc.; et *Albinus*, *Hist. muscul.*, lib. III, cap. 76, p. 280. *Lieutaud* l'appelle le petit oblique : *Anat. hist.*, t. I, p. 249, ainsi que *Gavard*, p. 264. Ilio-abdominal, *Chaussier*. Ilio-lumbo-costi-abdominal, *Dumas*.

de son feuillet antérieur est recouverte et adhère à la face postérieure du grand oblique. La face postérieure de ce même feuillet recouvre les deux tiers supérieurs du muscle droit, aux fibres charnues duquel il adhère par un tissu cellulaire lâche : il s'unit d'une manière plus serrée à ses intersections tendineuses.

La face antérieure de son feuillet postérieur est recouverte, et adhère à la face postérieure des deux tiers supérieurs du muscle droit, particulièrement aux intersections tendineuses. La face postérieure de ce feuillet recouvre et s'unit à la portion supérieure de l'aponévrose antérieure du transverse.

Ensuite cette aponévrose antérieure, soit dans ses deux tiers supérieurs où elle est divisée, soit dans son tiers inférieur où elle ne l'est pas, se réunit à la ligne blanche. Il résulte de-là que le tiers inférieur de la face postérieure du muscle droit n'est pas recouverte par le feuillet postérieur du petit oblique, selon les remarques de *Galien*, mais dont les anatomistes n'ont pas profité.

Attaches. Le bord postérieur de l'oblique interne est membraneux. Après avoir couvert le feuillet postérieur du transverse auquel il est uni, et recouvert l'aponévrose du grand dorsal, il va s'attacher aux apophyses épineuses des trois dernières vertèbres lombaires, et des deux premières fausses vertèbres de l'os sacrum, ainsi qu'au ligament iléo-lombaire.

Le bord supérieur de ce muscle, qui est en partie musculeux et en partie tendineux, s'attache aux cartilages des quatre dernières fausses côtes. Ces attaches sont des espèces de languettes charnues, dont les extrémités sont tendineuses et implantées dans le bord inférieur des cartilages; elles se prolongent aussi sur les muscles intercostaux, et contractent avec eux de fortes adhérences. Ce bord confronte aussi avec le muscle dentelé postérieur et inférieur.

Le bord inférieur de l'oblique interne adhère, par sa partie charnue, à l'interstice des deux tiers antérieurs de la crête de l'os des îles; il s'attache ensuite au bord postérieur de l'arcade crurale; et ensuite au-dessus de l'anneau même, sans concourir à sa formation; mais dans cet endroit il fournit un ou deux trousseaux musculeux, qui passent par cette ouverture, et forment le muscle nommé crémaster, ou concourent à le former.

L'aponévrose de l'oblique interne se prolonge aussi derrière le pilier interne de l'anneau au-dessus du cordon spermatique, et va enfin se fixer à la tubérosité du pubis de son côté.

Structure. Ce muscle est formé d'un corps charnu et de deux portions aponévrotiques, l'une antérieure et l'autre postérieure, dont nous avons déjà parlé: entre elles est compris un corps charnu qu'on peut distinguer, par rapport à la direction de ses fibres, en trois portions, la supérieure, la moyenne, l'inférieure. La portion supérieure est formée de fibres qui montent obliquement en avant. Les fibres de la portion moyenne sont d'abord moins obliques, et deviennent horizontales en se portant en avant. Les fibres de la portion inférieure sont dirigées de haut en bas.

Usages. L'oblique interne remplit à peu près les mêmes usages que l'oblique externe; il paroît cependant pouvoir entraîner plus directement en arrière la partie antérieure de la poitrine; et lorsqu'il agit de concert avec le grand oblique, il porte le tronc un peu en avant, en même temps qu'il le fait tourner sur son axe.

Du transverse (1).

Nom. Ce muscle tire son nom de la direction de ses fibres.

Situation. Il entoure presque entièrement l'abdomen, s'étendant depuis la partie inférieure de la poitrine jusqu'à la partie supérieure du bassin, et depuis la ligne blanche, qu'il concourt à former, jusqu'aux vertèbres lombaires.

Figure. Elle a quelque ressemblance avec celle d'un carré, étant cependant plus large en avant qu'en arrière.

Divisions. Face antérieure, face postérieure ; quatre bords, un supérieur, un inférieur, un postérieur et un antérieur.

Confrontations. La face antérieure de ce muscle est couverte antérieurement et latéralement par le petit oblique ; postérieurement, elle est recouverte par la masse commune du long dorsal, du sacro-lombaire, du dentelé et du grand dorsal.

Sa face postérieure couvre le péritoine et les muscles pyramidaux.

Attaches. Supérieurement, la portion musculaire s'attache à la face interne des six ou sept côtes inférieures, près de leurs extrémités antérieures, et encore au bord inférieur de leur portion cartilagineuse par des languettes qui sont minces, étroites,

---

(1) C'est le muscle sur le nom duquel les anatomistes ont le moins varié ; car depuis *Vesale* jusqu'à *Winslow*, ce nom a été adopté. *Transversus, Vesale*, lib. II, cap. 31. *Transversalis*, de *Columbus*, de *Cowper*. Le transverse de *Winslow, Lieutaud, Sabatier, Boyer*, etc. Le lombo-abdominal, *Chaussier*. Le lombo-ili-abdominal, *Dumas*.

tendineuses et anguleuses à leurs extrémités, lesquelles
s'entrecroisent, en forme de digitations, avec celles
de la grande portion du diaphragme.

Le bord inférieur de ce muscle s'attache aux
trois quarts antérieurs de la crête de l'os des îles,
et au ligament inguinal, à la formation duquel il
concourt.

Le bord postérieur présente une aponévrose qui
est simple jusqu'aux muscles carrés des lombes, où
elle se divise en trois feuillets, dont le premier est
antérieur, le second est moyen, et le troisième est
postérieur.

L'antérieur, le plus mince, après avoir couvert la
face antérieure et interne du carré des lombes, s'attache à la base des apophyses transverses des quatre
premières vertèbres lombaires.

Le moyen, le plus fort des trois feuillets, après
avoir couvert la face postérieure et externe du
muscle carré, et la face antérieure interne du corps
charnu du sacro-lombaire, du long dorsal et du
demi-épineux des lombes, s'attache au sommet des
apophyses transverses des quatre premières vertèbres
lombaires.

Le feuillet postérieur du transverse, placé derrière la masse commune des trois muscles du dos et
devant le feuillet postérieur du petit oblique et du
dentelé postérieur et inférieur, s'attache avec elles
au sommet des trois ou quatre apophyses épineuses
des vertèbres lombaires.

Le bord antérieur de ce muscle offre une aponévrose qui est divisée en deux parties, une supérieure et une inférieure. La première s'insinue sous
le feuillet postérieur du petit oblique, adhère avec
lui très-intimement et se perd dans la ligne blanche:
celle est attachée à l'extrémité du cartilage xyphoïde,
et finit au-dessous de l'ombilic.

La partie inférieure de cette aponévrose n'est point placée, comme l'ont cru des anatomistes, derrière le muscle droit, mais au-devant de ce muscle et de la partie antérieure inférieure du petit oblique. Celle-ci commence à peu près au milieu de l'espace qui sépare l'ombilic des os pubis; elle passe au-devant du muscle droit; elle finit à l'os pubis, et se rend à la ligne blanche où elle se perd. De cette manière, comme il a été dit, les muscles droits touchent inférieurement le péritoine, sans qu'il y ait aucune aponévrose intermédiaire (1).

Structure. Ce muscle, comme on l'a dit, est formé de trois portions, une charnue et moyenne, deux membraneuses, l'une antérieure et l'autre postérieure. L'antérieure est simple, la postérieure est divisée en trois feuillets.

Les fibres charnues de la portion moyenne n'ont pas toutes la même longueur; les moyennes sont les plus longues, les supérieures et les inférieures sont les plus courtes; ce qui donne au bord antérieur de ce muscle la forme d'un croissant, dont la concavité regarde la ligne blanche, et la convexité les fibres musculaires; et comme ces fibres sont plus rapprochées en divers endroits qu'en d'autres, elles laissent des interstices, à travers lesquels le péritoine et une portion plus ou moins étendue du canal intestinal se sont quelquefois insinués.

Quant à la direction de ces fibres, elles sont presque toutes transversales; il n'y a que les inférieures qui

_____

(1) *Douglas*, *Albinus* et *Bertin* ont fait cette observation; mais ce qu'il y a de remarquable, c'est qu'elle avoit été faite par *Galien* *, qui avoit de si grandes connoissances sur l'anatomie de l'homme.

* *In partibus inferioribus peritonæum hæc aponevrosis relinquit, ipsumque solum nudum apparet. Oribas. ex libris, Galien.*

sont plus inclinées en bas ; elles ne commencent à devenir aponévrotiques que lorsqu'elles approchent du bord externe du muscle droit. Les trois feuillets de l'extrémité postérieure sont tels (1), que le postérieur est moins épais et moins fort que le moyen ; celui - ci est le plus épais des trois, et l'antérieur est le plus mince.

Usages. Ce muscle étant placé immédiatement au-devant du péritoine en manière de sangle, est très-propre à comprimer les viscères contenus dans la cavité du bas-ventre, à faciliter l'expiration en abaissant les côtes, à contribuer à l'expulsion des matières fécales et à l'accouchement.

Du muscle droit (2).

Ce muscle est ainsi *nommé* par rapport à la direction de ses fibres.

Situation. A la partie moyenne et antérieure du bas-ventre, s'étendant de la partie antérieure et in-

2.

_____

(1) Les anatomistes ont eu diverses opinions à cet égard. Il en est qui ont cru que l'aponévrose du petit oblique se divisoit postérieurement en deux feuillets comme antérieurement, et que l'antérieur s'attachoit aux apophyses transverses des vertèbres lombaires ; que le postérieur étoit attaché aux apophyses épineuses de ces mêmes vertèbres. D'autres ont dit que cette division étoit fournie par l'aponévrose du transverse ; mais *Lieutaud*, pour éviter cette difficulté, dit que cette double membrane, qui fixe les muscles du dos, et qui est attachée aux apophyses épineuses et transverses, en est entièrement indépendante, et que celles des muscles abdominaux sont simples, et y adhèrent.

(2) *Rectus*, de *Vesale*, lib. II, cap. 31 ; et ce nom lui a été conservé par les autres anatomistes, excepté *Chaussier*, qui l'a appelé le *sterno-pubien* ; *Dumas*, qui lui a donné le nom de *pubio-sternal* ; mais n'eût-il pas été mieux nommé *costo-pubien* ?

férieure de la poitrine à la partie supérieure et antérieure du bassin , à côté de la ligne blanche.

Il est logé entre les feuillets des muscles petit oblique et transverse , et ces deux muscles droits sont plus rapprochés l'un de l'autre inférieurement que supérieurement.

Figure. Ce muscle est long , aplati , large en haut d'environ quatre travers de doigt , et en bas environ de deux.

Divisions. On peut y distinguer une face antérieure et une face postérieure , un bord interne et un bord externe , une extrémité supérieure et une inférieure.

Confrontations. La face antérieure du muscle droit est immédiatement recouverte supérieurement par l'aponévrose du muscle pectoral , dans un peu plus de sa moitié supérieure , par le feuillet antérieur et supérieur du petit oblique. Le reste de cette face externe est immédiatement recouvert vers le tiers inférieur par le feuillet du muscle transverse. La face postérieure du muscle droit couvre immédiatement le feuillet postérieur du petit oblique dans ses deux tiers supérieurs , et couvre aussi immédiatement le péritoine à peu près dans le tiers inférieur de cette même face postérieure.

Le bord interne correspond avec le bord interne de l'autre muscle droit , et c'est dans l'intervalle qu'ils laissent , qu'est comprise la ligne blanche , laquelle est plus large en haut qu'en bas , les muscles droits étant , comme il a été dit , plus éloignés l'un de l'autre supérieurement qu'inférieurement.

Le bord externe correspond à l'endroit où les aponévroses de l'oblique interne et du transverse se divisent en deux feuillets.

Le muscle droit confronte , par son extrémité supérieure , avec le bord inférieur du grand pectoral ; latéralement et intérieurement , avec le bord supérieur

2.   20

du grand oblique, ainsi qu'avec les bords des trois dernières vraies côtes ; par son extrémité inférieure, avec les os pubis et les ligamens qui fixent ces deux os.

Attaches. Le muscle droit est attaché supérieurement par trois portions assez distinctes, 1°. au cartilage de la septième côte proche de son articulation, avec le sternum, et au ligament qui la fixe à ce cartilage ; 2°. au cartilage de la sixième vraie côte, à une grande distance du sternum ; 3°. à la cinquième vraie côte, par le moyen d'une expansion tendineuse qui adhère à l'extrémité de cette côte près de son cartilage : cette expansion tendineuse est placée sous le grand pectoral.

L'extrémité inférieure a deux attaches au pubis : l'une, ordinairement charnue, externe et antérieure, au bord supérieur du corps du pubis ; l'autre, qui est tendineuse, est ordinairement placée derrière le muscle pyramidal, et plus en dedans adhère à l'os pubis près de la symphyse.

Structure. Ce muscle est *composé* de fibres charnues et de fibres tendineuses ; les charnues sont droites et paroissent former plusieurs muscles, aussi a-t-on appelé les muscles droits muscles *polygastriques* ; les tendineuses sont attachées à l'os pubis et aux côtes ; elles forment aussi des intersections (1) ou énervations, représentant des zigzags fort irréguliers.

Ces énervations sont plus apparentes à la face antérieure qu'à la face postérieure du muscle droit ;

_____

(1) *Carpi*, anatomiste italien, est un des premiers qui aient décrit les intersections tendineuses des muscles droits. *Arantius* les a mieux décrites, comme je l'ai observé dans l'*Hist. de l'anat.*, t. II, p. 16. *Bertin*, encore plus exactement, *Acad. des sciences*, 1744.

leur nombre est variable : il n'y en a ordinairement
que trois, deux complètes au-dessus du nombril,
et une incomplète un peu au-dessous ; mais quelquefois il y en a quatre antérieurement, trois complètes, et une incomplète qui ne paroît pas postérieurement.

Les intersections qui sont au-dessus du nombril,
et même la première de celles qui sont au-dessous
s'il y en a deux, adhèrent au feuillet antérieur du
petit oblique ; la seconde, si elle existe, adhère à
l'aponévrose antérieure du muscle transverse. Les
adhérences que les énervations des muscles droits
contractent avec les aponévroses, sont si intimes,
qu'elles réunissent ensemble les muscles droits, le petit
oblique et le muscle transverse.

Les muscles droits sont ainsi d'autant mieux fixés
et assujettis dans leur place, qu'ils sont logés dans
les gaînes membraneuses, et qu'ils adhèrent, en
divers endroits, à ces mêmes gaînes.

Usages. Par leur contraction, les muscles droits
rapprochent la poitrine du bassin et le bassin de la
poitrine quelquefois à la fois, et d'autres fois l'une
de ces parties seulement vers l'autre ; celle qui est
la plus mobile vers celle qui est la plus fixe. Ils
peuvent aussi, conjointement avec les autres muscles
du bas-ventre, comprimer les viscères qui sont renfermés dans cette cavité, mais dans les sujets seulement qui ont un peu d'embonpoint ; car dans les
sujets très-maigres, ils ne peuvent produire cet
effet.

Histoire. Sans doute que *Galien* a été trompé par une fausse
apparence, quand il a dit que les muscles droits se prolongeoient
dans l'homme jusqu'à la clavicule ; *Vesale* et d'autres anatomistes
ont cru pouvoir conclure, d'après ce fait et d'après quelques autres,
que ce grand homme, aussi savant médecin que grand anatomiste,
n'avoit disséqué que des singes. Il suffit cependant de lire ses ou-

vrages, et même l'excellent *Extrait de son anatomie*, publié par *Oribase* et par *Dundas*, pour être convaincu du contraire. Ce qu'il y a de certain, c'est qu'en quelques sujets on trouve sur la poitrine, au-devant du grand pectoral, un muscle qui a la figure d'un carré oblong, qui paroît la continuation du muscle droit, et qui communique même avec lui, lequel s'attache quelquefois à la clavicule près de l'insertion du sterno-mastoïdien ; ce qui a fait croire à quelques-uns que le muscle droit montoit des os pubis à la clavicule, et à d'autres que le sterno-mastoïdien s'étendoit jusqu'au muscle droit. J'ai vu deux ou trois fois les muscles droits se confondre avec un muscle placé sur la poitrine, qui se prolongeoit jusqu'à la seconde côte : *Albinus* a fait la même observation (1).

Du muscle pyramidal (2).

Nom. Ce muscle est ainsi nommé par rapport à sa figure.

Situation et grandeur. Il est situé à la partie antérieure, moyenne et inférieure du bas-ventre, entre le pubis et la ligne blanche, au-devant de l'extrémité inférieure du muscle droit. Sa grandeur varie, car il se prolonge quelquefois jusqu'auprès du nombril, et d'autrefois il est très-court, s'élevant très-peu au-dessus du pubis.

Nombre. Il y a ordinairement deux muscles pyramidaux ; mais souvent l'un des deux manque d'un côté, et même quelquefois il n'y en a aucun, et alors le muscle droit a inférieurement plus d'épaisseur : quelquefois il y a deux pyramidaux d'un côté et un seul de l'autre, et d'autrefois deux de chaque côté.

Divisions. On peut lui considérer deux faces, l'une

---

(1) *Voyez*, à ce sujet, une lettre de M. *Jupin*, l'un de mes disciples : *Journal de médecine*. 1773.

(2) Ce muscle a été connu de *Vesale* : *De hum. corp. fab.*, lib. II, cap. 31. *Musculus pyramidalis*, Riolan : *Anthrop.*, lib. V, cap. 34. Pubio-sous-ombilical, de *Chaussier*.

antérieure, l'autre postérieure ; deux bords, un interne et un externe, une base et un sommet.

Confrontations. Sa face antérieure est recouverte par la portion inférieure de l'aponévrose antérieure du muscle transverse. Sa face postérieure couvre en partie la face antérieure de l'extrémité inférieure du muscle droit. Le bord interne est un peu moins long que l'externe ; il correspond à la ligne blanche, qui est en cet endroit très-rétrécie.

Attaches. Ce muscle s'attache par sa base à la partie supérieure et antérieure du pubis, par des fibres tendineuses très-courtes , et par sa pointe à la ligne blanche , par une expansion tendineuse qui monte vers l'ouverture ombilicale.

Structure. Ce muscle est composé de fibres charnues dans sa partie moyenne , et de fibres tendineuses aux extrémités. Il a plus d'épaisseur à sa base qu'à sa pointe.

Usages. Ces muscles sont des auxiliaires des muscles droits. Quelques anatomistes ont imaginé qu'ils pouvoient servir à l'excrétion de l'urine (1), en abaissant l'extrémité supérieure de l'ouraque.

Du diaphragme (2).

Etendue. C'est le plus grand muscle du corps humain.

_____

(1) Voyez *la Description des voies urinaires*, par *Parsons*, traduit de l'anglais. 1740.

(2) Les anciens , *Hippocrate*, *Galien*, *Vesale* , n'ont regardé le diaphragme que comme un seul muscle; mais *Habicot* paroît être un des premiers qui l'aient considéré comme double ; il l'a comparé à un muscle digastrique, formé de deux portions col-

Figure. Il est de figure ovale, dont le plus grand diamètre est transversal, et il est terminé par deux appendices postérieurs et inférieurs.

Situation générale. Il sépare la poitrine du bas-ventre, s'étendant de la partie inférieure du sternum et du cartilage de la dernière côte vraie, et de toutes les fausses côtes en arrière, sur la face antérieure des apophyses transverses des vertèbres lombaires, ainsi que sur les parties plus ou moins latérales de leur corps. Par cette obliquité du diaphragme, la cavité de la poitrine est beaucoup plus prolongée en bas par derrière que par devant.

Divisions. Nous diviserons ce muscle, pour pouvoir le décrire avec quelque méthode, en deux parties; l'une grande supérieure, large, musculaire et rayonnée, au milieu de laquelle est une aponévrose; l'autre inférieure, épaisse, divisée en deux appendices remarquables, qu'on appelle les piliers, qui sont en partie musculeux et en partie tendineux.

On a compris dans le grand muscle la portion du diaphragme musculaire rayonnée, ainsi que la portion tendineuse, et l'on a regardé la portion épaisse

---

latérales, dont l'une étoit placée à droite, et l'autre à gauche *. Cette opinion n'a pas eu beaucoup de partisans; mais on a continué de diviser le diaphragme en deux muscles et dans un sens contraire, l'un grand supérieur et antérieur, et l'autre petit et inférieur **.

Phrenes des Grecs, diaphragme. *Voyez* Riolan : *Anthrop.*, lib. III, cap. 4; et les Latins, quelquefois *septum transversum*, Vesale : *De hum. corp. fab.*, lib. II, cap. 35. *Dulaurens* est, parmi les anatomistes français modernes, celui qui l'a le premier appelé *diaphragme*, nom qui lui est resté.

* Paradoxe myologiste, par lequel est démontré, contre l'opinion vulgaire, tant ancienne que moderne, que le diaphragme n'est pas un seul muscle. Paris, 1610.

** *Voyez* les ouvrages des anatomistes modernes.

musculaire, placée sur les vertèbres, comme formant
le petit muscle du diaphragme. Cette division est
aujourd'hui généralement reçue.

On peut considérer, dans la grande portion du
diaphragme, deux faces, l'une supérieure et l'autre
inférieure. La supérieure peut être appelée pectorale,
parce qu'elle forme la face inférieure de la poitrine ;
et l'inférieure, abdominale, parce qu'elle forme la
face supérieure de l'abdomen. Cette grande portion
du diaphragme est inclinée de devant en arrière sur
ses côtés, et par ses ailes qui sont musculeuses et
lâches dans le cadavre. Sa partie moyenne, qui est
aponévrotique, et qu'on appelle assez improprement
le *centre tendineux*, est presque plane et très-étendue,
soit qu'on la considère dans la poitrine, soit qu'on
l'examine du côté du bas-ventre.

Les ailes correspondent aux deux poumons, et la
portion aponévrotique, par sa face supérieure, à la face
plane inférieure du péricarde, sur laquelle repose le
cœur. La face inférieure de la grande portion du
diaphragme est plus ou moins concave à droite et
à gauche sous les fausses côtes, et ces concavités
forment la sommité ou la voûte des hypochondres.
Celle du côté droit, qui est plus concave et plus
élevée (1) dans la poitrine, contient une grande portion de foie, et celle du côté gauche contient la rate,
et une partie de la grosse extrémité de l'estomac.

La face inférieure ou abdominale de la portion
aponévrotique correspond à la face supérieure du lobe
horizontal du foie, à celle de l'estomac, qui est
supérieure et postérieure.

Attaches de la grande portion du diaphragme.
La grande portion du muscle diaphragme s'attache

_____

(1) Fabrice d'Aquapendente : *Opera chirur.*, page 43. 1617.
Patav. in-f.

à la circonférence de la poitrine par des prolongemens charnus, terminés par des languettes aponévrotiques, la plupart en forme de digitations, qui sont
interposées entre celles du muscle transverse.

Les deux premières adhèrent au cartilage qui lie
les dernières vraies côtes au sternum, ainsi qu'à
l'extrémité inférieure et latérale de cet os, de même
qu'à la partie latérale supérieure du cartilage xyphoïde (1). Entre ces deux attaches est un espace
triangulaire, qui n'est couvert, du côté du ventre,
que par le péritoine, et du côté de la poitrine que
par du tissu cellulaire. Cet espace correspond à l'interstice que laissent antérieurement les deux sacs
de la plèvre ; cependant, on trouve un trousseau
charnu du diaphragme, qui s'attache à la face
postérieure de l'appendice xyphoïde, et alors il y a
deux petits espaces triangulaires.

La grande portion du diaphragme s'attache ensuite
par sa circonférence aux cartilages et aux extrémités
de toutes les fausses côtes suivantes, par des digitations dont la dernière adhère tout le long de la lèvre
interne de la cinquième fausse côte.

Le diaphragme contracte ensuite des adhérences
avec les parties latérales du corps de la dernière vertèbre dorsale et de la première lombaire, ainsi qu'à
son apophyse transverse, par une portion tendineuse qu'il y a de chaque côté. Ce muscle est divisé en
deux languettes qui laissent un interstice, par lequel
passent les branches du grand nerf symphatique et
splanchnique. Le tronc de ce nerf pénètre plus postérieurement le bas-ventre, passant immédiatement
derrière le diaphragme, au-devant de l'apophyse

_____

(1) Senac : *Mémoire sur le diaphragme*, *Acad. des sciences*.
1725.

transverse de la vertèbre dorsale et des premières lombaires, et passe à travers le muscle grand psoas.

Structure. La structure de la grande portion charnue est telle, que les trousseaux nombreux dont elle est formée sont dirigés, pour la plupart, en forme de rayons, du centre tendineux à la circonférence, où ils forment les digitations par lesquelles ils s'attachent au sternum, aux cartilages des côtes, à la dernière vertèbre dorsale, à la première lombaire, de la manière qu'il vient d'être dit. Cependant toutes les fibres musculaires n'ont pas la même direction, car il en est qui passent les unes sur les autres en se rapprochant en quelques endroits, et en s'écartant ailleurs.

Ces fibres musculaires sont entrecoupées par des fibres tendineuses, qui forment des énervations plus ou moins nombreuses, et qui ont plus ou moins d'étendue ; elles sont bien remarquables du côté droit, sous la convexité du foie.

Il y a des fibres qui se glissent sous d'autres, et le grand muscle diaphragme est plus épais à sa partie postérieure qu'à ses parties antérieures et latérales ; peut-être parce que le foie exerce sur ce muscle une compression assez marquée.

L'aponévrose moyenne ou *le centre tendineux* est continu aux trousseaux charnus des grandes ailes, ainsi qu'au petit muscle du diaphragme ; elle est plus étendue que la paume de la main, et sa figure est irrégulièrement triangulaire. *Winslow* l'a comparée à la feuille du trèfle, et *Haller* à un gnomon : mais cette figure est variable ; elle se prolonge en avant jusqu'à très-peu de distance du sternum, et en arrière jusqu'au petit muscle du diaphragme ; elle s'étend du côté droit jusqu'aux cartilages des troisième et quatrième fausses côtes ; le cœur est placé

sur cet espace tendineux, qui s'étend moins latéralement à droite, mais plus postérieurement où
se trouve l'orifice qui donne passage à la veine
cave.

Le contour de cette ouverture est fort irrégulier,
et sa figure varie dans beaucoup de sujets. Dans
quelques-uns, l'ouverture est ovalaire ; dans d'autres, triangulaire, et quelquefois elle est comme
carrée ; son rebord est toujours saillant, et elle
est bornée par quatre faisceaux tendineux, un
transversal antérieur et l'autre transversal postérieur, qui est le plus court (1) pour l'ordinaire ; deux
latéraux, dont l'un est à droite et l'autre à gauche.

Cette ouverture est très-grande relativement au
diamètre de la veine cave ; de manière que le péritoine et la plèvre se touchent quelquefois entre
cette veine et les bords de l'ouverture qui lui donne
passage : c'est ce que *Morgagni* (2) a avancé, et
dont il est facile de se convaincre par l'observation. Les parois de cette ouverture étant tendineuses, ne sont point susceptibles de contraction ; ce qui empêche que la veine cave soit comprimée pendant les inspirations, quelque forcées
qu'elles soient.

A côté de l'ouverture qui donne passage à la
veine cave, on trouve quelquefois un ou deux petits
trous par lesquels passent les veines phréniques : ces
trous ont été aperçus et décrits par *Morgagni* (3).

Structure. L'aponévrose mitoyenne du diaphragme

---

(1) Haller, *élément. physiolog.*, t. III, p. 83.

(2) *Prima epistol. anatom.*

(3) Ibid.

est tissue de bandelettes rayonnées et d'autres transversales qui s'entrelacent ; il y en a qui paroissent être la continuation des fibres musculaires.

Du côté de la poitrine, l'aponévrose du diaphragme adhère à la lame externe du péricarde, d'une manière très-intime aux bords de l'espace triangulaire qui répond à la base du cœur. On aperçoit dans cet espace aponévrotique quelques petits trous pour le passage des vaisseaux.

La petite portion du diaphragme, vulgairement appelée *le petit muscle du diaphragme*, est placée derrière et au-dessous du centre tendineux, entre les parties postérieures des ailes de la grande portion du diaphragme, sur la dernière vertèbre dorsale ; elle se prolonge sur le corps des trois premières vertèbres lombaires, et rarement sur la quatrième.

Elle est formée de trousseaux charnus et musculeux, qui sont continus avec les fibres tendineuses de l'aponévrose moyenne et avec les musculaires des ailes du diaphragme ; leur réunion forme deux corps musculeux, d'abord planes, qui laissent par leur écartement une ouverture ovalaire dont le contour est musculeux, et par laquelle passent l'extrémité inférieure de l'œsophage, et les nerfs de la paire-vague.

Derrière et au-dessous de cette ouverture, les deux corps musculeux auxquels on a donné le nom de piliers du diaphragme se réunissent par divers trousseaux fusiformes, pour s'écarter encore une seconde fois, et laisser entre eux et le corps des vertèbres lombaires un interstice dans lequel passe l'artère aorte, ainsi que le canal thorachique et la veine azygos.

De ces piliers, le droit est un peu plus antérieur que le gauche ; il est aussi plus gros et plus long ; il s'attache au corps des trois vertèbres lombaires supérieures , ainsi qu'aux ligamens qui les revêtent par des prolongemens tendineux ; le pilier gauche est placé sur la partie latérale gauche du corps des deux premières vertèbres lombaires , et un peu sur leurs apophyses transverses ; il est grêle et moins long que le droit , et s'attache aux vertèbres comme l'autre par des prolongemens tendineux, dont les internes se rapprochent de ceux de l'autre pilier , et même s'entrecroisent au-dessous de l'ouverture par laquelle l'artère aorte passe de la poitrine dans le bas-ventre et derrière elle.

Usages. Ce grand muscle est le principal agent de la respiration ; car c'est par l'effet de sa contraction que la cavité de la poitrine est principalement agrandie , et que les poumons peuvent être dilatés par l'air qui les pénètre alors; ce qui constitue l'inspiration : mais lorsque la contraction du diaphragme cesse, car elle n'est que momentanée , alors ce muscle est refoulé dans la poitrine par les viscères du bas-ventre, qui sont comprimés par les muscles abdominaux en contraction ; les cavités de la poitrine se raccourcissent, les poumons sont comprimés et l'air en est expulsé, ce qui constitue l'expiration : telle est la respiration la plus naturelle et la plus paisible , car alors les côtes ne paroissent faire aucun mouvement ; on pourroit même dire que dans la respiration douce et paisible , il n'y a que le diaphragme qui se meut , et que ce n'est que lorsque la respiration est un peu forcée, que les côtes sont mises en mouvement. Le diaphragme se contracte conjointement avec les muscles abdominaux, pour opérer l'expulsion des matières fécales , et, chez les femmes en couche , pour l'accouchement.

Vaisseaux et nerfs du diaphragme.

Indépendamment des artères phréniques qui sont destinées à ce grand muscle, il reçoit des rameaux des artères mammaires internes, des épigastriques, des dernières dorsales et des premières lombaires, des œsophagiennes, des péricardines : les veines de ce muscle sont pour le moins aussi nombreuses que les artères, et portent les mêmes noms ; la plupart de ces veines vont s'ouvrir dans la veine azygos.

Les artères, après s'être anastomosées diversement ensemble, ainsi que les veines, forment des lacis nombreux et plus ou moins composés, qui couvrent toute la portion musculaire et la portion tendineuse du diaphragme ; c'est ce que font voir quelquefois les heureuses injections, et encore les maladies inflammatoires.

Le diaphragme reçoit aussi beaucoup de nerfs des diaphragmatiques, de la paire-vague, du grand sympathique, des intercostaux inférieurs et des lombaires supérieurs ; aussi le diaphragme jouit-il d'une extrême sensibilité. Ses correspondances avec les diverses parties du corps sont très-multipliées.

Du grand psoas (1).

Situation. Ce muscle est situé à la partie postérieure de la cavité abdominale, d'abord au-dessous

(1) C'est le sixième des muscles qui meuvent la cuisse. *Vesale : De hum. corp. fab.*, lib. II, cap. 38. Le cinquième, de *Columbus : De re anat.* — *Lumbaris seu psoas*, de Riolan : *Anthrop.*, lib. V, cap. 22 ; de *Cowper.* Le psoas ou lombaire interne de *Winslow*, d'*Albinus.* Le psoas de *Lieutaud*, *Sabatier*, *Boyer*, *Gavard.* Le prélumbo-trochantinien, *Chaussier.* Le prélumbo-trochantin, *Dumas.*

du grand muscle du diaphragme , ensuite à côté d'un de ses deux piliers, le long des vertèbres lombaires, plus bas sur les parties latérales du détroit supérieur du bassin qu'il rétrécit, et enfin dans la partie supérieure, antérieure et interne de la cuisse.

L'extrémité supérieure de ce muscle est plus interne et plus postérieure que son extrémité inférieure ; ce qui fait qu'il est placé obliquement de haut en bas, de dedans en dehors , et d'arrière en avant.

Figure. Ce muscle est un peu plus gros à sa partie moyenne qu'à la partie supérieure, dont le volume est plus considérable que celui de l'extrémité inférieure.

Confrontations. La face antérieure du grand psoas est recouverte par le péritoine , par le petit psoas quand il existe, par l'urétère , par les artères , les veines et nerfs spermatiques , par l'artère et la veine iliaques, par les nerfs cruraux antérieurs.

Sa face postérieure recouvre la face antérieure du feuillet antérieur du muscle transverse , et les ligamens iléo-lombaires, le bord interne du muscle iliaque, avec lequel il se confond , la face supérieure du corps du pubis , la face antérieure de la capsule articulaire de la cuisse avec la cavité cotyloïde, à laquelle il adhère par diverses fibres, la face antérieure du col du fémur , et celle du sommet du petit trochanter du fémur.

Son bord interne est tourné vers la partie latérale du corps des vertèbres lombaires , et forme l'une des parois latérales du grand détroit supérieur du bassin.

Le bord externe est en partie recouvert supérieurement par le rein ; il adhère intimement en sortant du bassin avec l'iliaque externe.

Attaches. Ce muscle est attaché par des fibres

charnues à la partie latérale et inférieure du corps de la dernière vertèbre dorsale, à celle des corps des quatre premières vertèbres lombaires, mais d'autant plus latéralement que ce muscle descend vers le bassin, à la face antérieure des apophyses transverses de ces vertèbres, en s'attachant aussi aux ligamens intervertébraux.

L'extrémité inférieure du psoas, qui est tendineuse ordinairement, réunie extérieurement avec le tendon de l'iliaque, s'attache à la partie interne du sommet du petit trochanter du fémur.

Structure. Ce muscle est d'abord mince et large, grossit en descendant, est ensuite plus grêle, et termine par un tendon qui commence vers le milieu de la longueur, et qui grossit en devenant plus inférieur et en s'unissant à celui de l'iliaque.

Le grand psoas, quoiqu'il ne paroisse formé que d'une masse charnue à son extrémité supérieure, est cependant composé de plusieurs trousseaux très-distincts. *Albinus* en comptoit dix. C'est par ces trousseaux qu'il contracte les adhérences aux vertèbres dont nous venons de parler : il se confond extérieurement avec l'iliaque en traversant le bassin ; et c'est de la réunion de ce muscle avec l'iliaque que résulte ordinairement un tendon commun, lequel est recouvert d'une gaîne cellulaire qui forme une espèce de capsule, toujours ointe d'une humeur synoviale.

Usages. Les usages de ce muscle sont de fléchir le fémur, et de le contourner un peu en dehors ; il peut aussi fléchir le tronc en avant, si les extrémités inférieures sont fixées, en attirant les vertèbres lombaires vers le petit trochanter où il s'attache.

Les deux muscles psoas, en se contractant à la fois, fixent l'épine sur les côtés, et empêchent qu'elle ne se renverse en arrière lorsque nous sommes debout et chargés de quelque fardeau ; ils sont contrebalancés par les muscles extenseurs du dos.

Du petit psoas (1).

Variations. On ne trouve pas toujours ce muscle, et il paroît qu'il existe aussi souvent dans l'homme que dans la femme : il est formé supérieurement d'un petit corps musculeux pyramidal, et inférieurement d'un tendon long et grêle.

Situation. Ce muscle est placé dans la région lombaire, d'où il s'étend sur la partie antérieure et supérieure du bassin, immédiatement au-devant du grand psoas, mais il ne descend pas aussi bas que lui.

Figure. Il est long et grêle, mais plus gros supérieurement qu'inférieurement.

Confrontations. Par sa face interne et antérieure il confronte avec le péritoine, et avec les vaisseaux et nerfs renaux et spermatiques, les artères et veines iliaques. Par sa face externe et postérieure, il est obliquement situé sur le grand psoas, et y adhère par du tissu cellulaire serré; son extrémité inférieure couvre le bord supérieur du corps du pubis.

---

(1) *Parvus psoas*, Riolan : *Anthrop.*, lib. V, cap. 41. Cet anatomiste dit l'avoir trouvé, en 1631, dans une femme très-robuste. *Quarré*, disciple de *Riolan*, a aussi parlé de ce muscle; mais il dit l'avoir plus souvent trouvé chez les hommes que chez les femmes *, opinion contraire à celle de quelques autres anatomistes, et notamment de *Winslow*, qui croyoit que ce muscle existoit plus souvent chez les femmes que chez les hommes, Pré-lumbo-pubien, *Chaussier* et *Dumas.*

* *Myolog. heroico versu explicata.* Paris, 1638. in-8°. *Hist. de l'anat,* t. 11, p. 544.

Attaches. Il est attaché supérieurement, par des fibres tendineuses, à l'apophyse transverse de la dernière vertèbre dorsale, à la partie latérale de son corps, ainsi qu'au corps de la première vertèbre lombaire.

Son extrémité inférieure tendineuse s'attache, après s'être contournée de dehors en dedans et d'avant en arrière, à la partie externe de l'éminence du pubis qui est réunie à l'os iléum.

Structure. Les fibres charnues de ce muscle sont parallèles les unes aux autres, et forment un petit corps grêle, arrondi, plus large qu'épais ; elles sont unies supérieurement à un court tendon un peu large, et inférieurement à un long tendon grêle et d'abord arrondi, et qui s'aplatit et s'élargit en descendant. Ce tendon contracte des adhérences avec la gaîne cellulaire qui revêt l'extrémité inférieure des muscles psoas et iliaque, et encore avec l'aponévrose du fascia-lata.

Usages. Le petit psoas est trop petit pour qu'on puisse compter sur son action pour élever le bassin, ni pour fléchir l'épine ; il paroît plus propre à soulever la capsule cellulaire des muscles grand psoas, iliaque, lorsque ces muscles se contractent pour opérer la flexion de la cuisse.

De l'iliaque (1).

Ce muscle tire son *nom* de sa situation dans la fosse iliaque.

---

(1) C'est le septième des muscles qui meuvent la cuisse, *Vesale*, lib. II. cap. 56. *Iliacus*, Riolan : *Anthrop.* lib. V, cap. 41. L'Iliaque de *Winslow*; l'iliaque interne d'*Albinus* : *Hist. musc.*, lib. III, cap. 66, p. 320. L'iliaque, *Lieutaud*. L'iliaco-trochantinien de *Chaussier*. Iliaco-trochantin, *Dumas*.

Situation. Il remplit la face concave interne de l'os iléum, et s'étend jusqu'à la partie supérieure et interne du fémur.

Figure. Sa forme est un peu triangulaire; sa partie la plus supérieure est arrondie, et son extrémité inférieure est très-rétrécie : de ses deux bords latéraux, l'antérieur est plus épais et plus long que le postérieur, qui se confond avec la partie inférieure du bord externe du grand psoas. Sa face interne et antérieure est concave; sa face externe est un peu convexe.

Confrontations. Par la partie supérieure de sa face interne, il confronte avec le péritoine; par sa face externe et postérieure, avec la face concave de l'os iléum; par son bord antérieur, il confronte avec l'attache du muscle fascia-lata et avec celle du couturier, supérieurement avec le muscle transverse, postérieurement avec le muscle carré des lombes et avec la masse commune des muscles du dos, inférieurement avec le crural.

Attaches. Son bord supérieur adhère aux deux tiers antérieurs de la lèvre interne de l'os iléum.

Sa face externe est attachée, par une multitude de fibres tendineuses, à la face interne de la fosse iliaque.

Son extrémité inférieure tendineuse est attachée, conjointement avec le grand psoas, à la partie interne et supérieure du petit trochanter.

Structure. Ce muscle est composé d'une infinité de trousseaux plus rapprochés inférieurement que supérieurement; les externes sont plus longs que les internes; les antérieurs sont moins obliques que les moyens, et les postérieurs sont plus transverses. Quelques-uns de sa face postérieure se perdent dans la capsule orbiculaire; mais le plus grand nombre est terminé par de petites aponévroses, lesquelles forment par leur réunion le tendon de l'iliaque.

Usages. Ce muscle sert à fléchir la cuisse, et à la porter un peu en dehors en même temps qu'il soulève la capsule articulaire qui entoure la cavité cotyloïde, et l'empêche d'être froissée par les surfaces osseuses. Il ramène aussi le bassin vers la cuisse, et l'empêche d'être renversé en arrière lorsque nous sommes debout, et sur-tout lorsque le corps est surchargé de quelque fardeau.

Les vaisseaux et les nerfs des muscles de la portion abdominale viennent des artères intercostales inférieures, des lombaires, de l'iliaque postérieure, des mammaires internes et externes, et de l'épigastrique. Les nerfs proviennent des intercostaux inférieurs, des lombaires, des sacrés.

Du crémaster (1).

Nom. Situation. Ce muscle a reçu son nom de l'usage qu'il a de soutenir le testicule, qu'il recouvre, ainsi que le cordon spermatique.

Confrontations. La face interne du crémaster couvre la face externe de la tunique vaginale du testicule, et y adhère assez exactement. Sa face externe est supérieurement recouverte par l'anneau, et immédiatement après par du tissu cellulaire, et par la peau ; inférieurement par le dartos, moyennant une couche de tissu cellulaire assez lâche qui s'unit à elle.

Structure. Le crémaster est composé de trousseaux

---

(1) *Crémaster* de *Galien : Hist. anat.*, t. V, p. 581. Voyez *Oribase : Anat. ex libris* Galeni, édit. Dundass. Mais *Vesale* et les autres anatomistes qui lui ont succédé l'ont appelé le muscle des testicules, sans lui donner de nom. *Riolan* lui a rendu celui de *cremaster* qu'il porte aujourd'hui : *Anthrop.*, lib. V, cap. 36, p. 327.

musculeux qui proviennent du bord inférieur des
muscles transverse et petit oblique qu'il est aisé
de démontrer (1) ; ils sortent par l'anneau du grand
oblique, au pilier externe duquel ils adhèrent, en
accompagnant et recouvrant le cordon spermatique,
en s'épanouissant sur la tunique vaginale, laissant
quelques légers interstices par l'écartement de leurs
fibres, par lesquels la face externe de la tunique in-
guinale paroît sur - tout à sa partie inférieure et
externe.

Ce muscle, au lieu de s'amincir, s'épaissit en
descendant ; ce qui feroit croire qu'indépendamment des fibres qu'il reçoit du transverse et du
petit oblique, il en a qui lui sont propres : je n'en
ai point vu qui lui fussent fournies par le pilier externe de l'anneau du grand oblique.

Usages. Le muscle crémaster soutient les testicules, et prévient le tiraillement du cordon spermatique ; il peut de plus, quand il se contracte, les
relever et les rapprocher de l'anneau inguinal.

II. *Des muscles de la région postérieure du tronc.*

Cette région comprend le trapèze, le grand dorsal, l'angulaire, le rhomboïde, le dentelé postérieur
et supérieur, le dentelé postérieur et inférieur, les
splénius, les complexus, le grand et le petit
droits postérieurs, le grand et le petit obliques, le

(1) On a beaucoup disputé sur l'origine de ce muscle : *Vesale* disoit qu'il venoit du petit oblique et du transverse. *Santorini* le regardoit comme une portion du muscle transverse :
Musculi transversi particula.

sacro-lombaire, le long dorsal, le transversaire épineux, les interépineux du cou.

Du trapèze (1).

Nom. Ce nom lui vient de la figure qu'on a cru y reconnoître; cependant il ressemble plutôt à un triangle qu'à un trapèze.

Situation. Ce muscle est situé à la partie postérieure de la tête, du cou, du dos et de l'épaule.

Division. On peut considérer dans ce muscle deux faces, trois bords et trois angles, dont deux sont assez réguliers, et le troisième est tronqué; de deux faces, l'une est postérieure, l'autre est antérieure.

Des bords, l'un est supérieur, l'autre inférieur, et le troisième est interne; le bord supérieur commence à la ligne courbe supérieure de l'os occipital, et se prolonge, en s'inclinant antérieurement, jusqu'au tiers postérieur de la clavicule.

L'inférieur commence à cette partie de la clavicule, et finit tantôt à l'apophyse épineuse de la onzième vertèbre du dos, et tantôt à la dixième.

Le bord interne, relativement à la ligne médiane du corps, se prolonge de la ligne courbe supérieure de l'os occipital jusqu'à l'apophyse de la dixième et onzième vertèbres du dos.

Des trois angles, le supérieur, formé par la réunion du bord supérieur et du bord interne, est terminé

---

(1) C'est le second des muscles moteurs de l'omoplate, *Vesale*, lib. II, cap. 26. Le *cucullaris* de *Columbus*, qui l'a comparé à un capuchon de moine. *Trapezeus*, Riolan : *Anthrop.*, lib. V, cap. 23. *Albinus* lui a conservé cette dénomination : c'est le trapèze de *Winslow*. Le dorso-sus-acromien de *Chaussier*. Occipiti-dorso-clavicus-acromien de *Dumas*.

par une expansion aponévrotique; l'angle inférieur formé par la réunion du bord inférieur et du
bord interne, est très-aigü et tendineux.

L'angle antérieur ou scapulaire est très-étendu ,
plutôt un bord qu'un angle ; il est formé par la réunion du bord supérieur et inférieur.

Confrontations. La face postérieure du trapèze
est recouverte par la peau, qui y est attachée par
un tissu cellulaire assez serré sur-tout à sa partie
supérieure , et par le peaucier vers la clavicule.
La face antérieure de ce muscle couvre immédiatement le complexus, le splénius, l'angulaire, le sous-
épineux, une partie du dentelé postérieur et supérieur, le rhomboïde ; elle revêt aussi une partie du
grand et du long dorsal.

Attaches. Le bord supérieur et le bord inférieur sont libres ; le bord interne du trapèze est
attaché, dans toute son étendue, supérieurement
à une espèce de ligament qu'on appelle *cervical
postérieur ;* inférieurement aux apophyses épineuses
de la dernière vertèbre cervicale et des apophyses
des dix ou onzième vertèbres dorsales supérieures ,
ainsi qu'au ligament qui s'unit intimement à ces apophyses.

Ce muscle est attaché par ses trois angles. Par
le supérieur, à la ligne courbe supérieure de l'os
occipital ; par l'inférieur, aux apophyses épineuses
de la dixième et de la onzième vertèbres du dos ;
par l'angle antérieur, qui est, comme on l'a dit,
plutôt un bord qu'un angle, le trapèze s'attache
par des fibres tendineuses au tiers externe du bord
postérieur de la clavicule, et aux ligamens supérieurs
qui la fixent à l'acromion et à la lèvre postérieure
du bord supérieur de l'épine de l'omoplate.

Structure. Ce muscle est charnu dans la majeure
partie de son étendue, et tendineux à ses angles et

à son bord postérieur ou interne, sur-tout dans sa moitié supérieure.

Les fibres charnues qui composent ce muscle sont de trois espèces, si on les différencie par leur direction : il y en a de supérieures, de moyennes et d'inférieures ; les supérieures sont tendineuses à leurs attaches à la partie postérieure de la tête, s'unissant avec celles du trapèze du côté opposé, et formant en descendant une aponévrose elliptique, commune aux deux trapèzes jusqu'à l'avant - dernière vertèbre du cou.

Les fibres moyennes, celles qui adhèrent aux apophyses épineuses et aux ligamens interépineux des vertèbres supérieures du dos, se portent horizontalement des vertèbres au bord supérieur de l'épine de l'omoplate où elles s'insèrent.

Les fibres inférieures sont ordinairement tendineuses ; elles montent obliquement pour s'insérer à la partie postérieure du bord supérieur de l'épine de l'omoplate, après avoir formé un plan tendineux qui correspond à la facette triangulaire placée à la base de l'épine de l'omoplate, laquelle est incrustée d'une substance cartilagineuse.

Usages. Le muscle trapèze meut diversement l'omoplate selon qu'il se contracte dans quelques-unes de ses parties ou en totalité ; les fibres supérieures et antérieures élèvent l'angle antérieur de l'omoplate et la clavicule, en même temps qu'elles tirent la tête vers les côtés, et qu'elles la renversent sur l'épaule.

Les fibres moyennes du trapèze tirent l'omoplate en arrière presque horizontalement, les inférieures l'abaissent en l'approchant des apophyses épineuses des vertèbres ; mais si tout le trapèze se contracte, alors il produit un mouvement de demi - rotation de l'omoplate ; l'angle antérieur de cet os, sous lequel est placée la tête de l'humérus, est relevé en même temps que l'angle supérieur de ce même os se porte en arrière, et que l'angle inférieur se porte de derrière en devant, et un peu en montant et en s'éloignant des vertèbres.

Du grand dorsal (1).

Ce muscle a tiré son *nom* de sa grandeur et de sa situation. Il est le plus grand des muscles du corps humain.

Situation. A la partie postérieure, inférieure et latérale du tronc.

Figure. Il ressemble à une espèce de carré, avec un long prolongement terminé par un tendon.

Etendue. Depuis la lèvre interne de la coulisse bicipitale de l'os du bras, et la partie inférieure de l'épaule, jusque sur la moitié inférieure de la région dorsale et de la région lombaire et sacrée.

Divisions. On peut y distinguer deux faces, quatre bords.

Des faces, l'une est postérieure, l'autre antérieure.

Des bords, l'un est supérieur, l'autre inférieur ; un est interne, et l'autre est externe.

Le bord supérieur est charnu et le moins long ; il est dirigé presque transversalement, quand le bras n'est pas relevé, de la cinquième ou sixième vertèbre dorsale, à la coulisse bicipitale de l'os du bras.

---

(1) Le quatrième des muscles moteurs du bras, de *Vesale.* *Dulaurens* lui a donné trois noms, celui de *latissimus dorsi*, qu'il a tiré de sa grandeur, et celui d'*ani-scalptor* et d'*ani-tersor*, qu'il a tiré de ses usages. *Riolan* a adopté les mêmes dénominations : *Anthrop.*, lib. V, cap. 24. *Winslow* l'a appelé le grand dorsal : *Exposit. anat. myol.*, p. 62. Le lumbo-huméral de *Chaussier*, Dorsi-lumbo-sacro-huméral de Dumas.

Le bord inférieur s'étend des apophyses épineuses de l'os sacrum sur toute la moitié postérieure de la lèvre externe de l'os iléum.

Le bord interne est aponévrotique, et s'étend des apophyses épineuses de la cinquième, sixième et septième vertèbres du dos, jusqu'à celles de l'os sacrum inclusivement.

Le bord externe est le plus long ; il est charnu, excepté à son extrémité supérieure, et s'étend de la coulisse bicipitale de l'os du bras à la partie moyenne de la crête de l'os iléum.

Confrontations. Sa face postérieure est couverte supérieurement par l'extrémité inférieure du trapèze, ensuite par le tissu cellulaire qui forme une espèce de membrane mince, et par la peau à laquelle cette aponévrose est attachée.

Sa face antérieure couvre le grand oblique du bas-ventre, l'aponévrose de l'oblique interne, le dentelé postérieur et inférieur, la masse commune des muscles transversaire épineux, long dorsal et sacro-lombaire, et une partie de chacun d'eux séparément, les côtes inférieures et leurs muscles intercostaux externes, la partie inférieure du rhomboïde, du grand dentelé, de l'angle inférieur de l'omoplate, du sous-épineux, du grand rond.

Attaches. Ce muscle s'attache par son bord interne aponévrotique aux apophyses épineuses des six ou sept vertèbres inférieures du dos, à celles de toutes les vertèbres lombaires, de l'os sacrum, ainsi qu'à leurs ligamens ; par son bord inférieur à la lèvre externe de la moitié postérieure de la crête des os innominés. Par son bord antérieur, ce muscle s'attache à la face externe des quatre dernières fausses côtes par autant de digitations qui couvrent celles du dentelé postérieur et inférieur, s'entrelacent avec les quatre dernières du grand oblique : il est libre

2.   23

par-dessus du côté du bras, et par-dessous dans la région lombaire.

La première des digitations de ce muscle est la plus étroite, les trois autres vont en augmentant de largeur ; elles sont d'abord distinctes ; enfin elles se réunissent pour ne plus former qu'un seul plan qui, montant vers l'humérus, couvre l'angle inférieur de l'omoplate, et lui fournit ordinairement un petit faisceau charnu qui y adhère.

Ce muscle est pourvu supérieurement d'un tendon, lequel, étant arrivé près de l'aisselle, tourne en montant autour du bord inférieur du grand rond, et ensuite s'applique à la partie interne de ce muscle pour s'implanter à la lèvre interne de la coulisse bicipitale de l'os du bras, à peu près vis-à-vis le tendon du grand pectoral : il est accompagné par le tendon du grand rond, auquel il est uni, excepté à l'endroit de sa terminaison, où il en est en partie, et même quelquefois, entièrement séparé.

Ces deux tendons, conjointement avec celui du grand pectoral, sont affermis par une bride ligamenteuse, étroite et mince, qui descend de l'attache du sous-scapulaire.

De la partie inférieure du tendon du grand dorsal et du grand rond sort une bandelette qui concourt à former l'aponévrose brachiale.

Structure. Ce muscle est charnu dans presque toute son étendue, excepté à son extrémité supérieure, qui est pourvue, comme on vient de le dire, d'un tendon long, plat, et large d'environ trois doigs, et à son bord postérieur où il est aponévrotique sur-tout inférieurement.

Les fibres musculaires qui correspondent aux vertèbres ont une direction presque transversale, celles

qui correspondent aux premières apophyses épineuses
des vertèbres lombaires, sont obliques de derrière en
devant, et celles qui correspondent aux dernières
vertèbres lombaires et à l'os innominé, sont presque
perpendiculaires.

Toutes ces fibres forment différens trousseaux qui
sont plus ou moins rapprochés ; ce qui fait que le
muscle grand dorsal est plus épais inférieurement
dans son milieu qu'à l'extrémité supérieure et à ses
bords.

Usages. Le grand dorsal abaisse le bras, et lui
fait exécuter un mouvement de rotation de dehors
en dedans, et de dedans en arrière, comme lorsque
nous portons la main à la partie inférieure du dos
ou sur les fesses ; ce qui lui a fait donner par *Dulaurens* le nom de *scalptor ani* ou d'*ani tersor.*

Ce muscle abaisse le bras avec plus ou moins
d'effort, comme lorsqu'on frappe une table, ou
qu'on applique un cachet ; il assujétit l'angle inférieur de l'omoplate, et l'applique fortement contre
le tronc ; il peut concourir un peu à élever les côtes
lorsque nous tenons le bras élevé dans une position
ferme ; il nous aide aussi à pencher le tronc de son
côté ; il peut tenir le bras appliqué contre la poitrine ; il sert encore à soutenir tout le poids du
corps, lorsque, les bras étant élevés, nous nous sus-
pendons par les mains, ce qui a lieu quand nous
voulons monter sur un arbre. Pour bien exécuter ce
dernier mouvement, ce muscle doit être aidé par le
grand pectoral.

De l'angulaire (1).

Nom. Ce muscle a été ainsi nommé par rapport à son attache à l'angle supérieur et postérieur de l'omoplate.

Figure. Il est long, médiocrement épais, large d'environ deux travers de doigt.

Situation. Ce muscle est situé à la partie postérieure latérale du cou et supérieure du dos, depuis les apophyses transverses des quatre premières vertèbres du cou, jusqu'à l'omoplate.

Divisions. Il a une face externe et une interne ; deux bords, l'un antérieur, et l'autre postérieur ; deux extrémités, une supérieure, et une inférieure.

Confrontations. La face externe de l'angulaire est recouverte par le trapèze, le sterno-cléido-mastoïdien, et un peu par la peau ; sa face interne recouvre une portion du splénius, du grand complexus, et du petit dentelé postérieur et supérieur, ainsi que la partie supérieure du sacro-lombaire, le bord supérieur du rhomboïde.

Structure. Ce muscle est supérieurement divisé en quatre petites portions séparées les unes des autres, dont les trois inférieures sont ordinairement tendineuses ; elles se réunissent en un corps musculeux, qui a près de deux travers de doigt de largeur sur un travers de doigt d'épaisseur, et dont ses fibres sont

_____

(1) C'est le troisième des muscles moteurs de l'omoplate, *Vesale* : *De hum. corp. fab.*, lib. II, cap. 26. *Levator proprius seu patientiæ* de Dulaurens : *Hist. anat.*, lib. V, cap. 23. *Levator*, de Riolan : *Anthrop.*, lib. V, cap. 23. Le releveur ou le muscle de la patience, de *Douglass* : *Myogr.*, cap. 20. L'angulaire communément dit, le releveur propre de *Winslow* : *Exposit. anat.*, *Traité des muscles*, §. 52, etc. Le trachélo-scapulaire, de *Chaussier*. Le trachélo-anguli-scapulaire, de *Dumas*.

longitudinales : l'extrémité inférieure de ce muscle est un peu tendineuse.

Attaches. L'angulaire est attaché supérieurement par les quatre portions séparées, à l'extrémité des apophyses transverses des quatre premières vertèbres cervicales par un court tendon, excepté à la première, qui est ordinairement musculeuse.

Inférieurement il est attaché à l'omoplate, à l'angle supérieur, ainsi qu'aux portions voisines du bord supérieur et postérieur.

Usages. Ce muscle, en se contractant, lorsque la portion cervicale de la colonne vertébrale est fixée, élève l'angle supérieur de l'omoplate; mais en même temps qu'il produit cet effet, l'angle antérieur s'abaisse, et l'inférieur remonte en s'approchant des vertèbres : ce muscle sert donc alors à abaisser le bras ; mais si l'épaule est surchargée de quelque fardeau, ou si elle est fixée par d'autres muscles, comme par le petit pectoral ou par le trapèze, alors l'angulaire peut incliner la tête sur l'épaule.

Les deux angulaires peuvent, s'ils se contractent à la fois, les omoplates étant fixées, porter les vertèbres cervicales, et la tête en arrière, ou la contourner d'un côté seulement, si le muscle angulaire correspondant se contracte seul.

Du rhomboïde (1).

Ce muscle tire son *nom* de sa figure.

Il est *situé* à la partie postérieure et inférieure du cou, et à la partie supérieure du dos, s'étendant de

----

(1) Le quatrième des muscles qui meuvent l'omoplate, *Vesale*, lib. II, chap. 26. *Rhomboïdes*, de *Dulaurens : Hist. anat.*, lib. V, cap. 22. Le dorso-scapulaire, de *Chaussier*. Cervici-dorso-scapulaire, de *Dumas*.

l'extrémité inférieure du ligament cervical postérieur de l'apophyse épineuse de la dernière vertèbre du cou , des quatre à cinq supérieures du dos, jusqu'à la base de l'omoplate.

Division, confrontations et attaches. On peut y considérer deux faces et quatre bords.

Des deux faces, la postérieure est recouverte par le trapèze et par la peau , excepté dans sa partie supérieure, qui est recouverte par l'extrémité inférieure de l'angulaire , et dans sa partie inférieure que le grand dorsal revêt.

Sa face antérieure recouvre le petit dentelé postérieur et supérieur presqu'en entier ; une portion du splénius, du transversaire épineux , du sacro-lombaire , du long dorsal, et une partie des quatre à cinq premières côtes, et de leurs muscles intercostaux externes, ainsi que les soucostaux supérieurs.

Le bord supérieur de ce muscle s'étend de l'extrémité inférieure du ligament cervical postérieur à la partie supérieure du grand bord de l'omoplate , ou de sa base.

Le bord inférieur, qui est à peu près parallèle au supérieur , se prolonge de l'apophyse épineuse de la quatrième ou cinquième vertèbre dorsale à l'angle inférieur de l'omoplate.

Le bord interne est étendu de l'extrémité inférieure du ligament cervical postérieur jusqu'à l'apophyse épineuse de la quatrième ou cinquième vertèbre dorsale, attaché dans toute son étendue aux apophyses épineuses des vertèbres qu'il recouvre , et aux ligamens qui remplissent leurs interstices, ou interépineux.

Le bord externe du rhomboïde , considéré comme ne faisant qu'un muscle, adhère à l'interstice de la base de l'omoplate , à plus de deux tiers de sa partie inférieure.

Quelques anatomistes ayant remarqué que ce

muscle est ordinairement séparé en deux parties par
un interstice cellulaire, l'ont *divisé* en deux portions, dont la supérieure, qui est très-petite, a été
appelée petit rhomboïde (1), et l'inférieure, qui est
plus grande, a été appelée le grand rhomboïde ;
mais ces deux portions ne sont point assez distinctes,
ni par leur structure, ni par leurs usages, pour en
faire deux muscles séparés.

Structure. Les attaches de ce muscle aux apophyses
épineuses sont de courtes aponévroses d'où naissent
des fibres charnues, parallèles les unes aux autres du
côté des vertèbres ; mais qui deviennent non-seulement obliques en s'approchant de la base de l'omoplate, mais même s'entrecroisent un peu : les supérieures sont plus courtes que les inférieures ; elles
deviennent aponévrotiques en s'approchant de la
base de l'omoplate, et sur-tout supérieurement.

Usages. Le rhomboïde tire la base de l'omoplate vers l'épine et la relève un peu ; alors l'angle
inférieur est porté en arrière, et s'approche des
apophyses épineuses des vertèbres.

Nous renvoyons à la seconde partie de la myologie d'autres détails sur les usages de ce muscle, ainsi
que sur ceux des autres muscles de l'épaule.

Du dentelé postérieur et supérieur (2).

Nom. Ce nom lui vient de quelques dentelures
dont il est pourvu.

(1) *Cowper* l'a divisé en deux portions. *Myol.*, 1694, cap. 20.
Cette division a été adoptée de *Winslow : Expos. anat.*, *Traité
des muscles*, §. 149. *Rhomboïdeus major, Rhomboïdeus-minor*,
d'*Albinus*.

(2) Il a été connu de *Vesale. Serratus posticus superior*,

Situation, volume et figure. C'est un petit muscle plat et mince, presque carré, situé à la partie inférieure du cou et supérieure du dos.

Confrontations. Sa face postérieure est recouverte par le trapèze, le rhomboïde et le grand dentelé.

Sa face antérieure recouvre une portion des muscles sacro-lombaire, long dorsal, transversaire épineux, grand transversaire du cou, le splénius, le grand complexus, la partie postérieure des seconde, troisième, quatrième, et quelquefois de la cinquième côtes, et les intercostaux externes qui sont placés entre elles.

Attaches. Ce muscle s'attache à la partie inférieure du ligament cervical postérieur, à l'apophyse épineuse de la dernière vertèbre du cou, et à celles des deux supérieures du dos, ainsi qu'à leurs ligamens, par une aponévrose mince. Il est attaché aux côtes par quatre digitations charnues, terminées par des fibres tendineuses très-courtes : ces digitations s'attachent à la face externe et au bord supérieur de la courbure de la partie postérieure de la seconde, troisième, quatrième, et quelquefois cinquième côtes.

La première languette s'attache presque à l'angle de la seconde côte, et les autres au-delà, et d'autant plus qu'elles sont inférieures.

Quelquefois ce muscle n'a point d'attaches à la seconde côte, ainsi que *Winslow* l'a reconnu ; son bord inférieur est uni à une aponévrose qui se prolonge jusqu'à l'aponévrose du petit dentelé inférieur, laquelle est d'une part attachée aux vertèbres, et de l'autre part aux côtes.

Riolan. Anthropol., lib. V, cap. 31. C'est le dorso-costal de *Chaussier : Tab. syn. des muscles de l'homme*, p. 14. Cervicicosto-dorsal, *Dumas.*

Structure. La structure de ce muscle est telle que la moitié interne, celle qui s'attache aux vertèbres, est aponévrotique ; que sa partie externe, ou celle qui s'attache aux côtes, est charnue, et divisée en quatre languettes. Les fibres charnues se trouvent dans le milieu, et ont à peu près la même direction que celles du rhomboïde de haut en bas, et de dedans en dehors.

Usages. Ses usages sont d'élever et de porter en dehors les côtes, et de servir ainsi à l'inspiration.

Le petit dentelé supérieur sert aussi à contenir les muscles postérieurs de l'épine qu'il recouvre.

Du dentelé postérieur inférieur (1).

Nom. Ce nom lui vient de quelques dentelures qu'on y observe, ainsi que dans le précédent.

Figure et volume. Il a la forme d'un carré un peu allongé ; il est plus grand que le dentelé postérieur et supérieur.

Situation. Il est situé à la partie postérieure et inférieure de la poitrine, et supérieure des lombes, s'étendant des deux ou trois dernières apophyses épineuses des vertèbres dorsales, et des trois premières lombaires, aux quatre dernières fausses côtes.

Confrontations. La face postérieure de ce muscle est recouverte par le grand dorsal, à l'aponévrose duquel il est uni ; sa face antérieure recouvre une portion du transversaire épineux, du long dorsal, du sacro-lombaire, des quatre dernières fausses côtes, et

---

(1) C'est le troisième des muscles moteurs du thorax, *Vesale* : *Serratus posticus inferior*, Riolan : *Anthrop.*, lib. V, cap. 31. Le dentelé postérieur et inférieur, de *Winslow.* Le lombo-costal, de *Chaussier.* Dorsi-lumbo-costal, de *Dumas.*

2. 24

de leurs muscles intercostaux externes ; son bord supérieur est uni à une bande aponévrotique qui se trouve entre les muscles dentelés postérieurs.

Attaches. Il est attaché postérieurement aux deux ou trois apophyses épineuses des vertèbres inférieures du dos, à celles des deux ou trois supérieures des lombes, ainsi qu'à leurs ligamens, par une très-forte aponévrose, qui adhère, comme il a été dit, à celle du grand dorsal ; de là ce muscle se porte latéralement, en montant un peu obliquement, et se divise en trois digitations, dont la plus inférieure se divise encore en deux autres.

Ces digitations sont charnues, d'abord assez larges ; elles se rétrécissent ensuite en approchant des côtes, où elles sont tendineuses ; elles s'attachent à la face externe et au bord inférieur des quatre dernières fausses côtes près des angles, excepté la dernière attache qui est près du cartilage.

Structure. Ce muscle est presque tout aponévrotique à ses bords interne ou vertébral, et externe ou costal ; il est charnu dans le milieu, et formé de quatre plans de fibres en manière de dentelures.

Usages. Il doit servir à la respiration, mais plutôt à l'inspiration qu'à l'expiration, attendu qu'il ne peut agir sur les côtes inférieures qu'en les abaissant et en les portant en dehors, mouvement qu'elles ont en effet pendant l'inspiration.

Ces muscles doivent aussi empêcher que le diaphragme ne retire trop en dedans les dernières fausses côtes ; mais leur usage de brider les muscles de l'épine, et de les empêcher de se déplacer, ne peut être révoqué en doute, sur-tout quand on considère l'aponévrose intermédiaire entre les deux dentelés postérieurs auxquels elle est attachée.

Des splénius.

Nombre. C'est sans raison que l'on ne décrit ordinairement qu'un seul muscle splénius ; il y en a deux
bien distincts par leurs attaches supérieures, et
qu'on ne doit pas confondre ; l'une appartenant
à la tête, et l'autre au cou. Nous allons donner une
description séparée de ces deux muscles.

Du splénius de la tête (1).

Situation. Ce muscle est situé obliquement à la
partie postérieure de la tête, et postérieure du cou.

Figure. Il est plus long que large.

Confrontations. Sa face postérieure est recouverte
supérieurement par l'extrémité supérieure et postérieure du sterno-cléido-mastoïdien, et les deux
tiers inférieurs par le trapèze.

Sa face antérieure couvre le grand complexus ;

---

(1) Le splénius a été connu de plusieurs anciens anatomistes. *Vesale* n'en a pas confondu les deux parties,
comme on l'a fait dans la suite ; il appeloit la première partie
du splénius le premier des muscles moteurs de la tête, et
celle du cou le premier des muscles moteurs du cou. *Eustache*
et *Fallope* ont fait remarquer que ce muscle étoit composé de
deux parties, que *Winslow** a distinguées, en dernier lieu, en
portion supérieure et en portion inférieure ; mais elles sont tellement séparées, qu'elles ne peuvent être prises pour des portions
du même muscle : aussi *Albinus* les a-t-il distinguées soigneusement, et en a-t-il fait deux muscles, le splénius de la tête,
et le splénius du cou. *Chaussier* a nommé le splénius de la
tête *cervico-mastoïdien* ; et le splénius du cou, *dorso-trachélien.*
Dumas, le splénius de la tête, *cervico-dorsi-mastoïdien* ; le
splénius du cou, *dorso-trachélien.*

* *Exposit. anat.*, *Traité des muscles*, §. 611, p. 180.

son bord postérieur est contigu inférieurement au ligament cervical, et son bord latéral externe confronte inférieurement avec le bord interne du splénius du cou ; il en est supérieurement séparé par un assez grand espace ; l'écartement qu'il y a entre les deux muscles de la tête est triangulaire, et correspond à la face postérieure du grand complexus.

Attaches. Le splénius de la tête est attaché, par son extrémité supérieure et postérieure, au-dessus et en arrière de l'apophyse mastoïde du temporal, la moitié externe de l'espace qui se trouve entre les deux arcades de l'os occipital, au-dessous du muscle sterno-cléido-mastoïdien ; il descend obliquement en dedans, et s'attache inférieurement par des languettes tendineuses à la partie latérale inférieure du ligament cervical postérieur, à la pointe des apophyses épineuses de la dernière vertèbre du cou, et de la première du dos.

Structure. Le splénius de la tête est composé de trousseaux musculeux à peu près parallèles, qui forment un corps charnu, plus large qu'épais, dont l'extrémité supérieure est aponévrotique, ainsi que son extrémité inférieure à son attache au ligament cervical ; il est d'ailleurs à peu près charnu dans tout le reste de son étendue.

Usages. Ce muscle est l'un des extenseurs de la tête ; il doit aussi la tourner en l'abaissant obliquement vers l'épaule du même côté.

Du splénius du cou (1).

Situation. Il est obliquement placé à la partie supérieure et postérieure du cou, s'étendant des pre-

---

(1) La portion inférieure du splénius de plusieurs anatomistes. Le splénius du cou d'*Albinus*. Le dorso-trachélien de *Chaussier* et de *Dumas*.

mières apophyses épineuses des vertèbres dorsales aux premières apophyses transverses du cou.

Il a à peu près la même longueur que le précédent , descendant d'autant plus bas que l'autre monte plus haut.

Confrontations. Sa face postérieure est supérieurement recouverte par le sterno-cléido-mastoïdien , par l'angulaire , et par le dentelé postérieur et supérieur.

Sa face antérieure recouvre la portion supérieure du sacro-lombaire ou le petit complexus , la partie supérieure du long dorsal.

Son bord interne est contigu avec la partie inférieure du bord latéral et antérieur du splénius de la tête , et supérieurement en est écarté d'environ deux travers de doigt.

Son bord externe est supérieurement confondu avec l'extrémité supérieure du transversaire , et le reste de ce bord est libre.

Attaches. Supérieurement ce muscle est attaché à la face postérieure , et près des extrémités latérales des apophyses transverses des trois premières vertèbres cervicales.

Inférieurement il est attaché à l'extrémité postérieure des apophyses épineuses des cinq premières vertèbres dorsales.

Structure. Ce muscle est inférieurement formé d'une masse charnue qui s'amincit pour s'attacher aux cinq apophyses épineuses des premières vertèbres dorsales , et à leur ligament intermédiaire ; il est divisé en deux ou trois languettes distinctes , terminées par des expansions tendineuses pour s'attacher aux apophyses transverses des deux ou trois premières vertèbres cervicales.

Usages. Ce muscle étend le cou ou le renverse

en arrière directement, s'il agit avec son semblable ,
et il le contourne de son côté , s'il agit seul.

Du grand complexus (1).

Nom. Ce muscle tire son nom de sa structure, qui
est très-compliquée.

Figure. Il est long , un peu plus large supérieurement et dans son milieu qu'à son extrémité inférieure, qui est pointue.

Situation. Il est situé à la partie postérieure et
inférieure de la tête, d'où il descend jusque vers
le milieu du dos ; son extrémité supérieure touche
presque à celle de l'autre complexus, et les deux
extrémités inférieures de ce muscle sont éloignées.

Confrontations. Sa face postérieure est converte
par le trapèze, le splénius principalement par celui
de la tête, le long dorsal et le sacro-lombaire ; sa
face antérieure couvre la portion cervicale de l'épineux, les muscles droit et oblique de la tête.

Attaches. Supérieurement ce muscle est attaché
aux inégalités de l'os occipital, entre ses deux lignes
courbes à la partie interne du splénius ; inférieurement aux apophyses transverses et articulaires des six
vertèbres inférieures du cou , et aux apophyses transverses des cinq à six vertèbres dorsales.

Structure. On distingue dans ce muscle deux portions , une postérieure, et l'autre antérieure.

---

(1) La seconde paire des muscles moteurs de la tête, *Vesale*.
Complexus , Riolan : *Anthrop.*, lib. V. *Albinus* a distingué le
complexus du muscle digastrique du cou : *Biventer cervicis*.
Le trachélo - occipital , *Chaussier*. Dorsi - trachélo - occipital ,
Dumas.

La postérieure forme une espèce de digastrique composé d'un corps tendineux, auquel aboutissent plusieurs bandelettes charnues.

L'antérieure est beaucoup plus grosse, et formée de trousseaux en partie charnus et en partie tendineux, extérieurement compliqués par un entrelacement ; ces trousseaux se réunissent ensuite à une seule masse charnue, dans laquelle ils s'entremêlent diversement entre eux , et qui s'attache à l'os occipital, comme il a été dit.

Usages. Ces deux muscles étendent la tête en arrière directement, s'ils se contractent ensemble et avec la même force, ou ils la contournent si l'un d'eux agit seul ; ils l'empêchent aussi naturellement de s'incliner sur la poitrine par son poids, comme elle le feroit si elle n'étoit maintenue postérieurement.

Du grand droit postérieur de la tête (1).

Le *nom* que ce muscle porte ne lui convient pas, étant plutôt dans une direction oblique que droite.

Figure. Sa figure est pyramidale, mais sa pointe est en bas et sa base en haut.

Situation. Ils sont tous les deux situés obliquement à la partie postérieure et inférieure de la tête, et supérieure du cou.

Confrontations. Sa face postérieure est recouverte par la portion supérieure du complexus et un peu par le petit oblique ; sa face antérieure recouvre immédiatement une portion de la première vertèbre

---

(1) C'est un des muscles de la troisième paire des moteurs de la tête : *Vesale. Rectus magnus* , Riolan : lib. V, cap. 21. Le petit droit de *Winslow.* L'axoïdo-occipital, *Chaussier.* Spino-axoïdo-occipital , *Dumas.*

cervicale et de l'os occipital, ainsi que le ligament postérieur qui unit ces deux os.

Attaches. Il est attaché par son extrémité supérieure et large au-dessous de la ligne demi-circulaire inférieure de l'occipital, au-dessus et au côté externe du petit droit. Inférieurement il est attaché, par sa portion rétrécie externe et tendineuse, au tubercule de l'apophyse épineuse de la seconde vertèbre du cou.

Structure. Ses extrémités sont un peu tendineuses, sur-tout l'inférieure ; le reste de ce muscle est composé de trousseaux charnus, qui s'éloignent un peu en devenant supérieurs.

Usages. Ce muscle sert à renverser la tête et à l'incliner sur le côté, ainsi qu'à la contourner.

Le petit droit postérieur de la tête (1).

Nom. Ce muscle n'est pas mieux nommé que le précédent, sa direction étant plutôt horizontale que verticale.

Situation. Il est placé à la partie inférieure et postérieure de la tête, à la partie supérieure du cou, entre les grands droits.

Figure. Sa forme est pyramidale, son extrémité inférieure est beaucoup plus rétrécie que la supérieure.

Confrontations. Sa face antérieure couvre le trousseau ligamenteux qui lie la première vertèbre à l'os occipital.

La face postérieure est recouverte par le grand complexus.

Attaches. L'extrémité supérieure et postérieure est

---

(1) C'est l'un des muscles de la quatrième paire qui meuvent la tête, Vesale. *Rectus minor.*, Riolan, lib. V, cap. 21. Le petit droit de *Winslow.* Latloïdo-occipital, *Chaussier.* Tuber-atloïdo-occipital, *Dumas.*

attachée à côté de la crête occipitale externe dans
une petite fossette au-dessous du grand droit. Son
extrémité inférieure et antérieure adhère à la petite
tubérosité de la première vertèbre, qui tient lieu
d'apophyse épineuse.

Structure. Ce muscle est rétréci à son extrémité
inférieure, qui est tendineuse; le reste de ce petit
muscle est formé de trousseaux charnus, écartés en
forme d'éventail; ce qui lui donne la forme pyramidale.

Usages. On place ordinairement ce muscle parmi
ceux qui étendent la tête ou qui la renversent. Cependant, si l'on considéroit que de ses deux insertions,
l'inférieure, qui est attachée à la première vertèbre, paroît moins fixe que celle qui est attachée
à l'os occipital, ne seroit-on pas tenté de croire que ce
muscle sert plutôt à rapprocher la partie postérieure
de la première vertèbre de l'os occipital, qu'à renverser la tête vers elle? Or alors ce muscle, en se
contractant, ne concourroit-il pas à incliner en avant
le corps de la première vertèbre, et à fléchir la
tête?

Du petit oblique, ou de l'oblique supérieur de la tête (1).

Situation. A la partie inférieure et postérieure de
la tête, et un peu supérieure latérale du cou,

---

(1) Ce muscle a été connu de *Galien* : c'est l'un des deux
muscles de la cinquième paire moteurs de la tête, de *Vesale.*
Obliquus minor, Riolan : *Anthrop.*, lib. V, cap. 21. L'oblique
supérieur de *Spigel*, de *Cowper. Winslow* l'a appelé l'oblique
supérieur, ou le petit oblique, *Traité des muscles*, §. 727,
ainsi qu'*Albinus*, p. 389. L'atloïdo-sous-mastoïdien, de *Chaussier.* Trachélo-atloïdo-occipital, de *Dumas.*

s'étendant de l'os occipital à l'apophyse transverse de la première vertèbre, obliquement de haut en bas, de derrière en avant, et de dedans en dehors.

Figure. Il est allongé, pyramidal, étant plus rétréci inférieurement que supérieurement.

Confrontations. Il couvre par sa face antérieure une portion du grand droit postérieur de l'os occipital et de la première vertèbre cervicale; sa face postérieure est recouverte par le splénius, et un peu latéralement par l'extrémité supérieure du sacrolombaire, appelée ordinairement le *petit complexus.*

Attaches. L'extrémité supérieure, qui est aussi postérieure et interne relativement à l'autre, est attachée à l'os occipital un peu au-dessous de la partie externe de la ligne demi-circulaire inférieure, au-dessus du grand droit postérieur, et au-dessous de la portion supérieure du splénius.

Son extrémité inférieure et externe, qui est très-rapprochée du grand oblique ou oblique inférieur, est attachée à la partie supérieure de la face postérieure de l'apophyse transverse de la première vertèbre.

Structure. Ce muscle est aponévrotique supérieurement, et tendineux inférieurement, charnu dans le reste de son étendue.

Usages. Il doit, en se contractant, renverser la tête. Je ne comprends pas comment il pourroit servir à la rotation de la tête, comme on l'a avancé, la tête n'ayant aucun mouvement de rotation latérale sur la première vertèbre.

Du grand oblique, ou de l'oblique inférieur (1).

Situation. Il est obliquement placé à la partie supérieure et postérieure du cou, s'étendant de la première vertèbre à la seconde.

Figure. Il est plus long et plus gros que le précédent, arrondi dans son corps, et allongé à ses extrémités.

Attaches. Par son extrémité inférieure et interne à la tubérosité de l'apophyse épineuse de la seconde vertèbre, et par son extrémité supérieure et externe à la partie postérieure du sommet de l'apophyse transverse de la première vertèbre cervicale.

Structure. Il est charnu dans toute son étendue, excepté à ses extrémités attachées aux deux premières vertèbres, où il est tendineux.

Usages. Quand l'un de ces muscles se contracte, l'apophyse transverse de la première vertèbre est tournée en arrière, avec la tête : alors elle roule autour de l'apophyse odontoïde de devant en arrière ; les facettes articulaires inférieures glissant sur les facettes supérieures des apophyses articulaires de la seconde vertèbre : alors la tête tourne de manière que le menton s'approche de l'épaule du même côté du muscle contracté, et s'éloigne de l'autre.

---

(1) Ce muscle a été connu de *Galien*. *Vesale* l'a compris dans la sixième paire des moteurs de la tête. L'*obliquus major* de *Riolan*. L'oblique inférieur, ou le grand oblique, de *Winslow*. L'axoïdo-atloïdien, *Chaussier*. Spino-axoïdo-trachéli-atloïdien, *Dumas*.

Des muscles sacro-lombaire, long dorsal, et du transversaire épineux en général (1).

Ces trois muscles peuvent être rigoureusement considérés comme ne faisant qu'un muscle à trois têtes (2). Ils sont confondus à la partie inférieure des lombes attachée à l'os sacrum, et à l'os innominé; ils commencent à se désunir dans la partie supérieure de la région lombaire, sont bien distincts dans celle du dos, et sont très-rapprochés et comme confondus dans la région cervicale.

De ces trois muscles, le sacro-lombaire est le plus latéral, le long dorsal le plus interne, et couvre le transversaire épineux, lequel, comme son nom

---

(1) Le triceps spinal, de *Lieutaud*. *Multifidus*, d'*Albinus*. Le sacro-spinal, de *Chaussier*.

(2) C'est l'opinion de *Lieutaud*, que nous adoptons d'autant plus volontiers, qu'elle nous paroît la plus conforme à la nature, et la plus facile à être entendue. Elle a beaucoup de rapport à celle des anciens anatomistes. Ce sont les modernes qui ont compliqué la description de ces muscles, et principalement *Stenon*, l'oncle de *Winslow*, qui a emprunté de l'optique divers termes pour désigner les muscles qui s'éloignent et ceux qui se rapprochent des apophyses épineuses : il a appelé les premiers, *muscles divergens*; et les autres, *muscles convergens*. Il les a aussi divisés en autant de classes qu'on divise les vertèbres de l'épine; ce qui a tellement augmenté le nombre des muscles du dos, et tellement compliqué la description que *Stenon* et *Winslow* ont adoptée, qu'il est impossible de la comprendre. *Albinus* et *Lieutaud*, qui en ont connu les défauts, l'ont entièrement abandonnée. N'est-on pas, en effet, inintelligible à force de multiplier le nombre des muscles de l'épine, qu'il est d'ailleurs impossible de démontrer de la sorte? Il n'en est pas de même à l'égard des trois muscles admis par *Albinus* et *Lieutaud*; ils sont naturellement si distincts, qu'il ne faut presque point de préparation pour les observer et pour les démontrer.

l'indique, est placé sur la face postérieure des apophyses transverses des vertèbres, et sur la face latérale des apophyses épineuses.

Supérieurement ces muscles sont recouverts par le trapèze, le rhomboïde, le dentelé postérieur et supérieur, et par le splénius.

Dans leur partie moyenne et dorsale, ils sont recouverts par la portion musculaire du grand dorsal, par le dentelé postérieur et inférieur, et par l'aponévrose qui leur est commune ;

Inférieurement, dans les régions lombaires, par l'aponévrose du grand dorsal, par le feuillet du petit oblique et par le feuillet postérieur du transverse ; dans la région sacrée, par l'aponévrose du fascia lata.

Du muscle sacro-lombaire (1).

Situation. Ce muscle est le plus latéral des muscles extenseurs de l'épine ; il s'étend de la partie postérieure de l'os sacrum et de l'os innominé dans la région lombaire, sur les côtes, et sur la face postérieure des apophyses transverses des quatre à cinq vertèbres inférieures cervicales, montant jusqu'à l'apophyse mastoïde de l'os temporal.

Il est confondu par son bord interne avec le long dorsal, depuis la face postérieure du bassin jusqu'à la dernière côte.

---

(1) *Vesale* comprenoit le sacro-lombaire dans la quatrième paire des muscles moteurs du thorax. *Sacro-lumbus*, de *Dulaurens* et de *Riolan*, lib. III, cap. 113. Sacro-lombaire, de *Cowper*, d'*Albinus* : *Hist. muscul.* Sacro-lombaire, de *Winslow* : *Traité des muscles*, §. 681. Le costo-cervical, de *Lieutaud*. Costo-trachélienne, partie du sacro-spinal, de *Chaussier*. Lombo-costo-trachélien, de *Dumas*.

Il devient ensuite plus latéral, et se porte sur la face postérieure des côtes, d'où il parvient sur la face postérieure des vertèbres cervicales, et monte jusqu'à l'apophyse mastoïde.

Figure. Il est très-grêle supérieurement, moins dans sa partie moyenne : confondu dans la région lombaire et sacrée avec le long dorsal et le transversaire demi-épineux, il forme avec eux une masse très-considérable.

Attaches. Ce muscle est supérieurement attaché au bord postérieur de l'apophyse mastoïde, aux apophyses transverses des quatre à cinq dernières vertèbres cervicales (1).

Sa portion dorsale adhère à la tubérosité de la première côte et à l'angle des onze côtes inférieures par deux tendons, dont l'un qui est interne appartient à la portion supérieure du sacro-lombaire, et l'autre qui est externe, vient de sa partie inférieure.

Le sacro-lombaire est confondu à la masse commune charnue, comme il a été dit ; il s'attache avec elle à la face postérieure des apophyses transverses des vertèbres lombaires, à la partie postérieure de la crête de l'os des îles, et à la face postérieure de l'os sacrum.

Structure. Il paroît que ce muscle est composé de deux portions : l'une inférieure, qui lui est commune au long dorsal et au transversaire épineux ; l'autre, supérieure, plus tendineuse et plus grêle, qui est placée sur le cou et qui monte jusqu'à la tête. Ces deux portions sont à côté l'une de l'autre dans la région de la poitrine ; mais chacune d'elles est seule au cou et aux lombes.

---

(1) Cette extrémité supérieure est ordinairement tellement confondue avec celle d'un autre muscle qu'on appelle le *mastoïdien latéral*, ou le *petit complexus*, qu'on peut l'en regarder comme une vraie dépendance.

Si l'on a égard à la direction de leurs fibres, celles de la portion supérieure paroissent descendre, et celles de l'inférieure semblent monter; la portion inférieure de ce muscle est aponévrotique extérieurement dans presque toute son étendue, et intérieurement seulement à ses attaches, aux vertèbres et à l'os sacrum; il est aussi tendineux à ses attaches, aux côtes et aux apophyses transverses des vertèbres; il est charnu dans le reste de son étendue, et composé de trousseaux distincts en divers endroits, et en d'autres confondus entre eux.

Usages. Ce muscle tend à redresser l'épine, quand elle a été fléchie; il peut aussi la contourner.

On ne peut lui attribuer la faculté d'abaisser, ni même d'élever les côtes, attendu que leurs attaches s'y font en des sens contraires, et que les portions musculaires dont elles proviennent, sont souvent réunies, même confondues ensemble.

Du long dorsal (1).

Nom. Son nom lui vient de sa figure et de sa situation.

Situation. Il est placé à la partie postérieure du tronc, s'étendant de la partie postérieure et supérieure du cou, jusqu'à la partie postérieure du bassin, en le considérant, comme il est ordinairement, réuni avec le transversaire du cou.

(1) Le onzième et douzième muscles moteurs du dos : *Vesale*, lib. II, cap. 38. Le second muscle du dos, de *Columbus*. Semispinatus, Riolan : *Anthrop.*, lib. V, cap. 30. Le très-long du dos, *Spigel : Hum. corp. fab.*, lib. IV. Le long du dorsal, de *Winslow*, *Sabatier* et *Boyer*. Le très-long du dos, de *Lieutaud* et *Gavard*. Portion dorso-trachélienne, *Chaussier*. Lombo-dorso-trachélien, *Dumas*.

Figure. Il est long comme son nom l'indique , très-grêle à sa partie supérieure, gros à sa partie inférieure et presque carré.

Divisions. On peut y admettre deux faces, une antérieure et l'autre postérieure ; deux côtés, un latéral interne , et l'autre latéral externe.

Confrontations. La face antérieure couvre le transversaire épineux et une portion des apophyses transverses des six dernières vertèbres cervicales, des douze dorsales et des cinq lombaires, ainsi que la face postérieure de l'os sacrum.

La face postérieure est couverte par le trapèze, le rhomboïde, par les dentelés postérieurs, ainsi que par l'aponévrose qui leur est commune ; par l'aponévrose du muscle oblique interne, par le feuillet postérieur du transverse, et par le grand dorsal. Le côté interne correspond supérieurement au muscle splénius du cou, s'attache aux apophyses épineuses des vertèbres du dos, des lombes, et de l'os sacrum ; le côté externe correspond supérieurement aux attaches de l'angulaire, et ensuite au sacro-lombaire dans toute son étendue.

Attaches. Le long dorsal, en le considérant comme uni supérieurement au grand transversaire, s'attache par sa portion supérieure aux apophyses transverses des six dernières vertèbres du cou ; par sa portion moyenne, à toutes les apophyses transverses des vertèbres dorsales ; par sa portion inférieure, aux apophyses transverses des vertèbres lombaires , et à celles appelées *fausses* de l'os sacrum.

Structure. Ce muscle est composé de trousseaux charnus dont plusieurs terminent par des expansions aponévrotiques ; il y en a dont la direction est de bas en haut, et de dedans en dehors , et d'autres ont une direction entièrement différente ; quelques-uns paroissent s'étendre transversalement aux trousseaux obliques.

Usages. Ce muscle concourt avec le sacro-lombaire et avec le transversaire épineux à étendre le tronc.

Le transversaire épineux (1).

Nom. Ce muscle est ainsi nommé parce qu'il est placé sur les vertèbres, et parce que les trousseaux nombreux dont il est formé remplissent l'intervalle que les apophyses épineuses et transverses des vertèbres laissent entre elles.

Etendue. Il s'étend de la seconde vertèbre cervicale jusqu'à l'os sacrum inclusivement.

Figure. Cette masse musculaire est d'une figure triangulaire d'inégale grosseur ; son volume est dans la région du cou plus grand qu'ailleurs.

Division. Plusieurs anatomistes ont divisé ce muscle en demi-épineux du cou, du dos, des lombes, et de l'os sacrum ou le muscle sacré ; mais toutes ces divisions, ainsi que beaucoup d'autres, ne servent qu'à compliquer la description au lieu de la simplifier. *Lieutaud* est un des premiers qui aient décrit ce muscle avec clarté et avec assez d'exactitude.

Structure et attaches. Cette masse musculaire est composée de trousseaux qui vont d'une apophyse transverse à l'apophyse épineuse de la vertèbre voisine : ces trousseaux n'ont pas toujours la même longueur ; il y en a qui ne s'étendent que d'une vertèbre la plus voisine, et d'autres qui se prolongent sur la troisième ou quatrième vertèbre.

---

(1) Ce muscle ayant été considéré comme une réunion de plusieurs, a reçu divers noms, selon les parties auxquelles il correspond. Depuis *Vesale* on a varié sur ses dénominations. *Winslow* en a compris une grande partie dans l'épineux, et *Lieutaud* l'a appelé l'*oblique épineux*. Le transversaire épineux, de *Sabatier*. Portion lombo-cervicale, *Chaussier*. Transverso-spinal, *Dumas*.

2. 26

Quelques-uns de ces trousseaux vont directement d'une apophyse transverse à l'apophyse épineuse de la même vertèbre, et de ces trousseaux plusieurs sont charnus dans leurs insertions aux vertèbres, et d'autres sont tendineux. D'où il résulte que ces trousseaux charnus et tendineux, soit qu'ils s'attachent d'une apophyse épineuse à l'apophyse transverse la plus voisine, soit qu'ils aient leurs attaches plus éloignées, s'insèrent à celles des six dernières vertèbres cervicales, des vertèbres dorsales, des lombaires, et encore à celles appelées *fausses*, dont l'os sacrum est formé.

Usages. Ce muscle doit concourir avec le sacro-lombaire et le long dorsal à l'extension de l'épine.

Indépendamment des muscles transversaires épineux qui appartiennent à l'épine en général, et aux apophyses épineuses, comme aux apophyses transverses que nous venons de décrire, on trouve quelques trousseaux charnus qui vont postérieurement d'une apophyse épineuse à l'autre des vertèbres cervicales (1), non-seulement entr'elles, mais encore entre celles des vertèbres dorsales (2) et lombaires (3); mais ces muscles sont rarement visibles, du moins tous : car je ne les ai point vus, et je crains que les anatomistes qui les ont décrits, n'aient pris des ligamens pour des muscles.

---

(1) *Cowper* les a connus et décrits : *Philosoph. transact.* 1699. Les intercervicaux, *Chaussier* et *Dumas.*

(2) Les épineux du dos, *Winslow.* Les interépineux du dos, *Albinus.*

(3) Les épineux des lombes, *Winslow.* Les interépineux des lombes, d'*Albinus.*

Des interépineux du cou (1).

Ce sont de petits muscles au nombre de six, qui remplissent les interstices que les apophyses épineuses des six dernières vertèbres cervicales et la première des dorsales laissent entre elles.

Ces muscles de forme carrée ont deux faces, l'une interne, qui correspond au muscle interépineux collatéral, et l'autre externe, qui correspond au muscle transversaire épineux.

Leur extrémité supérieure est attachée à la lèvre externe du bord inférieur de l'apophyse épineuse de la vertèbre cervicale supérieure. Leur extrémité inférieure est attachée à la lèvre externe du bord supérieur de l'apophyse épineuse de la vertèbre inférieure suivante; le premier interépineux du cou est attaché à la lèvre externe du bord inférieur de l'apophyse épineuse de la seconde vertèbre cervicale et à la lèvre externe du bord supérieur de l'apophyse épineuse de la troisième vertèbre.

Le dernier adhère par son bord supérieur à la lèvre externe du bord inférieur de l'apophyse épineuse de la dernière vertèbre cervicale, et par son bord inférieur à la lèvre externe du bord supérieur de l'apophyse épineuse de la première vertèbre dorsale.

Structure. Ces muscles sont composés de fibres charnues longitudinales et un peu tendineuses à leurs attaches.

Usages. Ces muscles doivent être de foibles coopérateurs du triceps dorsal ou du demi-épineux, du long dorsal et du sacro-lombaire.

---

(1) *Intertransversales*, de *Douglass*. Les petits transversaires de *Winslow*. *Transversarii posteriores colli*: Albinus, p. 4ı8.

III. *Des muscles situés dans la région latérale du tronc.*

Cette région peut, de même que l'antérieure du tronc, être divisée en trois sections, la cervicale, la pectorale, la lombaire.

PREMIÈRE SECTION.

De la région latérale du tronc.

Portion cervicale.

Dans la partie latérale cervicale, sont les *scalènes*, le *droit latéral* de la tête, et les *intertransversaires du cou.*

Des scalènes (1).

Division. Ce muscle est composé de divers corps musculeux plus ou moins distincts, ce qui l'a fait diviser par les anatomistes en plusieurs parties, et même en plusieurs muscles particuliers. *Albinus* en admettoit cinq, *Haller* sept, *Lieutaud* et *Sabatier* trois, *Winslow* et *Boyer* deux. Nous adopterons même cette dernière division, non que nous croyons qu'il n'y ait que deux scalènes, mais parce qu'ils sont séparés en deux parties assez distinctes, lesquelles sont elles-mêmes aussi divisées en d'autres petites parties.

---

(1) Ces muscles ont été regardés par *Vesale* comme une portion des troisième et quatrième paires des muscles moteurs du dos, lib. II, cap. 38. *Albinus* a admis cinq scalènes : *Hist. muscul.*, lib. III, cap. 134. Costo-trachélien, *Chaussier.* Trachélo-costal, *Dumas.*

Figure. Ses parties étant plus rapprochées supérieurement qu'elles ne le sont en bas, elles forment une espèce de pyramide allongée.

Situation. Les scalènes sont placés à la partie latérale du cou, et s'étendent jusque sur la partie également latérale et supérieure de la poitrine.

Division. Des deux masses charnues principales, l'une est antérieure et l'autre est postérieure, et chacune d'elles est composée de plusieurs trousseaux en partie membraneux, charnus, et en partie tendineux.

Confrontations et attaches. La masse antérieure est *attachée* au tubercule antérieur de l'apophyse transverse de la troisième vertèbre cervicale, et de la même manière aux apophyses transverses des vertèbres cervicales suivantes, et ensuite elle s'attache à la face supérieure de la première côte, et à son bord interne.

La masse antérieure du scalène est antérieurement recouverte par les artères cervicales, par le nerf diaphragmatique, par les muscles omo-hyoïdiens et sterno-cléido-mastoïdiens, par la veine souclavière.

Elle couvre postérieurement la face antérieure de la masse postérieure du scalène, et concourt à former un interstice longitudinal, rétréci supérieurement, et élargi inférieurement sur la première côte, dans lequel sont logés l'artère souclavière et les branches antérieures des nerfs cervicaux, qui forment, par leur réunion, le plexus brachial.

La masse postérieure du scalène est plus longue et plus grosse que la précédente ; elle monte plus haut au cou, et descend plus bas à la poitrine ; elle est, comme la précédente, formée de plusieurs corps en partie tendineux, et en partie charnus, dont les attaches aux os sont tendineuses, et leur portion moyenne est charnue.

Cette masse *s'attache* à l'extrémité de l'apophyse transverse de la seconde vertèbre cervicale et des cinq vertèbres suivantes, par autant de tendons distincts; elle s'attache à la face supérieure des deux premières côtes.

Cette masse postérieure, examinée de près, paroît ordinairement divisée en deux autres portions, dont l'une est petite, courte et antérieure, et l'autre plus large et postérieure; la portion antérieure courte s'attache à l'apophyse transverse de la sixième ou de la septième vertèbre cervicale, et au bord interne de la première côte; cette portion sépare l'artère souclavière de la branche antérieure de la sixième et de la septième paire cervicale.

La portion postérieure de cette masse est grêle, allongée, s'attache aux apophyses transverses des à cinq six vertèbres cervicales, et au bord supérieur des deux premières côtes : quelquefois cette portion de la masse postérieure du scalène est elle-même divisée inférieurement en deux autres.

Usages. Les muscles scalènes servent au mouvement du cou. Si ceux d'un côté se contractent seuls, le cou est porté vers l'épaule qui lui correspond; si les scalènes des deux côtés se contractent à la fois et avec des forces égales, ils sont antagonistes, et, au lieu d'incliner les vertèbres sur le côté, ils servent à fixer et à roidir le cou, comme cela a lieu lorsque la tête est chargée de quelque pesant fardeau.

On ne comprend pas que ce muscle puisse jamais servir à fléchir la colonne vertébrale, ou à la porter, vers la partie antérieure de la poitrine, comme on l'a prétendu, ses attaches inférieures aux côtes étant postérieures aux attaches supérieures aux vertèbres; mais la masse postérieure d'un scalène peut se réunir avec la masse postérieure du scalène de l'autre côté, pour renverser le cou en arrière, quand ce renversement a été commencé par les extenseurs de l'épine et de la tête.

Du droit latéral de la tête (1).

Figure. Il ressemble à un carré long , et est plus gros que le petit droit antérieur.

Situation. Il se trouve dans l'intervalle qu'il y a entre la tête et l'apophyse transverse de la première vertèbre.

Confrontations. Par sa face antérieure avec la veine jugulaire , et par sa face postérieure avec l'artère vertébrale.

Attaches. Il s'attache par son extrémité supérieure à l'apophyse jugulaire de l'os occipital ;

Par son extrémité inférieure à la face supérieure de l'apophyse transverse de la première vertèbre cervicale.

Usages. Ce muscle doit aider la flexion de la tête sur le côté.

Des intertransversaires du cou (2).

Ce sont de petits muscles *placés* entre les apophyses transverses des vertèbres cervicales.

---

(1) *Eustache* et *Fallope* ont décrit ce muscle. *Cowper* paroît être le premier qui lui ait donné le nom de *latéral droit : Myol.*, cap. 23. *Dupré* l'a connu sous le nom de *rengorgeur droit : Transact. philos.* 1699. C'est le premier transversaire antérieur, de *Winslow : Exposit. anat.*, *des musc.*, §. 733. Le droit latéral de la tête, d'*Albinus*, de *Sabatier*, de *Boyer*, etc. L'atloïdo-sous-occipital, *Chaussier*.

(2) Ces muscles ont été connus d'*Eustache*. *Dupré*, chirurgien de Paris, que j'ai déja cité , et qui fait un article intéressant de mon *Histoire* (t. IV, p. 220), a décrit très-exactement les transversaires antérieurs et les postérieurs, qu'il a connus

Nombre. De ces muscles, les uns sont antérieurs et les autres postérieurs ; il y en a cinq d'antérieurs, et autant de postérieurs.

Confrontations. Les antérieurs sont recouverts par le grand droit antérieur de la tête ; et les postérieurs sont séparés de la face antérieure des splénius et de l'extrémité supérieure du long dorsal et du sacro-lombaire par une couche de tissu cellulaire.

Ces muscles sont séparés entre eux par une couche cellulaire, et par les nerfs cervicaux.

Attaches. Chacun est attaché par son bord supérieur au bord inférieur de l'apophyse transverse de la vertèbre supérieure, et par son bord inférieur au bord supérieur de l'apophyse transverse de la vertèbre cervicale inférieure.

Structure. Ces muscles sont charnus, à l'exception de leurs bords supérieur et inférieur, qui sont attachés aux apophyses transverses des vertèbres.

Usages. Ils doivent agir lorsque nous inclinons le cou sur le côté, ou que nous portons la tête sur l'épaule.

SECONDE SECTION.

De la Région latérale du tronc.

Portion pectorale.

Dans la partie latérale pectorale sont contenus le grand dentelé, les intercostaux externes, et les surcostaux, les intercostaux internes et les souscostaux.

---

sous le nom de *rengorgeurs. Albinus, Winslow,* etc. les ont appelés *intertransversaires du cou antérieurs et postérieurs :* ce sont les intertrachéliens de *Chaussier* et de *Dumas.*

Du grand dentelé (1).

Nom. Ce muscle a reçu son nom des digitations ou des dentelures dont il est pourvu.

Situation. Il est situé à la partie latérale de la poitrine, s'étendant presque transversalement des huit ou neuf côtes supérieures à la base de l'omoplate.

Figure. Il a la forme d'un carré irrégulier, plus large en avant qu'en arrière, et en bas qu'en haut.

Divisions et confrontations. On peut y distinguer deux faces et quatre bords. Des deux faces, l'une est externe, l'autre est interne : elles sont très-amples.

Des bords, l'un est supérieur et s'étend obliquement de la face externe de la première côte jusqu'à l'angle supérieur de l'omoplate ; le bord inférieur, qui est plus long, s'étend de l'extrémité antérieure de la huitième et neuvième côtes à l'angle inférieur de l'omoplate. Le bord antérieur, qui est le plus long, s'étend de la première côte jusqu'à la neuvième ; et le bord postérieur, depuis l'angle supérieur jusqu'à l'angle inférieur de l'omoplate.

Sa face externe est recouverte supérieurement par le grand et petit pectoral, par le très-large du dos, et par le sous-scapulaire, inférieurement par la peau ; sa face interne recouvre la face externe des extrémités antérieures, et des corps des huit ou neuf premières côtes, et les muscles intercostaux externes qui remplissent leurs interstices ; ce muscle s'entrecroise avec l'oblique externe.

---

(1) Le second des muscles moteurs du thorax : *Vesale*, lib. II, cap. 31. *Serratus major*, de *Riolan* : *Anthrop.*, lib. V. cap. 31. Le grand dentelé antérieur, de *Verheyen*. Le grand dentelé, de *Winslow*. Le costo-scapulaire, *Chaussier*. Costo-basi-scapulaire, *Dumas*.

2.   27

Attaches. Il est attaché, par son bord postérieur, à la lèvre interne de toute la base de l'omoplate, depuis son angle supérieur jusqu'à l'angle inférieur ; de là il se porte, en s'élargissant, pour s'attacher par son bord antérieur à toutes les vraies côtes, à la première et quelquefois à la seconde fausse côte, par huit ou neuf digitations ou dentelures très-distinctes, dont les cinq inférieures s'entrecroisent avec les cinq supérieures du grand oblique.

La première digitation de ce muscle s'insère à la face externe et inférieure de la première côte à l'endroit où elle reçoit le muscle scalène moyen, avec lequel elle se confond par quelques-unes de ses fibres.

La seconde digitation est attachée obliquement à la face externe de la seconde côte ; son extrémité supérieure étant plus reculée que l'inférieure, les fibres qui la composent descendent obliquement à la seconde côte.

La troisième digitation s'attache au bord inférieur de la seconde côte ; les fibres de cette digitation commencent à devenir ascendantes dès leur naissance ; les fibres de la quatrième digitation ont une direction presque transversale. Ces deux digitations sont moins larges que les deux précédentes.

Les autres quatre digitations inférieures sont composées de fibres ascendantes, depuis les côtes jusqu'à l'omoplate ; de ces digitations la seconde et la troisième sont les plus larges : les dernières sont placées moins antérieurement sur la poitrine que les premières ou les supérieures ; mais presque toutes naissent à peu près à la distance de deux travers de doigt de la portion cartilagineuse de chaque côte.

Structure. On peut distinguer dans ce muscle trois sortes de fibres, les supérieures, les moyennes et les inférieures.

Les supérieures ont une obliquité opposée à celle

des inférieures; elles descendent un peu; les moyennes sont transversales depuis le devant de la poitrine jusqu'à la base de l'omoplate; les supérieures sont attachées aux extrémités osseuses des premières des vraies côtes, et sont plus courtes que les moyennes et que les inférieures; elles descendent obliquement, et sont attachées par un plan presque continu à l'omoplate.

Les trois ou quatre digitations suivantes donnent naissance aux fibres moyennes, qui s'avancent transversalement pour s'arranger le long de la base de l'omoplate; les fibres supérieures et moyennes occupent plus des deux tiers supérieurs, de presque la base de l'omoplate.

Les fibres inférieures naissent des cinq digitations inférieures, des trois dernières des vraies côtes, et des deux premières des fausses; quelquefois d'une seule elles passent obliquement sur les côtes, se réunissent et rendent la partie inférieure du plan musculeux plus épaisse; elles se rencontrent à l'endroit de leur naissance avec les digitations du grand oblique, et avec une ou deux de celle du grand dorsal; surpassent en longueur toutes les fibres précédentes; marchent obliquement de bas en haut, jusqu'à l'angle inférieur de l'omoplate; se réunissent dans un plan serré qui s'attache à la face interne de cet angle, et non ailleurs, laissant le reste de la longueur de la base de l'omoplate aux autres digitations dont on a déja parlé.

Les attaches de toutes ces fibres aux côtes se font avec beaucoup d'artifice, elles y sont plus serrées que dans le reste de leur étendue; chaque fibre semble comme taillée en pointe : ce qui fait que la digitation totale, qui est l'assemblage de toutes les fibres taillées en pointe, représente plus exactement l'extrémité d'un doigt, ressemblance qui a fait donner le nom de *digitation* à ces sortes d'insertions musculeuses.

Plusieurs des différentes digitations de ce muscle se confondent ou s'unissent par quelques-unes de leurs fibres avec les plans charnus des intercostaux externes ; chaque digitation s'attache à la face extérieure de la côte, et l'angle inférieur de l'omoplate reçoit lui seul plus de fibres du grand dentelé que tout le reste de l'étendue de la base de cet os.

Usages. Le grand dentelé éloigne l'angle inférieur de l'omoplate des vertèbres, et le porte en devant ; mais en même temps qu'il le relève, l'angle antérieur et supérieur est aussi relevé, et porté en arrière, et l'angle postérieur et supérieur est abaissé et rapproché des vertèbres.

Dans ce sens, le muscle grand dentelé doit être regardé comme le principal releveur de l'épaule. Il est d'autant plus propre à produire cet effet, qu'il est fort et volumineux, et que la majeure partie de ses fibres s'attache à l'angle inférieur, par conséquent loin du centre du mouvement : c'est principalement par la contraction de ce muscle que l'épaule est soutenue, lorsqu'elle est surchargée de quelque fardeau pesant.

Le grand dentelé paroît pouvoir servir aussi à élever les côtes, lorsque les muscles qui opèrent naturellement l'inspiration, ne peuvent seuls remplir cet effet, comme dans les asthmatiques et dans ceux qui ont quelque épanchement dans la poitrine ; car on les voit alors soulever les épaules pour donner un appui plus fort aux muscles grands dentelés.

Des muscles intercostaux.

Nom. Ces muscles ont été ainsi nommés depuis qu'ils sont connus.

Situation. Les intervalles des côtes sont remplis

par deux plans de fibres musculaires qu'on a appelés muscles intercostaux, et qu'on a divisés en externes et internes.

Nombre. Ils sont au nombre de onze de chaque côté, onze externes et onze internes, ou vingt-deux, et en totalité quarante-quatre.

Différences. Ils sont inégaux en épaisseur, l'externe étant beaucoup plus épais que l'interne; une couche cellulaire qui forme une membrane très-mince, les sépare : on l'a appelée le *ligament intermusculaire*, ou *intercostal.*

Les muscles intercostaux externes (1) et les intercostaux internes ont à peu près la même longueur; mais ils ne sont pas cependant placés au-devant l'un de l'autre dans toute leur étendue.

Les externes se prolongent plus en arrière et moins en avant (2); ils vont presque jusqu'aux vertèbres dorsales, et finissent près des extrémités sternales des côtes; au lieu que les intercostaux internes commencent près du sternum, et finissent deux grands travers de doigt avant les vertèbres dorsales : d'où il résulte qu'antérieurement, à côté du sternum, il n'y a que le muscle intercostal interne, et qu'en arrière il n'y a que le muscle intercostal externe; mais que dans tout le reste de l'intervalle intercostal, il y a deux plans de fibres musculaires.

Structure. Chacun des muscles intercostaux est formé d'un plan charnu dont les fibres sont obliques et à contre-sens les unes des autres, de manière qu'elles se croisent (3). Celles de l'intercostal externe

____

(1) Ces muscles ont été distingués en internes et en externes par *Galien, Vesale,* et les anatomistes qui leur ont succédé.

(2) Fallope : *Observ. anat.*, p. 97.

(3) *Galien* a observé ces deux plans de muscles, ainsi que la différente direction de leurs fibres. Selon cet anatomiste, leur

vont de haut en bas et d'arrière en avant ; celles de l'intercostal interne sont dirigées de devant en arrière et de haut en bas.

Cette obliquité des fibres n'est pas la même dans toute l'étendue de ces deux muscles ; les fibres des intercostaux externes sont moins obliques en avant, et beaucoup plus en arrière ; et celles des intercostaux internes approchent davantage de la perpendiculaire.

Des intercostaux externes (1).

Nombre. Ils sont au nombre de onze de chaque côté.

Situation. Ils occupent les intervalles des côtes depuis la partie de ces os qui s'articule à l'apophyse transverse des vertèbres dorsales jusqu'à leurs extrémités antérieures ; ils sont d'autant plus larges, ainsi que les intercostaux internes, que l'espace intercostal qu'ils remplissent est plus grand.

Confrontations. La face externe de ces muscles est recouverte par le grand et le petit pectoral, le grand dentelé, le grand oblique du bas-ventre, les dentelés postérieur et supérieur, les dentelés postérieur et inférieur, par les surcostaux, le sacro-lombaire et le long dorsal.

Leur face interne recouvre la membrane aponévrotique qui les sépare des muscles intercostaux internes.

Attaches. Ces muscles s'attachent par leur bord supérieur à la lèvre externe du bord inférieur de la côte supérieure, et par leur bord inférieur à la

---

entrecroisement peut être représenté par la lettre X. Voyez *Hist. de l'anatomie*, articles *Galien* et *Oribase*.

(1) *Dumas*, inter-latéri-costaux.

lèvre externe du bord supérieur de la côte inférieure.

Des intercostaux internes (1).

Nombre. Ces muscles sont au nombre de onze de
chaque côté de la poitrine, comme les précédens.

Situation. Ils sont également placés entre les
côtes, mais plus intérieurement entre les intercostaux externes et les plèvres.

Antérieurement ils sont recouverts par les sternocostaux dans leur partie moyenne, et postérieurement par la plèvre, à l'exception des endroits où
se trouvent les souscostaux.

Etendue. Leur étendue est depuis la partie latérale du sternum jusqu'à l'angle des côtes.

Attaches. Leur bord supérieur adhère à la lèvre
interne du bord inférieur du cartilage sterno-costal
supérieur, et de la côte qui lui est attachée. Leur
bord inférieur est attaché à la lèvre interne du bord
supérieur du cartilage et de la côte qui sont pardessous.

Des surcostaux, ou des releveurs des côtes (2).

On doit diviser ces muscles en deux classes, les
courts (3) et les longs. Les *courts releveurs* sont
au nombre de douze de chaque côté ; il y en a un
pour chaque côte.

Attaches. Ils sont d'une part attachés aux apophyses transverses des vertèbres, et de l'autre à la

_____

(1) *Dumas*, inter-plévri-costaux.

(2) *Levatores costarum*, de Sténon : *Element. myol. specim.*
Florent. 1667. in-4°. Quoiqu'ils eussent été dépeints dans les
planches de *Casserius*, *Verheyen* les a appelés les *surcostaux*.

(3) Albinus : *Hist. muscul.*, lib. III, cap. 127.

côte qui est immédiatement au-dessous près de sa tubérosité.

Figure. Ils sont en quelque manière pyramidaux ; leur pointe étant interne et supérieure, leur base externe et plus ou moins inférieure.

Structure. Ils sont charnus dans leur étendue et rayonnés, excepté leur insertion à l'apophyse transverse des vertèbres, qui est tendineuse ; et celle qui est attachée à la côte est musculeuse, ainsi que le corps.

Les muscles *releveurs longs* des côtes ne sont pas aussi nombreux ; on n'en trouve que trois ou quatre de chaque côté.

Situation. Ils sont placés sur les côtes inférieures, s'attachant, comme les précédens, aux apophyses transverses des vertèbres dorsales ; mais ils en diffèrent, parce qu'ils ne s'attachent pas à la côte qui est placée immédiatement au-dessous de l'apophyse transverse, de laquelle ils tirent leur origine, mais qu'ils se transmettent à la côte d'après.

Quelques-uns de ces muscles se perdent dans le muscle long du dos.

Usages. On ne peut attribuer aux muscles surcostaux courts et longs d'autres usages que celui de relever les côtes pendant l'inspiration.

Ils peuvent aussi retirer un peu les côtes en arrière ; mais nous ne pouvons croire qu'ils servent avec quelque efficacité à la flexion de l'épine (1).

On trouvera, à l'article *des muscles de la respiration*, d'ultérieurs détails sur les usages de ces muscles et sur ceux des intercostaux.

----

(1) Senac, *sur les organes de la respir.* : *Acad. des Sciences*, 1724.

Des souscostaux (1).

Ce sont de très-petits plans musculeux, très-variables, et par leur nombre et par leur étendue, qu'on a appelés les souscostaux.

Ils sont très-minces, et sont obliquement placés sur la face interne de l'extrémité postérieure des côtes, de devant en arrière et de haut en bas, se prolongeant d'une côte à l'autre, et quelquefois en laissant une ou deux sans s'y attacher, ou en adhérant seulement à son périoste.

Les souscostaux inférieurs sont beaucoup plus grands que les supérieurs, qui manquent très-souvent.

Usages. Les muscles intercostaux internes et les souscostaux servent, comme les muscles intercostaux externes et les surcostaux courts et longs, à relever les côtes, et par conséquent à l'inspiration, les côtes supérieures étant plus solidement fixées que les inférieures : quelque différente que soit la direction de leurs fibres, ils doivent avoir le même usage, qui est celui de relever les côtes inférieures vers les supérieures.

TROISIÈME SECTION.

De la région latérale du tronc.

Portion lombaire.

Dans cette région lombaire, sont le muscle carré des lombes, et les inter-transversaires des lombes.

___

(1) *Verheyen* est le premier qui ait décrit ces muscles, et qui les ait distingués des intercostaux internes ; il les a appelés *souscostaux* : Corp. hum. anat., 1694, p. 614.

Du carré des lombes. (1).

Nom. Il est ainsi appelé, parce qu'il a la figure d'un carré long, mais qui est un peu rétréci à la partie moyenne du bord externe.

Situation. Ce muscle est placé à côté des vertèbres lombaires entre la dernière côte et la partie postérieure et supérieure des os iléum, entre les feuillets aponévrotiques du transverse.

Structure. Il est formé de deux plans de fibres charnues assez distinctes, dont l'un est antérieur et interne, et l'autre postérieur et externe. Le plan antérieur et interne est plus large en haut qu'en bas, et le plan postérieur et externe est plus large en bas qu'en haut.

Confrontations. Par sa face interne et antérieure, avec le feuillet antérieur du muscle transverse ; par sa face postérieure, avec le feuillet moyen du même muscle.

Attaches. Le plan externe postérieur est attaché par sa partie supérieure à la lèvre interne du bord inférieur de la dernière côte ; par son bord interne il est attaché aux extrémités latérales des apophyses transverses des vertèbres lombaires, par des digitations tendineuses courtes aux quatre premières, et par un plan aponévrotique plus large à la dernière vertèbre lombaire.

Son extrémité inférieure est attachée à l'interstice de la partie postérieure de la crête de l'os iléum.

Le plan postérieur et externe de ce muscle est attaché, par son extrémité supérieure, à l'apophyse transverse de la première vertèbre lombaire ; par son

---

(1) Les carrés sont le neuvième et le dixième des muscles qui meuvent le dos : *Vesale. Quadratus*, Riolan : *Anthrop.*, 1 b. V, cap. 33. Le carré des lombes, de *Winslow.* Ilio-costal, *Chaussier.* Ilio-lombi-costal, *Dumas.*

bord interne aux extrémités latérales des apophyses transverses des quatre vertèbres lombaires suivantes ; par son extrémité inférieure , à la lèvre interne de l'os iléum , et postérieurement , au ligament iléo-lombaire , derrière la partie antérieure de ce même muscle carré des lombes.

Usages. Les deux portions de ce muscle , en se contractant , fléchissent l'épine sur le côté vers l'os iléum , et elles sont plus propres à l'étendre qu'à la fléchir : il paroît que la portion antérieure doit aider l'inspiration en abaissant la côte inférieure ; car elle ne remonte pas avec les côtes supérieures dans ce temps de la respiration.

Le carré est aussi en quelque manière l'antagoniste du diaphragme , en l'empêchant de retirer trop violemment en dedans la dernière côte.

Des inter-transversaires des lombes (1).

Ce sont de petits muscles recouverts par le sacrolombaire , avec lequel on les confond assez facilement.

Nombre. On peut en admettre au moins cinq de chaque côté , et même souvent chacun est divisé en deux autres bien distincts.

Situation. Les premiers sont placés entre l'apophyse transverse de la dernière vertèbre dorsale , et la première vertèbre lombaire ; les autres entre les apophyses transverses des vertèbres suivantes , de manière que les plus inférieurs sont situés entre l'apophyse transverse de la quatrième vertèbre lombaire et celle de la cinquième.

Usages. Ces muscles sont congénères du sacrolombaire , du long dorsal et du transversaire épineux.

---

(1) Décrits par *Douglass : Myograph.* Les inter-transversaires des lombes , *Winslow.*

pour plier l'épine de leur côté, et pour contrebalancer l'action des muscles de l'épine, du côté opposé : ils servent aussi un peu à l'extension.

Les *vaisseaux* des muscles de cette section viennent de l'occipitale, de la vertébrale, des cervicales profondes et superficielles, des intercostales,
des thorachiques, des lombaires, de l'iliaque postérieure : les *nerfs* leur viennent des cervicaux, des
dorsaux, des lombaires et sacrés.

IV. *Région inférieure du tronc.*

Les muscles de cette région sont le *bulbo-caver-*
neux, l'*ischio-caverneux*, le *transverse*, les *ischio-*
caverneux du clitoris, le *sphincter du vagin*, le
sphincter externe de l'anus, le *sphincter interne*
de l'anus, le *releveur de l'anus*, les *ischio-*
coccygiens.

Du bulbo-caverneux (1).

Ce muscle tire son *nom* de sa position.

Situation. Il n'est recouvert que par la peau, et il
est immédiatement placé sous le bulbe de l'urètre,
sur les parties latérales des racines du corps caverneux, et se prolonge jusqu'au ligament suspensoire.

Division. On pourroit considérer dans ce muscle
deux faces, quatre bords, dont deux latéraux ;
l'un antérieur, avec deux appendices, et l'autre
postérieur.

_____

(1) Le premier muscle de la verge, *Vesale. Riolan* lui a
donné le nom d'*accélérateur*, qu'*Albinus* lui conserve : *Hist.*
muscul., lib. III, cap. 87. *Winslow* paroît être le premier
qui l'ait appelé le *bulbo-caverneux* : *Traité du bas-ventre*,
§. 571. Bulbo-uréthral ; *Chaussier :* Bulbo-syndesmo-caverneux,
Dumas.

Confrontations. Des deux faces, l'une est inférieure et externe ; elle adhère à la peau par le moyen d'un tissu cellulaire plus ou moins chargé de graisse, et par le raphé mitoyen qui est uni assez strictement au raphé du périné.

L'autre face est supérieure et interne ; c'est celle qui est immédiatement placée sous le bulbe de l'urètre, et qui y adhère par du tissu cellulaire court et serré : le raphé correspond au milieu de la face inférieure du canal de l'urètre.

Des bords, les latéraux sont isolés et un peu couverts par les ischio-caverneux ; le bord antérieur est échancré, et recouvre la partie inférieure de la face externe du canal de l'urètre, en y adhérant strictement, et en répandant sur elle ses fibres aponévrotiques.

Le bord antérieur est terminé latéralement par deux expansions aussi aponévrotiques, qui entourent les deux racines du corps caverneux, et qui se prolongent jusque sur leur face supérieure, en y adhérant exactement. On voit même quelques-unes de leurs fibres qui se prolongent jusque dans le ligament supérieur appelé *suspensoire de la verge.*

Le bord postérieur du bulbo-caverneux est uni et confondu avec le sphincter de l'anus si intimement, que ces deux muscles n'en paroissent faire qu'un seul.

Structure. Il est composé de deux portions musculaires réunies par une espèce de raphé tendineux, longitudinal et mitoyen ; ce qui en fait une espèce de muscle penniforme : ce raphé correspond à celui de la peau du périné, et y adhère même par du tissu cellulaire très-serré.

Les fibres charnues de ce muscle se terminent par deux expansions aponévrotiques qui couvrent les parties latérales des racines des corps caverneux.

Usages. Le bulbo-caverneux resserre le bulbe de l'urètre, et facilite l'expulsion de la semence, et même de l'urine.

Des ischio-caverneux (1).

Nom. Ces muscles, qui sont pairs, ont reçu leur nom de leurs attaches.

Situation. Chacun d'eux est situé le long du bord interne de la branche de l'os ischion, et de la face externe de la racine du corps caverneux qui lui correspond.

Confrontations. Sa face externe est couverte par la peau, par le transverse, et un peu par le bulbo-caverneux ; il couvre postérieurement la racine du bulbo-caverneux, et extérieurement il confronte avec le bord interne de la branche de l'ischion.

Attaches. L'extrémité inférieure de ce muscle est tendineuse et attachée à la partie interne de la tubérosité de l'ischion ; son corps adhère le long du bord interne de sa branche dans les deux tiers postérieurs, monte sur la partie latérale du corps caverneux, y adhère, et termine par un tendon plat qui se répand sur sa face dorsale, en se prolongeant assez pour se réunir au tendon de l'autre ischio-caverneux : ces deux tendons donnent des

_____

(1) Ils ont été connus de *Galien.* Les troisième et quatrième muscles de la verge, *Vesale.* Les *érecteurs de la verge*, de *Riolan* ; et cette dénomination a été adoptée de plusieurs anatomistes, d'*Albinus* même, quoiqu'il donne une fausse idée de leurs usages. C'est *Winslow*, qui a si souvent adopté la nomenclature de *Riolan*, qui les a, un des premiers, appelés *ischio-caverneux* ; et il leur a donné ce nom d'après leurs attaches. L'ischio-sous-pénien, *Chaussier.* Ischio-caverneux, *Dumas.*

fibres au ligament supérieur de la verge, appelé transversal ou suspensoir.

Structure. Le corps de ce muscle est charnu et formé de fibres longitudinales ; ses extrémités sont tendineuses, sur-tout l'antérieure et supérieure.

Usages. Ces muscles compriment la verge et servent à son érection.

Du muscle transverse du périné (1).

Nom. Ce muscle tire son nom de sa direction transversale ; il est sujet à quelques variations, mais il ne manque jamais (2).

Figure. Ce muscle ressemble à un double triangle dont les pointes seroient réunies par une bande peu large.

Situation. Il est placé transversalement à la partie inférieure et postérieure du périné.

Confrontations. Sa face extérieure et inférieure est recouverte par du tissu cellulaire qui le sépare du bulbo-caverneux et des ischio-caverneux.

Sa face supérieure et interne correspond au muscle releveur de l'anus, dont elle est cependant séparée par du tissu cellulaire plus ou moins chargé de graisse, par des nerfs et des vaisseaux sanguins.

---

(1) Plusieurs anatomistes, et *Riolan* le premier, ont considéré ce muscle comme l'un des releveurs de l'anus. *Levator ani parvus : Anthrop.*, lib. V, cap. 40. *Thomas Bartholin*, *Cowper*, *Santorini* et *Morgagni* l'ont appelé *le transverse* ou le *transversal* ; mais les uns l'ont considéré comme un muscle de l'anus, et d'autres comme un muscle de la verge, et de l'urètre plus particulièrement. L'ischio - périnien, *Chaussier.* Ischio-pubi-prostatique, de *Dumas.*

(2) Je l'ai toujours trouvé chez les hommes comme chez les femmes, quoique *Lieutaud* dise qu'il manque plus souvent chez les femmes que chez les hommes.

Attaches. Ses deux portions musculaires sont attachées par leur bord externe à la face interne des branches des os ischion , derrière les attaches des muscles ischio-caverneux.

Structure. Il est composé de deux portions musculaires un peu transversales , triangulaires , réunies par un tendon court , plus large qu'épais ; ce qui lui donne la forme d'un muscle digastrique. Les fibres musculaires moyennes de chaque corps charnu , y aboutissent directement , et sont transversales : les supérieures et inférieures sont transversalement obliques.

Usages. Le muscle transversal du périné comprime le bulbe de l'urètre.

Les ischio-caverneux des femmes (1).

Figure. Ces muscles ressemblent parfaitement aux ischio-caverneux de l'homme.

Attaches. Leur corps grêle et charnu est attaché aux branches de l'ischion ; il dégénère en une expansion aponévrotique qui adhère à la racine du clitoris, de son côté ; elle monte sur sa face externe, à laquelle elle est unie , et répand des fibres dans le ligament transversal ou releveur du clitoris, où elle se réunit aux fibres aponévrotiques du muscle ischio-caverneux , de l'autre côté.

Usages. Ces muscles servent chez les femmes au gonflement et à l'érection du clitoris.

---

(1) Ces muscles, que *Riolan* a appelés *les releveurs du clitoris* , avoient été connus de *Fallope* et de *Dulaurens*. *Winslow* leur a donné le nom d'*ischio-caverneux* , qui leur convient bien mieux. L'ischio-sous-clitorien , *Chaussier*. Ischio-clitoridien , *Dumas*.

Le sphincter du vagin (1).

Situation et structure. C'est un muscle orbiculaire formé de deux plans de fibres charnues, un
de chaque côté, lesquelles se répandent sur le
plexus rétiforme, et se terminent supérieurement
et antérieurement à une aponévrose commune,
laquelle adhère aux racines du corps caverneux
du clitoris, et se réunit à un prolongement tendineux de l'ischio-caverneux. Postérieurement et inférieurement, les deux plans musculeux s'entre-croisent, et se confondent avec les fibres musculaires du
sphincter interne de l'anus.

Usages. Ce muscle resserre le vagin.

Du sphincter externe de l'anus (2).

Situation et structure. C'est un muscle orbiculaire
large, immédiatement placé sous la peau, et qui
entoure l'anus.

Il a très-peu d'épaisseur, mais beaucoup d'étendue en surface; ses fibres sont irrégulièrement circulaires et concentriques, coupées en divers endroits

---

(1) Les anciens avoient parlé de ce muscle, mais très-obscu-
rément. *Arantius*, comme *Albinus* l'a remarqué, est peut-être
l'un des premiers qui l'ait bien connu. Il a été ensuite décrit
diversement par les anatomistes. *Verrheyen* l'a appelé *le constricteur du vagin.* Le *sphincter* de *Cowper*, ainsi que de *Santorini.* Voyez Albinus : *Hist. muscul.*, p. 325. Annulo-sindesmo-
clitoridien, *Dumas.*

(2) *Orbiculatim intestino recto obductus*, Vesalius : *De hum.
corp. fab.*, lib. II, cap. 51. *Sphincter, primus et internus, car-
nosus*, Riolan : *Anthrop.*, lib. V, cap. 40.

2. 29

par de courtes énervations tendineuses , laissant quelquefois un intervalle , comme s'il y avoit deux sphincters et même davantage (1).

Confrontations. Antérieurement et inférieurement il est recouvert par la peau du périné , avec laquelle il est très-adhérent , moyennant un tissu cellulaire serré. Supérieurement il adhère au muscle transverse du périné , et au tendon du bulbo-caverneux, correspond au raphé de la peau du périné ; en arrière , les fibres charnues de ce muscle se prolongent du côté du coccyx, s'attachant à sa pointe par le moyen d'un tissu cellulaire très-dense.

Il est inutile de faire remarquer que ce muscle s'étend beaucoup moins en avant *dans la femme* que dans l'homme , par rapport à l'ouverture de la vulve ; il communique avec le sphincter du vagin , ce qui fait que les deux orifices de la vulve et de l'anus se resserrent ordinairement à la fois.

Usages. Ce muscle ne peut se contracter sans froncer la peau qui entoure l'anus, et sans rétrécir son orifice : il doit aussi concourir à resserrer les glandes de la peau pour déterminer l'excrétion de leur humeur glutineuse.

_____

(1) *Winslow* a admis deux muscles cutanés externes : *Traité du bas-ventre* , §. 179. Le coccygio-anal. , *Chaussier.* Le coccygio-cutané-sphincter , *Dumas.*

Du sphincter interne (1).

Situation. C'est une espèce de cercle charnu, large d'un travers de doigt, qui entoure l'extrémité inférieure de l'intestin rectum, et qui est placé entre la tunique interne de cet intestin et ses fibres musculaires longitudinales.

Structure. Il est composé de fibres circulaires lesquelles, par leur réunion, forment plusieurs trousséaux placés les uns sur les autres.

Le bord supérieur de ce muscle circulaire est uni au bord inférieur de la couche musculaire circulaire de l'intestin rectum, et le bord inférieur confronte avec le sphincter externe.

Usages. Ce muscle resserre l'ouverture inférieure du rectum, et empêche que nous ne rendions involontairement les matières fécales.

Du releveur de l'anus (2).

Situation. Ce muscle est situé à la partie inférieure du bassin.

Figure. Il est large, mince, concave, supérieurement du côté du bas-ventre, et convexe par son

_____

(1) Plusieurs anatomistes avoient confondu les deux sphincters interne et externe. *Douglass* a cru devoir les distinguer, et avec raison ; et nous ne sommes pas de l'avis de *Lieutaud*, qui a voulu de nouveau réunir ces deux muscles. Coccygio-anal., *Chaussier*. Recto-cutané-sphincter, *Dumas*.

(2) *Musculus sedem attollens*, Vésale : *Hum. corp. fab.*, lib. II, cap. 5o. *Levator ani*, de Dulaurens. *Levator magnus*, Riolan : *Anthropog.*, lib. V, cap. 4o. Le releveur de l'anus, de *Winslow*. Le sous-pubio-coccygien, *Chaussier*. Pubio-coccygi-annullaire, *Dumas*.

bord inférieur, qui est hors de la cavité abdominale.

Division. On divise ordinairement le releveur de l'anus en deux muscles particuliers; l'un latéral droit, et l'autre latéral gauche, mais sans raison, puisque les deux parties de ces muscles se réunissent postérieurement entre le rectum et le coccyx, et encore au-devant du rectum. On peut considérer dans ce muscle deux faces, une supérieure interne, et une inférieure externe, un bord et deux orifices, dont l'un est postérieur et l'autre antérieur.

Confrontations. La face supérieure de ce muscle correspond antérieurement à la prostate, à la vessie; postérieurement au rectum et à la matrice chez les femmes. La face inférieure du releveur de l'anus correspond au grand fessier, au muscle transverse du périné et aux tégumens. Du tissu cellulaire plus ou moins chargé de graisse, remplit les interstices de ces parties, et couvre la partie inférieure du rectum, le dessous de la vessie, les parties latérales et inférieures du vagin chez les femmes, et les interstices des muscles du périné.

Attaches. Ses attaches se font de la manière suivante : supérieurement et antérieurement par deux expansions aponévrotiques à la face interne des os pubis près de la symphyse, ensuite au même os à la partie supérieure du trou ovale; à la face interne de l'épine de l'ischion, au petit ligament sacro-ischiatique, au coccyx inférieurement; par son ouverture postérieure, il est adhérent au rectum, et encore autour du vagin chez les femmes; son ouverture antérieure adhère à la partie inférieure et aux parties latérales du bulbe de l'urètre.

Structure. Ce muscle est formé de fibres aponévrotiques et de charnues. Les charnues sont arrangées, à l'égard des aponévrotiques, comme celles

des muscles penniformes, et même plusieurs trousseaux musculeux passent d'un côté à l'autre, ou
plutôt ce ne sont que les mêmes trousseaux.

Les deux corps charnus du releveur de l'anus sont
minces et larges, occupant les parties latérales du
bassin, un de chaque côté ; leurs fibres sont longitudinales, et obliquement dirigées vers le bord qui
sépare le grand bassin du petit, de haut en bas, et
de derrière en avant.

Les fibres antérieures de ce muscle sont moins longues que les moyennes, et les postérieures sont les
plus courtes et les plus rapprochées ; ce qui fait que la
portion charnue de la cloison est plus épaisse postérieurement et inférieurement près de l'anus, que dans
le reste de son étendue.

Des trousseaux charnus de ces deux portions musculaires latérales qui parviennent derrière le rectum, plusieurs sont continus, et d'autres sont unis
à un corps ligamenteux, en manière de muscle penniforme.

L'intestin rectum est postérieurement entouré par
une bande musculaire assez large et épaisse, qui est
commune aux deux portions musculaires ; il y a
aussi quelques-unes de ses fibres qui forment la portion antérieure de l'ouverture par laquelle passe le
rectum.

La portion antérieure de la cloison inférieure
abdominale est membraneuse dans toute son étendue : c'est sur elle que sont placés le trigone de la
vessie et la prostate (1), dont les bords latéraux y

_____

(1) *Du muscle prostatique.* La face externe et inférieure de
la prostate est recouverte d'une couche de fibres musculaires
qui sont, dans quelques sujets, bien apparentes : elle paroît
composée de divers trousseaux, dont les uns sont des prolongemens des fibres du trigone de la vessie ; les autres viennent

sont très-adhérens. L'aponévrose se divise ensuite en deux piliers entre lesquels passe le canal de l'urètre, et qui vont s'attacher aux os pubis près de leur symphyse.

Le bord supérieur du muscle est aussi un peu aponévrotique près de ses attaches aux os du bassin.

Usages. Ce muscle soutient les viscères abdominaux en contre-balançant l'action du diaphragme ; il relève l'anus, ainsi que le fond de la vessie, et concourt de plus à l'expulsion des matières fécales de l'urine et de la liqueur prolifique.

Des ischio - coccygiens (1).

Figure. Ces deux muscles ont une forme triangulaire, et paroissent être une continuation des releveurs de l'anus.

Attaches. Chacun est attaché par sa pointe à la lèvre interne de l'épine sciatique, et par sa partie élargie à la partie latérale du coccyx, inférieure et latérale du sacrum.

Son bord antérieur est uni au bord postérieur du releveur de l'anus très-intimement, et son bord postérieur adhère avec le petit ligament sacro-ischiatique.

---

des branches des pubis près de la symphyse de ces os *, et quelques-unes appartiennent au releveur de l'anus ; de sorte que le muscle prostatique n'est pas un muscle distinct des autres ; ce qui fait que des anatomistes, d'ailleurs très-exacts, n'en ont pas parlé.

(1) *Riolan* les a comptés parmi les releveurs de l'anus. *Quartus levator ani. Douglass* les a appelés *coccygiens* ; Morgagni, *releveurs du coccyx*, nom peu convenable. *Sacro-coccygiens*, de *Winslow*. Ischio-coccygiens, de *Sabatier*, t. II, p. 318 ; de *Chaussier* et de *Dumas*.

* Ce sont les prostatiques supérieurs de *Winslow*, le *compressor prostatæ* d'Albinus, pag. 317. Pubio-prostatique de *Dumas*.

Structure. Les fibres de ce muscle sont en partie aponévrotiques, et en partie charnues dans toute leur étendue.

Usages. Il empêche que le coccyx ne soit renversé pendant les violens efforts que l'on fait pour aller à la garderobe, et chez les femmes pendant les vives douleurs de l'accouchement.

Vaisseaux et nerfs de la région inférieure du tronc. Les vaisseaux sont des branches de l'iliaque antérieure et postérieure ou hypogastriques, et de la fémorale ; les nerfs viennent des honteux, et de la quatrième et cinquième paire sacrée, des sacrés, des fémoraux, des sciatiques.

TROISIÈME CLASSE.

Des muscles des extrémités supérieures.

Ces muscles doivent être compris dans quatre sections, ceux de l'épaule, ceux du bras, ceux de l'avant-bras et ceux de la main ; mais avant de les décrire, nous devons parler d'une enveloppe membraneuse qui les revêt et les maintient dans leur place naturelle.

De l'enveloppe membraneuse de l'extrémité supérieure.

Cette enveloppe couvre tous les muscles du bras, de l'avant-bras et de la main.

Supérieurement, les muscles de l'épaule, le sur-épineux, le sous-épineux, le sous-scapulaire, le petit et grand rond, lui fournissent des expansions.

Elle reçoit d'autres expansions aponévrotiques du deltoïde, du triceps brachial ; d'autres prolongemens lui sont fournis antérieurement par le biceps, le brachial interne, le pronateur rond, postérieurement par l'extenseur commun des doigts et par d'autres muscles ; dans la main, par les tendons du cubital et du radial interne, par le palmaire ; et enfin presque tous les muscles de l'extrémité supérieure concourent à former l'aponévrose brachiale.

Sur l'avant-bras, cette aponévrose revêt les muscles extérieurs et fléchisseurs de l'avant-bras, et leur fournit des gaînes ou des cloisons, auxquelles ils adhèrent, ainsi que leurs trousseaux et leurs propres fibres ; elles les maintiennent ainsi dans leur situation, sans leur ôter la mobilité qui leur est nécessaire pour mouvoir convenablement les os auxquels ils s'attachent.

Indépendamment de ces gaînes générales, il y a des gaînes particulières pour quelques muscles seulement ; les deux portions du biceps, les muscles fléchisseurs et extenseurs de la main, en ont de particulières qui les séparent des autres muscles.

L'enveloppe membraneuse de l'extrémité supérieure est d'autant plus épaisse et plus forte, que les muscles qu'elle recouvre sont forts et destinés à de grands efforts ; plus lâches, suivant qu'ils sont destinés à de grands mouvemens, mais les muscles biceps peuvent se mouvoir davantage, et s'éloigner de la partie interne du bras que les muscles extenseurs ; de même les muscles fléchisseurs de la main sont renfermés dans une enveloppe plus lâche, quoique forte, que les muscles extenseurs, dont les gaînes sont plus étroites.

L'aponévrose brachiale contracte des adhérences aux os du bras, par divers replis dont on a formé

des ligamens particuliers; il y en a deux de remarquables qui terminent aux tubérosités de l'humérus :
elle adhère aussi fortement au cubitus et au radius,
se réunit inférieurement au ligament annulaire interne et externe., et est attachée en divers endroits
aux os de la main.

L'aponévrose brachiale est tissue de fibres longitudinales et de transverses ; les premières paroissent
plus nombreuses extérieurement qu'en dedans. Ces
fibres ne sont ni irritables ni sensibles, n'ayant
ni fibres musculaires, ni nerfs qui lui soient propres ;
mais elle leur donne passage ainsi qu'aux vaisseaux
sanguins artériels et veineux, et diverses branches
de ceux-ci se distribuent dans l'enveloppe même.

On pourroit considérer dans cette aponévrose une
face interne et une face externe. La face externe
est immédiatement couverte par la peau, et y
adhère dans tous ses points par du tissu cellulaire
plus ou moins chargé de graisse, et que des vaisseaux sanguins et lymphatiques ainsi que des nerfs
parcourent dans une étendue plus ou moins grande
pour le traverser ensuite, et se rendre dans les parties les plus profondes.

La face interne est unie et arrosée d'une sérosité
onctueuse qui en découle par une espèce de transsudation ; cette humeur entretient la souplesse des
parties, et facilite les mouvemens des muscles.

PREMIÈRE SECTION.

Des muscles de l'épaule.

Ces muscles sont le sur-épineux, le sous-épineux,
le petit rond, le grand rond et le sous-scapulaire.

3.   30

Du sur - épineux (1)

Nom. Ce muscle a été ainsi nommé, parce qu'il occupe la fosse sur-épineuse de l'omoplate.

Situation. A la partie supérieure et postérieure de l'épaule.

Confrontations. Il est couvert par une aponévrose fournie par le trapèze et le deltoïde, et par une portion de chacun de ces muscles ; il a, par son tendon, des connexions avec les muscles sous-épineux et sous-scapulaire.

L'extrémité externe de ce muscle et son tendon passent dessous la voûte formée par l'acromion et l'extrémité humérale de la clavicule et le ligament triangulaire ; il avoisine le muscle angulaire de l'omoplate, et l'omo-hyoïdien ; il adhère fortement à la capsule articulaire, et y répand des fibres.

Figure. Ce muscle est de figure pyramidale, large du côté de la base de l'omoplate, et il se rétrécit toujours de plus en plus, à mesure qu'il approche de l'humérus.

Division. Deux faces, la postérieure et l'antérieure ; deux extrémités, l'externe et l'interne.

Attaches. Ce muscle adhère par sa face postérieure à l'aponévrose qui la revêt, et il est, par sa face antérieure, attaché aux deux tiers postérieurs de la fosse sur-épineuse de l'omoplate ; il termine par son tendon à la facette antérieure de

(1) Le cinquième des muscles qui meuvent le bras, Vesale. *Supra - spinatus*, Riolan. Les sur-épineux, *Winslow : Traité des muscles*, § 214. Le sur-épineux, de *Lieutaud*. Sus-épineux, *Boyer*. Le petit sus-scapulo-trochitérien, de *Chaussier*. Sus-spini-scapulo-trochitérien, de *Dumas*.

la grosse tubérosité de l'humérus, près et au-devant de l'insertion du sous-épineux, en recouvrant la capsule de l'articulation.

Structure. Il est formé de fibres charnues, et de fibres tendineuses très-courtes, qui sont sur-tout apparentes à sa face inférieure; leur réunion forme un tendon court, épais et étroit.

Usages. Ce muscle concourt à l'élévation du bras, en faisant rouler la tête de l'humérus dans la cavité glénoïde de haut en bas et un peu en dehors; il fortifie le ligament orbiculaire, et empêche, en le soulevant, qu'il ne soit pincé par les surfaces osseuses.

Du sous-épineux (1).

Nom. Ce muscle a été ainsi nommé, parce qu'il occupe la fosse sous-épineuse de l'omoplate.

Situation et confrontations. Il est situé à la partie postérieure de l'épaule, occupant presque toute la fosse sous-épineuse de l'omoplate, le dessous de l'acromion, la partie supérieure de l'humérus; il est recouvert postérieurement par la peau, par le deltoïde et par le trapèze, par le grand rond, le grand dorsal; il a quelques connexions par son tendon avec ceux du sur-épineux et du petit rond.

Figure. Ce muscle est de forme triangulaire.

Attaches. Il s'attache aux deux tiers postérieurs

---

(1) C'est le septième des muscles moteurs du bras, *Vesale.* Le sixième de l'humérus, de *Columbus. Infra-spinatus*, de *Riolan : Anthrop.*, lib. V, cap. 24. Le sous-épineux, de *Winslow*, de *Lieutaud*, de *Sabatier*, de *Boyer*, de *Gavard.* Le grand sus-scapulo-trochitérien, de *Chaussier.* Sous-spini-scapulo-trochitérien, de *Dumas.*

de la fosse sous-épineuse de cet os, d'où il va s'insérer par son tendon à la facette moyenne de la grosse tubérosité de l'os du bras entre le sur-épineux et le petit rond.

Structure. Les fibres charnues de ce muscle sont plus ou moins obliques, et aboutissent à un plan tendineux qui grossit à proportion qu'il s'avance vers le bras.

Elles parviennent sous l'apophyse acromion, en se réunissant successivement à ce tendon épais, court, et assez large, qui, après s'être collé étroitement à la capsule de l'articulation, s'implante à l'os du bras.

Des fibres charnues qui accompagnent ce tendon de chaque côté, les supérieures s'identifient avec lui, avant qu'il s'attache à l'os; mais des inférieures, il en est qui parviennent jusqu'à l'os sans s'être réunies au tendon, et celles-ci s'implantant dans l'os même après être devenues tendineuses.

Usages. Ce muscle fait tourner l'humérus de dedans en dehors, et soulève la capsule.

Du petit rond (1).

Nom. Ce muscle est ainsi appelé par rapport à sa figure un peu arrondie.

Situation. Ce muscle occupe le bord antérieur de l'omoplate, en se portant obliquement de haut

---

(1) Ce muscle, que *Vesale* confondoit avec le sous-épineux, en a été distingué par *Fallope* : *Observ. anat.* C'est d'après sa forme ronde que *Riolan* lui a donné le nom de *Rotundus minor*, qui lui est resté : *Anthrop.*, lib. V, cap. 24. *Teres minor*, Douglass. Le petit rond, de *Winslow.* Le plus petit sus-scapulo-trochitérien, *Chaussier*. Margini-sus-scapulo-trochi-térien, *Dumas*.

en bas, de dehors en dedans, et d'avant en arrière.

Figure. Ce muscle est allongé et rétréci, plus court que le grand rond, et moins large.

Confrontations. Le côté antérieur couvre inférieurement une partie de la face postérieure de l'omoplate et de son bord antérieur, supérieurement la longue branche du triceps, le ligament orbiculaire de l'humérus avec l'omoplate ; le côté postérieur de ce muscle est recouvert par le deltoïde et par la peau.

Le côté inférieur confronte avec la longue portion du triceps, et est uni au grand rond.

Le côté supérieur est uni dans ses deux tiers inférieurs avec le sous-épineux.

L'extrémité supérieure et externe de ce muscle couvre une portion de la face postérieure de l'omoplate et de la tête de l'humérus.

L'extrémité inférieure est contiguë avec le grand rond.

Attaches. Son extrémité supérieure s'attache à l'humérus, à la facette postérieure de la grosse tubérosité, immédiatement au-dessous du sous-épineux, et son attache inférieure est à la partie postérieure inférieure du bord antérieur de l'omoplate.

Structure. Ce muscle est presque tout charnu du côté de l'omoplate, excepté à ses attaches à cet os, où il est un peu tendineux. On voit dans le milieu de ce muscle un tendon auquel aboutissent la plupart des fibres charnues, lequel grossit et devient épais et plus large à son insertion à l'humérus, après avoir contracté des adhérences avec la capsule orbiculaire.

Usages. Les principaux usages de ce muscle sont de tourner le bras de dedans en dehors, de le porter en arrière, sur-tout s'il est aidé par le sous-scapulaire ; il soulève aussi la capsule articulaire, et l'éloigne des surfaces osseuses.

Du grand rond (1).

Nom. Ce muscle tire son nom de sa figure, étant un peu arrondi et un peu plus grand que le précédent, qu'on a appelé le *petit rond*.

Situation. A la partie postérieure et inférieure de l'épaule, s'étendant de l'angle inférieur de l'omoplate, au bord postérieur de la coulisse bicipitale de l'humérus.

Figure. Il est plus long et moins arrondi que le précédent, étant plus aplati antérieurement et postérieurement.

Divisions. On peut y admettre deux faces, l'une latérale interne, et l'autre latérale externe ; deux bords, l'un supérieur et l'autre inférieur ; deux extrémités, l'une antérieure et supérieure, l'autre postérieure et inférieure.

Confrontations. La face latérale interne de ce muscle confronte au coraco-brachial, au sous-scapulaire, au grand dorsal, aux vaisseaux et nerfs axillaires, à la courte branche du biceps.

La face latérale externe correspond au grand dorsal, à la longue branche du triceps brachial et à la peau.

Le bord supérieur est uni au petit rond, corres-

_____

(1) Le troisième des muscles qui meuvent le bras, *Vesale*. *Rotundus major*, Riolan : *Anthrop.*, lib. V, cap. 24. *Teres major*, de *Cowper*, de *Douglass*, d'*Albinus*. Le grand rond de *Winslow*. Le scapulo-huméral, de *Chaussier*. Anguli-scapulo-huméral, de *Dumas*.

pond postérieurement à la longue portion du triceps brachial.

Le bord inférieur est recouvert par la peau, et concourt à former par son tendon et par celui du grand dorsal la partie postérieure du creux de l'aisselle.

Attaches. Ce muscle s'attache par son extrémité postérieure et inférieure, moyennant des fibres tendineuses fort courtes, à la face externe de l'angle inférieur de l'omoplate, et même un peu au-dessus de cet angle, occupant à peu près le tiers inférieur de la côte de cet os ; ensuite ce muscle monte obliquement vers l'humérus, en se rétrécissant beaucoup, et se termine par un tendon mince, et large d'environ un pouce, qui devient de plus en plus épais, et qui passe derrière celui du grand dorsal. Il s'attache conjointement avec ce tendon, qui forme son extrémité antérieure et supérieure, à la lèvre postérieure de la gouttière bicipitale de l'humérus.

Structure. Le grand rond est charnu du côté de l'omoplate, à laquelle il est cependant attaché par quelques fibres tendineuses très-courtes. Ce muscle s'amincit et s'élargit vers son tiers supérieur, terminé par un tendon aplati et large, dont le bord inférieur est plus long que le supérieur. En le faisant glisser sous les doigts, on distingue dans ce tendon deux feuillets.

Les deux feuillets tendineux du grand rond réunis vont s'implanter conjointement avec le tendon du grand dorsal à la lèvre postérieure de la coulisse bicipitale de l'humérus, comme il a été dit ; mais, avant d'y parvenir, ces deux tendons se contournent de derrière en devant autour de l'humérus, et se croisent par leur largeur, de manière que celui du grand rond descend obliquement de haut en bas, et celui du grand dorsal monte obliquement de bas en haut.

Les tendons de ces deux muscles sont couverts d'une gaîne membraneuse, à la formation de laquelle concourt le sous-scapulaire. Le tendon du grand rond est très-intimement attaché à l'humérus ; il envoie aussi quelques fibres qui tapissent la gouttière bicipitale , en se réunissant avec celles du grand pectoral.

Usages. Ce muscle est destiné à porter le bras en arrière , à le contourner en dedans ; il peut aussi rapprocher le bras du tronc.

Du sous-scapulaire (1).

Ce muscle a été ainsi nommé , parce qu'il recouvre et remplit la face antérieure et interne de l'omoplate , connue sous le nom de fosse sous-scapulaire.

Situation. Il occupe toute cette fosse , de laquelle il se rend à la petite tubérosité de l'humérus.

Figure. Ce muscle est de forme triangulaire, large et fort épais relativement à son étendue.

Divisions. On peut y considérer deux faces, trois bords et un angle. Des deux faces, l'une est postérieure et externe , l'autre est antérieure et interne : des trois bords, le postérieur est le plus long ; l'antérieur, qui est aussi inférieur, est moyen en étendue ; et celui qui a le plus d'épaisseur , le supérieur, est le plus court.

Confrontations. Par sa face postérieure et externe , ce muscle confronte avec l'omoplate.

Par sa face antérieure interne, il correspond au

_____

(1) Le sixième moteur du bras , Vesale. *Immersus seu subscapularis* , Riolan : *Anthrop.* , lib. V, cap. 24. Le sous-scapulaire, de *Winslow.* Le sous-scapulo-trochinien , de *Chaussier.* Idem , de *Dumas.*

muscle grand dentelé et grand rond. Son angle, qui est supérieur, adhère à la capsule de l'articulation du bras avec l'omoplate.

Attaches. Ce muscle s'attache par la majeure partie de sa face postérieure aux deux tiers postérieurs de la face interne de l'omoplate, appelée fosse sous-scapulaire, et par son angle à la petite tubérosité de l'humérus.

Structure. Ce muscle est formé d'un grand nombre de trousseaux charnus, dont quelques-uns sont, dans leur principe, grêles et tendineux; ils deviennent ensuite peu à peu charnus, plus larges vers la petite tubérosité de l'humérus, où ils se rétrécissent singulièrement; d'autres trousseaux sont charnus, larges et minces du côté de l'omoplate; ils sont plus rétrécis et tendineux en approchant de l'humérus.

La direction de tous ces trousseaux est très-différente. Les uns sont dans une direction horizontale de derrière en devant, et les autres sont obliques de bas en haut; tous se réunissent vers le col de l'omoplate, pour former un tendon fort gros, accompagné de fibres charnues qui s'attachent à l'humérus, après avoir passé sur la capsule de l'articulation.

Ce tendon est quelquefois divisé en trois ou quatre portions, jusqu'à son attache à l'humérus. Son bord supérieur s'attache à la lèvre antérieure du bord supérieur de l'omoplate, jusqu'à l'échancrure qu'on y remarque. Son bord antérieur est comme confondu avec le bord inférieur du sousépineux; cependant, supérieurement, ces deux bords s'écartent pour laisser passer le tendon de la longue branche du biceps : son bord inférieur fournit une bandelette ligamenteuse, qui assujétit l'attache du grand dorsal et du grand rond.

2.   31

J'ai trouvé dans différens sujets une portion charnue bien distincte de ce muscle, qui adhéroit à la face antérieure de l'omoplate près de son angle supérieur, et qui se prolongeoit quelquefois jusque sur la partie interne de la capsule ligamenteuse du bras.

Usages. Ce muscle tourne l'humérus de dehors en dedans, et soulève la capsule articulaire.

Les vaisseaux et nerfs des muscles de l'épaule tirent leur origine; savoir, les vaisseaux des souclaviéres, des axillaires de l'humérale; les nerfs, des plexus cervicaux et brachiaux.

SECONDE SECTION.

Des muscles du bras.

On peut considérer dans le bras quatre régions, l'externe, l'interne, l'antérieure et la postérieure. Le deltoïde occupe la région externe; le coracobrachial, la région interne; le biceps et le brachial, l'antérieure; et le triceps, la postérieure.

Du deltoïde (1).

Nom. C'est parce que ce muscle ressemble à la lettre *delta* des grecs, qu'il a été ainsi appelé.

Situation. A la partie supérieure externe du bras, formant ce qu'on nomme le moignon de l'épaule,

_____

(1) Le second des muscles moteurs du bras, *Vesale,* lib. II, cap. 23. *Deltoïs et humeralis,* Columbus : *De re anat.,* lib. V. Deltoïdes, de *Riolan : Anthrop.,* lib. V, cap. 24. Le deltoïde, de *Winslow : Expos. anat., Traité des muscles,* §. 175 et 923. Le sous-acromio-huméral, de *Chaussier.* Sous-acromio-clavihuméral, de *Dumas.*

s'étendant du tiers externe et concave de la clavicule, du bord convexe de l'acromion et de toute
l'épine de l'omoplate, jusqu'à la tubérosité externe
du corps de l'humérus.

Figure. Elle est triangulaire, large en haut, et
étroit en bas en manière d'angle tronqué.

Divisions. On peut y distinguer une face externe,
une face interne : trois côtés, un supérieur, le plus
long ; un postérieur, le moyen ; un antérieur, le plus
court ; un angle qui est inférieur.

Confrontations. Sa face externe est immédiatement
recouverte par du tissu cellulaire plus ou moins
chargé de graisse, par l'aponévrose brachiale, un
peu par le peaucier et par la peau.

Sa face interne recouvre l'articulation du bras
avec l'épaule, le sur-épineux, la portion supérieure
et antérieure du sous-scapulaire, du sous-épineux,
du petit rond, du grand rond, du biceps, du coraco-
brachial, et les vaisseaux circonflexes externes ; inférieurement, le brachial interne.

Le bord antérieur confronte avec le grand pectoral, dont il est séparé par une lame de tissu
cellulaire sur laquelle passe la veine céphalique.

Le bord postérieur est légèrement adhérent au
trapèze par une aponévrose mince, et aux muscles
sous-épineux, grand et petit ronds, ainsi qu'au triceps brachial, par du tissu cellulaire.

Attaches. Ce muscle est attaché par son bord
supérieur au tiers externe et concave du bord antérieur de la clavicule, le long du bord convexe de
l'acromion et le long de la lèvre inférieure du bord
postérieur de l'épine de l'omoplate, par des fibres
tendineuses plus ou moins larges et plus ou moins
longues,

L'angle inférieur de ce muscle, formé par un tendon d'environ un pouce et demi de long, s'attache à la partie externe et antérieure de l'os du bras, à cette partie appelée ordinairement la tubérosité externe du corps de l'humérus.

Structure. Ce muscle est composé de trois sortes de fibres, de tendineuses, d'aponévrotiques et de charnues.

Les tendineuses occupent presque toute la face interne de ce muscle, qui touche l'humérus, moins à la face externe qui n'est recouverte que par la peau ; mais il est pourvu d'un véritable tendon à son attache inférieure, duquel quelques fibres aponévrotiques se détachent pour concourir à la formation de l'aponévrose brachiale.

Les fibres aponévrotiques se trouvent supérieurement et inférieurement ; il y en a qui forment des cloisons aux trousseaux musculeux du deltoïde, et d'autres qui se perdent dans une gaîne aponévrotique du biceps.

Les fibres charnues se rendent pour la plupart au tendon de ce muscle : les antérieures descendent obliquement de dedans en dehors à la partie antérieure et supérieure du tendon inférieur ; les moyennes se rendent d'une manière presque directe à sa partie externe et inférieure, les postérieures y parviennent obliquement de dedans en dehors et d'arrière en avant : c'est par le concours de toutes ces fibres antérieures, moyennes et postérieures, que le tendon inférieur du deltoïde est formé.

L'arrangement des fibres musculaires du deltoïde est tel, que, par leur réunion, elles forment des trousseaux, dont les uns sont épanouis, et séparés vers la partie supérieure du deltoïde, et très-rapprochés vers la pointe de ce muscle ; d'autres trousseaux sont plus larges vers la pointe, qu'ils ne le sont à la base, et ces trousseaux se recouvrent réciproquement dans leurs interstices.

Usages. Le deltoïde élève le bras, quand ses trois portions antérieure, moyenne, et postérieure, agissent en même temps. Il est porté en avant, quand sa portion antérieure se contracte seule ; en arrière, quand c'est sa portion postérieure : s'il vient à se relâcher graduellement pendant que le bras est ainsi élevé, il en modère la chute, que sa pesanteur et la contraction d'autres muscles opéreroit, s'ils n'étoient contre-balancés par le deltoïde.

Du coraco-brachial (1).

Nom. Ce muscle a été ainsi nommé par rapport à ses attaches à l'apophyse coracoïde et au bras.

Situation. Il est situé à la partie antérieure et interne de l'épaule et du bras, s'étendant depuis le sommet de l'apophyse coracoïde jusqu'à la partie moyenne et interne de l'humérus.

Figure. Ce muscle est allongé, et plus épais à sa partie moyenne qu'à ses extrémités, sur-tout la supérieure, qui est grêle et tendineuse.

Divisions. On peut y considérer une face antérieure et une face postérieure, un bord interne et un bord externe, une extrémité supérieure et une extrémité inférieure.

---

(1) La portion charnue de la partie interne du principe du premier des muscles fléchisseurs du bras, *Vesale*, lib. II, cap. 45. *Coracoïdeus* sive *coraco-brachieus*, Riolan : *Anthrop.*, lib. V, cap. 24. *Casserius* ayant remarqué qu'il y avoit un écartement de ces fibres musculaires dans lequel passoit le nerf appelé aujourd'hui *musculo-cutané*, on l'a appelé *perforatus Casserii.* Coraco-brachial, de *Cowper*, de *Winslow*. Coraco-huméral, de *Chaussier* et *Dumas*.

Sa face antérieure est recouverte par le deltoïde, le grand pectoral, par la branche interne du biceps, par l'aponévrose brachiale et par la peau.

Sa face postérieure couvre l'angle du muscle scapulaire, les tendons du grand dorsal et du grand rond, l'artère axillaire et brachiale, le nerf musculo-cutané et médian ; le bord interne correspond à l'humérus sans y être attaché ; le bord externe est réuni, dans sa moitié supérieure, avec la face interne de la portion supérieure de la branche interne coracoïdienne du biceps. Sa moitié antérieure externe est libre.

Attaches. Son extrémité supérieure est attachée au sommet de l'apophyse coracoïde, en l'unissant avec la courte portion du biceps.

Son extrémité inférieure est attachée au bord interne de l'humérus, et adhère au muscle brachial interne.

Structure. Ce muscle, supérieurement terminé par un tendon mince et étroit, est uni, dans presque toute son étendue, avec la portion interne du biceps ; son corps est charnu : il règne à peu près dans son milieu une ouverture en forme de fente, par laquelle passe le nerf musculo-cutané ; c'est cette ouverture qui lui a fait donner le nom de perforé par quelques anatomistes ; l'extrémité inférieure de ce muscle est presque toute charnue.

Usages. Le coraco-brachial rapproche le bras du tronc ; il peut le porter un peu en avant, et encore en quelques occasions rapprocher l'omoplate de l'humérus.

Du muscle biceps brachial (1).

Nom. Ce muscle a été ainsi nommé, parce qu'il a son extrémité supérieure divisée en deux portions.

Situation. A la partie antérieure et interne du bras, s'étendant de l'apophyse coracoïde et de la portion supérieure de la cavité glénoïdale jusqu'à la partie supérieure et interne du rayon.

Figure. C'est un long muscle, arrondi dans son milieu, ayant deux extrémités supérieures, qu'on a appelées *têtes*, et n'ayant qu'une seule extrémité inférieure.

Divisions. Un corps, deux extrémités supérieures, une extrémité inférieure ; on peut considérer dans le corps qui est un peu arrondi, une face antérieure, une face postérieure, un bord ou face interne, un bord ou face externe. Des deux extrémités supérieures, l'une est interne, et on peut l'appeler *coracoïdienne* ; l'autre est externe, et on peut lui donner le nom de *glénoïdale*.

Confrontations. Sa face antérieure est recouverte supérieurement par le deltoïde et le grand pectoral, et dans le reste de son étendue seulement par la peau.

Sa face postérieure revêt une grande partie de la face antérieure du brachial interne.

_____

(1) Le premier des muscles fléchisseurs du bras, *Vesale.* C'est *Riolan* qui lui a donné le nom de *biceps* qui lui est resté : *Anthrop.*, lib. V, cap. 25 ; et *Winslow* l'a appelé le *coraco-radial* ; mais, par cette dénomination, il ne désigne que l'attache de sa portion interne à l'apophyse coracoïde, et non celle de la portion externe au-dessus et autour de la cavité glénoïdale. Scapulo-radial, *Chaussier.* Scapulo-coraco-radial, *Dumas.*

Son extrémité supérieure coracoïdienne est, comme il a été dit, réunie avec le coraco-brachial.

Son extrémité inférieure est située à la partie supérieure de l'avant-bras, entre le long supinateur et le rond pronateur, avec lequel il adhère très-fortement par le moyen de son aponévrose, ainsi qu'au radial interne.

Attaches. Supérieurement, l'extrémité coracoïdienne s'attache par un tendon à l'apophyse coracoïde de l'omoplate, confondue avec le bord externe du tendon du muscle coraco-brachial. L'extrémité glénoïdale adhère aussi à la partie supérieure de la cavité glénoïde de l'omoplate, au-devant de la base de l'apophyse coracoïde où il se divise en deux bandelettes tendineuses, dont l'une couvre le rebord interne de la cavité glénoïdale, et l'autre, le rebord externe.

Inférieurement, il s'insère à la tubérosité du radius, où il est maintenu par une capsule articulaire.

Structure. Des deux tendons qui terminent le muscle supérieurement, l'externe est beaucoup plus long et plus grêle que l'interne.

Il est arrondi entre les tubérosités de l'humérus et entre les attaches des tendons du sur-épineux et sous-scapulaire, et s'aplatit inférieurement.

Les deux corps charnus auxquels ces deux tendons appartiennent, sont tels que l'interne est plus long que l'externe.

Ils sont épais supérieurement et écartés l'un de l'autre; ils augmentent d'épaisseur en devenant contigus; enfin ils se confondent et ne font qu'un seul et même corps.

Ce corps, en se rétrécissant à la partie inférieure du bras, donne naissance à un tendon qui paroît plutôt à sa face antérieure qu'à sa face postérieure.

De sa face externe sort une expansion aponé-

vrotique, d'abord très-épaisse, et qui ensuite s'amincit, pour concourir à former l'enveloppe des muscles de
l'avant-bras, en se réunissant à plusieurs autres expansions d'autres muscles, mais moins considérables.

Usages. Le muscle biceps fléchit l'avant-bras sur
le bras; il peut servir à la pronation et à la supination, et, dans quelques cas, à abaisser l'angle antérieur de l'épaule.

Du brachial interne et antérieur (1).

Nom. C'est de sa situation qu'il tire son nom.

Situation. Il occupe la moitié interne antérieure et inférieure de l'humérus et s'étend dans le
pli du coude, au-dessous de l'apophyse coronoïde
du cubitus.

Figure. Il est allongé et aplati supérieurement,
rétréci inférieurement.

Divisions. Deux faces, l'interne et antérieure,
l'externe et postérieure; deux bords, le postérieur
et interne, et l'antérieur et externe; une extrémité
supérieure et une extrémité inférieure.

Confrontations. La face interne antérieure est recouverte par le corps du biceps et par son tendon
inférieur, ainsi que par son aponévrose, l'extrémité supérieure du long supinateur, le nerf musculo-
cutané, par le rond pronateur, l'artère et la veine
brachiale et le nerf médian.

Sa face externe et postérieure couvre la moitié
interne antérieure et inférieure de l'humérus, la
partie interne du ligament capsulaire du coude.

---

(1) Le second ou le postérieur des fléchisseurs du cubitus,
Vesale. Brachieus internus, de Riolan : *Anthrop.*, lib. V, cap. 25.
Le brachial, de *Winslow*. Sous-brachial, de *Lieutaud*, t. I,
p. 277. Brachial antérieur, *Boyer*, *Chaussier*. Huméro-cubital,
de *Dumas*.

2. 32

Le bord postérieur et interne confronte supérieurement avec le bord externe de l'extrémité inférieure du coraco-brachial ; inférieurement, avec le repli aponévrotique intermusculaire interne.

Le bord antérieur et externe correspond au bord externe de l'humérus, et au repli aponévrotique intermusculaire externe.

L'extrémité supérieure reçoit dans son échancrure l'extrémité inférieure du tendon du deltoïde, et son tendon inférieur couvre une partie de l'extrémité supérieure de l'os du coude.

Attaches. Ce muscle est attaché par toute sa face postérieure et externe à la partie de l'humérus qu'il recouvre ; il s'attache aussi par diverses fibres à la capsule articulaire du coude ; ses bords adhèrent aux replis latéraux, appelés *intermusculaires de l'aponévrose brachiale*, et inférieurement il s'attache à la face inférieure de l'apophyse coronoïde du cubitus.

Structure. Le corps de ce muscle est charnu, large, épais ; il se rétrécit à sa partie supérieure, et se divise en deux petites portions, dont l'une antérieure et externe est plus longue et plus étroite ; l'autre postérieure et interne, plus courte, mais plus large.

Ces deux portions qui sont ordinairement, à leur partie supérieure, tendineuses, laissent entre elles une espèce d'échancrure qui reçoit le tendon du deltoïde.

Au-dessous de sa partie moyenne, ce muscle est extérieurement aminci et creusé pour recevoir le long supinateur et le premier radial externe ; il se rétrécit un peu au-dessus des condyles de l'humérus, et se termine par un tendon long qui paroît plutôt à la face antérieure de ce muscle qu'à sa face postérieure ; mais il fournit de son bord externe une aponévrose mince qui concourt à former l'enveloppe brachiale.

Des fibres du brachial interne, les moyennes sont longitudinales, les latérales sont obliques.

Usages. Le brachial interne et antérieur est destiné à fléchir l'avant-bras sur le bras, et quelquefois le bras sur l'avant-bras ; il soulève la portion de la capsule articulaire, qu'il recouvre et à laquelle il est attaché.

Muscles capsulaires sous-brachiaux. On trouve sous ce muscle, dans la plupart des sujets, un ou deux trousseaux musculeux qui en sont distincts, et se répandent sur la face interne et antérieure de la capsule articulaire de l'avant-bras.

Ces muscles capsulaires sont quelquefois dans une direction contraire aux fibres du brachial interne ; ce qui doit empêcher de les confondre : ce sont de vrais muscles capsulaires dont les fonctions ne peuvent être de soulever la capsule et de prévenir qu'elle ne soit froissée par les os de l'articulation.

Du triceps brachial (1).

C'est sous ce nom que nous comprenons les trois muscles extenseurs du bras, qui ne sont séparés que supérieurement, et dont cependant on a fait trois muscles.

Situation générale. Ce triceps brachial est situé à la partie postérieure et externe de l'avant-bras, s'étendant depuis l'omoplate au-dessous de son col,

---

(1) Brachial externe, Vesale : *Hum. corp. fab.*, lib. II, cap. 26. *Triceps cubital*, Douglass : *myograph.*, cap. 31. *Riolan* a donné le nom de brachial externe à la branche externe du triceps, et a appelé la longue la branche moyenne ; le court, la branche interne : *Anthrop.*, lib. V, cap. 25.

la face postérieure de l'os du bras jusqu'à l'apophyse olécrane du cubitus.

Division. Des trois portions qui composent ce muscle supérieurement, la moyenne est la plus longue ; l'externe est la moyenne en longueur, et l'interne est la plus courte : le corps qui résulte de la réunion de ces trois portions est très-épais, très-large et très-fort (1).

Situation particulière et attaches des trois portions du triceps. La portion moyenne occupe toute la face postérieure de l'humérus, à la moitié supérieure de laquelle elle adhère ; elle est très-large et très-épaisse dans son milieu ; elle devient moins large et moins épaisse, supérieurement, où elle est pourvue d'un tendon large environ d'un pouce, qui paroît plutôt à sa face postérieure qu'à sa face antérieure, et qui s'attache au bord antérieur et inférieur de l'omoplate immédiatement au-dessous de la cavité glénoïde de cet os : inférieurement cette portion s'amincit beaucoup, devient tendineuse et s'unit au tendon commun des trois portions, dont elle forme la majeure partie.

La portion externe, qui est la moyenne en longueur, occupe une partie de la face externe et postérieure de l'humérus ; elle est charnue dans sa partie moyenne, et adhère à cette face externe jusqu'à l'endroit où elle se contourne un peu, ainsi qu'au ligament intermusculaire externe. Elle est

_____

(1) *Winslow* * a donné à chacune des trois parties de ce muscle des noms particuliers : *le grand anconé*, §. 242 ; *l'anconé interne*, §. 245 ; *le petit anconé*, §. 247. Le triceps du bras d'*Albinus*. Le triceps brachial de *Lieutaud*. Le scapulo-huméro-olécranien, *Chaussier*. Tri-scapulo-huméro-olécranien, *Dumas*.

* *Anat. hist.*, t. I, p. 277.

légèrement tendineuse , mince et étroite à sa partie
supérieure , et se perd à la partie supérieure de la
face postérieure de l'humérus.

Elle est plus large et tendino-aponévrotique inférieurement, où elle adhère en dehors à la portion
moyenne et fait partie du corps du triceps en côtoyant
toujours le bord externe de cette portion , et y adhérant par des fibres charnues.

La portion interne est la plus courte des trois ,
et la plus mince, quoique large, adhérant au bord
interne , ainsi qu'à la face postérieure de l'humérus
et au ligament intermusculaire interne ; elle est
supérieurement très-peu tendineuse, et s'insère au-
dessous du col de cet os.

Inférieurement ses fibres se concentrent , adhèrent au bord interne de la portion moyenne du
triceps , de la même manière que le fait la portion
externe ; elle concourt ainsi à former le corps du
muscle triceps brachial et son tendon commun.

Corps du triceps brachial. De la réunion des trois
portions, il résulte un corps musculeux et tendineux,
très - considérable , à la face antérieure duquel on
remarque des traces de ses trois divisions supérieures.

Attaches. Ce corps musculaire est attaché, par sa
face antérieure, à un peu plus qu'à la moitié inférieure de la face postérieure de l'humérus , jusqu'à
un pouce environ de l'articulation de cet os; il se
termine par un tendon bordé de fibres musculaires,
lequel, ainsi que les fibres, contracte des adhérences avec la partie postérieure de la capsule de
l'articulation qui lui correspond; le tendon fournit
de son bord externe une expansion aponévrotique
qui se réunit à la membrane commune du bras ;
il couvre la partie supérieure de la face postérieure
de l'olécrane, y adhère, et se termine dans le sillon
transversal qui est à sa racine.

254 ANATOMIE MÉDICALE,

Usages. Le triceps brachial étend l'avant-bras sur le bras, en même temps qu'il peut aussi rapprocher l'omoplate de l'os du bras.

Vaisseaux et nerfs des muscles du bras.

Les vaisseaux viennent de l'artère et veine axillaire et humérale ; les nerfs, des plexus cervicaux et brachiaux, tels que l'axillaire, le médian, le cubital, le radial, le musculo-cutané, et le cutané interne ; les muscles du bras reçoivent aussi des rameaux des nerfs dorsaux.

TROISIÈME SECTION.

Des muscles de l'avant-bras.

Il est important de se rappeler que nous considérons l'avant-bras dans l'état où il est lorsqu'il est étendu le long du corps, la main étant entre la pronation et la supination (1). C'est pour cela que nous distinguons les muscles qui le composent, en ceux qui occupent sa région interne, et en ceux qui se trouvent à sa région externe.

Les premiers sont le rond pronateur, le radial antérieur et interne, le palmaire grêle, le cubital interne et antérieur, le sublime, le long fléchisseur du pouce, le profond, et le pronateur carré.

Les muscles de la région externe de l'avant-bras sont le long supinateur, le premier radial externe, le second radial externe et postérieur, l'extenseur commun des doigts, l'extenseur propre du petit doigt, le cubital externe et postérieur, l'anconé, le court supinateur, le long abducteur du pouce, le court et l'extenseur long du pouce, l'extenseur propre du doigt indicateur.

(1) *Voyez* le tome Ier, pag. 405.

Ces muscles sont rangés en deux couches dans l'enveloppe brachiale membraneuse, dont on a déja donné la description.

Divisions. On peut considérer dans chacun de ces muscles une face interne, une face externe, un bord antérieur et un postérieur, une extrémité supérieure et une extrémité inférieure. Il est par conséquent inutile de répéter cet article à chacun des muscles en particulier ; il suffit que nous l'ayons indiqué ici.

----

§. I. *Des muscles de la partie interne de l'avant-bras.*

Du rond pronateur (1).

Nom. Son nom est tiré de sa figure et de ses usages.

Situation. Il est obliquement placé à la partie antérieure et interne de l'avant-bras, s'étendant de la partie inférieure de l'humérus et supérieure du cubitus, au milieu du radius, descendant obliquement de haut en bas, de dedans en dehors et de derrière en avant.

Figure. Ce muscle est légèrement arrondi, plus gros à sa partie supérieure qu'à sa partie inférieure.

----

(1) Ce muscle a été connu de *Galien*. C'est le troisième des muscles qui meuvent particulièrement le rayon, *Vesale*. *Pronator rotundus*, Riolan : *Anthrop.*, lib. V, cap. 26. *Pronator teres*, de *Spigel*, de *Cowper*, de *Douglass*, d'*Albinus*. Le pronateur ou l'oblique, de *Winslow*, etc. L'épitrochlo-métacarpien, *Chaussier*. Épitrochlo-radial, de *Dumas*.

Confrontations. Sa face interne et antérieure est recouverte par l'aponévrose brachiale, par le nerf radial, et par l'artère radiale, qui la parcourent en le traversant : cette face est aussi en partie recouverte par le muscle long supinateur, et par les deux radiaux externes.

La face externe et postérieure recouvre une portion du brachial interne, de la capsule articulaire, du nerf médian, de l'artère cubitale, du muscle sublime, du court supinateur, et une partie de l'os du coude et du rayon.

Son bord supérieur correspond au tendon du biceps ; le bord interne et inférieur de ce muscle est uni supérieurement avec le bord externe du radial antérieur.

Son extrémité supérieure, beaucoup plus grosse que l'autre, est divisée en deux portions, entre lesquelles passe le nerf médian.

Attaches. Ce muscle, que nous avons dit être divisé en deux portions supérieurement, adhère par l'une d'elles à la tubérosité interne et postérieure de l'humérus, et par l'autre au bord interne de l'apophyse coronoïde du cubitus.

Il s'attache par son extrémité inférieure, ou par son long tendon, à la face externe et antérieure du rayon vers sa partie moyenne.

Structure. Ce muscle est un peu tendineux à son extrémité supérieure ; il est charnu et composé de trousseaux qui forment un corps un peu arrondi ; ses fibres musculaires aboutissent à un tendon large et épais, lequel forme, à très-peu de distance de sa portion musculaire, une bandelette aponévrotique qui sépare ce muscle du radial interne et antérieur.

Usages. Ce muscle fait tourner le rayon sur son axe de dehors en dedans ; et alors la main est mise en état de pronation : le rond pronateur peut aussi concourir à maintenir l'avant-bras dans la flexion, quand elle est opérée par les muscles qui sont destinés à cet usage.

Du radial interne (1).

Nom et situation. Son nom indique sa situation. Il est placé à la partie interne de l'avant-bras, au côté interne du rond pronateur, se prolongeant de la tubérosité interne et postérieure de l'humérus au second os du métacarpe.

Figure. Long, plus gros à sa partie moyenne, qui est un peu arrondie, qu'à ses deux extrémités.

Confrontations. Il est recouvert immédiatement par l'aponévrose brachiale, par le ligament annulaire interne du carpe, sous lequel il passe, et par la partie supérieure des muscles court adducteur du pouce et opposant du même doigt.

Il recouvre le muscle sublime, le long et court fléchisseur du pouce, une partie de la capsule articulaire des os du carpe, l'os lunaire.

Le bord postérieur de la portion musculaire est confondu supérieurement avec le bord antérieur du palmaire grêle, et le bord antérieur est uni aussi supérieurement avec le bord postérieur du rond pronateur.

Attaches. Par son extrémité supérieure, il s'attache à la partie inférieure de la tubérosité interne et

---

(1) Le second muscle du carpe, *brachiale*, Vesale. *Radieus internus*, Riolan : *Anthropog.*, lib. V, cap. 27. Le radial, le fléchisseur du carpe, *Cowper*. Le radial interne, de *Winslow*, d'*Albinus*, de *Lieutaud*, de *Sabatier*. Le radial antérieur, de *Boyer : Myologie*, p. 280. L'épitrochlo-métacarpien, de *Chaussier* et de *Dumas*.

2. **33**

postérieure de l'humérus, par un tendon qui lui est commun avec le rond pronateur, le palmaire grêle, le cubital interne, et le sublime : inférieurement, ce muscle s'attache, par son long tendon, au côté interne de l'extrémité supérieure du second os du métacarpe.

Usages. Le radial interne fléchit la main en la tournant obliquement du côté de l'os du coude.

Du palmaire grêle (1).

Situation. Ce muscle est situé à la partie interne de l'avant-bras, s'étendant de l'extrémité inférieure de l'humérus jusqu'à la partie supérieure interne de la main, un peu obliquement de haut en bas et de dedans en dehors.

Figure et structure. Ce muscle est grêle ; il est pourvu d'un petit corps charnu, terminé tant supérieurement qu'inférieurement par un tendon, dont le supérieur est plus large et beaucoup plus court que l'inférieur ; la portion charnue est plus grêle à son extrémité supérieure qu'à l'inférieure, et le tendon inférieur le parcourt dans l'étendue à peu près de sa moitié inférieure.

Ce tendon est mince, plat, et entouré d'une gaîne

---

(1) Muscle dont la partie nerveuse se répand dans la paume de la main, *Vesale.* Le premier muscle de la main, *Columbus.* Le grand palmaire ou palmaire grêle a été décrit par *Cananus*, au rapport de Fallope, à qui plusieurs anatomistes ont attribué, sans raison, la découverte de ce muscle : il l'a accordée lui-même à *Cananus*, son prédécesseur. Selon *Rhodius*, médecin de Copenhague, le muscle palmaire manque dans divers sujets, etc. *Morgagni* a fait la même observation, et *Weibrecht* l'a confirmée par ses propres dissections *. Palmaire cutané de *Gavard.* Epitrochlo-palmaire, *Chaussier.* Épitrochlo-carpi-palmaire, *Dumas.*

* *Act. petropol.*, t IV, p. 234.

cellulaire ; on en peut facilement écarter les fibres, et le réduire en une espèce d'aponévrose.

Confrontations. Sa face interne est recouverte par l'aponévrose brachiale ; sa face externe recouvre une portion du sublime. Son bord antérieur est supérieurement uni au radial interne ; le postérieur s'unit un peu au sublime.

Attaches. Supérieurement, le palmaire grêle est attaché à la partie inférieure de la tubérosité interne et postérieure de l'humérus, moyennant le tendon commun qui donne aussi attache au radial et au cubital interne, entre lesquels il est placé, ainsi qu'au sublime qui est plus postérieur.

Inférieurement, il est attaché par la petite portion de son tendon au ligament annulaire interne du carpe et à l'aponévrose palmaire.

Usages. Si ce muscle concourt à fléchir le carpe sur l'avant-bras, ce ne doit être que d'une manière bien foible ; il paroît plus particulièrement destiné à soulever le ligament annulaire interne, ainsi que l'aponévrose palmaire.

Du cubital interne (1).

Nom. Ce muscle tire son nom de sa situation.

Figure. Il est long et un peu aplati.

Situation. Il occupe la partie postérieure de la face interne de l'avant-bras, le long du bord interne du palmaire, se prolongeant obliquement de la tubé-

---

(1) Le premier des muscles qui meuvent le carpe, *Vesale*, lib. II. *Cubitalis internus*, Riolan. *Ulnaris internus*, d'Albinus. Le cubital interne, de *Winslow*, *Lieutaud*, *Sabatier*, *Gavard*. Cubital antérieur, *Boyer*. Cubito-carpien, *Chaussier*. Epitrochli-cubito-carpien, *Dumas*.

rosité interne et postérieure de l'humérus à l'os pisiforme du carpe.

Confrontations. La face interne de ce muscle est immédiatement recouverte par l'aponévrose brachiale.

Sa face externe couvre le muscle profond et le muscle carré inférieurement ; elle revêt aussi l'artère cubitale et le nerf cubital, ainsi que le cubitus.

Le bord antérieur est supérieurement uni avec le muscle sublime et le palmaire grêle, confrontant, inférieurement, avec l'artère cubitale et le nerf du même nom.

Le bord postérieur couvre la face interne du cubitus près du ligament interosseux.

Attaches. Le cubital interne est attaché supérieurement en deux endroits, à la partie inférieure et antérieure de la tubérosité interne et postérieure de l'humérus, par le moyen du tendon commun aux autres muscles ; il s'insère aussi aux trois quarts supérieurs de la lèvre postérieure du bord externe du cubitus par une expansion tendineuse et courte qui lui est propre.

Ce muscle s'attache par son extrémité inférieure, ou par son long tendon, à la partie supérieure de l'os pisiforme.

Structure. Ce muscle est tendineux à ses deux extrémités, et charnu à sa partie moyenne ; le tendon supérieur est double, dont un, qui est assez gros, est commun avec le muscle radial interne, avec le palmaire grêle, et avec le sublime ; l'autre lui est propre. Entre ces deux tendons passe le nerf cubital, lequel est couvert d'une courte aponévrose qui communique avec les deux tendons du cubital interne.

Le tendon inférieur est beaucoup plus long et plus arrondi ; il commence vers la moitié inférieure

du bord interne de ce muscle , et grossit à proportion que les fibres charnues s'y terminent.

Usages. Ce muscle fléchit la main en la dirigeant
obliquement en dedans et vers le cubitus.

Du sublime (1).

Nom. C'est parce que ce muscle couvre un autre
muscle fléchisseur des doigts, que *Dulaurens* l'a
appelé *sublime*.

Situation. A la partie interne de l'avant-bras,
s'étendant de la partie inférieure de l'humérus et
de la partie supérieure du cubitus aux secondes phalanges des quatre derniers doigts.

Figure. Ce muscle est long, large, et aplati supérieurement ; il est divisé inférieurement en quatre parties très-distinctes.

Confrontations. Sa face interne est recouverte supérieurement par l'aponévrose brachiale ; ensuite, par
le rond pronateur, par le radial interne, par le palmaire grêle, et par le cubital interne ; au poignet,
par le ligament annulaire interne ; et dans la paume
de la main, par l'aponévrose palmaire.

La face externe de ce muscle revêt la face interne
de la capsule articulaire du coude, le muscle profond, le nerf cubital, et une partie de la face interne de l'os du coude et du rayon ; la partie supérieure du ligament interosseux, le fléchisseur
propre du pouce, la face interne des ligamens et

---

(1) *Le premier des muscles qui meuvent les doigts*, *Vésale*.
Dulaurens paroît être le premier qui l'ait appelé *sublime* :
Hist. anat., lib. V, cap. 29. C'est le *perforatus*, de Cowper :
Myolog., cap. 28. Le sublime, de *Winslow* ; et ce nom a été
généralement adopté depuis. L'épitrochlo-phalanginien commun,
de *Chaussier*. Épitrochlo-coroni-phalanginien, de *Dumas*.

de la capsule articulaire du poignet, des premières
et des secondes phalanges des quatre derniers doigts.
Il recouvre aussi l'artère cubitale et le nerf médian.

Structure. Ce muscle est supérieurement formé
d'une masse charnue composée de quatre corps,
lesquels s'en séparent à une distance plus ou moins
éloignée de son attache supérieure : quelquefois
ces quatre corps sont distincts et séparés dans
toute leur longueur ; chacun de ces corps charnus est terminé par un tendon. Celui qui forme
le tendon qui se rend au doigt du milieu est le
plus considérable, et celui du petit doigt est le
plus petit.

Leur situation est telle, que celui du doigt du
milieu et celui du doigt annulaire sont plus antérieurs que ceux du doigt indice et que celui du
petit doigt.

Les fibres musculaires de ces corps charnus aboutissent à leurs divers tendons comme les barbes
d'une plume se joignent à la tige qui leur est commune : le tendon ne commence qu'au-dessous du
milieu de chacun de ces corps musculeux, et les
corps musculeux qui sont plus longs ont des tendons plus courts.

Le tissu cellulaire remplit les interstices que les
corps musculeux et leurs tendons laissent entre eux,
en leur fournissant à chacun une gaîne qui accompagne chaque tendon jusque sous le ligament annulaire interne.

Ces gaînes maintiennent les corps musculeux et
les tendons dans leur situation, et encore mieux le
ligament annulaire qui est très-fort, lequel est très-
uni à l'aponévrose brachiale. Comme ces ligamens
sont humectés d'un suc synovial qui lubrifie leur
surface, le mouvement des muscles et des tendons
en est plus facile.

Les quatre tendons du sublime, après avoir passé sous le ligament annulaire, marchent dans la paume de la main sous l'aponévrose palmaire, où ils s'écartent pour se rendre aux quatre derniers doigts en recouvrant d'abord les tendons du muscle profond, et s'enfonçant, chacun avec celui qui lui correspond, dans la gaîne ligamenteuse qui règne tout le long de la face interne des phalanges des doigts.

Ces gaînes digitales ligamenteuses sont très-épaisses, sur-tout devant la partie moyenne des premières phalanges ; mais elles sont très-minces au-devant des articulations de ces phalanges avec les secondes : ces gaînes sont formées de trousseaux fibreux transverses, dont plusieurs paroissent s'entrecroiser ; intérieurement, elles sont tapissées d'une membrane fine.

Chacune de ces gaînes est attachée par ses deux bords à la face interne de la première et de la seconde phalanges ; mais la membrane qui les revêt, ou leur lame la plus interne, se prolonge sur la face interne de la phalange, et paroît continue.

Les tendons du sublime, qui étoient d'abord un peu arrondis, s'aplatissent, et, parvenus vers le milieu de la première phalange des doigts, se divisent en deux bandelettes qui se renversent en se contournant ; de manière que les bords qui répondoient aux parties latérales de la phalange, répondent, par cette espèce de pli, au milieu de cet os, et les bords des deux bandelettes qui étoient contigus, sont ensuite opposés. Ces bandelettes sont attachées aux premières phalanges par deux brides ligamenteuses.

Les tendons du profond passent dans l'ouverture formée par l'écartement des bandelettes du sublime, et celles-ci, qui sont contournées de la manière que nous l'avons dit, forment vers le carpe une gouttière qui recouvre le tendon du profond ; mais vers la tête de la première phalange elles forment une gouttière dans un sens contraire ; laquelle est recouverte par le tendon du profond : cependant les deux bandelettes tendineuses du sublime, qui s'étoient écartées pour donner passage au tendon du profond, se rapprochent sur la base de la seconde phalange, s'envoient des fibres de communication qui s'entrecroisent réciproquement pour s'écarter de nouveau ; enfin toutes les fibres tendineuses du sublime s'insèrent aux secondes phalanges des quatre derniers doigts, s'y enfoncent et s'y ramifient.

J'ai observé, après *Lieutaud*, que le tendon du sublime du petit doigt n'étoit point fendu comme les trois autres ; mais c'est une variété qu'il n'est pas commun d'observer.

Attaches. Supérieurement, ce muscle est uni à un tendon qui lui est commun avec le cubital, le radial interne et le palmaire grêle, que nous avons déja dit être attaché à la face antérieure de la tubérosité interne et postérieure de l'humérus, à la face interne et antérieure de l'apophyse coronoïde du cubitus, au ligament latéral interne du coude, ainsi qu'au tiers supérieur de l'interstice du bord interne du rayon.

Inférieurement, le sublime est attaché par ses quatre tendons, au-dessous du milieu de la face palmaire des secondes phalanges des quatre derniers doigts.

Usages. Le sublime fléchit les doigts dans la paume de la main, et la main sur l'avant-bras.

Du profond (1).

Situation. Ce muscle est situé à la partie interne
de l'avant-bras et de la main ; il s'étend de la partie
supérieure du cubitus et du ligament interosseux
jusqu'aux troisièmes phalanges des quatre derniers
doigts.

Figure. Il est long, formé supérieurement d'une
masse charnue, aplatie, et inférieurement divisée en
quatre longues expansions.

Confrontations. Sa face interne est recouverte
par le muscle sublime, le cubital interne, par l'artère cubitale, et par les nerfs médian et cubital.

Sa face externe couvre les faces et le bord interne
de plus des deux tiers supérieurs de l'os du coude,
du ligament interosseux, le carré pronateur, une
partie de la capsule articulaire des os du carpe,
les deux derniers interosseux, le fléchisseur et l'abducteur du pouce.

Le bord cubital du profond correspond au cubitus dans toute sa longueur ; son bord radial correspond au long fléchisseur propre du pouce, dont
il est cependant séparé supérieurement par l'artère
et par le nerf interosseux.

Attaches. Ce muscle s'attache à la face interne
de l'os du coude, par les deux tiers supérieurs de
sa face externe, commençant au-dessous du tendon
du brachial interne. C'est là qu'il se divise en quatre
tendons, qui, après avoir passé par les ouvertures
du sublime, vont s'attacher aux faces internes des

(1) Le second des muscles moteurs des doigts, *Vesale.* Le
fléchisseur des secondes et des troisièmes phalanges des doigts,
Arantius. Profundus, Riolan : *Anthrop.*, lib. V, cap. 29. Le
perforant, de *Cowper* : *Myol.*, cap. 28. Le perforant, ou communément le profond, de *Winslow : Traité des muscles*, §. 322.
Le cubito-phalangettien commun, de *Chaussier* et *Dumas.*

2. 34

dernières phalanges des quatre derniers doigts de la main, près de leur extrémité supérieure.

Structure. Ce muscle, ainsi que le sublime, est supérieurement composé d'une masse charnue, aplatie et large, formée de beaucoup de trousseaux longitudinaux, réunis assez particulièrement en deux parties profondes et distinctes.

Les fibres charnues moyennes de cette masse sont longitudinalement droites ; les collatérales descendent obliquement.

Des deux corps musculeux, l'un est très-gros relativement à l'autre, il est placé du côté du rayon ; l'autre est grêle, et placé du côté de l'os du coude.

La grosse portion est formée de trois parties très-rapprochées, dont chacune termine par un tendon ; la seconde et petite portion forme seule le quatrième tendon.

Ces quatre tendons sont d'abord plus apparens du côté du sublime, que du côté du ligament interosseux.

Les trois premiers tendons qui terminent le corps musculeux de la grosse partie du profond, sont destinés aux doigts indice, du milieu, et annulaire.

On voit, quand on considère la réunion de ces tendons aux fibres charnues dont ils proviennent, qu'ils sont composés de plusieurs bandelettes aponévrotiques, lesquelles en se réunissant forment le tendon : chacun est placé dessous le tendon du sublime, dont il est cependant séparé par un prolongement de tissu cellulaire intermédiaire, et qui leur donne des gaînes particulières.

Les tendons du profond et du sublime passent sous le ligament annulaire interne du carpe, ensuite sous l'aponévrose palmaire, et s'insinuent dans les gaînes ligamenteuses digitales.

Parvenus vis-à-vis la partie moyenne des premières phalanges jusque-là recouvertes par les tendons du sublime, ils sont unis à la partie interne de ces phalanges par un petit filet tendineux. Ils passent dans l'ouverture formée par l'écartement des deux bandelettes de ce muscle, recouvrent ces mêmes bandelettes après qu'elles se sont réunies, parcourent longitudinalement la face interne des secondes phalanges, des capsules de leur articulation avec les troisièmes phalanges, et la majeure partie de la face interne des troisièmes phalanges, auxquelles ces tendons se terminent.

Usages. Le muscle profond fléchit les troisièmes phalanges des quatre derniers doigts sur les secondes, et celles-ci sur les premières, qu'il fléchit aussi dans la paume de la main, et la main sur l'avant-bras.

Du long fléchisseur du pouce (1).

Situation. Il est situé à la partie interne de l'avant-bras, étendu depuis l'extrémité supérieure du rayon et du ligament interosseux jusqu'à la dernière phalange du pouce.

Figure. Allongé, grêle et un peu aplati.

Confrontations. Sa face interne est recouverte par le sublime, l'aponévrose brachiale, par le radial interne, l'artère et le nerf radial, par le ligament annulaire ou brachial interne, par l'adducteur, et par le court fléchisseur du pouce.

La face externe recouvre la moitié supérieure de la face interne du rayon, une partie du ligament interosseux, une partie du muscle carré pronateur,

_____

(1) Le troisième des muscles qui meuvent la main, *Vesale.* Le sixième muscle intérieur de la main, *Columbus.* Le très-long fléchisseur du pouce, de *Cowper*, de *Winslow.* Le long fléchisseur du pouce, de *Boyer, Gavard.* Le radiophalangettien du pouce, de *Chaussier* et de *Dumas.*

de la capsule articulaire des os du carpe : elle recouvre aussi le court fléchisseur du pouce.

Le tendon de ce muscle, après avoir passé sous
le ligament annulaire interne, à côté du sublime
et du profond, est recouvert avec eux par une gaîne
cellulaire, passe entre les deux portions du court
fléchisseur, traverse obliquement la face interne de
l'extrémité supérieure du premier os du métacarpe,
passe sur les os sésamoïdes qui s'y trouvent ordinairement, et pénètre la gaîne membraneuse digitale, pour terminer dans la dernière phalange du
pouce.

Attaches. L'extrémité supérieure de ce muscle est
attachée à la face interne du rayon et au ligament
interosseux, immédiatement au-dessous de la tubérosité de cet os qui donne attache au tendon du
biceps ; elle est aussi adhérente à la partie inférieure
de la face interne et inférieure de l'apophyse coronoïde de l'os du coude.

Inférieurement, le tendon de ce muscle, après
avoir parcouru la gaîne ligamenteuse qui le fixe
contre les phalanges du pouce, termine par s'attacher à la face palmaire de la dernière phalange du
pouce.

Structure. Ce muscle est charnu supérieurement, et tendineux inférieurement, de manière
que ce tendon couvre en dedans une partie des
fibres charnues, desquelles, les moyennes sont
droites et dans la direction du tendon, et les latérales y vont aboutir obliquement : quelquefois ce
muscle est accompagné d'un autre tendon qui s'y
réunit ; il est d'abord un peu aplati ; il s'épaissit
en descendant.

Usages. Il fléchit la dernière phalange sur la première, et celle-ci sur le premier os du métacarpe.

Du carré pronateur (1).

Nom. On l'a ainsi nommé parce qu'il a la forme d'un carré, et qu'il sert à la pronation de la main.

Situation. Ce muscle est situé obliquement à la partie inférieure et interne de l'avant-bras, plus élevé du côté de l'os du coude que du côté du rayon lorsque la main est en supination ; mais il devient transversal lorsque la main est en pronation.

Confrontations et attaches. Sa face interne est recouverte par le muscle profond, le cubital interne, le long fléchisseur du pouce, l'artère, le nerf cubital et le nerf radial.

Sa face externe recouvre et s'attache à l'extrémité inférieure des faces internes du rayon et de l'os du coude, environ la cinquième partie de la longueur de ces deux os; il recouvre aussi une portion du ligament interosseux.

Structure. Ce muscle est formé de fibres charnues et de fibres tendineuses : les premières occupent le milieu du muscle et les autres les bords qui s'attachent aux os, sur-tout celui du côté cubital ; les fibres charnues forment des couches transversales dont les internes sont plus longues que les externes.

Usages. Ce muscle est très-propre par sa situation à contourner l'extrémité inférieure du rayon sur celle de l'os du coude qui lui correspond, et par conséquent à opérer la pronation de la main.

Les vaisseaux de la partie interne de l'avant-bras, appartiennent aux artères et veines cubitales, radiales et interosseuses; les *nerfs* viennent du cubital, du radial médian et musculo-cutané.

(1) C'est le premier des muscles qui meuvent le rayon, *Vesale*, lib. II, cap. 45. *Pronator inferior quadratus*, Riolan. Pronateur carré, de *Winslow*. Cubito-radial, de *Chaussier* et *Dumas*.

§. II. *Des muscles de la partie externe de l'avant-bras.*

Du long supinateur (1).

Nom. Ce muscle a été ainsi appelé par rapport à ses usages et à sa grandeur.

Figure. Il est long, charnu supérieurement et tendineux inférieurement ; sa portion charnue est de figure presque ronde et plus grosse que la tendineuse.

Situation. Il occupe la partie externe de l'avant-bras, s'étendant de la crête externe et antérieure de l'humérus jusqu'à la partie inférieure du rayon.

Confrontations. La face externe de ce muscle est recouverte par l'aponévrose brachiale et par la peau ; sa face interne recouvre la crête antérieure et externe de l'humérus, presque toute la face externe et antérieure du rayon, une grande partie du court supinateur, une portion du premier radial externe, du rond pronateur, du tendon du biceps, du sublime, du long fléchisseur du pouce, de l'artère radiale et du nerf radial.

Attaches. Le long supinateur est attaché par son extrémité supérieure à l'humérus, environ deux pouces au-dessus de sa tubérosité antérieure et externe au-dessus du premier radial externe, avec lequel il est même

---

(1) Le second des quatre muscles qui agissent particulièrement sur le rayon, *Vesale : Corp. hum. fab.*, lib. II, cap. 45. Le huitième muscle extérieur de la main, qu'on appelle le très-long, *Columbus : De re anat. Longus supinator*, Riolan : *Anthrop.*, lib. V, cap. 26. Le long ou grand supinateur, de *Winslow*, de *Gavard*. Huméro-sus-radial, de *Chaussier* et *Dumas*.

quelquefois confondu ; il est aussi·attaché au ligament intermusculaire externe et à l'aponévrose
brachiale , à la capsule de l'articulation du rayon
avec le cubitus.

Inférieurement ce muscle s'attache par son tendon
au bord interne et antérieur du rayon , un peu
·au-dessus de l'apophyse styloïde.

Structure. Les deux tiers supérieurs de ce muscle
sont charnus , et le tiers inférieur est tendineux ;
la portion charnue est aplatie postérieurement , et
diminue de grosseur à proportion qu'elle devient
inférieure , en formant le tendon auquel elle est
unie : ce tendon est arrondi dans son milièu , un
peu aplati et plus large à ses extrémités.

Usages. Ce muscle , en portant l'extrémité inférieure en dehors, détermine la supination de la main ;
il peut aussi concourir à la flexion de l'avant-bras
sur le bras.

Des radiaux externes (1).

Les deux radiaux externes, en général, sont deux
muscles placés à côté et un peu l'un sur l'autre ,
qui se prolongent, en passant sur le rayon de la
partie externe , antérieure et inférieure du bras, au
métacarpe ; tous deux charnus supérieurement vers
le bras et tendineux inférieurement vers le poignet.
Des anatomistes assurent avoir trouvé les deux corps
charnus de ces deux muscles réunis en un seul ; nous
les avons cependant toujours trouvés séparés l'un de

---

(1) Le quatrième des muscles du carpe , qui a deux parties ,
une longue et une courte, *Vesale.* Les radiaux externes : *seu
bicornis* , Riolan. Le radial exter premierne et le radial second , de
Winslow, de *Boyer.* Le long radial et le court radial , de *Lieutaud.*

l'autre, et même distingués par une couche de tissu cellulaire dans la portion musculaire.

Les deux tendons de ces deux muscles sont recouverts d'une gaîne commune cellulaire dont quelques feuillets intermédiaires les séparent pour leur former deux gaînes particulières ; ils passent l'un et l'autre dans une des coulisses creusées sur la grosse extrémité du rayon ; ils se séparent ensuite jusqu'à leurs attaches aux os du métacarpe.

Du premier radial externe (1).

Figure. Il est long, plus gros supérieurement qu'inférieurement.

Situation. Ce muscle s'étend de la crête externe de l'humérus au second os métacarpe.

Confrontations. Sa face externe est recouverte par le long supinateur, par l'aponévrose de l'avant-bras, par le long et le court extenseur du pouce.

La face interne couvre une portion de la tubérosité externe et antérieure de l'humérus, de la capsule articulaire du coude, une grande partie du court supinateur, le second radial dans presque toute sa longueur.

Attaches. Ce muscle est attaché par son extrémité supérieure, charnue, à l'humérus au-dessus de sa tubérosité externe, au ligament intermusculaire externe.

Par son extrémité inférieure, le premier radial, après avoir traversé la face postérieure du carpe, va s'attacher à l'extrémité supérieure ou carpienne du second os du métacarpe.

---

(1) Le long radial externe d'*Albinus* et de *Gavard*. Huméro-sus-métacarpien, de *Chaussier* et *Dumas*.

Usages. Ce muscle sert à l'extension de la main, s'il agit seul ; il l'incline en même temps vers le rayon, et, s'il est aidé du cubital externe, il la renverse directement vers la face dorsale du bras : mais s'il se contracte conjointement avec le radial interne, il met la main dans l'adduction ; il peut, dans cette action, être aidé du second radial externe.

Du second radial externe (1).

Situation. Ce muscle est presque caché sous le précédent, s'étendant de la tubérosité antérieure et externe de l'humérus au troisième os du métacarpe.

Figure. Long et grêle, et, comme le précédent, un peu plus gros supérieurement à sa portion musculaire, qu'inférieurement à sa portion tendineuse.

Confrontations. Sa face externe est recouverte, dans presque toute son étendue, par le premier radial externe, par le long supinateur et par l'aponévrose brachiale ; inférieurement par le muscle grand adducteur du pouce, par le petit et le long extenseurs de ce doigt, et le ligament transverse externe du carpe.

Sa face interne revêt le court supinateur, l'extrémité radiale du tendon du muscle pronateur rond, le bord radial du sublime, et aussi le bord radial de l'extenseur commun des doigts ; il revêt aussi supérieurement l'humérus.

Attaches. Il est attaché par son extrémité supérieure à la tubérosité externe et antérieure de l'humérus, ainsi qu'au ligament inter - musculaire ex-

---

(1) *Exterior*, Spigel. Radial externe second, de *Winslow*. Le court radial, de *Lieutaud*. Epicondylo-sus-métacarpien, de *Chaussier* et *Dumas*.

2. 35

terne, d'où il descend sous le premier radial externe pour s'attacher à la partie supérieure de la face externe ou dorsale du troisième os du métacarpe.

Structure. Sa portion musculaire fait à peu près la moitié de sa longueur ; elle est comprise entre deux tendons : l'un, supérieur court, qui monte plus haut à sa face interne qui touche l'os du rayon, qu'à sa face externe ; l'autre, inférieur plus long, d'abord un peu élargi, ensuite un peu rond, qui s'élargit de nouveau avant son attache au métacarpe.

Usages. Ce muscle est congénère du premier radial externe ; il est extenseur et abducteur de la main.

De l'extenseur commun des doigts (1).

Figure. Ce muscle a beaucoup de ressemblance au sublime et au profond par la réunion de ses corps charnus, par la division et l'écartement de ses tendons.

Situation. La portion musculaire occupe les deux tiers supérieurs de la face externe de l'avant-bras, et les tendons en occupent le tiers inférieur ; ils passent, avec l'extenseur propre du doigt indicateur, dans la coulisse postérieure du rayon sous le ligament externe de la main, et vont se terminer aux secondes et troisièmes phalanges des quatre derniers doigts.

---

(1) Le dix-septième des muscles moteurs des doigts, *Vesale.* *Magnus extensor digitorum*, Riolan : *Anthrop.*, lib. V, cap. 29. Extenseur commun des doigts, *Cowper* : *Myol.*, cap. 28 ; *Sabatier*, *Boyer*, etc. L'extenseur des quatre doigts, *Winslow* : *Traité des muscles*, §. 326. Epicondylo-sus-phalangettien commun, de *Chaussier* et *Dumas.*

Confrontations. Sa face externe est recouverte par l'aponévrose brachiale, et par le ligament annulaire externe.

Sa face interne revêt la partie externe de la capsule articulaire du coude, le grand abducteur et le long extenseur du pouce, ainsi que l'extenseur du doigt indicateur, le court supinateur, une partie du ligament interosseux, l'artère et les veines interosseuses, ainsi qu'une branche du nerf radial ; ses quatre tendons passent sur la face dorsale du poignet, sur les muscles interosseux dorsaux, et sur la face également dorsale des os du métacarpe, des trois premières phalanges des quatre derniers doigts, où ils s'unissent aux tendons des muscles interosseux, et plus inférieurement à ceux des lombricaux ; ses tendons couvrent ensuite la face dorsale des secondes phalanges, se prolongent sur la troisième, et s'y terminent comme il sera dit plus bas.

Le bord postérieur de ce muscle est confondu supérieurement avec le bord antérieur de l'extenseur propre du petit doigt ; et le bord antérieur est aussi uni supérieurement avec le bord postérieur du second radial ; inférieurement, il confronte avec les muscles grand et court abducteurs du pouce.

Attaches. Ce muscle s'attache, par son extrémité supérieure, à la tubérosité externe et antérieure de l'humérus par un tendon qui lui est commun avec le radial externe, l'extenseur propre du petit doigt et le cubital externe.

Inférieurement, les quatre tendons qui le composent s'attachent à la face convexe de la seconde et de la troisième phalanges des quatre derniers doigts.

Structure. Ce muscle paroît d'abord ne former qu'une seule masse charnue ; mais on le voit bientôt se diviser en quatre muscles longs, dont chacun se termine par un tendon.

Les fibres musculaires qui forment le tendon du doigt indicateur et du doigt du milieu, ne descendent pas aussi bas vers la main que les fibres charnues qui fournissent les deux tendons du doigt annulaire et du petit doigt, lesquels descendent jusqu'au ligament externe du carpe. Les quatre tendons, en passant dans la coulisse interne du rayon sous le ligament annulaire externe, se recouvrent, pour ainsi dire, réciproquement, de manière que le tendon du dernier doigt est placé sur celui du quatrième, et sur celui du troisième ou du milieu, lequel couvre le tendon du second ou du doigt indicateur. Ils se répandent ensuite sur la face dorsale de la main, et s'envoient réciproquement de petites bandelettes tendineuses obliquement transversales : les tendons parvenus vers la tête de la première phalange se divisent en trois bandelettes, dont l'une, qui est moyenne, parvient sur la face dorsale de la seconde phalange, et s'implante près de son extrémité supérieure.

Les deux autres bandelettes tendineuses, qui étoient d'abord placées latéralement sur l'articulation des deux premières phalanges, descendent et se répandent sur la face convexe de la seconde phalange ; elles se rapprochent, s'unissent, et passent sur la seconde articulation du doigt, et parviennent sur la face dorsale de la troisième.

Usages. Ce muscle étend les quatre derniers doigts comme son nom l'annonce, en même temps qu'il peut étendre la main de concert avec les deux radiaux externes, le cubital externe, et l'extenseur propre du petit doigt.

De l'extenseur propre du petit doigt (1).

Situation. Ce muscle, qui est très-fréquemment une portion de l'extenseur commun des quatre derniers doigts, occupe la partie externe de l'avant-bras, s'étendant de la partie inférieure et externe de l'humérus jusque sur la dernière phalange du petit doigt.

Figure. Il est long et grêle, plus gros supérieurement qu'inférieurement.

Confrontations. Sa face externe est recouverte dans toute son étendue par l'aponévrose brachiale.

Sa face interne couvre le court supinateur, le grand abducteur et le grand extenseur du pouce, ainsi que l'extenseur propre de l'indicateur.

Son bord postérieur correspond avec le cubital interne et y est souvent uni.

Le bord antérieur confronte avec l'extenseur commun.

Attaches. Supérieurement, ce muscle est attaché par sa portion charnue à la tubérosité externe et antérieure de l'humérus; il adhère à un tendon qui est commun avec les muscles extenseurs de la main, au radial ainsi qu'au cubital externes; il adhère aussi à l'aponévrose brachiale par sa face externe.

Inférieurement, le tendon de ce muscle s'attache à la face dorsale de la seconde phalange du petit doigt, et à celle de la troisième près de son extré-

(1) Le huitième des muscles qui meuvent les doigts, *Vesale.* Le second muscle extérieur de la main, *Columbus. Extensor proprius auricularis digiti*, Riolan : *Anthrop.*, lib. V, cap. 29. L'extenseur propre du petit doigt, *Winslow : Traité des muscles*, §. 337. *Lieutaud* regarde ce muscle comme une portion de l'extenseur commun : *Hist. anat.*, p. 292. Epicondylo-sus-phalangettien du petit doigt, de *Chaussier* et *Dumas.*

mité supérieure. Il communique, du côté radial, avec le tendon extenseur du cinquième doigt.

Structure. Le corps charnu de ce muscle descend très-bas sur l'avant-bras, presque jusqu'au ligament annulaire externe : il paroît, supérieurement, formé de deux parties placées longitudinalement à côté l'une de l'autre ; mais quelquefois la portion de ce muscle qui avoisine l'extenseur commun, y est unie. Ces deux corps musculeux ont chacun leurs tendons, qui sont plus ou moins réunis entre eux, moyennant la cloison de deux gaînes cellulaires dont ils sont couverts, chacun ayant la sienne.

Ils vont obliquement passer derrière le ligament annulaire externe dans une gaîne particulière, lisse, polie, mais très-forte ; les deux portions tendineuses se séparent vers l'extrémité inférieure du quatrième os du métacarpe ; celle qui avoisine le dernier tendon de l'extenseur commun s'y réunit et s'y confond, et l'autre tendon passe sur la face dorsale des phalanges du petit doigt pour s'y attacher.

Usages. Ce muscle étend le petit doigt, comme son nom le porte, conjointement avec la dernière portion de l'extenseur commun ; il étend aussi la main ; il peut concourir avec l'extenseur commun à rapprocher l'avant-bras de la face dorsale de la main.

Du cubital externe (1).

Nom et Situation. Ce muscle tire son nom de sa situation à la partie externe de l'avant-bras,

_____

(1) Le troisième des muscles moteurs du carpe, *Vesale*. Le sixième muscle extérieur de la main, *Columbus*. Le cubital externe, *Riolan : Anthrop.*, lib. V, cap. 27. L'extenseur du carpe, ulnaris, Cowper : *Myol.*, cap. 30 ; d'*Albinus*, p. 455. Le cubital externe, de *Winslow*, *Gavard*. Cubital postérieur, *Boyer*. Le cubito-sus-métacarpien, *Chaussier*. Epicondy-cubito-sus-métacarpien, *Dumas*.

depuis la tubérosité externe et antérieure de l'humérus jusqu'au cinquième os du métacarpe.

Figure. Ce muscle est long, plus gros dans son
milieu qu'à ses extrémités.

Confrontations. Sa face externe est recouverte
par l'aponévrose brachiale et par le ligament annulaire externe.

Sa face interne recouvre la capsule articulaire du
coude, le court supinateur, une partie du long
extenseur propre du pouce et du doigt indicateur,
une portion de la face externe du cubitus et de
la face dorsale du carpe.

Son bord antérieur correspond supérieurement
à l'extenseur propre du petit doigt ; ce muscle passe
dans une coulisse creusée à l'extrémité inférieure
et postérieure du cubitus, à côté de l'apophyse
styloïde.

Attaches. Supérieurement, la portion charnue de
ce muscle est unie au tendon commun des muscles
externes de l'avant-bras, et est fixée par ce tendon
à la tubérosité externe et antérieure de l'humérus ;
inférieurement, le tendon de ce muscle termine par
s'attacher à la partie supérieure externe ou dorsale
du cinquième os du métacarpe.

Structure. La partie supérieure de ce muscle est,
comme on vient de le voir, réunie au tendon commun
aux autres muscles. Sa portion musculaire est formée
de fibres longitudinales composant divers trousseaux
qui se réunissent pour former le tendon inférieur, qui
est plutôt apparent à sa face externe qu'à l'interne.

Usages. Le cubital externe peut, en se contractant, étendre la main sur l'avant-bras, en portant
le bord interne du petit doigt de la main en dehors
et en arrière ; s'il agit conjointement avec les radiaux
externes, il étend plus directement la main, et il
peut être secondé dans cet usage par les extenseurs

communs et propres des doigts ; le cubital externe peut aussi rapprocher l'avant-bras du dos de la main, quand celle-ci est bien fixée par ses muscles fléchisseurs.

De l'anconé (1).

Ce muscle existe toujours, et il est bien distinct de ses voisins par des replis de l'aponévrose brachiale (2).

Situation. A la partie supérieure et externe de l'avant-bras.

Figure. Il ressemble à une espèce de triangle allongé, dont la base est en haut.

Confrontations. Sa face externe n'est recouverte que par l'aponévrose brachiale et par la peau ; la face interne couvre immédiatement la face extérieure de la tubérosité externe et antérieure de l'humérus, de la capsule de l'articulation du coude, le ligament annulaire du rayon, une partie du court supinateur et de la face externe de l'extrémité supérieure de l'os du coude.

Attaches. Ce muscle est attaché supérieurement par son bord étroit au condyle externe et antérieur de l'os du bras, au ligament brachial externe, conjointement avec les muscles postérieurs de l'avant-bras qui s'y attachent ; il est aussi très-adhérent à la capsule articulaire du coude et au ligament demi-annulaire du rayon ; inférieurement, il est attaché, par les extrémités de ses deux bords latéraux, qui

---

(1) *Angoneus*, Riolan : *Anthrop.*, lib. V, cap. 25. Le petit anconé, de *Winslow*. L'anconé, de *Lieutaud*, de *Sabatier*, de *Boyer*. Epicondylo-cubital, *Chaussier* et *Dumas*.

(2) *Riolan* et *Lieutaud* ont cependant quelquefois dit qu'il étoit intimement uni au triceps brachial.

forment un angle aigu, tendineux, à la face du
quart supérieur de l'os du coude.

Structure. Les fibres supérieures de ce muscle
sont courtes, et les inférieures sont plus longues :
les premières sont presque transversales, les autres
sont beaucoup plus obliques ; son extrémité supérieure et le bord voisin du cubital externe sont ordinairement tendineux.

Usages. Ce muscle doit concourir à l'extension
de l'avant-bras sur le bras, quand elle a été commencée par d'autres muscles, et il doit la fortifier,
quand elle a été achevée ; mais en même temps la
capsule articulaire est soulevée et s'éloigne des surfaces osseuses.

Du court supinateur (1).

Situation. Ce muscle est placé à la partie supérieure externe de l'avant-bras.

Il s'étend, du condyle externe et antérieur de
l'os du bras et de la partie supérieure externe de
l'os du coude, sur le tiers supérieur du rayon, sur
lequel il se contourne en se portant en dedans.

Figure. Ce muscle est mince, et plus large supérieurement qu'inférieurement.

Confrontations. Sa face externe est couverte par
le muscle rond pronateur et le long supinateur,
le nerf radial, l'artère de même nom et la veine
qui l'accompagne, par les radiaux externes, par
l'extenseur commun des doigts, l'extenseur propre

---

(1) Le quatrième des muscles qui meuvent le rayon, *Vesale.*
Le neuvième muscle extérieur de la main, *Columbus. Brevis
supinator*, Riolan. *Supinatorum secundus*, Spigel. Le court ou
petit supinateur, de *Winslow.* Epicondylo-radial, de *Chaussier*
et *Dumas.*

du petit doigt, par le cubital externe et le petit anconé.

La face interne revêt une partie de la face externe de la capsule et des ligamens articulaires du coude, et de l'extrémité supérieure du cubitus, du rayon, et du ligament interosseux.

Le bord supérieur de ce muscle répond au condyle externe de l'humérus.

Le bord inférieur se prolonge du cubitus au radius, et confronte avec le nerf et les vaisseaux interosseux externes, qui se séparent des muscles grand adducteur, et du long extenseur du pouce.

Le bord antérieur est échancré, et entoure l'insertion du tendon du biceps; il correspond au quart supérieur du bord postérieur du cubitus.

Attaches. Ce muscle s'attache supérieurement au condyle externe et antérieur de l'humérus, et à la face postérieure et externe de l'extrémité supérieure du cubitus.

Inférieurement, il est attaché au tiers supérieur du rayon.

Structure. Ce muscle est en partie charnu et en partie tendineux; ses fibres charnues sont obliques : la portion tendineuse, qui est supérieure, donne attache par sa face antérieure à la portion charnue, dont les fibres ont une direction oblique de haut en bas et de derrière en avant.

Les fibres externes sont plus longues que les internes.

Usages. Ce muscle fait tourner le rayon sur son axe de dedans en dehors, et en même temps il fait passer la main de l'état de pronation à celui de supination.

Du long adducteur du pouce (1).

Figure. C'est un muscle long, charnu supérieure-ment, et tendineux inférieurement, un peu plus large dans sa partie moyenne qu'à ses extrémités.

Situation. Il est placé à la partie externe de l'avant-bras, se prolongeant un peu au-dessus de la moitié des faces externes des os du coude et du rayon, ainsi que du ligament interosseux, jus-qu'à l'extrémité supérieure du premier os du mé-tacarpe.

Confrontations. Sa face externe est en partie re-couverte par le cubital externe, le court supina-teur, le long extenseur du pouce, l'extenseur com-mun des doigts, par le second radial externe, par l'aponévrose brachiale et par le ligament annulaire externe du carpe.

Sa face interne couvre une portion de la face externe de l'os du coude et du rayon, et du liga-ment interosseux, les muscles radiaux externes, et obliquement la face dorsale du carpe.

Attaches. L'extrémité supérieure de ce muscle a trois attaches : la première, à la partie externe pos-térieure et presque supérieure du cubitus au-dessous de l'attache du cubital externe et de l'anconé ; la seconde, qui est un peu plus basse, au ligament interosseux ; et la troisième, à la partie moyenne de la face externe du rayon.

Son tendon, après avoir passé sur l'extrémité in-férieure du rayon, pénètre dans la première coulisse,

---

(1) Le vingt-deuxième des muscles qui meuvent les doigts, *Vesale.* Le premier extenseur du pouce, *Winslow.* Long abduc-teur du pouce, *Albinus*, *Sabatier*, *Boyer.* Cubito-sus-métacar-pien du pouce, *Chaussier.* Cubito-radi-sus-métacarpien du pouce, *Dumas.*

ou l'antérieure, avec le tendon du court extenseur
du pouce. Cette coulisse est recouverte par le ligament annulaire externe, d'où résulte une espèce
d'anneau ou de gaîne pour ce tendon, qui va s'attacher à la base du premier os du métacarpe, à sa
face radiale.

Quand ce tendon est double, l'autre s'attache à
la base de la seconde phalange du pouce.

Structure. La portion charnue de ce muscle est
d'abord mince; elle grossit en descendant obliquement de dehors en dedans et de derrière en avant;
elle se rétrécit ensuite, et se termine par trois ou
quatre petits tendons qui se réunissent en un seul
et quelquefois en deux tendons réunis d'abord, et
qui se séparent plus bas; les tendons montent plus
haut dans la face interne de la portion charnue,
qu'à sa face externe.

Usages. Ce muscle étend le pouce, en le portant
en dedans et en le renversant vers le rayon. Il en
opère ainsi l'adduction, comme l'indique le nom
qu'on lui a donné.

Il est congénère des extenseurs de la main et des
supinateurs; il peut aussi déterminer le rapprochement de l'avant-bras sur le poignet, lorsque le pouce
et la main sont solidement fixés.

Du court extenseur du pouce (1).

Situation. Ce muscle est placé à la partie externe
et inférieure de l'avant-bras, s'étendant obliquement de la partie moyenne du rayon du ligament

_____

(1) Le vingt-troisième des muscles qui meuvent les doigts,
Vesale : Corp. hum. fab., lib. II, cap. 49. Le muscle qui étend
le second os du pouce, *Spigel.* Le premier extenseur du pouce,
Winslow. Le court extenseur du pouce, *Sabatier*, *Boyer.*
Cubito-sus-phalangien du pouce, de *Chaussier* et de *Dumas.*

interosseux, et de l'os du coude à la première phalange du pouce.

Figure. Ce muscle est allongé, charnu supérieurement, et tendineux inférieurement ; des fibres musculaires entourent son tendon jusqu'au carpe.

Confrontations. Sa face externe est recouverte, comme celle du muscle précédent, par le long extenseur du pouce, par l'extenseur du petit doigt, par l'aponévrose brachiale et par le ligament annulaire externe.

Sa face interne recouvre une portion du cubitus et du ligament interosseux, une partie de la face externe de l'extrémité inférieure du radius, la face dorsale du premier os du métacarpe, et presque toute la face correspondante de la première phalange du pouce.

Le bord postérieur de ce muscle couvre une partie de l'os du coude et du rayon, ainsi que de la face externe du ligament interosseux.

Le bord antérieur de ce muscle confronte avec le long adducteur du pouce, et est même uni à ce muscle supérieurement.

Attaches. Supérieurement, par sa portion musculaire à l'os du coude vers la partie moyenne de sa face externe et du ligament interosseux.

Son tendon, après avoir passé obliquement sur l'extrémité inférieure du rayon avec celui du long adducteur dans une coulisse creusée dans cet os, lequel est recouvert et fortifié par le ligament annulaire externe, parcourt la face dorsale du premier os du métacarpe, et termine par s'attacher inférieurement à l'extrémité supérieure ou métacarpienne de la même face dorsale, et du côté cubital de la première phalange du pouce.

Structure. Les fibres charnues de ce muscle descendent de dehors en dedans et parviennent à un tendon inférieur, lequel est d'abord aplati, ensuite arrondi en passant dans la coulisse du carpe avec le long adducteur du pouce.

Usages. Ce muscle étend le pouce en le renver- sant vers la face dorsale de l'avant-bras ; il aide la supination et l'extension de la main , et récipro- quement il peut rapprocher l'avant-bras de la face dorsale de la main.

Du long extenseur du pouce (1).

Figure. Ce muscle est long et grêle , mais un peu plus gros dans son milieu qu'à ses extrémités qui sont tendineuses.

Situation. A la partie externe de l'avant-bras, obliquement dirigé de derrière en avant, de dedans en dehors et de haut en bas, s'étendant du cubitus et du ligament interosseux sur la partie antérieure et externe du rayon, jusque sur la dernière phalange du pouce.

Confrontations. La face externe de ce muscle est recouverte par l'extenseur commun des doigts, l'extenseur du doigt indice , l'extenseur du petit doigt, par l'aponévrose brachiale et par le ligament annulaire externe.

La face interne recouvre une portion de la face externe de l'os du coude , du ligament interos- seux et du rayon ; elle couvre aussi une portion du long adducteur du pouce et du court extenseur de ce doigt. Ce muscle fournit , près de son extré- mité inférieure , une expansion aponévrotique , laquelle , réunie à une pareille expansion du tendon

_____

(1) Le vingt-neuvième des muscles qui meuvent les doigts , *Vesale.* L'extenseur du troisième os du pouce, *Spigel.* Le se- cond extenseur du pouce, *Winslow.* Le grand extenseur du pouce , *Albinus.* Le long extenseur du pouce, *Boyer, Gavard.* Cubito-sus-phalangettien du pouce , de *Chaussier* et de *Dumas.*

du court extenseur et à une autre du court fléchisseur, forme une aponévrose qui recouvre une
partie de la face dorsale du pouce.

Attaches. Son extrémité supérieure est attachée
à la face externe moyenne de l'os du coude et
du ligament interosseux : d'où ce muscle descend
presque jusqu'au ligament annulaire externe, pour
se terminer par un tendon grêle, qui passe seul dans
la coulisse externe oblique de l'extrémité inférieure
du rayon sous le ligament annulaire externe.

Le tendon de ce muscle passe ensuite obliquement
sur ceux des radiaux externes; il s'élargit, parcourt
le bord cubital du premier os du métacarpe, se
réunit vers l'articulation de cet os avec la première
phalange au côté interne du tendon du court extenseur, et va s'attacher à la face dorsale de l'extrémité supérieure ou de la base de la dernière phalange.

Structure. La partie supérieure de ce muscle est
mince et un peu tendineuse à son attache à l'os du
coude; la partie charnue se prolonge jusqu'au ligament annulaire; ses fibres se rendent au tendon,
comme les barbes d'une plume à leur tige commune.
Ce tendon est d'abord arrondi; en passant sous le ligament annulaire externe, il s'élargit sur la face dorsale
du métacarpe, et encore sur les phalanges du pouce.

Usages. Ce muscle peut étendre le pouce seul,
ou conjointement avec la main ; il peut aussi rapprocher l'avant-bras de la main.

De l'extenseur propre du doigt indicateur (1).

Situation. Ce muscle, comme l'extenseur du pouce, occupe la partie inférieure de la face externe

---

(1) Le dix-neuvième des muscles moteurs des doigts, *Vesale.*
Le troisième muscle extérieur de la main, *Columbus. Indi-*

de l'avant - bras, s'étendant de la partie moyenne
du cubitus et du ligament interosseux sur le carpe,
et sur la face dorsale des deux premières phalanges,
jusqu'à la base de la troisième phalange du doigt
indicateur.

Figure. Ce muscle est, supérieurement, mince ,
pointu ; il grossit dans sa partie supérieure, et devient
ensuite grêle , en se terminant par un long tendon.

Confrontations. Sa face externe est recouverte par
l'extenseur commun des doigts, le propre du petit
doigt, et le cubital externe ; sa face interne recouvre
la face externe du cubitus, du ligament interosseux,
du long extenseur du pouce , l'extrémité inférieure
du rayon et le dos de la main.

Attaches. Son extrémité supérieure est attachée
à la partie externe et moyenne de l'os du coude
et au ligament interosseux, au-dessus du long extenseur du pouce.

Son tendon passe derrière le ligament annulaire
externe dans une coulisse qui lui est commune avec
l'extenseur commun des doigts; il passe sur la partie
inférieure du second os du métacarpe , où il se réunit
au tendon que l'extenseur commun fournit au doigt
indicateur ; d'où il va se fixer comme lui , après
avoir parcouru les faces dorsales de la première et
de la seconde phalange , à la face dorsale de la base
ou de l'extrémité supérieure de la troisième phalange
du doigt indicateur.

Structure. Ce muscle est composé de fibres tendineuses et de fibres charnues. Supérieurement, il est
un peu tendineux ; mais le corps musculeux est
divisé, presque dans toute sa longueur, par un tendon

---

cator, Riolan. *Indicem*, Spigel. L'extenseur propre de l'index,
Winslow. L'indicateur, d'*Albinus.* L'extenseur propre du doigt
indicateur, *Sabatier*, *Boyer*, *Gavard.* Cubito-sus-phalangettien
de l'index, *Chaussier* et *Dumas.*

d'abord grêle, mais qui grossit à proportion que la partie charnue diminue de volume; le tendon qui lui succède est uni à celui de l'extenseur commun des doigts par une membrane; il est recouvert et il recouvre les mêmes parties que le long extenseur du pouce.

Usages. Ce muscle est destiné à étendre le doigt indicateur seul, ou conjointement avec la main; il peut aussi rapprocher l'avant-bras de la main.

Les vaisseaux des muscles de cette section viennent des artères et veines humérale, radiale, cubitale et interosseuse; les *nerfs*, du médian, cubital, radial, musculo-cutané, et du cutané interne.

QUATRIÈME SECTION.

Des muscles de la main.

Ces muscles peuvent être divisés en ceux qui occupent la paume de la main et en ceux de sa région dorsale.

I. *Des muscles de la paume de la main.*

1°. Plusieurs sont placés du côté du pouce, et forment la grosse éminence de la main, que les Grecs appellent *thénar*;

2°. D'autres forment l'éminence qui correspond au petit doigt ou l'*hypothénar*;

3°. D'autres occupent le creux de la main.

Le court abducteur du pouce, l'opposant, le court fléchisseur, l'abducteur du pouce, forment l'éminence *thénar.*

L'abducteur, le palmaire cutané, le court fléchisseur du petit doigt, et l'opposant du petit doigt, composent l'éminence *hypothénar.*

2. 37

Les muscles du creux de la main sont les lombricaux, les trois interosseux palmaires.

II. *Des muscles de l'éminence thénar.*

Du court adducteur du pouce (1).

Situation. Ce muscle forme la majeure partie de l'éminence thénar ; il s'étend de l'os scaphoïde et du ligament annulaire interne à la première phalange du pouce.

Figure et structure. Il est de forme triangulaire, un peu tendineux du côté du ligament annulaire, musculeux dans son milieu et dans la majeure partie de son étendue, tendineux du côté du pouce ; le tendon de son extrémité inférieure se réunit par une expansion aponévrotique avec le tendon du long extenseur du pouce.

Confrontations. Sa face interne répond à la peau qui la couvre.

Sa face externe couvre la face du premier os du métacarpe, ou du métacarpien du pouce. (C

Attaches. Il est attaché par sa partie supérieure ou par son extrémité carpienne au bord inférieur du ligament annulaire interne, ainsi qu'à l'os scaphoïde.

Par son extrémité inférieure ou digitale au côté externe ou radial de l'extrémité supérieure de la première phalange du pouce.

Usages. Ce muscle éloigne le pouce du doigt in-

_____

(1) C'est celui qui met le pouce dans une grande abduction, *Vesale. Pars thenaris.* Riolan. Le thénar, de *Winslow.* L'adducteur du pouce, de *Lieutaud.* Le court abducteur du pouce, de *Boyer* et *Gavard.* Le carpo - sus - phalangien du pouce, *Chaussier.* Scapho-sus-phalanginien du pouce, *Dumas.*

dicateur, et le porte vers le corps ; ce qui lui a
fait donner le nom d'adducteur.

De l'opposant du pouce (1).

Situation. Ce muscle concourt aussi à former l'éminence thénar.

Il s'étend comme lui du ligament interne, ainsi
que de l'os trapèze, au côté radial du premier os
du métacarpe.

Figure et structure. Il est de forme triangulaire,
fort et épais, musculeux dans son milieu et dans
presque toute son étendue, tendineux à ses extrémités, sur-tout à celle qui correspond au pouce.

Confrontations. Sa face interne est couverte par
le court adducteur et par la peau.

Sa face externe couvre le court fléchisseur du
pouce, avec lequel il est souvent uni, l'articulation
du trapèze avec le premier os du métacarpe, et la
face palmaire de ce même os.

Attaches. Il est attaché par son *extrémité supérieure* et large ou carpienne au bord inférieur et
antérieur du trapèze, et par son extrémité angulaire
et *inférieure* ou *digitale* à la face radiale du premier os du métacarpe.

Usages. Ce muscle est *abducteur*, car il ramène
le pouce vers l'intérieur de la main, en l'éloignant
du corps ; il s'oppose aux autres doigts, lorsqu'ils
tendent à la flexion, ce qui lui a fait donner le
nom d'*opposant* du pouce.

_____

(1) Le premier des deux muscles qui meuvent le premier os
du pouce, *Vesale.* C'est une portion du thénar, de *Winslow.*
L'*Opponens pollicis manus*, d'Albinus : *Hist. anat. muscul.*,
lib. III, cap. 174. L'abducteur du pouce, de *Lieutaud, Sabatier.* L'opposant du pouce, de *Boyer* et *Gavard.* Carpo-métacarpien
Chaussier. Carpo-phalangien du pouce, *Dumas.*

Du court fléchisseur du pouce (1).

Situation. Ce muscle concourt à former l'éminence interne et antérieure de la main, appelée *thénar*, avec l'adducteur du pouce et avec l'opposant ; il s'étend cependant un peu plus près du bord cubital de la main que ces deux muscles, se prolongeant de l'os trapèze et du ligament annulaire interne du second os du métacarpe, à la base de la première phalange du pouce.

Figure. Elle approche de celle d'un triangle allongé, dont la base est tournée vers le poignet, et la pointe vers le pouce.

Confrontations. La face interne de ce muscle est recouverte en partie par le court adducteur, par les tendons du sublime, et par celui du long fléchisseur, par les deux lombricaux qui sont les plus approchés du pouce, par l'aponévrose palmaire, et par la peau.

La face externe couvre le premier os du métacarpe, les deux premiers interosseux dorsaux, le premier palmaire, et le tendon du radial interne.

Structure. La base de ce muscle est divisée en deux portions, et de leur écartement il résulte une espèce de canal dans lequel passe le tendon du long fléchisseur du pouce.

Des deux portions musculaires, l'une est petite et placée plus proche du bord radial de la main ; on pourroit l'appeler radiale : l'autre est plus grosse et est placée plus près du cubitus, et on pourroit la nommer cubitale.

Ces deux portions se touchent par un de leurs

___

(1) L'anti-thénar, de *Riolan*, de *Winslow* : *Traité des muscles*, §. 303. L'adducteur du pouce, de *Lieutaud*. Le court fléchisseur du pouce, de *Boyer* et *Gavard*. Carpo-phalangien du pouce, *Chaussier*. Carpo-phalanginien du pouce, *Dumas*.

bords , et sont, en quelques endroits , continues avec le court adducteur du pouce.

La portion radiale est unie au muscle court adducteur , et la portion cubitale au muscle abducteur. Ces deux portions charnues , après s'être ainsi unies avec ces deux muscles , voisins dans leur milieu , forment chacun un tendon qui s'unit avec le tendon des deux muscles collatéraux.

Ce tendon pénètre profondément le corps musculeux , et les fibres musculaires s'y rendent comme les barbes d'une plume à leur tige commune : de sorte que chacune des deux portions du court fléchisseur du pouce est une epèce de muscle penniforme.

Attaches. La portion radiale s'attache , par son extrémité supérieure ou carpienne , au bord interne et palmaire de l'os trapèze , et au bord inférieur du ligament annulaire interne.

Son extrémité inférieure ou digitale, qui est tendineuse , s'attache au bord antérieur ou radial de l'extrémité supérieure de la première phalange du pouce , réunie au tendon de l'abducteur de ce doigt.

La portion cubitale du court fléchisseur est attachée , par son extrémité supérieure, au ligament annulaire et au second os du métacarpe.

Son extrémité inférieure , qui est ordinairement réunie à celle de l'abducteur du pouce , s'attache aussi avec lui , après avoir passé sur l'os sésamoïde, qui se trouve ordinairement sur la face interne de la tête du premier os du pouce , à la base ou à l'extrémité supérieure de la première phalange du même doigt , plus postérieurement ou plus près du bord cubital de cet os que le tendon de l'autre portion du court fléchisseur.

Usages. Ce muscle sert à fléchir la première phalange du pouce sur le premier os du métacarpe ; ce

qu'il ne peut opérer sans fléchir en même temps la
seconde phalange vers la paume de la main ; il entraîne aussi le premier os du métacarpe dans la
même direction, en faisant glisser sa base sur la
face digitale de l'os trapèze.

De l'abducteur du pouce (1).

Situation. Ce muscle est situé plus profondément
que le court fléchisseur, se prolongeant du troisième
os du métacarpe à la première phalange du pouce ;
il est séparé du court fléchisseur par l'artère radiale.

Figure. Ce muscle est de forme triangulaire, et
un peu aplati, charnu dans toute son étendue,
excepté à ses extrémités, où il est tendineux.

Confrontations. Sa face interne est recouverte par
le tendon du sublime et du profond, et par les
muscles lombricaux, qui sont les premiers du côté
du pouce.

Sa face externe couvre le premier interosseux palmaire, les deux premiers interosseux dorsaux, et
le second os du métacarpe.

Attaches. Il est attaché supérieurement par son
extrémité large, à la face interne du troisième os
du métacarpe, depuis son extrémité supérieure ou
la base, jusqu'au tiers inférieur près de sa tête.

Il adhère, par son extrémité inférieure rétrécie,
au côté cubital de l'extrémité supérieure ou de la
première base de la phalange du pouce.

Ses usages sont indiqués par le nom de ce muscle ;

---

(1) Le premier des trois muscles qui meuvent le second os
du pouce, *Vesale. Pars hypothenaris pollicis*, Riolan. Mose-
thénar, *Winslow.* L'adducteur du pouce, d'*Albinus.* L'abducteur, de *Lieutaud*, tom. I, p. 301. Adducteur, *Boyer.* Méta-
carpo-phalangien du pouce, *Chaussier.* Métacarpo-phalanginien
du pouce, *Dumas.*

en se contractant il renverse le pouce dans la paume
de la main , et le rapproche vers l'éminence hypothénar.

III. Des muscles qui forment l'éminence hypothénar.

Du muscle palmaire cutané (1).

Il n'est pas toujours facile de démontrer ce muscle,
ses fibres étant quelquefois si blanches qu'elles ressemblent à celles de l'aponévrose palmaire ; mais
ordinairement elles sont d'une couleur rougeâtre,
plus ou moins foncée, comme celle des muscles.

Situation. Il occupe la paume de la main , sur-
tout la partie qui correspond à l'éminence hypothénar ; mais je l'ai quelquefois vu se prolonger sur
l'éminence thénar : ce qui fait que je le regarde
comme un muscle cutané général de la paume de
la main.

Figure. Sa forme est à peu près carrée.

Confrontations. Sa face externe est recouverte
par la peau , à laquelle adhèrent diverses fibres de
ce muscle.

Sa face externe recouvre en partie l'aponévrose
palmaire , qui est plus apparente sur l'éminence de la
main , qui correspond au pouce , et qu'on appelle le
thénar. Cette face du palmaire cutané , conjointement avec l'aponévrose , couvre le court fléchisseur
et l'adducteur du petit doigt , l'artère et le nerf cu-

(1) *Valverda, Fallope, Columbus,* ont décrit ce muscle à peu près
dans le même temps , sans lui donner de nom. *Riolan* lui a
donné celui de *carpien* ou de *court palmaire :* Carpiens et palmaris brevis : *Anthrop.*, lib. V, cap. 28. Palmaire cutané, de
Winslow. Palmaris brevis , d'Albinus. Le petit palmaire , de
Lieutaud, Chaussier et *Dumas.*

bital : ce muscle est uni avec l'aponévrose palmaire, et recouvre une grande partie de la paume de la main.

Indépendamment des adhérences des fibres musculaires du palmaire avec la peau, il est uni avec l'aponévrose palmaire, et aussi avec le ligament annulaire interne.

Usages. Ce muscle est destiné à froncer la peau et à relever l'aponévrose palmaire ; il la maintient dans sa face par les plis réguliers qu'elle forme dans la paume de la main.

De l'adducteur du petit doigt (1).

Situation. Ce muscle forme une partie de l'éminence hypothénar, occupant le bord postérieur ou cubital de la main, s'étendant de l'os pisiforme du carpe à la première phalange de ce même petit doigt.

Figure. Il est allongé, plus large qu'épais.

Confrontations. Sa face interne est couverte par le muscle palmaire cutané, et par une portion de l'aponévrose du même nom.

Sa face externe couvre le muscle opposant du petit doigt.

Attaches. Son extrémité est attachée par des fibres tendineuses à l'os pisiforme, ainsi qu'aux ligamens qui l'attachent aux autres os du carpe.

Son extrémité inférieure adhère au bord externe ou cubital de la première phalange du petit doigt,

---

(1) Le vingtième des muscles moteurs des doigts, *Vesale.* Une portion de l'hypothénar du petit doigt, *Riolan.* L'abducteur du petit doigt, *Spigel, Cowper.* L'extenseur de la troisième phalange du petit doigt, *Douglass.* L'hypothénar du petit doigt, ou le petit hypothénar, *Winslow.* L'adducteur du petit doigt, *Lieutaud.* Adducteur de *Boyer.* Le carpo-phalangien du petit doigt, *Chaussier* et *Dumas.*

par un tendon qui se réunit par quelques bandelettes avec celui du court fléchisseur, et par d'autres bandelettes tendineuses avec le tendon de l'extenseur du petit doigt.

Usages. Son nom les indique. Ce muscle, en se contractant, éloigne le petit doigt du côté radial de la main, et le porte du côté du cubital en l'éloignant de la ligne centrale du corps ; ce qui en fait véritablement l'abduction.

Du court fléchisseur du petit doigt (1).

Ce muscle est entièrement situé dans la paume de la main ; il forme la partie antérieure ou radiale de l'éminence *hypothénar*.

Il s'étend du ligament annulaire interne à la base de la première phalange du petit doigt.

Confrontations. Sa face interne est recouverte par le muscle cutané et par la peau.

Sa face externe recouvre le muscle opposant du petit doigt.

Attaches. Ce muscle est attaché, par son extrémité supérieure, au bord antérieur du ligament annulaire interne, et à l'os unciforme ou crochu.

Par son extrémité inférieure, il est attaché au bord interne ou radial de la première phalange du petit doigt.

Structure. Il est charnu dans toute son étendue, excepté à ses extrémités ; la supérieure, qui est plus

---

(1) Il paroît que *Columbus* a le premier indiqué ce muscle sans lui donner de nom. *Riolan* le confondoit avec le précédent dans l'hypothénar. C'étoit l'abducteur du petit doigt de *Cowper* : *Myol.*, cap. 28. C'est le petit fléchisseur du petit doigt d'*Albinus* ; l'adducteur de *Lieutaud*, t. I, p. 301 ; le court fléchisseur de *Sabatier*, de *Boyer* ; le petit hypothénar de *Winslow* ; le second carpo-phalangien du petit doigt, *Dumas*.

2. 38

large, a ses fibres tendineuses courtes ; l'inférieure
est terminée par un tendon grêle.

Usages. Ce muscle fléchit le petit doigt, comme
l'indique le nom qu'on lui a donné ; il le rapproche du pouce ; ce qui lui a fait donner le nom
d'adducteur par *Lieutaud.*

Du muscle opposant du petit doigt (1).

Situation et figure. Ce muscle est placé dans l'é-
minence hypothénar, et s'étend de l'os crochu et
du ligament annulaire interne au quatrième os du
métacarpe. Sa forme est triangulaire.

Confrontations. Sa face interne est recouverte par
le court fléchisseur et par l'abducteur du petit doigt.
Sa face externe revêt le quatrième tendon du sublime
et le dernier interosseux palmaire.

Structure. Il est charnu dans la majeure partie
de son étendue, et tendineux à ses extrémités. La
supérieure, qui est large, est toute aponévrotique,
et l'inférieure est terminée par un tendon grêle et
court.

Attaches. Son extrémité supérieure, large, est
attachée au ligament annulaire interne et à l'os
unciforme. Son extrémité inférieure s'attache au
bas du cinquième os du métacarpe.

Usages. Ce muscle concourt à former la concavité de la main en ramenant le quatrième os du
métacarpe et le petit doigt vers son bord radial, pour
l'opposer au pouce.

_____

(1) C'est une partie de l'hypothénar de *Riolan* ; l'abducteur
du petit doigt de *Cowper* ; l'adducteur oblique du métacarpe de
Winslow : *Acad. des sciences*, an. 1720. Le métacarpien
du même anatomiste : *Traité des muscles.* L'adducteur de l'os
du métacarpe du petit doigt, d'*Albinus.* L'abducteur du cinquième os du métacarpe de *Gavard.* Carpo-métacarpien du petit
doigt, *Chaussier* et *Dumas.*

IV. *Des muscles situés dans le creux de la main.*

Des lombricaux (1).

Nom et figure. Ces muscles sont au nombre de quatre ; ils ont été ainsi appelés, parce qu'on les a comparés à des vers, étant longs, grêles, et un peu arrondis.

Situation. Ils sont renfermés dans le creux de la main, s'étendant des tendons du muscle profond près du ligament annulaire interne, aux tendons des extenseurs des quatre derniers doigts sur les premières phalanges (2).

Confrontations. Leur face interne est couverte par l'aponévrose palmaire, par les tendons du sublime, par le nerf médian, et par des rameaux des artères cubitales et radiales, ainsi que par des rameaux des nerfs cubital et radial.

La face externe des deux muscles lombricaux

_____

(1) Ces muscles ont été connus de *Galien* et de *Vesale.* *Lumbricales* ou *lombricaux*, de *Riolan ;* nom qu'ils portent encore aujourd'hui généralement. Les quatre palmi - phalangiens, *Chaussier.* Annuli-tendino-phalangiens, *Dumas.*

(2) Les muscles lombricaux se prolongent beaucoup plus loin que ne l'ont cru plusieurs anatomistes, et notamment *Lieutaud.* Ils s'étendent jusque sur le milieu de la face convexe des premières phalanges, et se perdent dans les tendons de l'extenseur commun des doigts.

Quelques anatomistes ont avancé que les lombricaux manquoient quelquefois, ou que du moins, dans certains sujets, on n'en trouvoit que deux ou trois ; mais on peut douter de cette observation, avec d'autant plus de raison, qu'il arrive quelquefois à ceux qui ne sont pas dans l'habitude de disséquer, d'enlever quelques-uns de ces muscles ; et alors ils imputent à la nature leurs propres fautes.

moyens couvre les deux interosseux qui leur correspondent ; l'interne, celui qui correspond au petit doigt,
couvre l'opposant de ce doigt ; et celui qui est placé
du côté du pouce couvre aussi son abducteur.

Attaches. Les extrémités supérieures de trois de
ces muscles s'attachent à la bifurcation des tendons
du profond.

Celui qui est du côté du pouce s'attache au bord
radial du premier tendon du profond.

Les extrémités inférieures des quatre lombricaux ,
qui sont tendineuses , comme il a été dit , se prolongent sur le côté radial des premières phalanges des
quatre doigts après le pouce , et se terminent au bord
radial des tendons de l'extenseur commun près des
extrémités inférieures des premières-phalanges, après
s'être réunies au tendon des interosseux correspon-
dans.

Il y a quelques variations à cet égard : quelquefois les tendons des lombricaux se portent au bord
cubital de l'extenseur commun , étant même quelquefois doubles.

Structure. Ces muscles sont charnus à peu près
dans les deux tiers de leur étendue du côté du
métacarpe , et ils sont terminés du côté des doigts
par un tendon grêle.

Le volume du premier des muscles lombricaux est
plus considérable que celui du second ; et les deux
derniers , qui sont à peu près de même grosseur ,
sont plus petits que les deux premiers ; ils sont un
peu aplatis du côté de la paume de la main et du
côté des os du métacarpe , rétrécis à leurs extrémités,
sur-tout à l'inférieure.

Usages. Ces muscles peuvent fléchir les quatre derniers doigts lorsque l'extenseur commun n'est pas
contracté ; mais ils peuvent aussi être congénères
de ce muscle et coopérer avec eux à l'extension des
doigts.

Des muscles interosseux (1).

Ces muscles sont au nombre de sept. Ils ont été ainsi nommés parce qu'ils sont situés entre les os du métacarpe ; et comme il en est qu'on ne voit que du côté de la paume de la main, et d'autres qu'on n'aperçoit qu'à sa face dorsale, on peut les diviser en *interosseux palmaires* (2) et en *interosseux dorsaux* (3).

Les palmaires sont au nombre de trois, et les dorsaux au nombre de quatre.

Des interosseux palmaires ou internes (4).

Situation. Les interosseux palmaires sont moins engagés entre les os du métacarpe que les dorsaux. Le premier interosseux palmaire est placé entre le

---

(1) Quoique ces muscles aient été connus des anciens, il paroît que *Riolan* les a mieux décrits que ses prédécesseurs, au rapport de Charles *Guillemeau*, qui a suivi ses leçons *. Les ouvrages de *Riolan* ne contiennent cependant rien de particulier à cet égard ; et même, si on s'en rapporte à la date des livres, *Habicot* est le premier qui ait bien décrit les interosseux **. Cependant les anatomistes qui lui ont succédé n'ont fait aucune attention à ses observations : *Winslow* même ne les a connues qu'après avoir publié les siennes ***, et alors il a cru leur devoir rendre hommage.

(2) Internes d'*Habicot*, de *Winslow*.

(3) Externes d'*Habicot*, de *Winslow*.

(4) Les trois métacarpo-phalangiens latéraux, *Chaussier.* Sous-métacarpo-latéri-phalangiens, *Dumas.*

* *L'Histoire de tous les muscles du corps humain.* 1612. in-12. *Voyez* aussi l'article de cet anatomiste, *Hist. de l'anat.*, t. V.

** *Semaine anat.* 1610. in-8°.

*** *Acad. des sciences.* 1720. On peut aussi, pour cet objet, lire ma réponse à la critique de mon *Hist. de l'anat.*, par *Duchanoi*, ou plutôt par *A. Petit*, p. 27.

second et le troisième os du métacarpe, le second
dans l'intervalle du troisième et du quatrième, et
le troisième entre le quatrième et le cinquième os du
métacarpe.

Divisions. On peut considérer dans ces muscles
un corps et deux extrémités, deux bords et deux
faces; des bords, l'un est interne et palmaire, l'autre
externe ou dorsal ; des faces, l'une est radiale et
l'autre est cubitale.

Confrontations. Le bord palmaire du premier
interosseux est recouvert par les muscles court
fléchisseur et abducteur du pouce ; le même bord
du second est recouvert par le troisième tendon du
profond, et par le troisième lombrical ; celui du
troisième, par l'opposant du petit doigt.

Le bord dorsal du premier correspond au second
interosseux dorsal ; celui du second, au troisième interosseux dorsal ; celui du troisième, au quatrième
interosseux dorsal.

Des faces, la face radiale du premier adhère à la
face cubitale du second os du métacarpe, et la cubitale confronte avec la face radiale du second interosseux dorsal.

La face radiale du second interosseux correspond
à la face cubitale du troisième interosseux dorsal,
et sa face cubitale à la radiale du quatrième os du
métacarpe.

Le troisième interosseux palmaire confronte, par
sa face radiale, avec la face cubitale du quatrième
interosseux dorsal, et par sa face cubitale il adhère
à la face radiale du cinquième os du métacarpe.

Les extrémités supérieures de ces quatre muscles
sont attachées aux ligamens qui fixent le carpe avec
le métacarpe.

Leurs extrémités inférieures tendineuses s'attachent par quelques fibres aux premières phalanges :
le premier au bord cubital de l'indicateur, le second

et le troisième au bord radial du quatrième et du cinquième doigts ; leur extrémité supérieure est attachée aux ligamens qui unissent les os du carpe à ceux du métacarpe.

Structure. Ces muscles sont charnus dans toute leur étendue, excepté à leurs extrémités où ils sont tendineux, sur-tout à l'éxtrémité qui s'attache aux premières phalanges des doigts. Ils contiennent, dans l'intervalle de leurs courts tendons, un autre tendon longitudinal qui les divise quelquefois en deux parties, de manière qu'ils paroissent penniformes ; et quelquefois ils sont divisés par une ligne graisseuse longitudinale, et alors ils paroissent doubles.

Usages. Le premier interosseux palmaire rapproche le doigt indicateur de celui du milieu ; le second rapproche le doigt annulaire de celui du milieu ; le troisième rapproche le cinquième doigt du quatrième.

V. *Des muscles de la région dorsale de la main, ou des interosseux dorsaux* (1).

Volume et figure. Ces muscles sont longs, un peu plus gros que les autres ; aussi occupent-ils un plus grand espace de l'intervalle des os du métacarpe.

Nombre. Ils sont au nombre de quatre.

Situation. Le premier est situé dans l'intervalle du premier et du second os du métacarpe ; le second, entre celui du second et du troisième ; le troisième, entre le troisième et le quatrième ; et le quatrième, entre le quatrième et le cinquième os du métacarpe.

---

(1) Les muscles interosseux externes de *Riolan* et de *Winslow*. Métacarpo-phalangiens latéraux, *Chaussier.* Sus-métacarpo-latéri-phalangiens, *Dumas.*

Le premier interosseux dorsal renferme un tendon longitudinal qui le divise presque en deux parties.

Il est supérieurement attaché du côté du carpe, où il est divisé en deux portions, dont la radiale est attachée à la face cubitale de l'extrémité supérieure du premier os du métacarpe ; l'autre extrémité supérieure de ce muscle ou cubitale adhère, dans presque toute son étendue, à la face radiale du second os du métacarpe.

Son extrémité inférieure, qui est pourvue d'un tendon assez court et grêle, s'attache au côté radial de la base de la première phalange du doigt indicateur, et se prolonge dans le tendon que l'extenseur commun fournit à ce doigt.

Ce muscle est un véritable adducteur du doigt indice ; il concourt ainsi à agrandir la paume de la main ; il peut aussi, quand le doigt indice est fixé, rapprocher le pouce de ce doigt.

Le second interosseux dorsal est attaché par sa face radiale au tiers postérieur de la face cubitale du second os du métacarpe, et par sa face cubitale à la face radiale du troisième os du métacarpe.

Son extrémité inférieure adhère au côté radial de la base de la première phalange du doigt du milieu, d'où elle se prolonge par un tendon grêle au bord radial du second tendon de l'extenseur commun.

Ce muscle porte le doigt du milieu vers le pouce, et est adducteur de ce doigt.

Le troisième interosseux dorsal, celui qui est situé entre le troisième et le quatrième os du métacarpe, est attaché par son côté radial à toute la face cubitale du troisième os, et par son côté cubital au tiers postérieur de la face radiale du quatrième.

Son extrémité supérieure est comme celle des

autres interosseux attachée aux ligamens qui fixent le carpe avec le métacarpe.

Son extrémité inférieure adhère à la face cubitale de l'extrémité supérieure, ou de la base de la première phalange du doigt du milieu, et se prolonge par un petit tendon avec celui de l'extenseur commun, qui couvre la face dorsale de ce même doigt.

Ce muscle rapproche le doigt du milieu du doigt annulaire : il est donc abducteur.

Le quatrième interosseux dorsal est situé entre le quatrième et le cinquième os du métacarpe.

Sa face radiale est attachée à la face cubitale du quatrième os du métacarpe, et sa face cubitale est attachée au tiers postérieur de la face radiale du cinquième os du métacarpe.

Son extrémité supérieure est attachée aux extrémités supérieures des deux derniers os du métacarpe, et au ligament qui les fixe au carpe.

Son extrémité inférieure s'attache à la face cubitale de l'extrémité supérieure de la première phalange du quatrième doigt.

Ce muscle rapproche le doigt annulaire du petit doigt, et est abducteur.

Les vaisseaux et nerfs des muscles de la main sont des branches des radiales, cubitales, interosseuses ; les nerfs sont des branches des nerfs radial, médian et cubital.

QUATRIÈME CLASSE.

Des muscles de l'extrémité inférieure.

Ces muscles doivent être compris dans trois sections, ceux de la cuisse, ceux de la jambe et ceux

2.   39

du pied ; et comme ces muscles sont contenus dans une aponévrose commune, connue sous le nom de *fascia lata*, nous la décrirons avant de donner la description de ces muscles.

De l'aponévrose du fascia lata.

Etendue. L'extrémité inférieure est généralement recouverte par une membrane aponévrotique plus ou moins épaisse, laquelle fournit des gaînes à la plupart de ses muscles ; elle est supérieurement attachée à la lèvre externe de la crête des os innominés, et antérieurement confondue avec l'aponévrose du grand oblique du bas-ventre. De cette réunion résulte le ligament inguinal.

Dans le reste de son étendue sur les muscles de la cuisse, elle forme des gaînes, des replis qui s'attachent au fémur. Placée sur les muscles de la jambe, elle les entoure et les soutient également, en s'attachant au tibia et au péroné par des expansions particulières. Sur le pied, elle en recouvre les muscles sur la face dorsale ; elle est fortifiée à la plante du pied, par l'aponévrose plantaire, avec laquelle elle est confondue : la plupart des os du pied lui donnent attache.

Quelques anatomistes, pour mieux décrire cette aponévrose, l'ont divisée en trois portions, la crurale, la tibiale et la pédieuse; mais cette division n'est-elle pas superflue, ces trois portions étant continues et n'étant en aucune manière distinctes ?

Structure. Cette aponévrose est tissue de deux plans de fibres, de transverses peu nombreuses, et de fibres longitudinales un peu inclinées de dehors en dedans : ces fibres sont plus ou moins rapprochées.

En considérant l'une et l'autre surface de cette aponévrose, on peut y distinguer des espaces en forme de bandes plus ou moins larges, dont les fibres sont très-rapprochées, et d'autres qui laissent entre elles des intervalles.

Les fibres transverses sont plus apparentes à la face interne qu'à la face externe de cette aponévrose.

Le fascia lata est très-épais à la partie externe de la cuisse, et fort mince à la partie interne ; elle est aussi incomparablement plus forte à la partie antérieure de la jambe qu'à sa partie postérieure.

La face externe du fascia lata est hérissée de divers filamens cellulaires qui la fixent à la face interne de la peau, qui est elle-même formée de tissu cellulaire ; il y a plus ou moins de graisse dans le tissu cellulaire intermédiaire à la peau et à la membrane du fascia lata.

La face interne de l'aponévrose est polie dans la majeure partie de son étendue, et humectée d'une certaine quantité de sérosité onctueuse qui a plus ou moins de consistance par état de maladie.

Replis. L'aponévrose du fascia lata s'enfonce entre les divers muscles de l'extrémité inférieure, et leur fournit des gaînes plus ou moins fortes, plus ou moins tendues, et plus ou moins lâches ; celles qui contiennent les muscles antérieurs de la cuisse sont les plus fortes ; les gaînes des muscles postérieurs le sont moins, et les gaînes extérieures sont aussi plus épaisses et plus fortes que les internes.

Ces gaînes membraneuses préviennent le déplacement des muscles sans nuire à leur mouvement, et elles les maintiennent dans leurs contours naturels. On en voit un exemple frappant dans le muscle couturier et dans le muscle grêle antérieur de la cuisse, lesquels se déplacent quelquefois malgré elles, après avoir soulevé les gaînes du fascia lata.

Outre les gaînes que cette aponévrose fournit à la plupart des muscles en particulier, elle en produit d'autres qui embrassent plusieurs muscles à la fois ; c'est ce que *Lieutaud* a remarqué relativement aux quatre muscles antérieurs de la cuisse.

Cette aponévrose s'enfonce entre les muscles postérieurs externes de la cuisse et les muscles postérieurs internes, et forme une espèce de cloison qui les sépare ; elle adhère à la ligne âpre du fémur, et elle est percée en quelques endroits pour le passage des vaisseaux et des nerfs.

D'autres cloisons du fascia lata séparent les muscles de la jambe. Il y en a une qui adhère au bord antérieur du péroné et à la crête du tibia, qui fixe les muscles antérieurs de la jambe. La membrane du fascia lata a encore d'autres replis, qu'il est plus facile de démontrer que de décrire.

Les anciens anatomistes se sont fort occupés à découvrir l'origine des différentes parties : ils ont souvent comparé le corps humain à un peloton de fil, et, suivant eux, une partie est la suite d'une autre : ils disoient que les membranes venoient toutes de la dure-mère ; mais ils prétendoient que l'aponévrose brachiale étoit fournie par le biceps, et ils ne faisoient aucune attention aux expansions aponévrotiques que les autres muscles de l'extrémité supérieure envoient pour la former : ils ont aussi pensé que l'aponévrose du fascia lata sortoit d'un muscle, qu'ils ont appelé *le muscle du fascia lata* ; mais il seroit ridicule de croire que cette aponévrose ne fût qu'une production du muscle dont elle a reçu le nom.

L'inspection anatomique prouve qu'elle est formée de deux sortes de fibres ; les unes, qui lui sont propres, et d'autres qui lui sont fournies par quelques-uns des muscles des extrémités inférieures de la cuisse, de la jambe et du pied, dont on ne manquera pas de faire mention à proportion qu'on les décrira ; mais le muscle du fascia lata, ou le

muscle épineux de *Lieutaud*, paroît plus particulièrement destiné à la former. Aussi les rapports
de ce muscle avec l'aponévrose du fascia lata ont-
ils plus particulièrement fixé l'attention des anatomistes. Ils ont remarqué que sa face postérieure
étoit recouverte par une expansion aponévrotique,
laquelle se prolongeoit sur la face externe de la
capsule cotyloïdienne, adhéroit au bord inférieur
du tendon contourné du grêle antérieur, et que
de plus la face antérieure de ce muscle du fascia lata
étoit recouverte d'un autre feuillet de l'aponévrose :
que l'extrémité inférieure de ce muscle se terminoit
à une aponévrose large qui se prolongeoit sur le bord
externe de la cuisse, en se confondant avec l'aponévrose commune.

L'aponévrose du fascia lata, ou capsulaire de l'extrémité inférieure étant de sa nature incapable de
toute espèce de contraction, on a principalement
attribué les mouvemens à la contraction du muscle
du fascia lata, et c'est pour cela qu'*Albinus* l'a
appelé *tensor vaginae femoris* (1).

En effet, ce muscle étend principalement la gaîne
du fascia lata, mais en dehors; le grand fessier la
tire en haut et en arrière, le psoas et le pectiné en
dedans et en avant : or, ces divers soulèvemens
de l'aponévrose du fascia lata, en l'éloignant des surfaces musculaires, facilitent ceux des muscles qu'elle
renferme.

La plupart des muscles de la jambe donnent aussi
des expansions membraneuses qui se répandent dans
le fascia lata. Qu'on suive le tendon du biceps fémoral,
on trouvera une de ces expansions vers le condyle
externe du tibia; qu'on examine les tendons du couturier, du grêle interne, du demi-tendineux et des
deux membraneux, on se convaincra qu'ils four-

_____

(1) *Hist. musculor.*, p. 537.

nissent à l'aponévrose du fascia lata des expansions
très-remarquables, etc.

Les muscles moteurs du pied et des orteils concourent aussi, par leurs expansions aponévrotiques,
à former la portion de l'enveloppe aponévrotique
qui les revêt et les soutient. Les mouvemens des
muscles contenus dans les gaînes de cette aponévrose
sont d'autant plus faciles, que leur face interne est
naturellement humectée, du moins dans l'état naturel, d'une sérosité onctueuse.

PREMIÈRE SECTION.

Des muscles de la cuisse.

Pour mieux désigner la place de chacun des muscles de la cuisse, nous y considérerons quatre régions,
l'externe, l'antérieure, l'interne et la postérieure.

RÉGION PREMIÈRE.

Du muscle fascia lata (1).

Situation. C'est le seul muscle de cette région ; il
est placé au côté externe et supérieur de la cuisse,
s'étendant du bassin jusqu'au-dessous du grand trochanter.

Figure. Il est allongé, aplati, un peu plus étroit
et plus épais supérieurement qu'inférieurement.

Confrontations. Sa face externe est recouverte par

---

(1) C'est la partie charnue du sixième des muscles moteurs
de la jambe, *Vesale. Membranosus*, Riolan : *Anthrop.*, lib. V,
cap. 42. Le muscle aponévrotique, ou muscle du fascia lata,
Winslow, Sabatier, Boyer et *Gavard.* Muscle qui tend la
gaîne membraneuse de la cuisse, *Albinus.* L'épineux, de *Lieu-*
taud. Ilio-aponévrosi-fémoral, *Chaussier* et *Dumas.*

l'aponévrose du fascia lata, qui a dans cet endroit très-peu d'épaisseur.

Sa face interne recouvre un feuillet mince de cette aponévrose, une portion du moyen et du petit fessier, ainsi que du vaste externe; le bord antérieur confronte supérieurement avec le bord externe du muscle couturier, et inférieurement avec le bord externe du droit antérieur. Le bord postérieur adhère à l'aponévrose du fascia lata.

Attaches. L'extrémité supérieure de ce muscle est attachée à la lèvre externe de l'épine antérieure et supérieure de l'os iléum, au côté externe du muscle couturier.

Son extrémité inférieure est adhérente à l'aponévrose du fascia lata que nous venons de décrire; il descend environ deux travers de doigt au-dessous du grand trochanter.

Structure. Ce muscle est charnu, excepté sa partie supérieure, où il est pourvu de deux portions tendineuses courtes et très-rapprochées.

Les fibres charnues qui s'y attachent forment des trousseaux longitudinaux, plus rapprochés supérieurement qu'inférieurement, où elles terminent par des expansions aponévrotiques, lesquelles concourent à former la majeure partie de l'enveloppe membraneuse de l'extrémité inférieure, qu'on a appelée *l'aponévrose du fascia lata.*

Usages. Les principaux usages de ce muscle sont d'étendre l'aponévrose du fascia lata pour en prévenir les froissemens contre les muscles qu'elle renferme; il peut aussi, en se contractant, relever cette gaîne qui s'attache à la rotule et aux os de la jambe, et concourir ainsi avec les autres muscles au mouvement de l'extrémité inférieure.

RÉGION SECONDE.

Des muscles de la partie antérieure de la cuisse.

Ces muscles sont le *couturier*, le *droit antérieur*, le *pectiné*, le *triceps crural*.

Du couturier (1).

Situation. Ce muscle est placé à la partie antérieure et interne de la cuisse, se portant obliquement de haut en bas, et de dehors en dedans, de l'épine antérieure et supérieure de l'ós des îles au tiers inférieur et interne de la cuisse ; d'où il descend de derrière en avant jusqu'au-dessous et au-devant du condyle interne du tibia.

Figure. Le couturier est le plus long des muscles du corps humain ; sa largeur est d'environ un pouce, sur-tout vers son milieu où ses fibres sont plus épanouies.

Confrontations. Ce muscle est maintenu dans son contour par une gaîne particulière du fascia lata, dans laquelle il est logé, sans y être aucunement attaché.

Sa face antérieure n'est couverte que par l'aponévrose du fascia lata.

Sa face postérieure couvre le bord interne du fascia lata, une portion de l'iliaque, du droit antérieur, du vaste interne, l'artère crurale, le premier et le troisième adducteurs, le grêle interne, le

---

(1) Le premier des muscles moteurs de la jambe, *Vesale*. *Longus sive sutorius*, Riolan : *Anthrop.*, lib. V, cap. 42. *Sutorius*, Cowper. Le couturier, *Winslow*, *Albinus*, *Lieutaud*, *Sabatier*, *Boyer*. Ilio-prétibial, *Chaussier*. Ilio-crétitibial, *Dumas*.

tendon du demi-tendineux, une partie de la face interne de l'articulation du genou.

Attaches. L'extrémité supérieure de ce muscle est attachée par un tendon court à l'interstice de l'épine antérieure et supérieure de l'os iléum, entre les muscles iliaques et le fascia lata.

L'extrémité inférieure de ce muscle adhère à la partie interne de la tubérosité du tibia, au-devant des tendons du droit interne de la cuisse, du demi-tendineux, avec lesquels il se réunit.

Structure. Il est charnu dans la plus grande partie de son étendue, tendineux à ses extrémités ; ses fibres charnues sont longitudinales et parallèles les unes aux autres ; elles sont les plus longues du corps humain.

Le tendon inférieur fournit une expansion aponévrotique qui concourt à former, avec les tendons du droit interne et demi-tendineux, celle que les anatomistes ont appelée *pate d'oie.*

Usages. Ce muscle contourne la jambe et la porte au-devant de l'autre en même temps que, par ce mouvement, le fémur est aussi tourné dans la cavité cotyloïde, de manière que le grand trochanter se porte postérieurement ; c'est par la contraction de ces deux muscles que les tailleurs croisent les jambes : d'où est venu le nom de *couturier* qu'il porte.

Ces muscles empêchent aussi que le bassin ne soit entraîné en arrière par le poids du corps, et concourent à le ramener en avant, lorsque nous fléchissons le tronc pour nous baisser vers la terre.

Du pectiné (1).

Situation. Ce muscle occupe la partie antérieure supérieure et interne de la cuisse, s'étendant obliquement de l'os pubis à la partie supérieure et interne du fémur.

Figure. Il est plat et un peu plus large que les autres muscles de la partie antérieure de la cuisse, formant un triangle allongé.

Divisions. On peut y distinguer deux faces, deux bords, deux extrémités : des deux faces, l'une est antérieure, et l'autre postérieure.

Des deux bords, l'un est interne et l'autre externe ; et des deux extrémités, il y en a une qui est supérieure, et l'autre inférieure.

Confrontations. Sa face antérieure est recouverte par beaucoup de graisse, par l'artère, la veine et le nerf cruraux, les glandes inguinales, et ensuite par l'aponévrose du fascia lata.

Sa face postérieure revêt le muscle obturateur externe, les divers vaisseaux et nerfs qui passent sur la surface externe de ce muscle ; elle répand des fibres musculaires dans la capsule articulaire de la cuisse avec la cavité cotyloïde, couvre aussi l'extrémité supérieure du troisième adducteur de la cuisse.

Le bord interne de ce muscle confronte avec le bord externe du premier adducteur de la cuisse, n'en étant distingué que par une légère couche de tissu cellulaire.

---

(1) *Galien* comparoit à un triceps les trois muscles pectiné, psoas, et iliaque : *De usu*, part. 4, lib. 7. Le huitième des muscles moteurs du fémur, *Vesale*. Le septième muscle du fémur, *Columbus*. *Pectineus*, Riolan : *Anthrop.*, lib. V, cap. 41. Le pectiné de *Winslow*, *Albinus*, *Lieutaud*, *Boyer*. *Pectinalis*, de Douglass. *Pectineus*, de Sabatier. Sus-pubio-fémoral, de *Chaussier*. Pubio fémoral, de *Dumas*.

Le bord externe confronte avec le bord interne du grand psoas, d'où il est séparé supérieurement par une couche de tissu cellulaire plus ou moins remplie de graisse, que parcourent les artères et les veines. L'extrémité inférieure du rebord externe est tendineuse, et contiguë au tendon du grand psoas.

L'extrémité supérieure de ce muscle, qui est large et tendineuse, couvre une partie de la face antérieure du corps du pubis.

L'extrémité inférieure est contournée de manière que le bord interne du pectiné devient antérieur, et que le bord externe devient postérieur ; ce qui change par conséquent la position des faces, en rendant l'externe obliquement interne, et celle-ci obliquement externe.

Attaches. Le pectiné est attaché par son extrémité supérieure, large d'environ plus de trois travers de doigt, au bord supérieur et postérieur du corps du pubis, depuis son épine jusqu'à son éminence iléo-pectinée.

Son extrémité inférieure, formée par un tendon moins large et plus épais, s'attache à la ligne placée entre le petit trochanter et la ligne âpre du fémur.

Structure. Ce muscle est tendineux à ses extrémités, et charnu dans le reste de son étendue ; les trousseaux sont longs et rapprochés les uns des autres, et aboutissent au tendon inférieur commun.

Usages. Il concourt à fléchir la cuisse, en soulevant en même temps la capsule articulaire qu'elle revêt et à laquelle il adhère : il peut aussi aider la flexion du corps sur les extrémités inférieures, en rapprochant l'os pubis du petit trochanter, et en faisant ainsi rouler le bassin par les cavités cotyloïdes sur la tête du fémur, de haut en bas et de derrière en avant.

Du droit antérieur de la cuisse (1).

Situation. Ce muscle est placé à la partie antérieure de la cuisse, s'étendant directement du bassin
au genou, presque parallèlement au fémur.

Confrontations. Sa face antérieure est recouverte
supérieurement par l'iliaque et par le couturier
dans les deux tiers de sa partie inférieure. Cette
face n'est recouverte que par l'aponévrose du fascia
lata.

Sa face postérieure revêt une partie de la face antérieure de la capsule de l'articulation du fémur
avec la cavité cotyloïde, la portion moyenne du
triceps crural.

Des bords de ce muscle, l'interne confronte avec
le bord externe du vaste interne, et le bord externe
confronte avec le bord interne du vaste externe.
Ces trois muscles sont séparés et distincts presque par
leurs trois quarts supérieurs ; mais ils sont confondus, dans le tiers inférieur de leur longueur, par la
réunion de leurs bords.

Structure et attaches. Ce muscle est charnu dans
sa partie moyenne, et tendineux à ses extrémités ;
ses fibres musculaires sont obliquement transversales,
et la portion charnue qui en est formée est plus
large et plus épaisse dans son milieu qu'à ses extrémités.

La face postérieure est presque toute aponévrotique ;
cependant, dans les jeunes sujets, cette face est
moins aponévrotique que dans les vieillards. On ne

---

(1) Le neuvième des muscles moteurs de la cuisse, *Vésale.*
Rectus gracilis, Riolan : *Anthrop.*, lib. V, cap. 42. Le droit
antérieur grêle de *Winslow*. Le droit de *Lieutaud*. Le droit
antérieur de *Sabatier* et *Gavard*. Ilio-rotulien de *Chaussier* et
Dumas.

peut douter qu'elle ne le devienne davantage par les froissemens de la face postérieure de ce muscle contre la face antérieure de la portion moyenne du triceps crural.

Ce muscle s'arrondit en montant, et se divise en deux tendons, dont l'un est droit et l'autre contourné.

Il s'attache supérieurement par son tendon droit à l'épine antérieure et inférieure de l'os iléum, et par le tendon contourné sur le sourcil ligamenteux de la cavité cotyloïde, avec lequel il s'unit par quelques fibres, et dont il augmente aussi le volume.

Le tendon inférieur est beaucoup plus large qu'épais, après s'être réuni avec les extrémités des portions inférieures du triceps, il se répand sur la surface antérieure de la rotule, et s'y attache en se confondant avec les fibres du ligament qui fixe cet os à l'épine antérieure et supérieure du tibia.

Usages. Ce muscle sert à l'extension de la jambe et à la flexion du bassin sur la cuisse; il empêche le tronc de se déjeter en arrière dans l'homme qui est debout; il s'oppose aussi par le tendon supérieur qui passe au-devant de la tête du fémur, à ce qu'elle ne se porte trop en avant.

Ce muscle concourt encore à soulever la capsule articulaire de la cavité cotyloïde, par les adhérences qu'il contracte avec elle.

Du triceps crural (1).

Derrière le droit antérieur de la cuisse est une masse musculaire, divisée supérieurement en trois

(1) Le muscle huitième qui meut la jambe, *Vesale : De hum. corp. fabr.*, lib. II, cap. 53. Le quatrième extenseur de la jambe, *Spigel. Lieutaud, Sabatier* et *Boyer*, etc., ont réuni ces trois muscles en un seul, qu'ils ont aussi appelé *triceps crural.* Trifémoro-rotulien, de *Chaussier.* Tri-fémoro-tibi-rotulien, *Dumas.*

portions qu'on a long-tems désignées sous trois noms: la moyenne, sous celui de muscle crural, l'interne sous celui de vaste interne, et l'externe sous celui de vaste externe. Les anatomistes modernes n'en ont fait qu'un seul muscle qu'ils ont apelé le *triceps crural*, dénomination que nous adopterons, sans négliger la description de chacune des trois portions.

De la portion moyenne du triceps crural (1).

Situation. Cette portion, qui est la plus petite des trois, est située sur les deux tiers inférieurs de la partie antérieure du fémur.

Confrontation. Sa face antérieure est recouverte par le droit antérieur, et plus inférieurement par l'aponévrose du fascia lata.

Sa face postérieure recouvre la face antérieure du corps du fémur, et la partie antérieure de la capsule articulaire du genou, à laquelle il donne divers trousseaux, indépendamment de quelques petits muscles particuliers qui lui sont destinés et que le crural recouvre.

Le bord interne de cette portion moyenne du triceps crural se confond par sa moitié inférieure avec le bord externe de sa portion interne.

Son bord externe se confond par sa moitié inférieure avec le bord interne de sa portion externe.

Attaches. Supérieurement à la lèvre inférieure de la ligne oblique, qui s'étend du grand au petit trochanter qu'il entoure.

Toute sa face postérieure est attachée à la face antérieure du corps du fémur, et l'extrémité infé-

---

(1) Partie du huitième des muscles moteurs du tibia, *Vesale. Crureus*, de *Jacques Sylvius*, de *Riolan. Femoreus*, de *Marchettis*. Le crural de *Winslow*, d'*Albinus*.

rieure de ce muscle y adhère, après avoir recouvert la face antérieure de la capsule du genou et y avoir contracté des adhérences, à l'extrémité supérieure ou à la base de la rotule.

Structure. Cette portion moyenne du triceps est presque toute formée de fibres musculaires longitudinales composées de trousseaux assez distincts. La face antérieure est aponévrotique vers son milieu; l'extrémité supérieure est un peu tendineuse.

Usages. Cette portion, ainsi que les deux collatérales dont nous allons parler, élèvent la rotule, et étendent ainsi la jambe sur la cuisse.

Muscles sous - cruraux. On trouve très-souvent derrière la portion moyenne du triceps crural deux petits muscles bien distincts, qui adhèrent par leur face postérieure à la face antérieure du fémur, et un peu plus bas à la face externe de la capsule articulaire du genou, dans laquelle ils se perdent.

Quand ces muscles manquent, le crural y supplée par diverses fibres qu'il fournit à la même capsule.

C'est à la faveur de ces deux muscles, ou par des fibres que le crural fournit à la capsule articulaire, qu'elle est soulevée lorsque les muscles extenseurs de la jambe agissent; de cette manière, elle n'est point comprimée par les os de l'articulation.

Dupré (1), ancien chirurgien à l'Hôtel - Dieu, a connu les deux muscles sous-cruraux, et *Albinus* (2) les a ensuite décrits dans son *Traité des muscles.*

_____

(1) *Les Sources de la synovie.* Paris. 1699. in-12.

(2) *Annotat. académ.*, lib. IV. 1758.

De la portion interne du triceps crural (1).

Elle est très-souvent confondue par son bord interne avec celui de la portion moyenne dans toute son étendue, ce qui fait qu'on ne peut pas alors l'en distinguer; cependant, ordinairement elle en est séparée supérieurement, comme nous l'avons observé en décrivant la portion moyenne.

Situation. Cette portion s'étend du petit trochanter du fémur jusque sur la partie latérale interne de la rotule, et sur le condyle du tibia, du même côté.

Confrontation. La face externe de ce muscle est en partie recouverte par le couturier, par l'artère crurale, et, dans le reste de son étendue, par l'aponévrose du fascia lata.

La face interne recouvre toute la face interne du corps du fémur, ainsi que le bord interne de la rotule, et la partie supérieure et interne du tibia.

Attaches. Cette portion interne du triceps est supérieurement attachée au-dessous du petit trochanter par une expansion tendineuse; ensuite elle adhère à la lèvre interne de la ligne âpre du fémur; elle s'attache inférieurement au bord interne de la rotule et à la tubérosité du condyle interne du tibia.

Structure. Les fibres charnues de cette portion du triceps descendent un peu obliquement de derrière en avant; elle est tendineuse supérieurement et inférieurement, en se confondant avec le tendon du droit antérieur: la face postérieure et interne est

_____

(1) Partie du huitième des muscles moteurs du tibia, *Vesale. Vastus internus*, Riolan. Le vaste interne de *Winslow*, d'*Albinus.*

aussi tendineuse à l'endroit où il s'attache à la rotule et au tibia.

Usages. Cette portion du triceps sert, comme la
précédente, à l'extension de la jambe sur le fémur ;
elle fortifie la partie interne et antérieure de la capsule articulaire, et empêche la rotule de se déplacer
en dedans.

De la troisième partie du triceps crural (1).

Situation. Cette portion, qui est la plus longue des
trois, occupe la face externe du fémur depuis le
grand trochanter jusque sur la tubérosité externe du
tibia.

Confrontations. La face externe de cette troisième portion du triceps est immédiatement recouverte
supérieurement par le muscle fascia lata, ensuite
par son aponévrose, à laquelle elle donne, par son extrémité supérieure, une expansion qui concourt à sa
formation.

Sa face interne recouvre à peu près la moitié extérieure de la portion moyenne du triceps crural,
et la face externe du fémur ; elle confronte par les
trois quarts supérieurs de son bord antérieur avec
le muscle droit antérieur, auquel il est réuni dans
son quart inférieur : le bord postérieur confronte
et adhère à la ligne âpre du fémur.

Attaches. Au-dessous du grand trochanter à la
lèvre externe de la ligne âpre du fémur, au bord
externe de la rotule, ainsi qu'à la tubérosité ou condyle externe du tibia.

Structure. Sa face externe est aponévrotique ; son
extrémité supérieure est terminée par une large apo-

---

(1) Partie du huitième des muscles moteurs du tibia, *Vesale.*
Vastus externus, Riolan. Le vaste externe de *Winslow*, d'*Albinus.*

2. 41

névrose, unie intimement à celle du fascia lata; sa portion inférieure est aussi aponévrotique, ainsi que son bord postérieur : les fibres charnues de ce muscle sont obliquement dirigées de derrière en avant et de haut en bas; les inférieures se terminent au bord externe du tendon du droit antérieur.

Usages. Cette portion externe du triceps, ainsi que les deux autres, relève la rotule, et empêche que la portion interne de ce muscle ne la retire trop en dedans; ce qui prévient le déplacement de cet os sur le côté.

Les trois branches du triceps servent conjointement à l'extension de la jambe.

Les *vaisseaux* de la partie antérieure de la cuisse viennent des fémorales; les *nerfs*, des lombaires et du crural.

TROISIÈME SECTION.

Des muscles de la partie interne de la cuisse.

Ces muscles sont le grêle interne, le premier, le second et le troisième adducteurs, l'obturateur externe.

Du grêle interne (1).

Situation. Ce muscle occupe la partie interne de la cuisse; il s'étend du bassin jusqu'à l'extrémité supérieure du tibia.

Figure. Long, aplati; il est plus large dans son extrémité supérieure que dans l'inférieure.

---

(1) Le second des muscles qui meuvent le tibia, *Vesale*. *Vulgò posticus gracilis*, Riolan : *Anthrop.*, lib. V, cap. 42, p. 332; et *rectus gracilis*, ibid, p. 333. *Gracilis*, Cowper, Albinus. Le grêle ou le droit interne de *Winslow*. Le grêle de *Lieutaud*. Le droit ou grêle interne de *Sabatier*, t. I, p. 368. Sous-pubio-prétibial, *Chaussier*. Sous-pubio-créti-tibial, *Dumas*.

Confrontations. La face interne de ce muscle est immédiatement recouverte par l'aponévrose du fascia lata, et ensuite par la peau.

Sa face externe, celle qui est tournée vers l'os de la cuisse, recouvre une partie de chacun des trois adducteurs, du demi-membraneux, et de la partie interne du condyle ou tubérosité interne du fémur et du tibia, ainsi que des ligamens du même côté du genou et de sa capsule articulaire, auxquelles parties il adhère par une gaîne cellulaire.

Attaches. Son extrémité supérieure, qui est très-mince, large et tendineuse, adhère à la face antérieure du corps de l'os pubis près de la symphyse, et à la lèvre antérieure du bord interne de la branche de cet os, ainsi qu'à la partie supérieure de la même lèvre antérieure de la branche de l'os ischion..

Son extrémité inférieure ou son tendon, après avoir passé derrière le condyle interne du fémur, va s'attacher à la partie supérieure et interne du tibia, un peu au-dessous et plus postérieurement que le couturier.

Structure. Son tendon supérieur est large et mince ; la portion charnue formée de fibres longitudinales, plus large en haut, se rétrécissant à proportion qu'elle devient inférieure, pour se terminer par un tendon grêle, d'abord arrondi, et qui s'élargit, en descendant, derrière le tibia où il se porte, fournissant en avant une expansion à la membrane du fascia lata : il se réunit au tendon du demi-membraneux avant de s'attacher au tibia.

Usages. Ce muscle rapproche la cuisse de celle du coté opposé ; il la porte de devant en arrière lorsqu'elle est en état de flexion.

Il peut aussi continuer la flexion de la jambe lorsqu'elle a été commencée. Ce muscle empêche que le bassin ne soit renversé en arrière par le poids du corps dans l'homme qui est debout.

Des trois adducteurs de la cuisse (1).

Ces trois muscles ont été pendant long-temps considérés comme réunis en un seul, qu'on appeloit le triceps de la cuisse, mais sans raison ; car ils sont aussi distincts que les autres muscles le sont de leurs voisins : c'est pourquoi nous les regarderons comme trois muscles particuliers, et nous leur laisserons le nom que les modernes leur donnent.

Ils occupent, tous les trois, la partie interne de la cuisse, s'étendant du bassin au fémur ; le premier et le second s'entre-croisent ; le troisième est toujours le plus postérieur.

Du premier adducteur (2).

Situation. Ce muscle est situé à la partie interne et supérieure de la cuisse, dirigé de haut en bas, de dedans en dehors et de devant en arrière.

Figure. Il est long, épais et un peu aplati, un peu plus large en bas qu'en haut.

_____

(1) *Vesale* et d'autres anciens anatomistes, ainsi que *Riolan*, ont considéré ces trois muscles comme ne formant qu'un triceps. *Albinus* en a regardé les branches comme trois muscles distincts ; et *Lieutaud*, parmi les Français, a suivi la même marche, que *Sabatier*, *Boyer* et *Gavard* ont adoptée.

(2) C'est une des trois parties du huitième des muscles moteurs de la cuisse, *Vesale*. *Primum caput tricipitis*, Riolan : *Anthrop.*, lib. V, cap. 41. *Adductor femoris primus*, Douglass : *Myograph.* Le premier muscle du triceps, *Winslow*. *Adductor longus femoris*, Albinus. La portion antérieure du triceps, *Lieutaud*. Le premier adducteur, *Sabatier*, *Boyer* et *Gavard*. Pubio-fémoral, *Chaussier*. Spini-pubio-fémoral, *Dumas*.

Divisions. On peut y considérer deux faces ; l'une antérieure, l'autre postérieure ; un bord interne, et un bord externe ; une extrémité supérieure, et une extrémité inférieure.

Confrontations. Sa face antérieure, ou celle du côté de la peau, est immédiatement recouverte par l'aponévrose du fascia lata, par le couturier, par le grêle interne, et par l'artère crurale.

Sa face postérieure revêt le second et le troisième adducteurs.

Son bord interne confronte avec le muscle grêle interne ; son bord externe est contigu avec le bord interne du pectiné.

Attaches. L'extrémité supérieure tendineuse de ce muscle est attachée au corps et à la branche du pubis, ainsi qu'à celle de l'ischion, derrière l'insertion de l'extrémité supérieure du muscle grêle interne.

Son extrémité inférieure adhère à la ligne âpre du fémur vers le milieu de cet os, au-dessous de l'attache du second adducteur.

Structure. Ce muscle est charnu dans sa partie moyenne ; ses fibres sont longitudinales et un peu obliques ; son extrémité supérieure est formée d'un tendon arrondi et épais, qui s'élargit en descendant dans la portion charnue.

L'extrémité inférieure est formée par une aponévrose plus large que le tendon ; supérieurement elle se réunit au tendon inférieur du troisième adducteur.

Usages. Ce muscle, indépendamment de l'adduction de la cuisse qu'il opère, comme son nom le porte, sert à la tourner de dedans en dehors, à fléchir aussi le bassin sur la tête du fémur, et à fixer le tronc, pour l'empêcher de se renverser en arrière ; il sert aussi, lorsqu'il a été trop porté en arrière, à le redresser, en faisant rouler la cavité cotyloïde sur la tête du fémur, de derrière en avant.

Du second adducteur (1).

Situation. Ce muscle s'étend de la face antérieure du corps et de la branche du pubis au tiers supérieur de la ligne âpre du fémur.

Figure. Il est, comme le précédent, long, mince et rétréci supérieurement, plus large et plus épais inférieurement, plus gros dans son milieu.

Divisions. Quoique ce muscle soit un peu contourné, on peut y considérer deux faces, l'une interne et un peu antérieure, l'autre externe et un peu postérieure; un bord antérieur, et un bord postérieur; deux extrémités, l'une supérieure, l'autre inférieure.

Confrontations. Sa face interne et antérieure est couverte par le premier adducteur, par le pectiné.

Sa face externe et postérieure couvre le troisième adducteur.

Ses bords ont plus de largeur en haut qu'en bas; l'antérieur est couvert supérieurement par le muscle droit interne, et, en bas, par le premier et le troisième; le postérieur correspond au muscle obturateur externe, et au tendon commun du grand psoas et de l'iliaque.

Attaches. Son extrémité supérieure est attachée à la face antérieure du corps et de la branche du pubis, et à celle de l'ischion, derrière l'insertion du grêle interne.

Son extrémité inférieure adhère au fémur au des-

_____

(1) C'est une partie du cinquième muscle moteur de la cuisse, *Vesale. Alterum caput tricipitis*, Riolan. *Adductus femoris secundus*, Douglass. *Adductor brevis femoris*, Albinus. La portion moyenne du triceps de *Lieutaud*. Le second adducteur, *Sabatier, Boyer* et *Gavard*. Sous-pubio-fémoral, de *Chaussier* et *Dumas*.

sous du petit trochanter, et à la ligne âpre dans une étendue d'environ trois travers de doigt.

Structure. Ce muscle est charnu dans sa partie moyenne, et formé de trousseaux dont les fibres sont longitudinales.

Cette portion charnue est un peu rétrécie à sa partie supérieure, qui est unie à un tendon aplati et large, mais moins que le tendon inférieur auquel aboutit la portion inférieure musculaire : ce tendon inférieur ressemble, par sa largeur, à une aponévrose; il est percé pour le passage des vaisseaux cruraux.

Usages. Ce muscle sert à l'adduction de la cuisse, ou à la rapprocher de l'autre, comme le premier et le troisième adducteurs; il sert aussi à fixer le bassin dans l'homme debout, et à l'empêcher d'être renversé par le poids de son corps.

Du troisième adducteur (1).

Situation. A la partie interne et un peu postérieure de la cuisse, s'étendant de la branche de l'ischion à la partie inférieure et interne du fémur.

Ce muscle, beaucoup plus long que les deux précédens, est le plus gros.

Figure et divisions. Il a la forme d'un triangle irrégulier, ayant une face interne et antérieure, une externe et postérieure, un bord interne long, un bord externe plus court, une extrémité supérieure et une extrémité inférieure.

Confrontations. Sa face interne antérieure est re-

---

(1) Partie du cinquième muscle moteur de la cuisse, *Vesale.* Troisième tête du triceps, *Riolan. Adductor femoris tertius, Douglass. Adductor magnus femoris,* Albinus. Le troisième muscle du triceps, *Winslow.* Portion postérieure du triceps, *Lieutaud.* Le troisième adducteur, *Sabatier, Boyer* et *Gavard.* Ischio-fémoral, *Chaussier.* Ischio-pubi-fémoral, *Dumas.*

couverte par le muscle couturier, par le premier et par le second adducteurs, et par l'artère crurale.

Sa face externe et postérieure recouvre le biceps, le demi-tendineux, le demi-membraneux, et le nerf sciatique.

Le bord interne est recouvert par le droit interne, le couturier, et par l'aponévrose du fascia lata.

Attaches. L'extrémité supérieure de ce muscle est attachée à la partie inférieure de la face antérieure de la branche du pubis, à la face antérieure de la branche de la tubérosité et de l'ischion.

Le bord externe s'attache à la bifurcation externe et supérieure de la ligne âpre du fémur et à son interstice, ensuite à sa bifurcation inférieure jusqu'à la tubérosité interne où il s'attache.

Structure. Ce muscle est charnu dans sa partie moyenne, et tendineux à ses extrémités, à son bord externe, sur-tout à sa partie inférieure.

Ses fibres charnues forment des trousseaux qui descendent du tendon supérieur à l'aponévrose du bord externe, et au tendon inférieur qui lui est continu ; les supérieures et inférieures sont moins longues que les moyennes.

Cette portion musculaire est quelquefois divisée en deux ou même en trois parties par des interstices graisseux.

Le tendon de son extrémité supérieure, qui est d'abord large et épais, s'agrandit, en descendant, plus sur la face postérieure de la portion charnue qu'à la face antérieure.

Le bord externe est échancré pour donner passage au tronc et aux branches des vaisseaux fémoraux. Ce bord devient de plus en plus tendineux, et se confond avec le tendon du triceps crural.

Usages. Ce muscle est congénère des deux précédens; tous trois portent la cuisse en dedans, et sont adducteurs. Ils fixent aussi le bassin lorsque nous sommes debout, et empêchent le tronc de se renverser en arrière ; le troisième adducteur peut, en se contractant, ramener la tubérosité de l'ischion en bas, faciliter l'extension du tronc, et l'y maintenir.

De l'obturateur externe (1).

Nom. Ce muscle est ainsi nommé, parce qu'il recouvre ou bouche extérieurement le trou ovale.

Situation. Il est situé profondément à la partie supérieure de la cuisse, au-devant du trou ovale et du ligament obturateur : il s'étend jusqu'au grand trochanter du fémur.

Divisions. On peut y considérer deux faces : l'une externe, antérieure et inférieure ; l'autre interne, postérieure et supérieure : trois bords, l'un supérieur et antérieur, qui est le plus long ; un inférieur et postérieur ; et un interne, qui est le plus court.

Confrontations et attaches. La face externe de ce muscle, qui est en même temps antérieure et un peu inférieure, sur-tout dans l'homme qui est debout, est couverte par le muscle pectiné, par les adducteurs de la cuisse, et par le carré.

La face interne postérieure et supérieure couvre une partie du corps du pubis, de la branche de l'os ischion, le ligament obturateur, la capsule de l'articulation du fémur avec la cavité cotyloïde, aux-

_____

(1) Le neuvième des muscles qui meuvent la cuisse, *Vesale.* Le douzième muscle de la cuisse, *Arantius.* L'obturateur externe de *Riolan*, de *Winslow* et des anatomistes modernes. Sous-pubio-trochantérien externe, *Chaussier.* Extra-pelvio-pubi-trochantérien, *Dumas.*

2, 42

quelles parties il adhère intimement par des fibres tendineuses.

Le bord supérieur et antérieur s'étend depuis le pubis jusqu'au grand trochanter. Il correspond en dedans aux vaisseaux et nerfs obturateurs, et ensuite à la capsule de l'articulation du fémur.

Le bord inférieur et postérieur est placé au-dessus de l'attache du troisième adducteur, et correspond au jumeau inférieur.

Le bord interne est attaché à la face antérieure du corps et de la branche du pubis et de l'ischion, d'où ce muscle se porte en dehors et en arrière pour aller se terminer, en se rétrécissant, par un tendon qui, après avoir passé au-dessous du col du fémur, s'attache à la partie inférieure et interne du grand trochanter dans sa cavité appelée digitale, au-dessous du muscle capsulaire du tendon de l'obturateur interne.

Structure. Le corps de ce muscle est composé de trousseaux charnus, dont les moyens sont droits, les supérieurs s'étendent obliquement en dehors, et les inférieurs sont un peu moins obliques ; les fibres charnues aboutissent à divers petits tendons qui en forment un commun, gros et fort, par lequel ce muscle s'attache au fémur.

Les bords de ce muscle adhèrent aux os pubis et ischion ; ils sont tendineux, de même que la face interne de ce muscle qui adhère à la face externe du ligament obturateur.

Usages. L'obturateur externe, en se contractant, fait tourner la cuisse de dedans en dehors ; il peut aussi concourir, mais foiblement, à son adduction, et même à faire passer une cuisse au-devant de l'autre : il soutient le bassin, l'empêche de se renverser en arrière, et même concourt à l'incliner.

RÉGION QUATRIÈME.

⬤ *Des muscles de la partie postérieure de la cuisse.*

Ces muscles sont le grand, le moyen et le petit fessiers, le pyramidal, le muscle capsulaire du tendon de l'obturateur interne, le carré, le biceps, le demi-tendineux, et le demi-membraneux.

Des muscles fessiers (1).

Ces muscles occupent la partie postérieure du bassin, et la partie postérieure et supérieure de la cuisse.

Ils sont au nombre de trois, et placés l'un au-devant de l'autre : le plus antérieur, qui est collé aux os, est le plus petit, et on le nomme *le petit fessier*; l'autre est *moyen* et par sa position et par son volume; le plus postérieur est le plus grand, on l'appelle aussi *le grand fessier* : et comme il est immédiatement placé sous l'aponévrose du fascia lata, et qu'il se présente le premier dans la dissection, nous le décrirons avant de parler des deux autres.

Du grand fessier (2).

Situation. Ce muscle occupe la partie postérieure du bassin et la partie postérieure et supérieure de la cuisse.

Il s'étend de la crête de l'os iléum, de l'os sa-

---

(1) *Qui nates constituunt ; ideo musculos gloutius auctores appellarunt*, Riolan : *Anthrop.*, lib. V, cap. 41, p. 331.

(2) Le premier muscle qui meut le fémur, *Vesale*. *Maximus et extensus gloutius*, Riolan, p. 331 : *Gloutios natium*. Le grand fessier de *Winslow* et de la plupart des anatomistes modernes. Sacro-fémoral, *Chaussier*. Ilii-sacro-fémoral, *Dumas*.

crum et du coccyx, jusqu'à quatre travers de doigt au-dessous du grand trochanter du fémur.

Figure. Celle d'un éventail déployé ; il est large et épais, et est le muscle du corps humain qui a la plus grande masse.

Divisions. Deux faces, l'une postérieure, l'autre antérieure.

Quatre bords le terminent : l'antérieur qui est le plus droit, le supérieur qui est convexe, l'externe et postérieur dirigé de derrière en avant, l'inférieur plus long, et obliquement prolongé de l'extrémité inférieure du coccyx au-dessous du grand trochanter du fémur.

Confrontations et attaches. La face postérieure est recouverte par le fascia lata, qui est fort mince en cet endroit, et par la peau qui recouvre cette aponévrose, et qui lui est unie par un tissu cellulaire plus ou moins plein de graisse.

La face antérieure de ce muscle couvre à peu près la cinquième partie postérieure de la face externe de l'os iléum, la tubérosité de l'ischion, l'os sacrum, l'os coccyx, l'aponévrose du sacro-lombaire et du long dorsal, le moyen fessier, le grand et petit ligament sacro-sciatique, le releveur de l'anus, le pyramidal, le muscle capsulaire, le demi-tendineux et le demi-membraneux, le carré de la cuisse, le troisième adducteur, la portion externe du triceps fémoral : ces muscles couvrent aussi le grand nerf sciatique.

Supérieurement, ce muscle est attaché à la lèvre externe de la crête de l'os des îles, à peu près dans la cinquième partie postérieure de son étendue, et à la partie de la face de cet os, comprise entre cette portion de la crête de l'os iléum et de la première ligne demi-circulaire.

Postérieurement, il est attaché à la face postérieure de l'os sacrum, au bord du coccyx qui lui correspond, et à la face externe du ligament sacro-iliaque.

Inférieurement, le grand fessier est attaché par son large tendon à l'interstice de la ligne oblique, qui s'étend du grand trochanter à la ligne âpre du fémur ; il est réuni par une expansion aponévrotique avec l'aponévrose du fascia lata.

Structure. Le grand fessier est composé de trousseaux musculeux rayonnés, pourvus d'expansions aponévrotiques qui font partie de l'aponévrose du fascia lata, et qui aboutissent inférieurement à un tendon large et épais, lequel fournit une aussi grande expansion aponévrotique à la grande gaîne du fascia lata.

Les trousseaux musculeux antérieurs descendent un peu obliquement de devant en arrière, de la crête de l'os iléum au fémur ; les moyens ont une direction plus verticale, les postérieurs sont plus transversalement obliques de derrière en avant.

Les uns et les autres sont plus ou moins gros, selon que le tissu cellulaire qui revêt leurs fibres, et qui entre aussi dans leur structure, est plus ou moins chargé de graisse ; les plus postérieurs ou les plus proches de la peau sont les plus gros et les plus éloignés les uns des autres : au lieu que ceux qui touchent par leur surface antérieure au moyen fessier sont plus grêles et plus rapprochés sans doute par l'effet de leur froissement sur ce muscle.

Sa face antérieure est un peu aponévrotique ; l'extrémité supérieure du bord antérieur est tendineuse, ainsi que l'inférieure qui se confond au grand tendon du fessier.

Le bord supérieur est aussi tendineux à son attache aux os ; mais le bord inférieur est charnu et épais jusqu'à son tiers inférieur, où il se confond avec le tendon du grand fessier.

Usages. Ce muscle doit être considéré comme un puissant extenseur et abducteur de la cuisse. Sa partie postérieure peut produire l'extension, sa partie antérieure et moyenne l'abduction. Ce muscle peut faire tourner le fémur dans la cavité cotyloïde ; la portion postérieure du fessier tourne le grand trochanter de devant en arrière, et alors le pied se contourne de manière que le talon se porte en dedans et la pointe en dehors.

Ce muscle fait tourner le bassin sur la tête du fémur de dedans en dehors, et sert ainsi au renversement et à la flexion du tronc sur le côté : lorsque le corps a été fléchi, il concourt à le redresser ; il soutient aussi le coccyx, et l'empêche d'être renversé en arrière quand on fait des efforts pour aller à la garde-robe, et encore plus dans la femme lorsqu'elle est dans le travail de l'accouchement.

Du moyen fessier (1).

Situation. Ce muscle occupe la partie latérale, externe et antérieure de l'os iléum, s'étendant de la partie supérieure de cet os à la partie supérieure du grand trochanter. Il est placé plus antérieurement que le grand fessier.

Figure. Ce muscle, qui a une forme pyramidale, a un peu moins de largeur et d'épaisseur que le précédent.

Divisions. On peut y considérer, par rapport à son étendue, deux faces et trois bords.

Des deux faces, l'une est externe et postérieure, l'autre est interne et antérieure.

Des bords, l'un est supérieur convexe, l'autre est antérieur oblique de haut en bas et de devant en arrière ; le troisième est postérieur.

La réunion de ce bord avec l'antérieur forme un

_____

(1) Le second des muscles qui meuvent la cuisse, *Vesale.* *Secundus et medius gloutius*, Riolan. Le moyen fessier, *Cowper*, *Albinus*, *Winslow* et les autres anatomistes modernes. Le grand ilio-trochantérien, *Chaussier.* Ilio-trochantérien, *Dumas.*

tendon large et épais, qui se prolonge jusqu'à la partie supérieure du grand trochanter.

Confrontations et attaches. La face externe et postérieure de ce muscle est recouverte antérieurement par la membrane du fascia lata, et y adhère si intimement qu'elle paroît lui fournir des expansions qui entrent dans sa formation.

Postérieurement, cette face du moyen fessier est recouverte par la partie antérieure du grand fessier avec laquelle elle est d'abord très-confondue ; elle en est ensuite mieux séparée.

La face interne et antérieure du moyen fessier couvre la face externe de l'os iléum, depuis la crête de cet os jusqu'à la première ligne demi-circulaire.

Inférieurement, la face interne et antérieure de ce muscle couvre le petit fessier ; plus postérieurement elle couvre le pyramidal, l'extrémité supérieure de la branche externe du triceps ou du vaste externe, et la partie supérieure de la face externe du grand trochanter.

Supérieurement, ce muscle est attaché par sa face interne et antérieure aux quatre cinquièmes antérieurs de la lèvre externe de la crête des os des îles.

Son extrémité inférieure ou son tendon s'attache à la partie supérieure du grand trochanter.

Structure. Ce muscle est formé, comme le précédent, de trousseaux charnus rayonnés ; les antérieurs ayant une direction oblique de devant en arrière et de haut en bas, les moyens descendant perpendiculairement, et les postérieurs obliquement d'arrière en avant. Supérieurement, ces trousseaux sont pourvus d'expansions aponévrotiques qui les attachent à l'os iléum ; et inférieurement ils aboutissent à une aponévrose large, les moyens plutôt que les autres ; ce qui fait que cette aponévrose a la figure d'une arcade, laquelle se rétrécit sur le grand trochanter.

Usages. Ce muscle sert à la flexion de la cuisse par sa partie antérieure et moyenne, et à l'extension par sa partie postérieure, et par ces trois portions à l'abduction.

Il peut aussi agir sur le bassin, l'incliner en avant pour la flexion du tronc, en arrière pour l'extension, et sur le côté lorsque nous marchons, et que nous relevons l'extrémité inférieure de l'autre.

Du petit fessier (1).

Situation. Ce muscle occupe la partie externe inférieure du bassin, et supérieure de la cuisse. Il s'étend du tiers inférieur de l'os iléum à la partie antérieure du grand trochanter.

Figure et divisions. Il est à peu près triangulaire, ayant trois bords, un supérieur, un antérieur et un postérieur. Ces deux derniers se réunissent pour former un angle inférieur ; on y considère de plus une face externe postérieure, une interne antérieure.

Confrontations. Sa face externe et postérieure est recouverte presque entièrement par le moyen fessier, et le reste par le pyramidal.

Sa face interne et antérieure revêt la partie inférieure de l'os des îles et le tendon recourbé du droit antérieur, la partie externe de la capsule de l'arti-

_____

(1) Le troisième des muscles moteurs de la cuisse, *Vesale :* *Hum. corp. fab.* , lib. II, cap. 56. *Tertius et internus gloutius ,* Riolan : *Anthrop.*, lib. IV, cap. 41. *Gluteus minor,* Spigel , Cowper. *Gluteus minimus ,* Douglass. *Minor ,* d'Albinus, lib. III ; cap. 185. Le petit fessier de *Winslow* et des anatomistes modernes français. Le petit ilio-trochantérien , *Chaussier.* Ilio-ischii-trochantérien , *Dumas.*

culation du fémur avec la cavité cotyloïde, et l'extrémité supérieure externe et postérieure du triceps de la cuisse.

Attaches. Supérieurement dans l'espace compris entre la ligne demi - circulaire supérieure et inférieure de l'os iléum, ensuite à toute la face externe de cet os qu'il recouvre; à la capsule de l'articulation de la cuisse avec la cavité cotyloïde; et inférieurement, par le moyen de son tendon, il s'insère à la partie antérieure du grand trochanter.

Structure. Il est formé de faisceaux charnus, rayonnés dans les deux tiers supérieurs, et à sa partie inférieure, d'un seul tendon large et épais.

Usages. Ce muscle est un congénère des deux autres muscles fessiers pour l'abduction, et pour l'extension de la cuisse; de plus, il soulève la capsule articulaire quand ces mouvemens ont lieu, et l'empêche d'être pincée ou comprimée par les faces articulaires de la cavité cotyloïde et de la tête du fémur.

Du pyramidal (1).

Figure et situation. Ce muscle est triangulaire, situé à la partie postérieure et inférieure du bassin, depuis l'os sacrum, le grand ligament sacro-ischiatique, l'os innominé, jusqu'au grand trochanter.

Divisions. Une face externe et postérieure, une interne et antérieure, un bord supérieur et un inférieur, une extrémité interne et une extrémité externe.

Confrontations. Sa face externe et postérieure est

(1) Quatrième des muscles moteurs de la cuisse, *Vesale*, lib. II, cap. 56. *Iliacus*, Riolan, p. 330. Pyriforme, *Spigel : Hum. corp. fab.*, lib. IV, cap. 22; *Cowper*, *Albinus*. Pyramidal, *Winslow*, *Lieutaud*, *Sabatier*, *Boyer*, etc. Pyriforme, *Gavard*. Sacro-trochantérien, *Chaussier*. Sacro-ili-trochantérien, *Dumas*.

2.   43

presque toute couverte par le grand et le moyen fessiers.

Sa face interne et antérieure est recouverte par l'intestin rectum, par le plexus sciatique, par les ligamens de l'articulation de la cavité cotyloïde avec le fémur et le petit fessier.

Le bord supérieur de ce muscle confronte à l'échancrure sciatique et à l'artère fessière, et le bord inférieur au ligament sacro-sciatique ; il adhère à la portion supérieure du muscle capsulaire.

Attaches. Intérieurement, ce muscle s'attache par des trousseaux musculeux, terminés par des tendons courts et divisés en trois ou quatre digitations, à la face antérieure et interne de l'os sacrum, à côté et dans l'interstice de ses trous antérieurs; à la face antérieure, ainsi qu'à la partie inférieure de la portion de l'os innominé qui s'articule avec l'os sacrum : il s'attache aussi au grand ligament sacro-sciatique.

Extérieurement, le tendon de ce muscle, uni à celui du moyen fessier, descend dans la cavité digitale du grand trochanter, pour s'y attacher.

Structure. Il est charnu du côté du bassin, à son extrémité interne et dans la majeure partie de son étendue. Je l'ai vu plusieurs fois divisé en deux parties pour le passage d'un faisceau du nerf sciatique.

Le pyramidal est tendineux du côté du fémur, à son extrémité externe ; ses fibres charnues sont longues, et forment divers trousseaux qui convergent pour former un tendon.

Usages. C'est un des muscles rotateurs de la cuisse, car il ne peut se contracter sans faire tourner le fémur sur son axe de dedans en dehors et de devant en arrière ; il peut encore servir à l'abduction et même à l'extension de la cuisse, sur-tout quand on est assis et appuyé sur l'autre cuisse ; il peut aussi avoir, dans quelques circonstances, quelque action sur le bassin. Comme il adhère par sa face interne et antérieure à la capsule articulaire, il ne peut se contracter sans la soulever ; et c'est ainsi qu'en l'éloignant des surfaces cartilagineuses qui encroûtent les os de l'articulation, il empêche que cette capsule ne soit très-fortement comprimée et contuse dans les violens et rapides mouvemens de rotation de la cuisse.

Du muscle capsulaire, de la capsule du tendon de l'obturateur interne (1).

Figure et situation. C'est un muscle creux, situé à la partie inférieure et postérieure du bassin, étendu transversalement de la tubérosité et de l'épine de l'os ischion au grand trochanter.

Divisions. On peut y considérer deux faces ; l'une antérieure et interne, l'autre postérieure et externe ; un bord supérieur, un bord inférieur ; une extrémité interne et une extrémité externe.

Confrontations. Sa face antérieure recouvre la capsule articulaire, une partie de l'os innominé. Sa face postérieure et externe est recouverte par le grand fessier.

Son bord supérieur confronte avec le pyramidal, et son bord inférieur avec le carré.

Attaches. Du côté interne, à la petite et à la grosse tubérosité de l'ischion ; et du côté externe, dans la cavité digitale du grand trochanter.

---

(1) Les portions charnues placées autour du dixième des muscles moteurs de la cuisse, *Vesale*, lib. II, cap. 56. *Carneum marsupium*, Columbus : *De re anatomica*, lib. V, cap. 28. *Musculo canelato genga anat. chirurg.* In roma. 1675. in-8°. *Marsupialis seu bursalis*, de Cowper. Les petits jumeaux de *Winslow*. Les jumeaux d'*Albinus*, *Sabatier*, *Boyer*. Muscle canelé de *Lieutaud*. Ischio-trochantérien, *Chaussier*. Ischio-spini-trochantérien, *Dumas*.

Structure. Il est composé de deux portions musculaires, réunies par deux bandes aponévrotiques très-
minces, d'où il résulte une espèce de canal dans
lequel le tendon de l'obturateur interne est renfermé.

Des deux portions musculaires, l'une est supérieure et l'autre inférieure : on a fait de la supérieure un muscle particulier qu'on appelle *le jumeau
supérieur*, et de l'inférieure, *le jumeau inférieur*.
La portion supérieure est plus charnue que l'inférieure ; celle-ci n'est charnue que dans sa portion
moyenne.

Usages. Ce muscle paroît plus propre à maintenir
le tendon de l'obturateur interne dans sa place sans
gêner ses mouvemens, qu'à produire la rotation du
fémur, et encore moins à agir sur le bassin pour le
rapprocher de la cuisse, étant trop foible pour produire de pareils effets ; c'est une capsule du tendon
obturateur interne : celles des autres tendons sont
seulement membraneuses, mais celle - ci est aussi
charnue ; ce qui fait que, lorsque le muscle obturateur interne se contracte, la capsule qui revêt son
tendon se contracte aussi, d'où il résulte qu'il n'y
a aucun pli de ladite capsule qui puisse gêner les
mouvemens.

De l'obturateur interne (1).

Nom. Ce muscle est ainsi appelé, parce qu'il revêt
intérieurement le trou ovale du bassin.

Situation. Il est placé à la partie interne et antérieure du bassin sur le trou ovale, d'où il se prolonge extérieurement jusqu'au grand trochanter.

(1) Le dixième des muscles moteurs de la cuisse, *Vesale*,
lib. II, cap. 56. *Obturator internus*, Riolan : *Anthrop.*, lib. V,
cap. 41. L'obturateur interne de *Winslow*, *Lieutaud*, *Sabatier*,
Boyer et *Gavard*. Sous-pubio-trochantérien interne, *Chaussier*.
Intra-pelvio-trochantérien, *Dumas*.

Divisions. En face supérieure interne et postérieure, en face inférieure externe et antérieure, en une extrémité externe et inférieure.

Confrontations. La face interne supérieure et postérieure, celle qui est tournée vers la cavité abdominale, est recouverte par le ligament falciforme, par le releveur de l'anus, par le péritoine, par des rameaux des artères, veines, et nerfs obturateurs, lesquels, avant de passer par l'échancrure obturatrice, se répandent sur ce muscle, et plusieurs le pénètrent et passent même à travers.

La face inférieure externe et antérieure couvre une grande partie de la circonférence du trou ovale et toute la surface interne du ligament ovalaire, l'échancrure de l'os iléum, l'ischion, et la capsule de l'articulation.

Attaches. Par sa portion musculaire à la face interne et postérieure du corps du pubis, à la lèvre interne de la partie supérieure du trou ovale, excepté à la partie de l'échancrure ovalaire, qui donne passage aux vaisseaux et nerfs obturateurs ; il est attaché à toute la face supérieure et interne du ligament obturateur, jusqu'à l'échancrure de l'os iléum, où il en est détaché.

Le tendon de ce muscle, après s'être contourné sur l'échancrure sciatique et s'être insinué dans la cavité du muscle capsulaire, qu'il accompagne toujours, s'attache à la face interne du grand trochanter dans la cavité assez profonde qu'on y observe et qu'on appelle *digitale.*

Structure. Sa portion charnue est formée de plusieurs trousseaux musculeux, assez distincts, dont deux laissent un intervalle par lequel passent les vaisseaux obturateurs, qui s'insinuent dans la gouttière creusée à la partie supérieure et antérieure du trou ovalaire.

Les fibres musculaires de l'obturateur interne aboutissent à plusieurs tendons très-grêles qui se réunissent pour en former cinq à six, lesquels, réunis à
leur tour, n'en forment plus qu'un seul, long et
aplati, sur-tout du côté de l'échancrure de l'ischion,
sur laquelle il se contourne comme une corde sur
une poulie.

Usages. Ce muscle est destiné à tourner la cuisse
de dedans en dehors, ainsi qu'à son abduction, lors
sur-tout que la cuisse est légèrement fléchie.

Du carré de la cuisse (1).

Nom. Ce muscle tire son nom de sa figure.

Situation. Il est placé presque transversalement
à la partie supérieure et postérieure de la cuisse,
au-dessous du muscle capsulaire, et au-dessus du
troisième adducteur, de la portion postérieure du
triceps crural, s'étendant de la tubérosité de l'ischion au bord postérieur du grand trochanter.

Divisions. Deux faces, l'une externe et postérieure, l'autre interne et antérieure.

Deux bords, l'un supérieur et l'autre inférieur ;
deux extrémités, l'interne et l'externe.

Confrontations. La face externe et postérieure de
ce muscle est recouverte par le demi-membraneux,
par le nerf sciatique, par le tendon du grand fessier, et par le troisième adducteur.

La face interne et antérieure recouvre une partie
de l'obturateur externe, une portion du tendon du
psoas, de l'iliaque et du pectiné.

---

(1) Il paroît que c'est la partie du cinquième des muscles qui
meuvent la cuisse ; *Vesale.* Partie du huitième muscle de la cuisse,
Columbus. Le onzième moteur de la cuisse, *Fallope. Quartus qua-
drigeminus-quadratus,* Riolan, p. 331. Le carré de la cuisse, *Cowper,
Albinus, Winslow, Lieutaud* et *Sabatier,* etc. Ischio-sous-tro-
chantérien, *Chaussier.* Tuber-ischio-trochantérien, *Dumas.*

Son bord supérieur confronte avec la portion inférieure du muscle capsulaire.

Le bord inférieur est contigu avec l'extrémité supérieure du troisième adducteur.

Attaches. Son extrémité interne est attachée devant le demi-membraneux, au côté externe de la tubérosité de l'ischion.

Son extrémité externe, qui est tendineuse, adhère au bord postérieur du grand trochanter.

Structure. Il est mince, aplati, et charnu dans toute son étendue, excepté à ses deux extrémités interne et externe, ou à leurs insertions au bassin et à la cuisse, où il est un peu tendineux.

Ses fibres charnues sont longues et parallèles les unes aux autres.

Usages. Ce muscle est dans la situation la plus propre pour contourner la cuisse ; son extrémité externe, attachée au trochanter, ne peut se rapprocher de l'interne qui est fixe, sans déterminer la rotation du fémur, de la jambe, et du pied de dedans en dehors ; il peut aussi quelquefois concourir à l'abduction et à l'extension de la cuisse.

Du biceps crural (1).

Nom. Ce muscle est non-seulement composé de deux têtes, comme son nom le porte, mais de deux corps qui sont réunis par leur partie inférieure à un tendon qui leur est commun.

Situation. Il occupe la partie postérieure et externe

(1) Le quatrième des muscles moteurs de la jambe, *Vesale*, lib. II, cap. 53. Le cinquième de *Columbus*. Biceps, *Riolan : Anthrop.*, lib. V, cap. 42; *Cowper*, *Winslow*, *Albinus*, *Lieutaud*, *Sabatier*, *Boyer*, *Gavard*. Ischio-fémoro-péronier, *Chaussier* et *Dumas*.

de la cuisse, s'étendant de la tubérosité de l'os
ischion à la ligne âpre du fémur, et à la tête du
péroné.

Divisions. Des deux portions dont il est formé,
l'une est longue et l'autre courte. La portion longue
est externe et postérieure, la portion courte est
interne et un peu antérieure.

La longue portion s'étend de la tubérosité de
l'ischion à l'extrémité supérieure ou à la tête du
péroné; la courte portion ne s'étend que du milieu
de la ligne âpre du fémur au péroné, réunie à la
première, comme il a été dit.

La longue portion est la plus grosse; sa face antérieure couvre le demi - tendineux, le nerf sciatique, le troisième adducteur, et inférieurement
cette même face de la longue portion du biceps
se confond d'abord par des fibres charnues, et
ensuite par des fibres tendineuses au tendon commun.

La face postérieure de la longue portion est supérieurement recouverte par le fessier, et dans le reste
de son étendue par l'aponévrose du fascia lata.

Son extrémité supérieure est attachée par un tendon, qui lui est commun avec le demi-tendineux,
à la face postérieure de la tubérosité de l'os ischion;
ce tendon est uni, par son extrémité inférieure qui
est large, à un corps charnu composé de trousseaux
obliques.

Vers le tiers de sa longueur, cette portion charnue
se réunit avec la portion charnue de la courte
branche, ensuite avec son tendon, pour n'en former
qu'un commun.

Les fibres de la longue portion sont d'abord charnues, longues et obliques, et environ à quatre à
cinq travers de doigt de leur origine, elles se réunissent à un tendon qui se confond aussi avec celui
de la courte portion, et de cette réunion il en ré-

sulte, comme il a été dit, un tendon commun qui s'*attache* à l'extrémité supérieure du péroné.

La *petite portion* charnue du biceps a deux faces, l'une antérieure et l'autre postérieure ; deux bords, l'un interne du côté du fémur ; l'autre, externe, couvre ou adhère à la longue branche du biceps.

Sa face antérieure confronte avec la portion externe du triceps crural, et sa face postérieure est couverte par la longue portion de ce muscle, et une branche du nerf sciatique.

Elle s'*attache* par son extrémité supérieure, et par son bord interne, à l'interstice de la ligne âpre du fémur, vers le tiers inférieur de cet os, et à la membrane du fascia lata, qui forme un repli entre ce muscle et la troisième portion du triceps ou vaste externe.

La courte portion, par son extrémité inférieure, se réunit en partie à l'extrémité inférieure du corps charnu de la longue portion, et en partie au tendon qui est commun à ces deux portions.

Usages. Le biceps fléchit la jambe sur la cuisse et la cuisse sur la jambe ; il sert aussi à renverser en arrière le bassin, ainsi que le tronc.

Il le fixe pour l'empêcher de s'incliner en avant, et lorsqu'il a été incliné il le redresse : ce muscle sert à l'extension, à l'abduction de l'extrémité inférieure.

La courte branche peut en se contractant contourner la cuisse et la jambe, et porter en même temps la pointe du pied en dehors ; il peut aussi, quand la jambe est fléchie, la contourner légèrement avec le pied de dedans en dehors.

Le demi-tendineux (1).

Nom. Ce muscle est ainsi nommé par rapport à sa structure.

Situation. Il est situé obliquement à la partie postérieure et interne de la cuisse, s'étendant de la tubérosité de l'ischion au-dessous de la tubérosité interne du tibia, obliquement de haut en bas, de dehors en dedans, et de derrière en avant.

Divisions. Deux faces, l'une antérieure et l'autre postérieure ; deux extrémités, la supérieure et l'inférieure.

Confrontations. La face antérieure de ce muscle couvre le demi - membraneux dans une grande étendue, et l'extrémité supérieure du troisième adducteur.

Sa face postérieure est supérieurement couverte et adhérente à la longue portion du biceps. Elle est ensuite couverte par l'aponévrose du fascia lata, à laquelle elle fournit inférieurement une expansion conjointement avec le tendon du muscle grêle interne.

Attaches. Son tendon supérieur, qui est commun à la longue branche du biceps, est attaché à la face postérieure de la tubérosité de l'ischion ; et son tendon inférieur est uni à l'aponévrose, qui lui est commune avec le grêle interne, et s'attache immédiatement au-dessous de ce muscle, à la face interne de l'extrémité supérieure du tibia, environ trois travers de doigt au-dessous de sa tubérosité.

Structure. Ce muscle est charnu dans son milieu,

---

(1) Le troisième des muscles moteurs de la jambe, *Vesale.* *Seminervosus*, Riolan : *Anthrop.*, lib. IV, cap. 42. Le demi-nerveux de *Stenon*, de *Winslow*, de *Sabatier*, etc. Le demi-nerveux ou le demi-tendineux de *Cowper*. Demi-tendineux de *Boyer*. Ischioprétibial, *Chaussier*. Ischio-crêti-tibial, *Dumas.*

et tendineux à ses extrémités. Le tendon de l'extrémité supérieure est uni à celui de la longue portion
du biceps, et cette union des deux muscles a beaucoup de rapport à celle du coraco-brachial avec la
branche coracoïdienne du biceps.

L'extrémité supérieure du tendon est courte et un
peu arrondie à sa face postérieure, et plus plate à
sa face antérieure ; la longue portion charnue du
biceps montant plus haut que le corps musculeux
du demi-tendineux : il en résulte que le tendon
supérieur est plus long postérieurement du côté du
demi-tendineux, qu'antérieurement du côté de la
longue branche du biceps.

La portion charnue est moins grosse à ses extrémités que dans sa partie moyenne, et son extrémité
inférieure est plus grêle que la supérieure ; elle est
divisée par un corps tendineux grêle, en forme d'intersection, à laquelle ses fibres aboutissent obliquc-
ment ; cette intersection se prolonge du tendon supérieur au tendon inférieur, lequel est très-long,
arrondi, grêle, et descend derrière l'articulation
du genou du côté interne, entre le jumeau interne
et le demi-membraneux, pour se porter ensuite au-
dedans et un peu en avant du tibia, au-dessous de
la tubérosité interne, après s'être réuni avec le
grêle interne par une aponévrose commune, dont la
face antérieure est recouverte par le tendon du couturier, avec lequel elle s'unit aussi, et dont la face
postérieure adhère au ligament latéral interne du
genou.

Usages. Ce muscle sert à la flexion de la jambe
sur la cuisse ; il peut seul contourner la jambe de
dehors en dedans, quand elle est médiocrement fléchie. Il est ainsi l'antagoniste du biceps.

Ce muscle soutient le bassin dans l'homme debout,
et l'empêche de s'incliner en avant; il sert aussi à
redresser le tronc lorsqu'il est incliné.

Du demi-membraneux (1).

Situation. Ce muscle est obliquement situé à la partie postérieure de la cuisse supérieurement, et à sa partie interne inférieurement, ainsi qu'à la partie supérieure interne de la jambe, s'étendant de la tubérosité de l'ischion, au-dessous du condyle interne du tibia.

Figure. C'est un muscle long, mince et large supérieurement, plus gros inférieurement.

Divisions. On peut y considérer deux extrémités, et une portion moyenne.

Confrontations et attaches. C'est par ses deux extrémités tendineuses que ce muscle est attaché. Le tendon supérieur adhère à la partie postérieure de la tubérosité de l'ischion entre le carré qui est antérieur, le biceps, et le demi-tendineux qui sont postérieurs.

Le tendon inférieur est attaché à trois endroits par trois portions distinctes, dont l'une est externe, l'autre est moyenne, et la troisième est interne; la portion externe se réfléchit en dehors et en haut vers le condyle externe du fémur, en s'épanouissant et adhérant à la partie postérieure de la capsule du genou qu'il fortifie beaucoup.

La portion moyenne s'attache à la face postérieure du condyle interne du tibia, et fournit une expansion aponévrotique qui couvre une portion de la face postérieure du muscle poplité; la troisième portion de ce tendon, qui est la plus consi-

---

(1) Le cinquième des muscles moteurs de la jambe, *Vesala*, lib. II, cap. 53. *Semimembranosus*, Riolan : *Anthrop.*, lib. V, cap. 42. Le demi-membraneux de *Winslow*, *Lieutaud*, *Sabatier*, *Boyer*, *Gavard*. Ischio-popliti-tibial, *Chaussier* et *Dumas*.

dérable , est d'abord très-unie à la moyenne : elle est
plus longue qu'elle , et se porte plus en avant pour
s'attacher à la partie inférieure interne et un peu
antérieure de la tubérosité interne du tibia, à laquelle
elle est unie , moyennant une capsule synoviale.

On peut considérer à la portion moyenne quatre
côtés , un interne , un externe , un antérieur , et
un postérieur.

L'interne confronte avec le troisième adducteur
et le demi-tendineux , et se trouve recouvert par le
droit interne et l'aponévrose du fascia lata.

L'externe est plus large à sa partie inférieure que
supérieurement ; il confronte avec le nerf sciatique ,
laissant inférieurement un intervalle pour les vaisseaux poplités qui le séparent du biceps.

L'antérieur recouvre le carré et le troisième adducteur.

Le postérieur est couvert par la longue portion du
biceps , le demi-tendineux , et l'aponévrose du fascia
lata.

Structure. Ce muscle est terminé par deux tendons entre lesquels est un corps charnu ; le tendon
supérieur, qui fait environ le tiers de l'étendue du
muscle , est applati , plus épais à son bord externe
qu'à son bord interne qui est très-mince. Ce tendon ,
aminci en forme d'aponévrose , couvre une grande
partie de la face externe et un peu postérieure du
corps charnu , et la pénètre.

Ce corps charnu fait un peu plus que le tiers de
la longueur du muscle ; ses fibres sont obliques ; sa
partie moyenne est plus grosse , et son extrémité
inférieure , qui est grêle , est unie à un tendon court
et arrondi derrière , dont se détachent quelques aponévroses.

Usages. Ce muscle sert , comme le demi - tendineux , à la flexion de la jambe , et à la contourner
en dedans ; il fixe le bassin en arrière lorsque nous

sommes debout, et l'y ramène lorsque le corps a été
fléchi en avant, et qu'il se redresse ; par l'expansion que son tendon inférieur fournit à la capsule
du genou, il la soulève, et l'éloigne des condyles du
fémur et du tibia pour la mettre à l'abri du froissement.

Les vaisseaux des muscles de la région postérieure de la cuisse appartiennent aux iliaques postérieures et antérieures, aux crurales ; les *nerfs*
aux plexus lombaires sacrés, aux fémoraux, et
aux sciatiques.

DEUXIÈME SECTION.

Des muscles de la jambe.

La jambe peut être divisée en trois régions, l'antérieure, l'externe et la postérieure.

PREMIÈRE RÉGION.

Des muscles de la région antérieure de la jambe.

Ces muscles sont, le jambier antérieur, l'extenseur
propre du gros orteil, l'extenseur long des quatre derniers orteils, le petit péronier ou péronier antérieur.

Du jambier antérieur (1).

Situation. Ce muscle, comme son nom l'indique,
est placé à la partie antérieure de la jambe, et à la
partie supérieure et interne du pied, s'étendant de

---

(1) Le sixième des muscles qui meuvent le pied, *Vesale*,
lib. I, cap. 49. Le premier muscle antérieur du pied, *Columbus :
De re anat.*, lib. V, cap. 30. *Tibieus anticus*, Riolan : *Anthrop.*,
lib. V, cap. 44. *Tibialis anticus*, Cowper, Albinus. Le jambier
antérieur, *Lieutaud, Sabatier, Boyer.* Tibio-sus-tarsien, *Chaussier.* Tibio-sus-métatarsien, *Dumas.*

l'extrémité supérieure du tibia au premier os cunéiforme.

Figure. Allongé et de forme presque triangulaire.

Divisions. Ayant trois faces : l'une antérieure, l'autre interne, et la troisième externe ; une extrémité supérieure et une inférieure.

Confrontations. La face antérieure n'est couverte que par la peau et par l'aponévrose tibiale, et inférieurement par le ligament annulaire du tarse.

La face interne du corps charnu correspond à la face externe du tibia.

Sa face externe au long extenseur commun des orteils supérieurement, et à l'extenseur propre du gros orteil inférieurement.

Attaches. Le jambier antérieur est attaché, par son extrémité supérieure, à la tubérosité externe du tibia un peu antérieurement, ainsi qu'à la partie supérieure de la face externe de cet os.

Il unit inférieurement son tendon après avoir couvert antérieurement le tiers inférieur du tibia, et descendant sous le ligament annulaire qui lui est commun avec le tendon de l'extenseur commun des orteils, l'extenseur propre de ce doigt, et le petit péronier antérieur, ensuite se divise en deux tendons très-courts, dont l'antérieur, plus petit, s'attache à la partie interne et inférieure de l'extrémité postérieure, ou de la base du premier os du métatarse, et le postérieur adhère à la partie antérieure et interne de la base du premier os cunéiforme.

Structure. Ce muscle est formé d'un corps charnu de forme irrégulièrement triangulaire, assez gros supérieurement, qui devient grêle inférieurement, et qui termine par un tendon très-long et aplati.

Usages. Ce muscle est destiné à fléchir le pied sur la jambe ; il contourne légèrement le pied, de manière que son bord interne se relève et se porte en avant et en haut, en même temps que le bord externe du pied s'abaisse et rentre en dedans ; il peut aussi fléchir la jambe sur le pied lorsque celui-ci est fixé solidement, ou par quelque obstacle étranger, ou par ses muscles extenseurs; dans un homme debout il empêche la jambe de se renverser en arrière.

De l'extenseur propre du gros orteil (1).

Situation. Ce muscle est placé à la partie antérieure de la jambe, s'étendant de la partie moyenne du péroné jusqu'à la seconde phalange du pouce.

Figure. Long, aplati sur les côtés, rétréci à ses extrémités.

Divisions. Face interne et externe, bord antérieur, bord postérieur, extrémité supérieure et inférieure.

Confrontations. La face interne répond au jambier antérieur ; l'externe au long extenseur commun des orteils.

Le bord antérieur charnu est couvert par ses deux muscles, entre lesquels il est placé, et son tendon n'est inférieurement recouvert que par l'aponévrose tibiale et par la peau.

Attaches. Son bord postérieur adhère par de courtes fibres tendineuses à la face moyenne du péroné, et à la face antérieure du ligament interosseux.

Le tendon de ce muscle, après avoir passé sous

---

(1) Le quinzième des muscles qui meuvent les doigts du pied, *Vesale*, liv. II, ch. 60. Le troisième muscle antérieur du pied, *Columbus*. L'extenseur du pouce, *Riolan*. Extenseur long du pouce, *Cowper*. Le grand extenseur du pouce du pied, *Winslow*. Extenseur propre du pouce, *Albinus*, liv. III, ch. 228 ; *Sabatier*. Péronéo-sus-phalangettien du pouce, *Chaussier*. Péronéo-sus-phalanginien du pouce, *Dumas*.

le ligament annulaire du pied dans une rainure qui lui est propre, et après avoir parcouru obliquement le dos du pied, de derrière en avant et de dehors en dedans, s'attache à la partie supérieure de l'extrémité postérieure de la dernière phalange du gros orteil.

Structure. Il est formé d'un corps charnu qui grossit d'abord en descendant, et se rétrécit ensuite en donnant naissance à un tendon long et assez gros, aplati, qui couvre la portion moyenne inférieure de ce muscle, et qui descend presque jusqu'au ligament annulaire ; les fibres charnues qui y aboutissent sont adhérentes par leur autre extrémité à de courtes aponévroses attachées au petit péronier et au ligament interosseux.

Le tendon, après avoir passé sous le ligament annulaire, s'aplatit en formant une expansion à la capsule articulaire du gros orteil avec le premier os du métatarse.

Usages. Ce muscle est un puissant extenseur du pouce ; il peut aussi fléchir le pied, et même incliner la jambe sur le pied, si le pouce étoit fixé par ses fléchisseurs, ou de quelqu'autre manière.

Du long extenseur des quatre derniers orteils (1).

Situation. C'est un très-gros muscle qui occupe la partie antérieure de la jambe, et supérieure du pied, s'étendant de l'extrémité supérieure du tibia

---

(1) Le quatorzième des muscles moteurs des doigts du pied, *Vesale.* Le second muscle antérieur du pied, *Columbus. Longus digitum tensor sive cnimodactyleus*, Riolan : *Anthrop.*, lib. V, p. 330 et 340. Extenseur long des doigts, *Cowper.* Le long extenseur commun des quatre doigts du pied, *Winslow, Lieutaud, Sabatier, Boyer.* Le péronéo-sus-phalangettien commun, *Chaussier.* Le péronéo-tibi-sus-phalangettien commun, *Dumas.*

et du péroné jusqu'aux troisièmes phalanges des quatre derniers orteils.

Figure. Quadrangulaire supérieurement, plus gros à sa partie moyenne, aplati et grêle inférieurement.

Divisions. Trois faces et un bord. Des faces, l'une est antérieure, et les deux autres latérales, distinguées en interne et externe.

Confrontations et attaches. La face antérieure n'est recouverte que par l'aponévrose tibiale et par la peau.

La face externe confronte supérieurement avec le long péronier latéral, à sa partie moyenne avec le court péronier latéral ; inférieurement elle est confondue avec le petit péronier ou péronier antérieur.

La face interne confronte supérieurement avec le jambier antérieur, inférieurement avec l'extenseur propre du gros orteil.

Attaches. Par son bord postérieur à la face antérieure du ligament interosseux, et à la partie antérieure de la face interne du péroné ;

Par son extrémité supérieure à la tubérosité externe du tibia et du péroné, inférieurement aux secondes et aux troisièmes phalanges des quatre derniers orteils.

Structure. Le corps de ce muscle se divise d'abord en trois portions charnues, dont chacune termine par un tendon aplati qui passe sous le ligament annulaire, comme dans un anneau, conjointement avec le tendon du péronier antérieur.

C'est en passant sous ce ligament annulaire que le corps charnu le plus proche du bord interne du pied se divise en deux ; chacun est pourvu d'un tendon, dont il résulte quatre tendons qui se portent sur le dos du pied de derrière en avant, et de dedans en dehors, en passant par-dessus, se croisant avec les portions charnues et les tendons du court extenseur ou du pédieux.

Les quatre tendons du long extenseur des quatre derniers orteils, parvenus sur les premières phalanges, s'unissent aux tendons des lombricaux, et à ceux des interosseux.

Les trois internes se réunissent avec autant de tendons du court extenseur ou pédieux, et le quatrième est ordinairement joint au tendon du péronier ; et lorsqu'ils sont sur l'articulation des premières et des secondes phalanges, chaque tendon est divisé en trois bandelettes, dont la moyenne se termine à la base de la seconde phalange, et les deux autres, après s'être réunies sur la face dorsale de cette seconde phalange, passent sur son articulation avec la troisième, à laquelle est attachée l'extrémité de chaque tendon de l'extenseur commun.

Usages. Les usages de ce muscle sont d'étendre les quatre derniers orteils, et quelquefois de fléchir le pied ; il peut aussi rapprocher la jambe du pied, lorsque celui-ci est solidement fixé.

Du péronier antérieur (1).

Ce muscle existe toujours ; mais il est quelquefois tellement confondu avec l'extenseur commun, comme

(1) Le huitième des muscles qui meuvent le pied, *Vesale : Hum. corp. fab.*, lib. II, cap. 59. Le cinquième muscle antérieur du pied, *Columbus. Peroneus anticus*, Riolan, lib. V, cap. 333. Le second péronier, *Cowper*. Second et antérieur, *Douglass*. Le moyen péronier, communément dit péronier antérieur, *Winslow*. L'antérieur de *Lieutaud*, qui a remarqué que ce muscle avoit du rapport avec le radial antérieur : *Anat. hist.*, t. I, p. 3a8. Le court péronier, *Sabatier*. Le péronier antérieur, *Boyer*. Péronien antérieur, *Gavard*. Le petit péronéo-sus-métatarsien, *Chaussier* et *Dumas*.

Lieutaud, l'un de nos meilleurs anatomistes français, l'a fait remarquer, qu'on a cru, sans raison, qu'il manquoit quelquefois.

Situation. Il est placé antérieurement sur la partie moyenne et inférieure de la jambe, d'où il s'étend sur le dos du pied jusqu'à la base du cinquième os du métatarse.

Divisions. On y remarque une portion charnue, qui a deux faces, une latérale interne, et l'autre latérale externe, un bord antérieur et un bord postérieur, un tendon qui est aplati.

Confrontations et attaches. Sa face interne est unie à l'extenseur commun des orteils.

La face externe adhère à l'aponévrose tibiale, derrière laquelle elle est placée ; le bord antérieur est couvert, et uni à l'extenseur commun des orteils.

Le bord postérieur correspond au tiers inférieur du bord antérieur du péroné, et y adhère par des fibres courtes et aponévrotiques, ainsi qu'à la face antérieure du ligament interosseux.

Le tendon de ce muscle, après avoir passé sous le ligament annulaire du pied dans une coulisse, conjointement avec les tendons du long extenseur, couvre le bord externe du pédieux ; et après s'être élargi en forme d'aponévrose, qui se réunit au dernier tendon du court extenseur, il s'attache au côté interne de l'extrémité postérieure du cinquième os du métatarse.

Quelquefois ce tendon est divisé en deux parties, dont l'une est attachée à la base du cinquième os du métatarse, et l'autre à son corps, près de son extrémité antérieure.

Structure. Ce muscle est charnu supérieurement, et tendineux inférieurement ; la portion charnue supérieure est irrégulièrement triangulaire, et un

peu arrondie ; elle est grêle inférieurement ; elle se
réunit en un tendon plutôt extérieurement et antérieurement qu'ailleurs ; des fibres musculaires l'accompagnent presque jusqu'au ligament annulaire ,
sous lequel passe le tendon , après s'être aplati à sa
face supérieure , et encore plus dans la face inférieure qui touche aux os.

On trouve souvent sous ce tendon des concrétions
plus ou moins compactes de la nature des os sésamoïdes.

Usages. Ce muscle sert à fléchir le pied en relevant son bord externe ; il peut aussi rapprocher la
face antérieure de la jambe de la face dorsale du
pied, lors, par exemple, qu'on veut se baisser pour
relever un corps, ou qu'on veut se mettre à genoux ;
il maintient la jambe fixée lorsque nous sommes
debout.

Les vaisseaux des muscles de cette région viennent de la tibia antérieure ; les *nerfs* , de la branche
externe du sciatique.

SECONDE RÉGION.

Des muscles de la région externe de la jambe.

Ces muscles sont le long péronier latéral , le
court péronier latéral.

Du long péronier latéral (1).

Situation. C'est un des plus longs muscles de l'extrémité inférieure.

---

(1) Le septième des muscles moteurs du pied, *Vesale.* Le
quatrième muscle antérieur du pied, *Columbus. Peroneus posticus* , Riolan : *Anthrop.* , lib. V, cap. 3. Le long péronier
postérieur , *Winslow.* Long péronier d'*Albinus*, p. 579. Le
long péronier latéral de *Boyer.* Le long péronien de *Gavard.* Le
péronéo-sous-tarsien , *Chaussier.* Tibi-péronéo-tarsien , *Dumas.*

Il est placé à la partie externe de la jambe, passe derrière la malléole externe, et marche obliquement sous la plante du pied jusqu'à la partie moyenne près de son bord interne.

Figure. Sa portion supérieure est de forme triangulaire et assez grosse ; sa portion inférieure est grêle et rétrécie.

Divisions. Il est divisé en deux parties, dont la moitié supérieure est charnue, et la moitié inférieure tendineuse : la portion charnue a quatre petites faces, l'interne, l'externe, une antérieure, et l'autre postérieure.

Confrontations et attaches. La face latérale interne de la portion charnue de ce muscle confronte et même adhère à la face latérale et un peu postérieure de la tubérosité externe du tibia, à la face externe de la partie supérieure du péroné, et au muscle extenseur commun des orteils, avec lequel il est supérieurement confondu.

La face latérale externe n'est recouverte que par la peau et par l'aponévrose tibiale, à laquelle elle adhère.

La face antérieure correspond à l'extenseur commun des orteils.

La face postérieure confronte avec le muscle solaire et le long fléchisseur du gros orteil, dont il est cependant séparé par un repli de l'aponévrose tibiale.

Le tendon de ce muscle revêt le court péronier latéral et passe dans un anneau ligamenteux ; il s'en éloigne ensuite pour s'insinuer dans la gouttière oblique de la plante du pied, étant dans tout ce trajet maintenu par une gaîne membraneuse très-forte : il termine par s'attacher à la partie externe et inférieure de l'extrémité postérieure du premier os du métatarse.

Structure. Les fibres charnues de ce muscle sont

d'inégale longueur : les externes et antérieures aboutissent plus haut au tendon , et les internes plus bas ;
il en résulte que ce muscle est tendineux dans un
plus grand espace du côté de l'aponévrose tibiale
et du côté de la peau , que du côté du péroné.

Son tendon est plus mince et plus plat à son extrémité supérieure vers la portion musculeuse dont
il provient, que du côté du pied où il a plus de
largeur et moins d'épaisseur. On a fréquemment
remarqué, dans les vieilles personnes sur-tout , qu'il
y avoit dans cette gaîne des concrétions synoviales
très-dures, même de vrais os sésamoïdes.

Usages. Ce muscle fléchit le pied sur la jambe ,
en tournant son bord interne en en-bas , et en le
portant en dehors.

Du court péronier latéral (1).

Situation. Il occupe la partie latérale externe et
un peu postérieure de la jambe , couvre la moitié
inférieure du péroné , et se prolonge jusqu'au cinquième os du métatarse.

Figure. Muscle long, plus volumineux dans sa
partie moyenne qu'à ses extrémités, sur-tout l'inférieure, qui est grêle et tendineuse.

Divisions. Face interne, face externe, extrémité
supérieure et extrémité inférieure.

Confrontations et attaches. Sa face externe est
couverte par les deux tiers inférieurs du long péronier, et par l'aponévrose tibiale. Sa face interne
est supérieurement unie au long extenseur commun

(1) Le neuvième des muscles qui meuvent le pied , *Vesale* ,
lib. II, cap. 59. Le treizième muscle du pied, *Columbus.* Le
petit péronier de *Winslow.* Troisième péronier, *Albinus* , p. 592.
Le court péronier , *Lieutaud.* Court péronier-latéral , *Boyer.* Le
court péronien , *Gavard.* Petit péronéo-sus-métatarsien , *Chaussier* et *Dumas.*

des orteils, et inférieurement avec le long fléchisseur du gros orteil.

La portion charnue est attachée à la face latérale externe du péroné, au-dessous et derrière le muscle précédent.

Structure. Ce muscle est charnu dans sa partie supérieure, excepté à son insertion au péroné où il est terminé par quelques fibres tendineuses.

La portion charnue de ce muscle fait à peu près les deux tiers de sa longueur.

La face externe est inférieurement recouverte par le tendon auquel beaucoup de ses fibres se rendent ; ce n'est qu'à la malléole externe que finissent les fibres musculaires ; le tendon est au-dessous d'elle : il est d'abord rond, et ensuite s'aplatit à peu près dans toute l'étendue de sa partie moyenne.

Le tendon de ce muscle descend et passe derrière la malléole externe dans un ligament annulaire, au-devant du long péronier latéral, dont il se sépare pour se porter au bord externe de l'extrémité postérieure du cinquième os du métatarse.

Usages. Ce muscle fléchit le pied sur la jambe, et le porte un peu en dehors, en inclinant la plante du pied en dehors ; il peut aussi servir à la flexion de la jambe sur le pied.

Les vaisseaux et les nerfs de cette région proviennent des poplités.

TROISIÈME RÉGION.

Des muscles de la région postérieure de la jambe.

On y trouve les jumeaux, le solaire, le plantaire, le poplité, le long fléchisseur du pouce, le fléchisseur commun des quatre derniers orteils, le jambier postérieur.

Des muscles jumeaux (1).

Nom. Ces muscles ont été appelés *jumeaux* ou *gastrocnemiens*, par rapport à leur ressemblance.

Situation. Ils sont placés à côté l'un de l'autre à la partie postérieure de la jambe, formant une grande partie du molet ou du gras de la jambe; l'un occupant sa partie interne, et l'autre sa partie externe : ils s'étendent du fémur au calcanéum.

Confrontations. La face externe ou postérieure est recouverte dans presque toute son étendue par l'aponévrose du fascia lata.

La face interne ou antérieure recouvre une partie des condyles du fémur, la face postérieure de la capsule et des ligamens du genou, les extrémités supérieures du tibia et du péroné, le muscle plantaire grêle, le poplité et le solaire.

Le jumeau interne excède le bord interne du tibia; l'externe de l'autre jumeau déborde le péroné, mais moins que le jumeau interne ne déborde le tibia. Les bords par lesquels les deux jumeaux se correspondent, laissent un interstice triangulaire dans lequel passent des vaisseaux sanguins et des nerfs.

Attaches. Le jumeau interne s'attache par son tendon au-dessus de la partie postérieure du condyle interne du fémur, et le jumeau externe adhère au-dessus de la partie postérieure du condyle externe : la portion des condyles placée sous ces tendons est couverte d'une expansion ligamenteuse, sur laquelle glissent ces tendons dans les divers mouvemens des muscles jumeaux. Inférieurement, les tendons des deux jumeaux, réunis à celui du solaire,

(1) Le premier et le second muscles moteurs du pied, *Vesale*, lib. II, cap. 59; *Gemelli*, *Gastronimii*. Les grands jumeaux, *Winslow*. Les jumeaux, *Lieutaud*, *Sabatier*, etc. Bifémoro-calcanien, *Chaussier* et *Dumas*.

2. 46

s'attachent à la partie inférieure de l'extrémité postérieure du calcanéum.

Structure. Les deux jumeaux sont supérieurement terminés par un tendon ; celui de l'interne est plus épais et plus long que celui de l'externe.

Leurs portions charnues, d'abord aplaties, sont inférieurement un peu arrondies et terminées par un tendon aponévrotique large, qui se réunit au tendon du solaire, plutôt extérieurement qu'en dedans (1).

Le jumeau interne descend un peu obliquement de haut en bas et de dedans en dehors, et plus bas que le jumeau externe, qui descend plus transversalement.

Les fibres charnues du jumeau interne sortent du bord externe du tendon supérieur, et celles du jumeau externe sortent du bord interne et de la face antérieure de son tendon, et les unes et les autres s'unissent à la face postérieure du tendon large, qui leur est commun, sans se confondre entre elles.

Usages. Les jumeaux servent à l'extension du pied sur la jambe ; ils peuvent aussi concourir à la flexion du fémur sur la jambe. Par leurs attaches à la partie postérieure de la capsule du fémur, ils la soulèvent lorsqu'ils se contractent, et l'éloignent des surfaces osseuses pour en empêcher le froissement.

---

(1) Leurs fibres s'entrecroisent en différens sens, comme je l'ai vu dans un tendon d'Achille que j'avois fait bouillir. La réunion des jumeaux et du solaire est si intime, que *Lieutaud* voudroit qu'on les regardât comme un muscle à trois têtes : *Anat. hist.*, t. I, p. 330.

Du plantaire (1).

Figure et situation. C'est un très - long muscle fort grêle, placé entre les jumeaux et le solaire, s'étendant obliquement du fémur au calcanéum.

Confrontations et attaches. La face externe de la partie musculaire est couverte par l'aponévrose du fascia lata et par les jumeaux. La face interne couvre une petite portion du condyle externe du fémur, auquel il est attaché ; de la face postérieure de la capsule articulaire du genou, à laquelle il est aussi adhérent ; de l'artère poplitée ; de la branche interne du nerf sciatique et du muscle solaire.

Ce muscle descend obliquement de dehors en dedans, et finit par un tendon grêle et aplati, interposé entre les jumeaux et le solaire pour se placer au bord interne du tendon d'*Achille*, à l'extrémité duquel il adhère par son bord externe. Il s'élargit auprès du calcanéum, et termine par adhérer très-intimement à la capsule du tendon d'Achille, et à la partie postérieure, supérieure et interne du calcanéum.

Structure. Il est formé d'une portion charnue et d'un tendon. La portion charnue est composée de fibres longitudinales, de la réunion desquelles résulte un tendon dont elle n'a que le quart de la longueur du tendon, lequel est très-grêle, un peu aplati, de la grosseur d'une petite plume à écrire ; il est formé d'un tissu cellulaire qu'on peut facilement épanouir en forme de ruban.

Usages. On a attribué à ce muscle la faculté

_____

(1) *Vesale* le désignoit par le nom de *troisième moteur du pied*, lib. II, cap. 59. *Plantaris*, Riolan : *Anthrop.*, lib. V, cap. 43. Le jambier grêle, vulgairement le plantaire, *Winslow*, *Albinus*, *Lieutaud*, *Sabatier* et *Boyer*. Le jambier grêle, *Gavard*. Le petit fémoro-calcanien, *Chaussier* et *Dumas*.

d'étendre le pied sur la jambe, et réciproquement la jambe sur le pied ; mais ce muscle est si grêle et a si peu de force, qu'il doit peu concourir à de pareils effets ; il paroît plus propre à éloigner la capsule du genou des surfaces osseuses des condyles du fémur et du tibia, et à soulever la capsule du tendon d'Achille.

Du solaire (1).

Nom et figure. Ce nom paroît lui venir de sa figure ovalaire, dans laquelle on a cru voir celle du poisson appelé *sole.*

Situation. Ce muscle forme une grande partie du gras de la jambe. Il est placé au-dessous du poplité, et s'étend du péroné et du tibia au calcanéum.

Divisions. On peut y considérer une face interne et antérieure, une face externe et postérieure, un bord interne et un externe, deux extrémités, l'une supérieure, l'autre inférieure.

Confrontation. Sa face antérieure recouvre le long péronier, le poplité, le quart supérieur de la face postérieure du péroné, une partie du fléchisseur des quatre derniers orteils, du jambier postérieur, les artères tibiales et péronières, et les deux tiers de la face postérieure du calcanéum. Sa face postérieure est recouverte par les jumeaux, le plantaire, et l'aponévrose de la jambe.

Attaches. Supérieurement le solaire est attaché à la face postérieure de l'extrémité supérieure du péroné.

---

(1) Le quatrième des muscles moteurs du pied, *Vesale. Solæus,* Riolan ; lib. V, p. 334. Le solaire, *Duverney : Œuvres posthumes*, t. I, p. 521. Le solaire, *Winslow : Traité des muscles*, §. 484 ; *Lieutaud, Sabatier* et *Boyer.* Tibio-calcanien, *Chaussier.* Tibio-péronéi-calcanien, *Dumas.*

Par sa partie moyenne et par son bord interne,
il s'attache à l'interstice de la ligne oblique qu'on remarque à la face postérieure du tibia. Au-dessous de
l'insertion du poplité, il y a une échancrure dans laquelle s'insinuent les vaisseaux poplités pour parcourir
la face antérieure du solaire.

Le tendon de ce muscle est réuni à celui des jumeaux,
et accompagné, comme il a été dit, du plantaire
grêle, après avoir recouvert, sans s'y attacher, plus
de la moitié supérieure de la face postérieure du
calcanéum, pourvue d'un cartilage mince et humecté
d'un suc synovial ; il est encore retenu dans une
capsule membraneuse, s'implante au-dessous de la
partie moyenne inférieure de la face postérieure de
cet os, et s'y ramifie très-profondément.

L'interstice qui sépare la face antérieure du tendon d'Achille, et la partie postérieure et inférieure
du tibia et du péroné, ainsi que des muscles qui revêtent ces os, est rempli de tissu cellulaire et de
graisse (1).

Structure. Ce muscle est formé de trousseaux
charnus, et attaché supérieurement à une aponévrose tendineuse ; sa face postérieure est recouverte
d'une autre aponévrose tendineuse, à laquelle adhèrent les trousseaux les plus postérieurs du solaire.

Cette aponévrose, ainsi que les trousseaux charnus, se réunissent inférieurement pour former un
tendon large et épais qui se confond, comme il a
été dit, avec celui des jumeaux, aussi long, mais
qui n'a pas le tiers de son épaisseur, et encore avec
le tendon du plantaire, pour former le plus fort

---

(1) C'est dans cet interstice qu'Achille passa une courroie
pour traîner Hector autour des murailles de Troie. C'est par
cette partie qu'on suspend le corps des animaux les plus pe-
sans, tels que les cochons, les bœufs, etc.

tendon du corps humain, qu'on a appelé *tendon d'Achille* (1).

Ce tendon a plus de hauteur postérieurement qu'antérieurement, parce que les fibres musculaires des jumeaux descendent moins bas que celles du solaire. Il est plus large et un peu moins épais à son extrémité supérieure qu'il ne l'est auprès de son insertion au calcanéum.

Il est renfermé dans une gaîne membraneuse, humectée d'un suc synovial, laquelle adhère autour de la facette supérieure du calcanéum, et forme en cet endroit une espèce de capsule articulaire à la partie inférieure du tendon d'Achille.

Usages. Le solaire et les jumeaux étendent le pied sur la jambe et la jambe sur le pied. L'extension du pied sur la jambe est d'autant plus facile, que le tendon d'Achille s'implante à la partie inférieure de la face postérieure du calcanéum, loin du centre de l'articulation des extrémités inférieures du tibia et du péroné avec la face supérieure du corps de l'astragal. Les jumeaux et le solaire maintiennent la jambe dans sa rectitude, lorsque l'homme est debout et qu'il marche.

Du poplité (2).

Situation. C'est un muscle placé dans le jarret, qui s'étend obliquement de la partie inférieure postérieure et externe du fémur à la partie supérieure et interne du tibia.

Figure. Irrégulièrement pyramidal.

---

(1) Sans doute, d'après ce qui a été dit par les historiens, peut-être par métaphore, que ce guerrier avoit péri de la blessure de ce tendon.

(2) Le muscle caché dans le jarret, *Vesale. Popliteus*, Riolan. Le poplité ou jarretier, *Winslow*. Le fémoro-popliti-tibial, *Chaussier* et *Dumas*.

Divisions. On peut y distinguer deux faces, une antérieure et l'autre postérieure ; trois bords, l'un est supérieur, l'autre externe, et le troisième interne.

Confrontations et attaches. La face antérieure de ce muscle recouvre la capsule du genou, une portion du condyle externe du fémur, de la face postérieure de l'extrémité supérieure du péroné, et encore le quart supérieur de la face postérieure du tibia ; il recouvre aussi l'extrémité supérieure du jambier postérieur.

La face postérieure est aponévrotique, et elle est couverte par le plantaire grêle, les jumeaux, les vaisseaux poplités et la branche interne du nerf sciatique.

Le bord supérieur adhère à la capsule du genou en montant obliquement du tibia sur le condyle externe du fémur, où il est attaché avec l'extrémité du bord externe.

Le bord externe s'étend du condyle externe du fémur au bord interne du tibia, en descendant le long de la ligne oblique du tibia à laquelle il est attaché au-dessus du solaire.

Son bord interne qui est le moins long est fixé à la face postérieure de la capsule du genou, à l'aponévrose du demi-membraneux et au bord interne du tibia.

Structure. Ce muscle est charnu dans toute son étendue, excepté à ses bords où il est un peu tendineux, et encore plus à l'extrémité supérieure qui s'attache au condyle externe du tibia.

Les fibres musculaires qui sont une continuation du tendon de cette extrémité, sont d'inégale longueur, et ont une direction différente ; les supérieures sont les plus courtes et les plus transversales ; les inférieures sont les plus longues, et ont une marche plus oblique.

Ce muscle paroît avoir deux couches charnues, la face postérieure est couverte d'une expansion tendineuse ; ses bords sont aussi tendineux et minces, mais le milieu de ce muscle a beaucoup plus d'épaisseur.

Usages. Ce muscle peut être placé parmi les fléchisseurs de la jambe , il soulève la capsule articulaire ; il peut aussi, quand la jambe est fléchie, tourner le tibia de devant en arrière, et alors la pointe du pied se porte en dedans, et le talon en dehors.

Du long fléchisseur du gros orteil (1).

Situation et étendue. Ce muscle est situé à la partie postérieure et moyenne de la jambe, et s'étend du péroné jusqu'à la dernière phalange du gros orteil.

Divisions. Deux faces, la postérieure et l'antérieure ; deux bords, l'interne et l'externe ; deux extrémités, la supérieure et l'inférieure.

Confrontations. Sa face postérieure est couverte supérieurement par le muscle solaire, inférieurement par le long fléchisseur des quatre derniers orteils, et par l'adducteur du pouce.

Sa face antérieure couvre la face postérieure des deux tiers inférieurs du péroné et du ligament interosseux, une partie de la face postérieure de la capsule articulaire du pied et de la jambe, le court fléchisseur du gros orteil, et les deux phalanges de cet orteil.

---

(1) Le troisième des muscles moteurs des doigts, *Vesale*, lib. II, cap. 60. Le septième muscle de la jambe, *Columbus.* Le fléchisseur du pouce, *Riolan*. Le long fléchisseur du pouce, *Cowper* et *Winslow*. Le péronéo-sous-phalangettien du pouce, *Chaussier*. Péronéo-phalanginien du gros orteil, *Dumas*.

Son bord interne confronte avec le long fléchisseur des orteils, et son bord externe avec les péronés
latéraux.

Attaches. Supérieurement, ce muscle s'attache par
une grande partie de la face antérieure de son corps
charnu, à la face postérieure des deux tiers inférieurs
du péroné, au-dessous de l'attache du muscle solaire.

Son tendon descend, et passe dans une gouttière
creusée dans la partie postérieure de l'astragal, et
dans la partie interne du calcanéum, où il est maintenu par une forte gaîne ligamenteuse; ordinairement uni en cet endroit avec le long fléchisseur des
quatre derniers orteils : ce tendon va s'attacher à la
partie postérieure et inférieure de la dernière phalange du pouce.

Structure. Ce muscle est formé d'un corps charnu
et d'un long tendon; les fibres charnues sont entrecoupées de plusieurs expansions aponévrotiques
qui leur viennent du jambier postérieur et du
court péronier latéral : le tendon monte très-haut
entre les fibres musculaires; il est rond et épais; il
s'élargit et s'aplatit lorsqu'il est parvenu sous la
plante du pied.

Usages. Ce muscle, comme son nom l'indique, est
destiné à fléchir le gros doigt du pied sur le premier
os du métatarse; il fléchit d'abord la dernière phalange sur la première, et celle-ci sur l'os du métatarse, avec lequel il est articulé; il sert aussi à l'extension du pied sur la jambe.

Du long fléchisseur des quatre derniers orteils (1).

Nom. Ce muscle qu'on apelle ordinairement le
fléchisseur commun des orteils, ne les fléchit pas

(1) Le second des muscles qui meuvent les doigts du pied,
Vesale, lib. II, cap. 60. Le sixième muscle de la jambe,

2. 47

tous les cinq, mais les quatre derniers seulement, comme son nom l'indique.

Situation. Il s'étend de la partie supérieure et postérieure de la jambe jusqu'aux dernières phalanges des quatre derniers orteils.

Figure. Il est long, rétréci à ses extrémités, et plus gros dans son milieu.

Divisions. Deux faces, l'une antérieure, et l'autre postérieure; deux bords latéraux, deux extrémités, l'une supérieure, et l'autre inférieure.

Confrontations et attaches. Sa face antérieure couvre plus des deux tiers inférieurs de la face postérieure du tibia et y est attachée; elle couvre la face postérieure des ligamens capsulaires et des autres ligamens postérieurs de l'articulation du pied avec la jambe, l'abducteur du gros orteil, les lombricaux.

La face postérieure de ce muscle est recouverte par le muscle solaire, et par l'aponévrose de la jambe.

Son tendon passe derrière et sous la malléole interne; il est placé sur celui du jambier potérieur, dont il est séparé par un ligament annulaire; ensuite il s'insinue dans la gouttière du calcanéum, dans laqu'elle il est fixé par un ligament capsulaire.

Ce tendon passe sous celui du long fléchisseur du pouce, qui a une direction différente de la sienne, et avec lequel il est un peu uni par une petite languette aponévrotique; il est encore uni postérieu-

---

Columbus. Longus digitorum flexor sive pero-dactyleus, Riolan : *Anthrop.* , lib. V, cap. 44. Le fléchisseur de la troisième phalange des doigts, ou le perforant de *Spigel*; le perforant de *Cowper*, de *Winslow*, qui y comprend aussi l'accessoire. *Boyer* a distingué le long fléchisseur commun des orteils de la portion carrée du pied, ou de l'accessoire du long fléchisseur, et en a fait deux muscles : *Myol.* , pag. 396. Le tibio-phalangettien commun, *Chaussier* et *Dumas*.

rement avec une portion charnue qui a la forme
d'un carré long et dont on a formé un muscle
particulier, qu'on a appelé l'accessoire du long fléchisseur commun des orteils, dont nous parlerons
plus bas.

Le tendon du long fléchisseur, parvenu vers le
milieu de la plante du pied, après s'être un peu
élargi, se divise en quatre petits tendons qui s'éloignent en se portant d'abord vers les têtes des quatre
derniers os du métatarse où ils passent sous les brides
que l'aponévrose plantaire y forme : chacun s'insinue dans la gaîne ligamenteuse de la face inférieure
des quatre derniers orteils, et parvenu vers le milieu
de leurs premières phalanges, il s'insinue dans l'ouverture longitudinale formée par l'écartement des
deux languettes du fléchisseur court, dont il est
d'abord recouvert et qu'il recouvre ensuite, pour s'attacher à la face inférieure des troisièmes phalanges
près de leur base.

Structure. Ce muscle est formé d'un corps charnu
qui occupe la partie postérieure et presque supérieure
de la jambe, et d'un tendon auquel adhère une
seconde portion musculaire placée à la plante du
pied.

La portion charnue qui est d'abord grêle, et
formée de fibres longitudinales, grossit ensuite pour
se rétrécir inférieurement ; elle est attachée à un
tendon arrondi, dont le volume augmente à proportion qu'il descend, mais en s'aplatissant. Ce tendon commence presqu'à l'extrémité supérieure de
la face interne et postérieure de la portion charnue
qui descend près de la malléole interne. Ce tendon,
en passant ensuite derrière et sous cette malléole,
est arrondi ; mais il s'aplatit en passant sous la
voûte du calcanéum : il s'unit ensuite à la portion charnue de figure carrée ou à l'accessoire du
long fléchisseur, et se divise en quatre tendons qui

se rendent, comme il a été dit plus haut, aux derniers orteils.

Usages. Ce muscle fléchit les troisièmes phalanges des quatre derniers orteils sur les secondes ; celles-ci sur les premières, qu'il peut aussi fléchir sur le pied : il fixe aussi la jambe, et l'empêche d'être fléchie dans l'homme qui est debout.

Du jambier postérieur (1).

Situation. A la partie postérieure de la jambe, comme son nom l'indique.

Étendue. Depuis le tibia et le péroné jusqu'à l'os scaphoïde.

Figure. Ce muscle est long, de forme triangulaire, volumineux supérieurement, grêle et tendineux inférieurement.

Divisions. Trois faces, dont l'une est antérieure, l'autre postérieure, la troisième est latérale externe.

Confrontations et attaches. Sa face antérieure couvre une partie de la face postérieure du tibia, à laquelle elle adhère, les deux tiers supérieurs de la face postérieure du ligament interosseux, et s'y attache par des fibres courtes tendineuses.

Sa face externe est attachée à la partie postérieure de la face interne du péroné.

Sa face postérieure est unie avec le long fléchisseur du pouce, et confronte avec le long fléchisseur des quatre derniers orteils, muscles qui sont recouverts par le solaire.

Le tendon du jambier postérieur, parvenu sous la malléole interne du pied, passe dans une coulisse qui y est creusée, et y est maintenu par un liga-

---

(1) Le cinquième des muscles moteurs du pied, *Vesale*. *Tibieus posticus*, *Riolan*. Le jambier postérieur de *Winslow*, *Boyer*, *Gavard*. Tibio-sous-tarsien, *Chaussier*. Tibio-tarsien, *Dumas*.

ment annulaire sans nuire à ses mouvemens; il est séparé par une gaîne, du long fléchisseur des quatre derniers orteils; enfin il parvient sous la face inférieure de la tête de l'astragal, et termine par s'attacher à la tubérosité inférieure de la face interne du scaphoïde, et à la partie postérieure de la base du premier os. cunéiforme.

Structure. L'extrémité supérieure de ce muscle est charnue et divisée en deux portions, dont l'interne, celle qui adhère au ligament interosseux, est plus grosse que l'externe, qui est attachée au péroné; entre elles passent l'artère tibiale antérieure, des veines et quelques branches nerveuses.

Ces deux portions réunies forment le corps du muscle, dont les fibres sont obliques, et se rendent à une aponévrose, et ensuite à un tendon grêle qui grossit à proportion qu'il descend et qu'il recouvre d'abord sa face antérieure et interne, s'aplatit en passant sous la malléole interne pour s'élargir davantage.

Usages. Les usages du jambier postérieur sont d'étendre le pied sur la jambe; il peut aussi retirer la jambe en arrière, et l'empêcher d'être fléchie par le poids du corps de l'homme lorsqu'il est debout, et encore plus si son corps est chargé de quelque poids; il peut aussi tourner le pied en dedans.

Les vaisseaux des muscles de cette région viennent des artères poplitées, des tibiales et péronières postérieures; les *nerfs*, de la branche interne du nerf sciatique.

Du muscle de la région supérieure du pied.

Du court extenseur des orteils (1).

Situation. C'est le seul muscle dont cette région soit pourvue.

Il couvre le dos du pied, s'étendant obliquement du calcanéum, et du ligament annulaire, jusque sur les faces dorsales du pouce et des trois orteils suivans.

Figure. Celle d'un carré long ayant deux faces, l'une supérieure, et l'autre inférieure ; quatre bords, un interne, et l'autre externe, le troisième postérieur, et le quatrième antérieur.

Le bord antérieur est formé de quatre portions musculaires bien séparées, lesquelles sont réunies au bord postérieur.

Confrontations et attaches. Sa face supérieure est recouverte par le tendon du court péronier antérieur, par ceux de l'extenseur des quatre derniers orteils, par l'aponévrose qui revêt le dos du pied qui est une continuation du fascia lata.

Sa face inférieure couvre une grande partie de la face supérieure des os du tarse et du métatarse, et des premières phalanges des quatre premiers orteils, ainsi que les muscles interosseux supérieurs.

---

(1) Le seizième des muscles moteurs du pied, *Vesale*, lib. I, cap. 60. Le dernier muscle du pied, *Columbus. Brevis digitum tensor sive pedicus*, Riolan, lib. V, p. 334. Le court extenseur de *Cowper*. Le court extenseur commun des orteils, *Winslow*, §. 522. Le pédieux, *Sabatier* et *Boyer*. Le calcanéo-sus-phalangettien commun, *Chaussier* et *Dumas*.

Postérieurement ce muscle est attaché à la partie supérieure de la face externe du calcanéum, et au bord antérieur du ligament qui l'unit à la face supérieure de l'astragal, d'où il se porte obliquement de dehors en dedans, et de derrière en avant.

Ses tendons, après s'être croisés avec les quatre tendons de l'extenseur des quatre derniers orteils, se portent sur les premières phalanges des quatre premiers orteils. Le premier, celui du gros orteil, s'attache à la partie supérieure et externe de l'extrémité postérieure de sa première phalange; les trois autres s'avancent sur la face dorsale des autres premières phalanges, où elles s'attachent, et se joignent avec les tendons du long extenseur.

Structure. Il est formé de quatre corps musculeux, dont chacun sort postérieurement d'une petite aponévrose attachée au calcanéum, et à ses ligamens antérieurs et supérieurs; il est terminé antérieurement par un tendon grêle et long.

Les fibres charnues de ces corps musculeux aboutissent au tendon qui leur est mitoyen, lequel est d'abord très-grêle, et grossit à proportion qu'il devient plus antérieur; les deux corps musculeux internes sont plus gros que les deux externes.

Usages. Ce muscle étend les quatre premiers orteils, et les porte en dehors.

RÉGION SECONDE.

Des muscles situés à la région inférieure du pied.

On y trouve l'aponévrose plantaire, l'adducteur du gros orteil, le court fléchisseur des quatre derniers orteils, l'abducteur du petit orteil et l'accessoire du long fléchisseur, les lombricaux, le transversal des orteils, le court fléchisseur du gros orteil, son abducteur, le court fléchisseur du petit orteil, et les interosseux.

De l'aponévrose plantaire.

Situation. Les muscles que nous venons de nommer sont interposés entre une forte membrane,
appelée aponévrose plantaire, et les os du métatarse, ou dans l'interstice que ces os laissent entre eux.

L'aponévrose plantaire s'étend de la partie inférieure et postérieure du calcanéum à la face inférieure
des extrémités antérieures des cinq os du métatarse,
et du bord interne au bord externe du pied.

Confrontation. Sa face inférieure adhère très-intimement avec la peau qui la revêt par le moyen
d'un tissu cellulaire très-serré, et comme tendineux. Ces adhérences sont encore plus intimes dans
les sillons de la plante des pieds que dans le reste
de l'étendue de cette surface plantaire ; car, entre
ces sillons, non-seulement le tissu cellulaire est plus
lâche ; mais il contient aussi plus ou moins de graisse
qui remplit aussi les interstices que les divers muscles
du pied laissent entre eux.

La face supérieure correspond au muscle adducteur du gros orteil, court fléchisseur des quatre derniers orteils, à l'abducteur du petit orteil.

L'extrémité postérieure de l'aponévrose plantaire
adhère à la partie postérieure de la face inférieure
du calcanéum, et est plus rétrécie que le bord antérieur de cette aponévrose, qui est attaché aux parties latérales de la tête de chaque os du métatarse,
par cinq prolongemens qui laissent entre eux des interstices dans lesquels passent les tendons du court
et du long fléchisseur, ainsi que ceux des muscles
lombricaux, les artères, les veines et les nerfs plantaires.

Replis et gaînes. L'aponévrose plantaire forme
aussi des replis qui séparent plusieurs de ces muscles,
et leur fournit des espèces de gaînes, par lesquelles

ils sont maintenus dans leur position naturelle sans nuire à leurs mouvemens.

On peut réduire ces gaînes à trois principales : l'une interne, qui renferme l'adducteur du gros orteil ; l'autre moyenne, la plus forte des trois, qui contient le court fléchisseur des quatre derniers orteils ; la troisième, qui est externe, dans laquelle est logé l'abducteur du petit orteil.

Structure. Presque toutes les fibres de cette aponévrose sont longitudinales ; il y en a très-peu de transversales. Cette aponévrose est plus épaisse, plus forte en arrière qu'en avant, où ses fibres laissent quelques interstices pour que les vaisseaux et les nerfs de l'intérieur du pied communiquent avec ceux de la peau.

Usages. L'aponévrose plantaire met à l'abri des effets violens de la compression les muscles de la plante du pied, les artères, les veines et les nerfs, en même temps qu'elle sert d'attache à quelques-uns des muscles.

De l'adducteur du gros orteil (1).

Situation. Ce muscle est placé du côté interne de la plante du pied depuis le calcanéum jusqu'à la première phalange du gros orteil.

Figure. Il est long et de forme un peu triangulaire : on peut y considérer deux faces, la supérieure, l'inférieure ; deux bords, l'interne, l'externe, et deux extrémités.

Confrontations et attaches. La face supérieure

(1) Le dix-huitième des muscles moteurs des doigts du pied, *Vesale*, lib. II, cap. 60. Le second muscle du pied, qui éloigne le pouce des autres doigts, *Columbus : De re anat.*, lib. V, cap. 31. *Abducens aut thenar*, Riolan, lib. V, pag. 340. Le thénar de *Winslow.* Abducteur d'*Albinus*, de *Sabatier.* L'adducteur de *Boyer*, *Gavard.* Calcanéo-phalangettien du pouce, *Chaussier.* Calcanéo-phalangien du pouce, *Dumas.*

2. 48

est recouverte par la partie antérieure et interne de la face inférieure du calcanéum , par les tendons des jambiers antérieurs et postérieurs , par le long fléchisseur du gros orteil , par les fléchisseurs des quatre derniers orteils , et le court fléchisseur du pouce.

La face inférieure recouvre l'aponévrose plantaire à laquelle elle est très-adhérente.

Son bord interne correspond au premier os du métatarse , au court fléchisseur du gros orteil ; son bord externe est uni postérieurement au court fléchisseur des derniers orteils.

L'extrémité postérieure de ce muscle , qui est charnue et aponévrotique , est attachée à la face inférieure postérieure et un peu interne du calcanéum , ainsi qu'à l'aponévrose plantaire , et au ligament qui attache le calcanéum au tibia.

Son extrémité antérieure , qui est tendineuse , est attachée à la partie postérieure de la face inférieure et interne de la première phalange du gros orteil.

Usages. Ce muscle porte le gros orteil en dedans; il concourt aussi un peu à sa flexion.

Du court fléchisseur des quatre derniers orteils (1).

Situation. Ce muscle est immédiatement placé sur l'aponévrose plantaire , et à peu près au milieu du pied , s'étendant de la partie postérieure et inférieure du calcanéum aux secondes phalanges des quatre derniers orteils.

---

(1) Le premier des muscles qui meuvent les doigts du pied , *Vesale* , lib. II , cap. 60. *Brevis digitum flexor* , *sive pedieus internus vel pterno-dactyleus* , Riolan : *Anthrop.* , p. 335. Le perforé de *Spigel.* Le perforé ou le fléchisseur sublime de *Douglass.* Le court fléchisseur commun des orteils , ou le perforé du pied , *Winslow : Traité des muscles* , 527. Le court fléchisseur des doigts du pied , *Albinus.* Le court fléchisseur commun des doigts du pied , *Boyer* et *Gavard.* Le calcanéo-sousphalanginien commun , *Chaussier.* Calcanéo-phalanginien commun , *Dumas.*

Figure. Long et plus étroit postérieurement où il ne forme qu'une seule masse, qu'antérieurement où il est divisé en quatre parties.

Divisions. Il a deux faces, l'une inférieure et l'autre supérieure; deux bords, l'un interne et l'autre externe ; deux extrémités, la postérieure et l'antérieure.

Confrontations. La face inférieure couvre l'aponévrose plantaire, et y adhère postérieurement ; la face supérieure est couverte par l'accessoire du long fléchisseur des quatre derniers orteils , par les artères et par les nerfs plantaires, ainsi que par les quatre muscles lombricaux. Le bord interne confronte antérieurement avec le tendon du long fléchisseur du gros orteil , et postérieurement il est uni avec l'adducteur de cet orteil ; le bord externe de ce muscle, et le bord interne de l'abducteur du petit doigt , sont réunis entre eux.

Attaches. L'extrémité postérieure de ce muscle est attachée par sa face supérieure à la partie postérieure et inférieure du calcanéum, ainsi qu'à l'aponévrose plantaire par sa face inférieure.

Les deux bandelettes des quatre tendons , après s'être réunies sous la partie postérieure de la seconde phalange , et après s'être encore séparées en deux portions, s'attachent latéralement à la partie moyenne de la face inférieure de la seconde phalange des quatre derniers orteils.

Structure. Il est charnu postérieurement et entremêlé de courtes aponévroses continues avec la grande aponévrose plantaire ; ensuite il se divise en quatre portions ou corps musculeux , dont chacun est pourvu d'un tendon qui en parcourt la longueur jusqu'à leur extrémité postérieure ; ils sont plus longs à la face supérieure qu'à la face inférieure du muscle.

De ces quatre portions charnues , la plus externe

est plus inférieure que la seconde qu'elle couvre, et ainsi de suite des deux autres.

Ces tendons s'insinuent dans les gaînes ligamenteuses de la face inférieure des quatre derniers orteils, et, parvenus vers la partie moyenne de la première phalange, ils se divisent en deux languettes pour laisser une ouverture oblongue, par laquelle passe l'un des tendons du long fléchisseur des quatre derniers orteils; les deux bandelettes qui forment cette ouverture sont contournées de manière que les bords qui sont internes et supérieurs au tendon du long fléchisseur, deviennent externes, et que les externes deviennent internes : d'où il résulte que d'abord le tendon du court fléchisseur couvre celui du long, et qu'après le long fléchisseur couvre celui du court.

Usages. Ce muscle fléchit les secondes phalanges des quatre derniers orteils sur les premières, et celles-ci sur les têtes des quatre derniers os du métatarse.

De l'abducteur du petit orteil (1).

Situation. C'est un assez gros muscle qui occupe la partie externe et inférieure du pied, s'étendant presque horizontalement de la partie externe et inférieure du calcanéum à la première phalange du petit orteil.

Figure. Il est allongé, plus large postérieurement qu'antérieurement, plus épais dans le milieu qu'à ses extrémités.

---

(1) Le dix-septième des muscles qui meuvent les doigts du pied, *Vesale*, lib. II, cap. 60. Muscle destiné à l'abduction du petit doigt, *Casserius*. Abducteur du petit doigt, *Riolan*: *Anthropog.* Le grand para-thénar, *Winslow*, dont cet anatomiste sépare une portion qu'il a appelée le *métatarsien*; dont *Lieutaud* a nié l'existence, t. I, p. 341. Calcanéo-sous-phalangien du petit orteil, *Chaussier*. Calcanéo-phalangien du petit doigt, *Dumas*.

Confrontations et attaches. Sa face inférieure couvre la face supérieure de l'aponévrose plantaire, et y adhère postérieurement.

Sa face supérieure est couverte par la partie de la face inférieure et externe de l'extrémité antérieure du calcanéum, par une partie de la portion carrée du tendon du long fléchisseur, par le tendon du péronier latéral, et du fléchisseur du petit doigt.

Son bord interne est uni à un repli de l'aponévrose plantaire, qui le sépare du court fléchisseur.

Son bord externe concourt à former le bord externe du pied : ses deux extrémités servent à ses attaches ; la postérieure adhère à la face inférieure et postérieure du calcanéum et de l'extrémité postérieure du cinquième os du métatarse : l'extrémité antérieure de ce muscle est attachée à la face inférieure de la base de la première phalange du cinquième orteil.

Structure. Ce muscle est formé de divers trousseaux réunis à sa partie moyenne, et postérieurement entremêlés de quelques expansions aponévrotiques continues avec l'aponévrose plantaire.

Son bord externe est couvert par un tendon, large d'abord, et ensuite plus étroit et plus épais, à proportion qu'il devient antérieur et s'approche du petit orteil.

Usages. Ce muscle dirige le petit orteil en dehors, ou en produit l'abduction en même temps qu'il le fléchit un peu.

De l'accessoire du long fléchisseur des quatre derniers orteils (1).

Situation. Ce muscle s'étend obliquement de derrière en avant, de la partie inférieure et postérieure

---

(1) Ce muscle a été regardé comme une portion du long

du calcanéum aux tendons du fléchiseur des quatre derniers orteils.

Figure. Il ressemble à un carré long dans lequel on peut considérer une face inférieure et une supérieure ; deux bords, l'interne, l'externe ; deux extrémités, l'antérieure et la postérieure

Confrontations et attaches. Sa face inférieure couvre l'adducteur du pouce, le court fléchisseur des quatre derniers orteils, et l'abducteur du petit orteil.

Sa face supérieure est couverte par le calcanéum, et par le grand ligament qui unit cet os au cuboïde, et par une portion du muscle abducteur du gros orteil. Ses bords n'ont rien de particulier.

Structure. Ce muscle est formé de deux parties charnues dont l'interne est plus considérable que l'externe ; ces deux portions, situées à côté l'une de l'autre, correspondent au milieu de la plante du pied ; elles forment, par leur réunion, une espèce de carré long, ce qui a même donné lieu à quelques anatomistes d'appeler ce muscle la *chair carrée :* chaque masse est formée de trousseaux en partie charnus et en partie tendineux.

Attaches. Ce muscle s'attache, par son extrémité postérieure, qui est divisée en deux parties, à la face inférieure et un peu interne de l'extrémité postérieure du calcanéum.

Par son extrémité antérieure, il adhère au bord externe du long fléchisseur des quatre derniers orteils.

Usages. C'est un véritable auxiliaire du long fléchisseur des quatre derniers orteils.

---

fléchisseur des quatre derniers doigts, et n'en a point été distingué par la plupart des anatomistes. *Winslow* l'a appelé l'accessoire du long fléchisseur commun des doigts ; il nous paroît plus méthodique de le considérer séparément, comme *Boyer* l'a fait.

Des lombricaux (1).

Ces muscles ressemblent beaucoup à ceux de la main.

Situation. Ils sont situés à la plante du pied, et sont au nombre de quatre, s'étendant des tendons du long fléchisseur jusqu'aux orteils.

Confrontations. Ils couvrent, par leur face inférieure, une partie de l'aponévrose plantaire ; ils sont couverts par le court fléchisseur des quatre derniers orteils, et par la portion carrée ; ils sont recouverts par les interosseux, par le ligament transversal.

Le premier lombrical est placé au-dessus de l'adducteur du pouce, et le dernier au-dessous du court fléchisseur du petit orteil.

Attaches. Ces muscles sont attachés par leur extrémité postérieure, qui est charnue, à la bifurcation des tendons du fléchisseur des quatre derniers orteils, excepté le premier, qui est attaché au côté interne du tendon de ce muscle, qui va au second orteil.

Leurs tendons, après avoir passé par les ouvertures des languettes de l'aponévrose plantaire, vont s'attacher au côté interne et inférieur de l'extrémité postérieure de la base des premières phalanges des quatre derniers orteils, après avoir formé une petite expansion tendineuse qui s'unit au bord interne du tendon de l'extenseur des quatre derniers orteils.

Structure. Ces muscles sont charnus dans les deux tiers de leur étendue, et leurs fibres sont longitu-

---

(1) Ces muscles ont été connus des anciens anatomistes ; *Riolan* est le premier qui leur ait donné un nom : *Lumbricales*, *Anthrop.*, lib. V, p. 335. Les quatre planti-sous-phalangiens, *Chaussier*. Planti-tendino-phalangien, *Dumas*.

dinales ; elles sont , à leurs extrémités postérieures ,
entremêlées de quelques expansions aponévrotiques :
leur tiers antérieur est seulement tendineux ; mais
ce tendon s'enfonce profondément dans la portion
charnue dont il reçoit les fibres , presque comme
les barbes d'une plume aboutissent à leur tige commune.

Usages. Ces muscles peuvent , en se contractant ,
porter les quatre derniers orteils en dedans ou vers
le pouce , et ils concourent aussi à leur flexion.

Du court fléchisseur du gros orteil (1).

Situation. Ce muscle occupe la partie interne et
antérieure du pied , se prolongeant du calcanéum ,
et des os cunéiformes , à la première phalange du
pouce , obliquement de derrière en avant, et de dehors
en dedans.

Confrontations. La face intérieure de ce muscle est
creusée longitudinalement pour recevoir le tendon
du long fléchisseur du pouce.

Sa face supérieure est couverte par la face inférieure du premier os du métatarse.

Attaches. Il est attaché postérieurement par sa plus
grosse partie , à la face inférieure et antérieure du
calcanéum , et aux deux os cunéiformes externes ,
ainsi qu'aux ligamens de leurs articulations entre eux
et avec les os voisins.

Antérieurement ce muscle est divisé en deux parties
comme il a été dit , et s'attache par la portion charnue
interne à la première phalange du gros orteil , par sa

_____

(1) Ce muscle a été d'abord pris pour une portion du court
fléchisseur commun ; *Cowper* est un des premiers qui l'en aient
distingué. Le fléchisseur court du pouce , *Cowper.* C'est une
portion des muscles thénar et anti-thénar de *Winslow.* Le court
fléchisseur du pouce d'*Albinus* , lib. III , p. 615 ; *Sabatier* ,
Boyer. L'adducteur du pouce , *Lieutaud* , p. 333. Tarso-sous-phalangien du pouce , *Chaussier.* Tarso-phalangien du pouce , *Dumas.*

portion externe il est uni avec l'abducteur du gros
orteil ; il s'attache conjointement avec lui à la partie
inférieure externe de la première phalange.

Usages. Ce muscle fléchit le gros orteil sur le premier os du métatarse en faisant rouler la base de la
première phalange sur le premier os du métatarse.

De l'abducteur du gros orteil (1).

Situation. Ce muscle occupe à peu près la partie
moyenne et antérieure de la plante du pied, s'étendant de l'os cuboïde et de la gaîne du long péronier
à la première phalange du gros orteil, obliquement de derrière en avant et un peu de dehors en
dedans.

Figure. Il ressemble à un carré long et irrégulier.

Divisions. On peut y considérer deux faces, une
supérieure et une inférieure; deux extrémités, une
antérieure et une postérieure; deux bords, un interne
et un externe.

Confrontations. La face inférieure recouvre le
long fléchisseur des quatre derniers orteils, l'accessoire de ce muscle et les muscles lombricaux.

Sa face supérieure est recouverte par les interosseux.

Son bord interne, plus épais que l'externe, correspond supérieurement au tendon du long péronier
latéral; inférieurement au court fléchisseur du gros
orteil, et au côté externe du premier os du métatarse.

Son bord externe antérieurement est uni au muscle
transverse.

Attaches. Son extrémité postérieure est attachée

_____

(1) L'adducteur du pouce de *Cowper* et de *Douglass.* Une
partie de l'anti-thénar de *Winslow.* L'adducteur du pouce de
Sabatier. L'abducteur de *Boyer.* L'abducteur oblique de *Gavard.*
Métatarso-sous-phalangien du pouce, *Chaussier.* Tarso-méta-
tarsi-phalangien du pouce, *Dumas.*

à l'os cuboïde, à la gaîne ligamenteuse dans laquelle passe le tendon du long péronier latéral et à la face inférieure des extrémités postérieures ou des bases du troisième et du quatrième os du métatarse.

Ce muscle, qui est tendineux par son extrémité antérieure ainsi que celle du court fléchisseur avec laquelle il est uni, s'attache, après avoir passé sous l'os sésamoïde lorsqu'il existe, au côté externe de l'extrémité postérieure ou de la base de la première phalange du gros orteil.

Structure. Il est formé de fibres charnues obliques et de courtes aponévroses qui le pénètrent assez profondément; il est tellement uni avec le court fléchisseur, qu'on ne peut les séparer sans déchirer leurs fibres, sur-tout postérieurement.

Usages. Ce muscle ne peut avoir d'autres usages que de porter le gros orteil en dehors, ou d'en faire l'abduction, comme son nom l'indique.

Du transversal (1).

Situation. Ce muscle est situé transversalement à la partie antérieure de la plante du pied, se prolongeant du bord interne du cinquième os du métatarse au bord externe du premier.

Figure. Il est large relativement à sa longueur, plus gros dans son milieu qu'à ses extrémités.

Divisions. On peut y considérer une face infé-

---

(1) Ce muscle, au rapport de *Bauhin*, a été décrit en premier lieu par *Casserius*, anatomiste de Padoue. *Musculus transversus*, Riolan. Le transversal de *Winslow*, *Albinus*, *Sabatier*, *Boyer* et *Gavard*. Le petit abducteur du pouce de *Lieutaud*. Métatarso-sous-phalangien-transversal du pouce, *Chaussier*. Métatarso-phalangien du pouce, *Dumas*.

rieure , une face supérieure , un bord antérieur , un bord postérieur , une extrémité interne , une extrémité externe.

Confrontations et attaches. Sa face inférieure couvre les tendons des muscles fléchisseurs des quatre derniers orteils et les lombricaux.

Sa face supérieure est couverte par les capsules articulaires des premières phalanges du second, troisième et quatrième orteils , avec les têtes des os du métatarse auxquels elles sont articulées ; elle est couverte aussi par une partie des capsules articulaires de la première phalange avec le premier os du métatarse , et une partie de l'articulation du petit orteil avec le cinquième os du métatarse.

Son bord antérieur est couvert et adhère au ligament transversal ; le bord postérieur est isolé.

Son extrémité interne , qui est tendineuse , est unie au bord externe du tendon de l'abducteur du gros orteil , et à la face externe de la capsule articulaire de cet orteil avec le premier os du métatarse.

Son extrémité externe est unie au côté interne de la capsule articulaire du cinquième orteil avec le cinquième os du métatarse.

Structure. Ce muscle , qui est charnu dans presque toute son étendue , est composé de fibres musculaires transversales , auxquelles se réunissent de petites aponévroses qui servent à ses attaches aux os du métatarse.

Usages. Ce muscle ne peut avoir d'autres usages que de rapprocher les extrémités antérieures des os du métatarse les unes des autres : c'est ainsi qu'il rétrécit le pied , et le rend plus ou moins concave longitudinalement, pour mieux le fixer sur un sol raboteux.

Du court fléchisseur du petit orteil (1).

Situation. Au-dessous du cinquième os du métatarse, à la partie antérieure et externe de la plante du pied.

Figure. Il est allongé, plus gros dans son milieu qu'à ses extrémités, sur-tout qu'à l'antérieure, qui est la plus grêle.

Confrontations. Sa face supérieure est couverte par le cinquième os du métatarse, et sa face inférieure par l'abducteur du petit orteil, et par l'aponévrose plantaire.

Attaches. Postérieurement, il s'attache à la base du cinquième os du métatarse et à la gaîne ligamenteuse du long péronier latéral ; antérieurement, à la partie postérieure externe et inférieure de la première phalange du petit orteil.

Structure. Charnu dans son milieu et tendineux à ses extrémités ; cependant quelques fibres charnues se prolongent entre les fibres tendineuses sur le bord externe du cinquième os du métatarse.

Usages. Il fléchit le petit orteil.

Des muscles interosseux (2).

Ces muscles sont placés entre les os du métatarse, et sont au nombre de sept : quatre sont supérieurs

_____

(1) Le muscle qui fléchit extérieurement le petit orteil, *Casserius*. Le fléchisseur du premier os du petit doigt, *Cowper*. Le petit para-thénar, *Winslow*. Le court fléchisseur du petit orteil d'*Albinus*, *Sabatier*, *Boyer* et *Gavard*. Le petit abducteur de *Lieutaud*. Tarso-sous-phalangien du petit orteil, *Chaussier*. Métatarso-phalangien du petit doigt, *Dumas*.

(2) Ces muscles ont été indiqués plutôt que décrits par *Vesale*. *Fallope* a bien distingué les internes des externes, ainsi

on dorsaux, et les trois autres sont inférieurs ou plantaires,

Des muscles intérosseux dorsaux ou supérieurs (1).

Ces quatre muscles sont placés dans l'interstice des cinq os du métatarse, et se terminent aux premières phalanges du second, troisième, quatrième et cinquième orteils.

Ils ont la figure prismatique ; on pourroit y considérer généralement deux côtés latéraux qui correspondent aux os entre lesquels ils sont placés ; une face supérieure et un bord inférieur. La face supérieure est apparente au dos du pied ; on l'appelle aussi *dorsale*, et elle est recouverte par l'aponévrose qui revêt le dos du pied et par les tendons des extenseurs long et court des orteils.

Le bord inférieur qu'on voit à la plante du pied porte le nom de *plantaire* ; le premier interosseux dorsal interne recouvre l'abducteur du gros orteil et l'extrémité interne du muscle transverse.

Les autres sont placés au-dessus du muscle transversal et sur les tendons du long et du court fléchisseur, ainsi que sur les lombricaux.

Le premier interosseux dorsal (2).

Situation. Ce muscle, qui paroît de deux côtés, est placé entre le premier os du métatarse et le second, s'étendant de la partie postérieure de ces deux os à la première phalange du second orteil.

que *Riolan : Anthrop.*, lib. V, cap. 44. Mais *Winslow* les a mieux décrits ; et enfin *Lieutaud*, *Sabatier*, *Boyer* et *Gavard* en ont donné une description fort exacte.

(1) Les quatre métatarso-phalangiens latéraux sus-plantaires *Chaussier*. Sus-métatarso-latéri-phalangiens, *Dumas*.

(2) Adducteur du second orteil, *Lieutaud*. Interosseux, *Riolan*, *Albinus*. Supérieurs de *Winslow*. Dorsaux, *Boyer*.

Confrontations et attaches. Ce muscle correspond par son côté interne à la face externe du premier os du métatarse, à laquelle il n'est uni que par du tissu cellulaire.

Son côté externe est attaché, dans toute sa longueur, à la partie interne du second os du métatarse. Son extrémité antérieure est unie au bord interne du premier tendon de l'extenseur des quatre derniers orteils. Il recouvre, par son bord inférieur, l'abducteur du gros orteil et l'extrémité interne du muscle transverse.

Structure. Ce muscle est composé de deux portions charnues postérieurement, et d'une portion tendineuse antérieurement, qui les sépare dans une partie de leur étendue ; leurs fibres y aboutissent comme les barbes d'une plume à leur tige commune : des deux portions musculaires, l'externe est un peu plus grosse que l'interne, et il passe entre ces deux portions musculaires une artère appelée *pédieuse*.

Usages. Ce muscle rapproche le second orteil du premier ; il sert aussi à son extension par sa réunion au tendon de l'extenseur des quatre derniers orteils ; et il peut encore, lorsque ce muscle n'est point contracté, concourir à la flexion de ce second orteil.

Le second interosseux dorsal (1).

Situation. Il est placé entre le second et le troisième os du métatarse.

Confrontations. Le côté interne adhère à la face externe du second os du métatarse dans toute son étendue ; son côté externe adhère à la portion supérieure de la face interne du troisième os du mé-

---

(1) L'abducteur du second orteil, *Lieutaud.*

tatarse : le côté supérieur est recouvert par une aponévrose mince, attachée à la face dorsale du second
et du troisième os du métatarse ; par son côté inférieur, il couvre une partie de l'abducteur du gros
orteil. Antérieurement, ce muscle s'attache par un
petit tendon au côté externe de l'extrémité postérieure de la première phalange du second orteil, et
par une languette de ce tendon, il se prolonge sur
la face dorsale de cette première phalange pour s'attacher vers son milieu au côté externe du second
tendon de l'extenseur des quatre derniers orteils, et
se confond avec lui.

Usages. Ce muscle rapproche le troisième orteil du
second, et en fait l'abduction ; il fait aussi fléchir l'orteil lorsque son extenseur est dans le relâchement : autrement il est son congénère.

Le troisième interosseux dorsal (1).

Situation. Il est placé entre le troisième et le
quatrième os du métatarse.

Confrontations et attaches. Son côté interne est
attaché à toute la face externe du troisième os du
métatarse ; son côté externe adhère à la partie supérieure de la face interne du quatrième.

L'extrémité antérieure de ce muscle, qui est tendineuse, s'attache à la partie postérieure de la première phalange du troisième orteil, et par une languette aponévrotique au bord externe des tendons
de ses extenseurs.

Usages. C'est un abducteur du troisième orteil.

---

(1) L'abducteur du troisième orteil, *Lieutaud.*

Du quatrième interosseux dorsal (1).

Situation. Il est placé entre le quatrième et le cinquième os du métatarse.

Confrontations et attaches. Son côté interne adhère à la face externe du quatrième os du métatarse, et par son côté externe à la partie supérieure de la face interne du cinquième os.

Son tendon s'attache d'abord à la face externe de l'extrémité postérieure de la première phalange du quatrième orteil, d'où ce tendon se prolonge par une languette sur la partie moyenne de la face dorsale de cette phalange, pour s'unir avec le bord externe du tendon extenseur de cet orteil.

Usages. Ce muscle produit l'abduction du quatrième orteil.

Des interosseux plantaires ou inférieurs (2).

Nombre. Ces muscles sont au nombre de trois.

Situation. Ils occupent, du côté de la plante du pied, les intervalles que laissent le second et le troisième os du métatarse, le troisième et le quatrième, le quatrième et le cinquième, et s'étendent aux premières phalanges.

Figure. Ils ont une forme moins carrée et plus prismatique que les interosseux dorsaux.

Confrontations. Leurs faces latérales correspondent aux os ; et de leurs côtés, l'un est supérieur, et l'autre inférieur. Le supérieur est couvert par les

---

(1) Abducteur du quatrième orteil, *Lieutaud.*

(2) Les interosseux internes, *Riolan, Albinus.* Les interosseux inférieurs, *Winslow.* Les interosseux plantaires de *Boyer.* Les trois métatarso-phalangiens latéraux sous-plantaires, *Chaussier.* Sous-métatarso-latéri-phalangiens, *Dumas.*

muscles interosseux dorsaux, et l'inférieur par les lombricaux et par les tendons du long et du court fléchisseurs.

Structure. Ils sont, comme les précédens, composés de deux corps charnus, d'abord séparés par le passage de quelques artères, ensuite réunis par un ligament par lequel ils s'attachent aux premières phalanges des orteils, et aux tendons de leurs extenseurs, dans l'ordre qu'il va être dit dans l'exposé de ces trois interosseux.

Du premier interosseux plantaire (1).

Situation. C'est celui de ces trois muscles qui est le plus près du gros orteil, dans l'intervalle étroit que laissent entre eux le second et le troisième os du métatarse; le reste de ce muscle est logé dans la plante du pied.

Divisions. On peut y considérer quatre côtés, le supérieur et l'inférieur, l'interne et l'externe, une extrémité postérieure et une extrémité antérieure.

Confrontations et attaches. Le côté supérieur est caché entre le troisième os du métatarse et le second muscle interosseux dorsal ; le côté inférieur couvre une partie du transversal et de l'abducteur du gros orteil : il confronte, par son côté interne, au côté externe du second interosseux dorsal.

Il est attaché par son côté externe à la face interne du troisième os du métatarse et à ses ligamens postérieurs.

Antérieurement, il adhère par son tendon au côté interne de la base de la première phalange du troisième orteil, et l'expansion aponévrotique de ce tendon monte sur la face dorsale de la première

_____

(1) L'adducteur du troisième orteil, *Lieutaud.*

2. 50

phalange, et s'unit au bord interne du long extenseur.

Usages. C'est un adducteur et un fléchisseur du
troisième doigt.

Du second interosseux plantaire (1).

Situation. Il occupe l'intervalle du troisième et
du quatrième os du métatarse.

Attaches. Il est attaché à la partie inférieure de
la face interne du quatrième os du métatarse, et à
ses ligamens postérieurs.

Son extrémité antérieure, qui est tendineuse,
s'attache au côté interne de la base de la première
phalange du quatrième orteil, et par l'expansion
aponévrotique de ce tendon au bord interne du
troisième tendon du long extenseur.

Usages. C'est un adducteur du quatrième orteil.

Du troisième interosseux plantaire (2).

Situation. Il est placé entre les deux derniers os
du métatarse, et n'est apparent, ainsi que le précédent, que du côté de la plante du pied.

Attaches. Par son côté externe à la partie inférieure du cinquième os du métatarse, par son extrémité postérieure au ligament qui unit le cinquième
os du métatarse aux os voisins ; antérieurement, par
son tendon à la face interne de la partie postérieure
ou de la base de la première phalange du petit doigt :
l'expansion aponévrotique de ce tendon s'unit au
bord interne du quatrième tendon du long fléchisseur.

---

(1) L'adducteur du quatrième orteil, *Lieutaud.*
(2) L'adducteur du petit doigt, *idem.*

Usages. C'est l'adducteur et le fléchisseur du petit orteil.

On doit observer que tous les muscles interosseux, avant de s'attacher aux phalanges et aux tendons de l'extenseur des quatre derniers orteils, adhèrent fortement aux ligamens de l'articulation des os du métatarse avec la base des premières phalanges, et les soulèvent en même temps qu'ils meuvent les orteils; ce qui prévient les froissemens de ces mêmes ligamens capsulaires par les surfaces osseuses des os articulés.

Les vaisseaux des muscles du pied viennent de la pédieuse, de la plantaire interne et externe; ses *nerfs*, de la branche externe du nerf sciatique, et du plantaire interne et externe.

SECONDE PARTIE.

Des muscles considérés selon leurs usages.

Nous avons décrit les muscles selon leur situation dans les diverses parties du corps humain, ou selon l'ordre avec lequel ils se présentent à l'anatomiste qui les dissèque, ou qui en donne la description ; nous avons aussi indiqué les usages que chacun d'eux remplit séparément : mais comme la plupart des mouvemens des parties sont l'effet de la contraction combinée de plusieurs muscles, il faut convenir que cette méthode de les examiner selon les régions du corps qu'ils occupent, qui est celle des modernes, ne suffit pas pour se former une idée suffisante de leur réunion d'action pour produire tels autres mouvemens des membres, et qu'il faut recourir pour la bien connoître à celle des anciens, qui ont considéré les muscles selon leurs usages : c'est aussi ce qui nous engage d'en donner un précis ; il servira de supplément à la méthode des modernes (1).

I. *Usages généraux des muscles, et de leurs affections morbifiques.*

Les muscles sont les instrumens des mouvemens de notre corps en général, et de ses diverses parties ; ils les rapprochent les unes des autres, de manière que celle qui est la moins fixe ou qui oppose le moins de résistance, est tirée vers celle qui résiste le plus : d'où il résulte, à l'égard des attaches musculaires, qu'il y en a qui sont fixes, et d'autres mobiles ; mais cependant de ma-

_____

(1) Depuis *Galien* jusqu'à *Vesale*, et depuis ce grand anatomiste jusqu'à *Albinus*, les muscles ont été classés selon leur usage principal présumé : mais ce célèbre anatomiste hollandais, après avoir décrit les muscles selon leur situation, les a aussi considérés selon leurs usages relatifs aux mouvemens de telle ou telle partie ; ce que n'ont point fait les anatomistes modernes, tels que *Sabatier*, *Boyer*, etc.

nière que celle qui est mobile dans quelque circonstance peut devenir fixe dans une autre, par l'effet d'une position différente qui en augmente la résistance par la contraction d'un ou de plusieurs muscles qui la fixent, ou par d'autres causes.

Il y a dependant des muscles qui n'ont aucun point qui soit plus fixe, toutes les parties auxquelles ils s'attachent leur résistant également, comme cela a lieu à l'égard des muscles circulaires de l'œsophage, de l'estomac, du canal intestinal, de la vessie.

Ces muscles, en se contractant, rapprochent également les parties auxquelles ils adhèrent vers un centre commun ; il y en a qui agissent encore par compression sur certaines parties, comme les muscles transverses du bas-ventre, les bulbo-caverneux, les transverses du périné, etc.

Les muscles font à l'égard des os ce que les puissances font à l'égard des leviers ; leur attache aux os se trouvant entre le point d'appui et la résistance, ces leviers sont de la troisième espèce. Mais comme presque toujours les insertions des muscles sont plus près du point d'appui que de la résistance, cet arrangement diminue beaucoup l'effet que leur contraction devroit produire : aussi beaucoup de ces forces musculaires se trouvent-elles perdues. Mais cette perte n'étoit-elle pas inévitable pour conserver à nos parties leur forme régulière ? car, comme *Borelli* l'a démontré, la figure des membres eût été monstrueuse, si l'auteur de la nature avoit agi autrement dans la distribution des muscles relativement aux os.

Une grande partie des forces musculaires est encore détruite par les frottemens, les contours et l'obliquité de leur action sur leurs leviers ou sur les os.

On a voulu évaluer cette perte dans les forces musculaires ; mais les opinions à ce sujet si partagées, qu'on ne sait encore rien de bien positif à cet égard, supposé qu'on puisse jamais y parvenir. Quelle que soit cette perte, le mécanisme des forces musculaires dans l'homme est différent de celui des machines qu'il a inventées pour son usage. La nature n'a cependant pas négligé les avantages qui étoient compatibles à sa forme et à sa structure. Elle a donné aux extrémités des os longs une épaisseur qui éloigne les muscles de leur axe, et qui ajoute à l'angle sous lequel ils s'y attachent.

Quelques os ont des apophyses qui augmentent encore la grandeur des angles ; les muscles, en même temps, sont maintenus par des gaines lubrifiées par une humeur onctueuse qui facilite leurs mouvemens. Mais quelque grande que soit la perte des forces musculaires, celles qu'il faut pour fournir à la marche de l'homme, pour soulever et supporter les fardeaux pendant plus ou moins de temps, sont immenses.—On a vu des hommes qui ont soulevé avec les dents des fardeaux énormes (1). *Désaguliers* parle d'un homme qui soulevoit avec son dos trois mille livres.

Combien doit être grande la force du cœur, qui pousse le sang jusque dans les dernières ramifications artérielles ! Il faut à l'homme des forces, non seulement pour vaquer à ses exercices, chargé ou non chargé de poids, mais encore pour se tenir debout ou assis ; et lorsque ses forces l'abandonnent, il est obligé de se coucher horizontalement pour attendre qu'elles se réparent par le repos, et encore mieux par un profond sommeil.

Il est utile, quand certains muscles ont perdu leurs forces, de changer de position, de varier ses exercices pour faire agir les autres ; il résulte même de ce changement de position de grands avantages dans les maladies, pour produire le relâchement de tel ou tel muscle.

Il faut, par exemple, pour réduire les hernies inguinales, ombilicales, et celle de la ligne blanche, que le malade soit couché sur le dos, les cuisses fléchies, la tête et les fesses élevées par des oreillers.

Une chute de la matrice se guérit bien plus aisément dans une femme qui reste long-temps couchée, que chez celle qui se tient debout.

La douleur aiguë de la poitrine s'appaise quelquefois quand le malade se couche sur le côté douloureux.

Dans l'inflammation de la trachée-artère, le malade respire plus facilement étant assis et la tête panchée sur la poitrine.

Les douleurs de tête, les assoupissemens, les convulsions, l'épilepsie même, diminuent lorsque les malades tiennent la tête levée.

Les asthmatiques respirent plus facilement lorsqu'ils sont assis : au contraire, les personnes qui sont très-foibles, qui tombent en syncope, doivent être promptement couchés horisontalement sur le dos ; ceux qui sont tourmentés de vives douleurs de certaines coliques se couchent sur le ventre pour se soulager.

En général, on doit juger peu favorablement d'un malade qui ne peut garder long-temps dans le lit la même situation ; c'est presque toujours un signe d'affection cérébrale. S'il se tourne et retourne dans son lit, il n'est pas loin du délire.

_____

(1) *Voyez*, dans Vesale, *De corp. human. fab.*, lib. II, p. 295, le récit de plusieurs tours de force avec les muscles de la mâchoire inférieure par des histrions, que ce grand homme a observés dans les rues de Padoue, et qu'il se plaisoit à rapporter. *Haller* en cite aussi différens exemples remarquables : *Élément. physiol.*, tom. VI, pag. 15.

Dans les maladies aiguës, s'il veut se tenir assis dans son lit, c'est un signe d'embarras du poumon.

Le peuple dit que les malades qui sont proche de leur mort descendent vers les pieds de leur lit, et ce n'est pas toujours sans raison.

Les mouvemens des muscles sont le résultat de la contraction de leurs fibres, et celle-ci est un effet de l'irritabilité qui leur est inhérente. Tout ce qu'on sait, c'est que les fibres musculaires en jouissent en général tant que la vie subsiste, et même encore plus ou moins de temps après la mort, au moins, généralement, tant que le corps conserve un peu de chaleur; cependant l'irritabilité cesse de se manifester dans les corps des méphitisés, et même des apoplectiques, long-temps avant que la chaleur y soit entièrement éteinte : cette irritabilité est plus grande dans les jeunes sujets que dans les vieux, dans les maigres que dans ceux qui sont gras, dans les femmes que dans les hommes; et, de plus, on sait que si cette irritabilité peut être diminuée, elle peut aussi être augmentée ordinairement en même temps que là sensibilité des nerfs augmente aussi. Tous les muscles ne sont cependant pas également irritables dans le même individu : le cœur est celui qui l'est le plus; l'estomac, les intestins grêles ensuite paroissent jouir, après le cœur, avant même le diaphragme, de plus d'irritabilité : aussi conservent-ils leurs mouvemens long-temps après que les muscles des autres organes ont perdu le leur. Peut-être est-ce par rapport à cet excédent seul d'irritabilité sur celle des muscles du tronc, que leurs mouvemens ne sont pas soumis à la volonté, comme le sont ceux-ci dans l'état naturel ; car, par état de maladie, leur irritabilité peut être tellement augmentée, comme cela a lieu dans les convulsions, que nous ne soyons plus maîtres d'en diriger les mouvemens, et qu'ils ne soient plus enfin soumis à notre volonté.

A la mort, les diverses fibres musculaires cessent successivement de se contracter ; celles des muscles les moins irritables perdent en général les premières leur irritabilité ; les intestins conservent leur mouvement pendant long-temps, et le cœur cesse encore plus tard d'être irritable ; mais encore parmi les pertes de l'irritabilité dans les parties de cet organe, on a remarqué que le ventricule droit, l'oreillette droite, et les deux veines-caves qui y aboutissent, cessoient de se mouvoir les dernières : et n'est-ce pas par rapport au sang qui les pénètre, et qui continue de les stimuler pendant un temps plus ou moins long? quelques cas contraires très-particuliers détruisent-ils cette règle générale? En effet, l'on a observé que les mouvemens du cœur, même ceux du ventricule et de l'oreillette droite, étoient supprimés avant l'extinction totale de

l'irritabilité dans les intestins des animaux qui avoient été suffoqués par la strangulation ; ce qui avoit occasionné un engorgement très-considérable de sang dans les cavités du cœur.

Pendant la contraction d'un muscle, ses fibres se raccourcissent
et se plient, et le muscle se durcit. Il n'est donc pas douteux qu'il
ne perde de son volume, quoique quelques physiologistes aient
soutenu le contraire. Cependant ce resserrement n'est point en proportion de son raccourcissement ; car il est des fibres musculaires
qui perdent plus de la moitié de leur longueur pendant leur contraction, telles que celles des intercostaux ; et d'autres qui en perdent
encore davantage, comme celles des sphincters de l'anus, des muscles
orbiculaires des paupières, des lèvres, qui sont aussi des espèces
de sphincters.

C'est sans raison qu'on a avancé que les muscles pâlissoient
pendant leur contraction ; l'observation sur les animaux vivans
prouve le contraire ; et sans doute que cette erreur est venue
de ce qu'on avoit observé que le cœur des grenouilles pâlissoit
pendant sa contraction. Mais on ne peut, d'après le résultat de
cette expérience, rien conclure à l'égard des muscles qui ne sont
pas creux et pleins de sang, et dont les parois ne laissent pas en-
trevoir la couleur à travers ; car si les vaisseaux intérieurs de
ces muscles reçoivent moins de sang pendant leur contraction, de
leurs vaisseaux extérieurs en reçoivent davantage.

L'antagonisme des muscles mérite d'autant plus d'être considéré, qu'il en résulte des effets importans. Les muscles dont les
mouvemens sont soumis à notre volonté sont généralement balancés
par des antagonistes qui cèdent lorsque la volonté s'est décidée
pour un mouvement, mais en le modérant ; ils rétablissent le
membre dans l'état naturel, dès que le mouvement est cessé.

Les muscles opposés, ou les antagonistes, ne sont pas par-tout
également forts ; les fléchisseurs de l'extrémité supérieure du bras,
de l'avant-bras, de la main, des doigts, le sont davantage que les
extenseurs de ces mêmes parties : aussi est-ce par leurs diverses
flexions que se font tous les grands efforts de l'extrémité supérieure, lorsque nous saisissons les corps que nous voulons rapprocher de nous, ou que nous voulons repousser.

Mais les muscles extenseurs du tronc, pour maintenir le corps
debout ou assis, exercent naturellement une action plus constante
et plus forte que les fléchisseurs ; ainsi que les muscles extenseurs
des extrémités inférieures, ceux de la cuisse, de la jambe, du
pied et des orteils.

Les nerfs, qui sont les organes de la sensibilité, ont une telle
influence sur les muscles, que leur action cesse s'ils sont coupés
ou fortement comprimés : c'est ce que *Bellini* a remarqué, un des

premiers, à l'égard du diaphragme, dont il suspendoit les mouvemens en comprimant les nerfs diaphragmatiques, ou qu'il accéléroit
en irritant ces nerfs.

Les mêmes effets ont lieu dans tous les autres muscles, lorsqu'on coupe ou qu'on lie fortement leurs nerfs ; et comme ces
nerfs reçoivent eux-mêmes du cerveau ou de la moelle allongée et
de la moelle épinière l'influence qu'ils ont sur les muscles, les
mêmes effets auront lieu à leur égard si le cerveau ou la moelle
épinière est comprimé.

Il reste cependant dans ces muscles un frémissement qui dure
plus ou moins long-temps, même après la mort, sur-tout dans
le cœur et dans les fibres musculaires des intestins, qui sont les
plus irritables, et dans quelques animaux, la grenouille, la tor-
tue, bien plus que dans l'homme.

Les muscles perdent aussi leur irritabilité, mais beaucoup plus
tôt quand on lie ou qu'on coupe les artères qui y portent le
sang : aussi la paralysie survient-elle dans les muscles, lorsque
leurs nerfs et leurs artères ne les vivifient plus, et encore sans
doute lorsque leur propre structure est altérée ; ce qui établit trois
espèces de cause de paralysie.

L'irritabilité, au contraire, est d'autant plus parfaite, que les
nerfs et les vaisseaux les vivifient mieux, chacun selon leur
mode, et encore que la fibre musculaire est mieux organisée.

Les poisons narcotiques et la matière méphitique détruisent
promptement l'irritabilité des muscles (1), et d'autant plus vite, que
les nerfs de ces muscles ont une libre communication avec le
cerveau ou avec la moelle épinière.

La contraction des muscles se fait avec une promptitude incroyable, et cesse de même. Avec quelle vitesse les oiseaux
n'agitent-ils pas leurs ailes dans leur vol rapide ! avec quelle
promptitude les musiciens ne parcourent-ils pas de leurs yeux
une longue série de notes ! et avec quelle célérité les joueurs
d'instrumens à cordes ne meuvent-ils pas leurs doigts pour les
toucher ! Ne sommes-nous pas surpris de l'agilité avec laquelle
certains danseurs exécutent différens mouvemens ? La voix elle-
même, ralentie ou précipitée, aiguë ou grave, foible ou in-
tense, dépend principalement des contractions des muscles du
larynx.

Les stimulus, les acides, les piqûres, l'insufflation, la chaleur, les fluides électrique et galvanique, accélèrent la contraction des muscles, ordinairement suivie d'un prompt relâchement.

_____

(1) *Voyez* les expériences faites sur le cœur des grenouilles, dans le
Cours de physiologie expérimentale, ann. 1771 ; *Recueil de nos Mémoires*
t. II, in-8°. An 9.

Cependant quelquefois la contraction est plus permanente, les stimulus continuant d'agir en eux.

L'irritation prolongée des viscères creux, comme l'estomac, la vessie, donne souvent lieu à la permanence des contractions des fibres musculaires qui entrent dans leur composition ; et sans doute que, dans les convulsions toniques, le stimulus est plus permanent que dans les convulsions cloniques.

Or, comme il y a des causes qui peuvent diminuer et même détruire l'irritabilité des muscles, en ralentissant, diminuant ou supprimant l'action du cerveau, de la moelle épinière et des nerfs, ainsi que celle des artères sur eux, il en est aussi d'autres qui peuvent exciter ou diminuer immédiatement leur irritabilité, en agissant immédiatement en eux.

Il y a donc des causes de paralysie et des causes de convulsion dont le siége réside dans le cerveau, dans la moelle allongée et la moelle épinière, dans leurs nerfs, ou dans leurs vaisseaux, et d'autres qui résident dans les muscles eux-mêmes immédiatement.

Communément la perte de la sensibilité des nerfs dans les muscles est réunie à la perte de leur mouvement. Cependant on a des exemples, et nous en avons eu sous les yeux, de perte de sensibilité sans perte de mouvement. *La Condamine* et *Courtivron*, tous deux membres de l'Académie des Sciences, avoient perdu la sensibilité des extrémités supérieures, et cependant ils continuoient d'en mouvoir les divers muscles. On a même observé quelquefois des convulsions avec perte totale de sentiment ; mais presque toujours alors il y avoit assoupissement ou aliénation des fonctions de l'ame. D'autres fois, et c'est très-fréquent, la paralysie est avec perte de mouvement, sans aucune diminution dans la sensibilité, quelquefois même avec augmentation.

Les physiologistes de tous les temps ont recherché les causes du mouvement musculaire ; mais tout ce qu'ils ont écrit à cet égard a été plutôt le fruit de leur imagination que le résultat de leurs observations.

Est-ce par un fluide éthéré, électrique, magnétique, lymphatique, aérien, que les nerfs agissent sur les muscles, ou n'y conduisent-ils aucun fluide ? Les artères n'y portent-elles pas aussi un fluide moteur ? Les fibres musculaires ne contiennent-elles pas quelque humeur qui fermente et fait une espèce d'explosion avec le fluide nerveux ? La fibre musculaire est-elle creuse, vasculaire, ou seulement cellulaire ; et ses cellules sont-elles rondes, ovalaires, ou de toute autre figure, et comment communiquent-elles entre elles ? On n'a pas craint de tout dire à cet-

égard; on a aussi supposé qu'elles étoient entourées obliquement ou circulairement par d'autres fibres, pouvant les resserrer et déterminer leur raccourcissement.

On pourroit, si on vouloit avoir une idée de tous ces systèmes, porter ses regards sur la nombreuse collection d'ouvrages et de dissertations dont j'ai donné le catalogue dans l'*Histoire de l'anatomie* (1).

Haller est le premier qui ait bien distingué, par de bonnes expériences sur les animaux vivans (2), la sensibilité des nerfs de l'irritabilité des muscles. Mais comme toute découverte trouve des contradicteurs, et souvent d'autant plus, qu'elle est importante, celle-ci a eu ses nombreux adversaires; cependant la vérité en a triomphé.

Quelle que soit la cause qui détermine les contractions des muscles, c'est par leur seul effet que tous nos mouvemens internes et externes sont immédiatement excités; le cœur, les artères, le pharynx et le reste du canal alimentaire, la vessie, la matrice, ne sont susceptibles de se resserrer, que parce qu'ils sont pourvus de fibres musculaires; les yeux, les osselets de l'ouie, la langue, les cordes vocales, ne sont mus que par des puissances de même nature, et toutes les parties qui en sont dépourvues sont absolument sans mouvement, à moins qu'il ne leur soit communiqué ou déterminé par elles.

L'homme ne se tient debout que parce que les muscles extenseurs du tronc et des extrémités inférieures le soutiennent par leur contraction; s'il marche, son tronc est solidement maintenu en extension permanente par ses muscles : tandis que les fléchisseurs et les extenseurs des extrémités inférieures se contractent et se relâchent alternativement, les premiers pour porter en avant les leviers de l'une des deux extrémités inférieures, et en les éloignant de la terre, les autres pour les y ramener et pour les y fixer. En même temps que le tronc se penche et se repose sur l'extrémité affermie, l'extrémité inférieure de l'autre côté se porte en avant, et s'appuie contre terre pour soutenir le tronc à son tour. C'est ainsi que l'homme marche, et avec d'autant plus d'assurance, que son pied est conformé de manière à pouvoir s'appliquer sur le sol par une surface étendue.

Le saut n'est qu'une contraction violente et prompte des muscles

---

(1) Tom. VI, pag. 124 et 127.

(2) *Sermo* I et II, *de Part. corp. hum. sentient. et irritabil.* : Mémoires de Gottingue, 1753, et autres Opuscules dont on trouvera une analyse dans mon *Hist. de l'anat.*, t. IV, à l'article de *Haller*, p. 708 et suivantes.

extenseurs des extrémités et des muscles extenseurs du dos, succédant à la flexion de ces muscles. Dans la danse, ces contractions et relâchemens musculaires se font dans un ordre consonnant avec le chant ou la musique. Dans combien de détails plus ou moins intéressans ne devrois-je pas entrer, si je voulois donner une idée du mécanisme merveilleux qui règne dans tous nos mouvemens ! mais c'est aux grands physiologistes que je dois renvoyer ceux qui voudroient approfondir cette question (1).

On peut réduire les affections morbifiques principales des muscles aux suivantes :

1°. Leur volume peut être augmenté ou diminué.

2°. Leur couleur peut être altérée.

3°. Ils peuvent être enflammés, en suppuration, en gangrène et sphacèle.

4°. On les trouve ramollis ;

5°. Desséchés, racornis.

6°. L'humeur séreuse dont leurs fibres sont naturellement humectées peut être altérée dans sa qualité et dans sa quantité.

7°. Les muscles peuvent être déplacés ;

8°. Ils peuvent aussi être rompus dans leur totalité, ou dans quelques fibres seulement.

1°. *Augmentation ou diminution de volume.* La nature a donné à chaque muscle un volume proportionnel et relatif à ses usages ; mais ce volume pèche quelquefois par excès ou par défaut dans tous les muscles à la fois, ou dans quelques-uns d'eux seulement.

Les observations démontrent fréquemment de telles altérations dans le volume des muscles, sans qu'il soit toujours facile d'en assigner les causes. On a cependant remarqué que ceux qui font beaucoup d'exercice ont leurs muscles plus gros que ceux qui en font peu ou qui n'en font pas du tout. Ainsi les athlètes, les soldats, les gens de la campagne, les ouvriers destinés à l'exercice d'un état qui exige de forts mouvemens, sont en général plus musculeux que les habitans des villes, et sur-tout que ceux qui mènent une vie délicate et sédentaire.

Les muscles d'un membre fréquemment exercé sont plus gros que ceux d'une partie qui l'est moins. De-là vient que les courriers, les tourneurs, les danseurs, les frotteurs des appartemens, ont les extrémités inférieures très-grosses ; tandis que les boulangers et autres ouvriers qui exercent beaucoup leurs extrémités supérieures

_____

(1) *Voyez* l'immortel ouvrage de Jean-Alphonse *Berelli* : *De motu animalium*, Rome, in-4°, 1680 et 1681. *Haller : Élement. physiol.*, t. IV, pag. 409.

les ont, en proportion, plus volumineuses que les inférieures.

Ne savons-nous pas que l'extrémité droite supérieure est en général et plus forte et plus charnue que l'extrémité gauche : or, cela ne provient-il pas principalement de ce qu'on exerce davantage cette extrémité que l'autre ?

Non-seulement l'exercice donne lieu à l'augmentation du volume des muscles, mais encore à celle de leurs forces : aussi certains ouvriers qui exercent tels ou tels muscles préférablement à d'autres, terminent par leur donner une force extrême : les danseurs de corde préviennent leur chute en se suspendant quelquefois à cette corde par le seul petit doigt de la main, ou par le bout du pied. On a vu des faiseurs de tours qui soutenoient des poids immenses, qui soulevoient plusieurs hommes, qui rompoient de grosses cordes comme par une espèce de jeu : or ils n'étoient parvenus à cet excès de force qu'en exerçant fréquemment tels ou tels muscles.

On peut donc retirer un grand avantage de l'exercice, pour donner de la force aux membres affoiblis et énervés par le repos ; il faut le conseiller aux personnes délicates, mais ils ne doivent le prendre que par degrés. J'ai vu des membres atrophiés reprendre des chairs et de la vigueur par l'exercice, soutenu en même temps d'un bon traitement et d'un bon régime. L'expérience journalière prouve que rien ne rétablit plus promptement les convalescens que les doux mouvemens du corps augmentés par degrés.

Souvent, faute d'exercice, les humeurs qui doivent se porter aux parties extérieures croupissent dans les organes internes du corps, s'y épaississent, et les surchargent au point de devenir le foyer des plus cruelles maladies. *Gilles Christ*, célèbre médecin écossois, ayant observé que diverses personnes qui étoient menacées de phthisie pulmonaire s'étoient bien trouvées des voyages sur mer, a conseillé la navigation contre cette maladie et contre d'autres de consomption, avec un succès étonnant.

Personne n'ignore que plusieurs malades ont été guéris d'obstructions au bas-ventre, et des mélancolies qui en étoient la suite, par une douce équitation. Le célèbre *Tronchin* étant venu à Paris pour y exercer la médecine, se servoit de l'ascendant qu'il avoit sur ses malades, sur l'esprit des grandes dames sur-tout, pour leur faire faire de l'exercice. C'est par son conseil qu'on les vit se promener à pied dans les rues, dans les campagnes ; c'est d'après son avis que plusieurs d'elles qui gardoient leur chambre depuis plusieurs années par cause de débilité et de maladie, en sont sorties, et avec un tel avantage, que par ce seul moyen elles se sont fortifiées et guéries de leurs maux.

Les avantages qu'on peut retirer de l'exercice ne sont point équivoques : mais s'il peut être la source du bien, il peut aussi devenir celle du mal, s'il est excessif. Il faut qu'il soit proportionné aux forces et bien dirigé ; car il règne un tel ordre et une telle harmonie dans toutes les puissances motrices du corps humain, qu'elles sont dans une espèce d'équilibre pour se contre-balancer mutuellement.

Nos membres sont dans leur situation naturelle, lorsque les muscles fléchisseurs, par exemple, sont justement contre-balancés par les extenseurs ; mais si les uns acquièrent un surcroît de force sur les autres, les membres se déjettent vers eux : or c'est ce que fait l'habitude de mouvoir certains muscles plus fréquemment que d'autres.

Diverses personnes n'ont la face de travers que parce qu'elles ont pris la mauvaise habitude de contracter les muscles des lèvres d'un côté à diverses reprises, sans contracter ceux de l'autre côté : c'est ce qui arrive souvent à la suite des maladies des dents, ou quelquefois par un simple tic.

2°. *La couleur des muscles peut être altérée.* Elle n'est pas parfaitement égale dans tous les sujets, relativement à l'âge ; car chez les enfans, les muscles sont plus rouges que dans les adultes, et dans ceux-ci encore davantage que chez les vieillards.

On trouve les muscles très-rouges dans les sujets qui sont morts de la petite vérole ; ils sont blanchâtres, blafards, dans ceux qui sont morts d'hydropisie ; et l'on ne peut disconvenir qu'on n'ait trouvé les muscles teints d'une couleur jaune dans des sujets morts de maladie du foie avec jaunisse.

Les muscles peuvent aussi après la mort perdre leur couleur par des causes particulières (1). Dans les *Mémoires de l'Académie des Sciences*, il est question d'une main verte qu'on trouva dans une terre imprégnée d'une substance cuivreuse.

L'usage de quelques alimens change singulièrement la couleur des muscles. On a assuré que celui de la garance leur avoit donné une couleur plus rouge qu'ils n'auroient dû avoir ; mais nous ne croyons pas que la garance, quoiqu'elle rougisse les os des animaux, rougisse aussi les muscles. Cette rougeur devoit alors provenir de quelque autre cause. On assure qu'ils étoient très-rouges dans des personnes qui avoient usé de préparations martiales : on prétend aussi que l'usage de divers sels, par exemple, du nitre, a augmenté la couleur rouge des muscles.

Ce qu'il y a de certain, c'est que les médecins praticiens prescrivent avec avantage l'usage du fer et de ses préparations dans quelques cachexies, et dans les hydropisies.

_____

(1) *Morgagni*, epist. LI et LXIX.

Les muscles ne sont rouges que par le sang qui les arrose et qui les pénètre. Or si la couleur du sang est viciée, ou s'il les pénètre en moindre quantité, leur couleur rouge pâlit plus ou moins : et comme dans les vieillards les vaisseaux des muscles sont plus rétrécis ou même oblitérés, qu'ils reçoivent moins de sang, leurs muscles pâlissent ; ils semblent dans quelques vieillards dégénérer en une substance graisseuse (1).

Je dirai encore ici que j'ai trouvé, non-seulement dans plusieurs sujets, les muscles décolorés, blanchâtres comme du lard, ou de couleur diverse et extraordinaire (2), mais encore quelquefois gonflés en même temps. Après des recherches sur les causes qui avoient pu les altérer ainsi, j'ai plusieurs fois reconnu que les sujets chez lesquels ces altérations existoient, avoient éprouvé ou des symptômes vénériens, ou de véritables scrophules ; car dans quelques-uns d'eux, on trouvoit les glandes du cou ou du mésentère plus ou moins gonflées.

3°. *Muscles enflammés, en suppuration, gangrenés, spha-célés.* Quoique les muscles soient naturellement rouges, ils peuvent le devenir encore davantage, et sans doute par un plus grand influx de sang dans ses vaisseaux, qui sont très-nombreux. Ils sont alors ordinairement le siége d'une douleur plus ou moins vive, et dans une contraction plus ou moins forte : la fièvre est aussi plus ou moins violente ; et si la résolution de la partie enflammée n'a lieu, la suppuration, la gangrène ou le sphacèle surviennent ; quelquefois cependant l'inflammation des muscles les durcit, et les rend comme tendineux.

Je passe sous silence divers exemples de cette terminaison de l'inflammation musculaire, que je pourrois citer. Les causes de l'inflammation des muscles sont externes ou internes : ce sont les chutes, les contusions, les piqûres, les fortes ligatures, les transpirations arrêtées, les fièvres inflammatoires, putrides, malignes, le vice vénérien, scorbutique, etc. On trouvera, aux articles *Inflammation du diaphragme, du cœur, etc.*, des détails qui pourroient trouver ici quelques applications.

4°. *Muscles ramollis.* Les muscles, sans être en aucune manière atteints de suppuration, peuvent être ramollis, et ils le sont

(1) Ils étoient très-ramollis et blanchâtres dans le moignon d'une cuisse dont on avoit fait l'amputation ; observation de *Vicq-d'Azir.* Voyez aussi l'observation que *Morgagni* rapporte, lib. V : *De addendis*, n° 2.
On a aussi remarqué que les femmes qui avoient fait un usage continuel des corps à baleine avoient les muscles du dos flétris et blanchâtres.
(2) Morgagni, *Anat.*, epist. LXIX, art. 2.

d'une manière évidente dans ceux qui sont atteints de quelque infiltration séreuse : alors leur couleur, bien loin d'être rouge, est blanchâtre. Or, en de pareils sujets, les membres conservent leur flexibilité après la mort ; état bien contraire à celui de leur ré-traction, que *Louis* disoit avoir lieu dans les morts : car il y en a qui les ont très-flexibles, non seulement immédiatement après la mort, lorsque leur corps conserve de la chaleur, mais encore lors-qu'il est refroidi. Et c'est ce qu'on observe dans ceux qui sont morts d'apoplexie, d'asphixie, de la petite vérole, ou de quelque infiltration (1). Un exemple de ce genre donna lieu, il y a quelques années, à un événement qui fit du bruit à Paris.

Une fille d'environ dix-huit ans, de la paroisse Saint-Sulpice, y étant réellement morte, fut conservée trois ou quatre jours sans qu'on osât l'enterrer. Ce ne fut que lorsque j'eus prononcé, d'après les signes les plus certains, la putréfaction commençante, que la jeune personne étoit réellement morte, que le peuple consentit à cet enterrement.

Les muscles peuvent aussi, dans quelques circonstances, être allongés, sur-tout ceux du bas-ventre, dans les personnes atteintes d'hydropisie ascite (2), qui sont enceintes (3) ; et alors les apo-névroses abdominales sont aussi très-allongées.

Les muscles sont quelquefois distendus par des tumeurs, etc., d'une manière si extraordinaire, qu'on auroit peine à le croire, si les observations n'en offroient tous les jours des exemples.

5°. *Racornissement ou desséchement des muscles.* Les muscles se racornissent ou se dessèchent par la suite des années, ou par des maladies. Chez quelques vieillards plus particulièrement, les fibres musculaires sont tellement endurcies et rapprochées, que les muscles sont coriaces, compactes, fermes ; leurs fibres sont collées presque les unes aux autres ; les trousseaux ne sont point distincts, et séparés par d'aussi grands interstices qu'ils l'étoient dans un âge moins avancé ; on les trouve quelquefois comme pierreux (4).

Or, cet effet dépend sans doute principalement de l'endurcisse-ment et de la rétraction du tissu cellulaire, qui augmente si consi-dérablement avec l'âge, que toutes les parties qui en sont formées

_____

(1) *Voyez* nos observations sur les signes de la mort, dans nos *Mém.* sur les asphixiés, 1774.

(2) Sandifort : *Exercitat. anat.*

(3) Santorini : *Observ. anat.* Voyez *Morgagni : De sed. et caus. morb.*

(4) Walter, *Obs. anat*, p. 4,

deviennent plus dures et plus compactes. Les muscles peuvent aussi être endurcis par une matière arthritique ou rhumatismale, comme nous en avons vu plusieurs fois des exemples.

Les muscles sont aussi beaucoup plus durs dans les animaux exercés, forts et vigoureux, que dans ceux qui sont foibles ou qui font peu d'exercice.

Les brûlures font retirer les muscles de telle manière, que les membres restent fléchis, contournés et perdant leurs mouvemens naturels.

La même rétraction est quelquefois la suite d'un abcès, d'un dépôt, de la cicatrice d'une plaie, d'une longue compression : alors les muscles racornis attirent vers eux les os auxquels ils s'attachent, et le membre devient difforme. Combien n'y a-t-il pas de fausses ankiloses qui dépendent de la seule rétraction des muscles ! *Maloet* père a donné, dans les *Mémoires de l'Académie des Sciences*, l'histoire d'une rétraction extraordinaire des muscles fléchisseurs de la jambe, qu'il vint à bout de guérir par l'usage des humectans appliqués de diverses manières et par l'usage des extensions graduées ; et depuis cette époque combien de fausses ankiloses de ce genre n'a-t-on pas guéries par de pareils moyens !

Les muscles du cou sont fort sujets à se retirer : alors la tête n'est plus en équilibre avec elle-même sur les apophyses articulaires de la première vertèbre ; elle s'incline en avant, en arrière ou sur les côtés : en même temps souvent la portion cervicale de la colonne de l'épine se déjette tellement d'un côté, qu'elle entraîne la tête, et la maintient dans une situation contre nature.

Cependant toutes ces contorsions ne sont pas incurables. *Winslow* nous a donné dans les *Mémoires de l'Académie des Sciences*, année 1735, l'histoire d'une contorsion involontaire de la tête, qu'il guérit par le moyen d'un bandage, dont nous n'avons pas retiré le même avantage dans une semblable circonstance.

Des contorsions du reste de l'épine ont lieu aussi par le racornissement des muscles ou des ligamens ; et cela a été si bien prouvé dans une circonstance, que le cadavre d'un homme qui étoit bossu, se redressa lorsqu'on eut coupé les muscles droits du bas-ventre (1).

L'habitude qu'on contracte de se tenir trop long-temps courbé, peut donner lieu à la rétraction des muscles antérieurs du bas-ventre ; les gens de lettres, les écrivains, certains ouvriers comme les paveurs, ont l'épine très-courbée par la seule rétraction de ses muscles fléchisseurs.

_____

(1) *Trévoux*, 1722.

2.

6°. *Vices de la sérosité musculaire.* Les muscles sont naturellement maintenus par des replis membraneux : l'un revêt les muscles d'un membre en général; l'autre couvre un muscle seulement; quelquefois ce sont plusieurs gaînes cellulaires qui s'enfoncent dans le muscle, et qui entourent ses divers trousseaux; enfin chaque fibre est enveloppée d'une lame de tissu cellulaire.

La surface intérieure de toutes ces membranes et gaînes cellulaires est continuellement humectée d'une vapeur qui suinte de leur surface interne et qui lubrifie les muscles en général et les muscles en particulier, leurs trousseaux et leurs fibres.

Cette sérosité est à proportion repompée par les vaisseaux lymphatiques; mais elle se ramasse quelquefois en si grande quantité dans des infiltrations, dans des hydropisies, qu'elle inonde les muscles, en relâche le tissu, en change la couleur, en diminue l'irritabilité et la force.

Quelquefois la sérosité qui lubrifie les gaînes musculaires et les muscles s'épaissit et devient si visqueuse, qu'elle colle les diverses fibres ensemble, qu'elle en empêche et en détruit même les mouvemens; c'est ce qu'on remarque dans les sujets qui ont la lymphe trop épaisse, et qui ont souvent les glandes lymphatiques obstruées, comme cela a si souvent lieu chez les scrophuleux. Le vice rhumatismal et arthritique produit aussi un épaississement de la sérosité musculaire, tel, qu'elle forme quelquefois de si grandes concrétions intermusculaires, qu'on les reconnoît lorsqu'on touche le membre extérieurement.

On découvre fréquemment par les dissections sous les gaînes et dans l'interstice des muscles, entre leurs trousseaux et encore entre leurs fibres, des concrétions plus ou moins nombreuses, qui ont plus ou moins de densité, et qui sont plus ou moins inégales.

Or, on comprend bien que la sérosité musculaire étant ainsi endurcie, les fibres des muscles doivent souffrir de rudes compressions; on comprend aussi qu'elles doivent être éloignées de leur situation primitive, que leur direction doit être changée, et que cela ne peut se faire sans de vives douleurs, et sans une lésion de mouvement plus ou moins grande.

Mais que sera-ce si la qualité de cette humeur, qui est naturellement sans acrimonie, devient âcre et rongeante ? les douleurs rhumatismales seront continuelles et extrêmement vives; les muscles irrités se contracteront; les membres seront fléchis, ou resteront dans une extension forcée; les tendons qui revêtent les articulations, les capsules articulaires, deviendront róides et inflexibles ; dans la suite les muscles s'amaigriront au point de disparoître presque entièrement : or, c'est ce que les vices vénériens, scrophuleux et rachitique, peuvent produire.

Je me convainquis, dit *Lieutaud* (1), en disséquant le corps d'une personne qui avoit été atteinte d'un rhumatisme pendant long-temps, et dont les membres s'étoient racornis et avoient presque entièrement perdu leur mouvement, que les muscles étoient arides, secs et comme tendineux, qu'en divers endroits de leur substance il y avoit des concrétions osseuses, et que quelques-uns de ces muscles n'étoient pas dans leur situation naturelle.

J'ai disséqué les membres de quelques sujets qui avoient prodigieusement souffert de douleurs rhumatismales, et j'ai également trouvé les muscles condensés, racornis, blanchâtres et plus ou moins déplacés.

Une compression des muscles, forte et long-temps continuée, les durcit et les divise en plusieurs parties. C'est ce que Lieutaud remarqua dans les muscles droits du bas-ventre d'un chapelier, qui, après avoir exercé son métier pendant plusieurs années, se plaignoit de douleurs dans le bas-ventre qu'il avoit un peu enflé ; il éprouvoit aussi une grande difficulté dans sa marche : il fut atteint d'une fièvre épidémique et mourut. Lieutaud, qui fit l'ouverture de son corps, trouva les deux muscles droits du bas-ventre divisés transversalement par une grande portion aponévrotique.

Cet anatomiste dit avoir observé une altération analogue dans les sterno-mastoïdiens de ceux qui ont péri par le supplice de la corde, ce qui ne nous paroît pas très-évident ; mais nous parlerons ailleurs des altérations qu'on a trouvées dans le corps de ceux qui ont péri par ce supplice.

7°. *Déplacement des muscles.* Le déplacement des muscles est ordinairement l'effet de violentes contractions : les observations l'ont bien prouvé, et sur-tout celles que *Pouteau*, *Andry* et *Lieutaud* ont rapportées dans leurs ouvrages. Les muscles du dos et ceux du cou sont les plus sujets à ce déplacement ; ils sont ordinairement la suite de violens mouvemens; et comme ces muscles sont recouverts par des gaînes assez lâches, et que la direction de leurs fibres est très-variée, ils forcent leurs gaînes et quittent le lieu où la nature les a placés. Alors surviennent des dou-

(1) *Historia anat. med.*, tom. II, p. 346.

leurs plus ou moins vives, une tumeur dans l'endroit où le muscle s'est placé, et un vide dans celui où il étoit auparavant.

L'épine se contourne et ses mouvemens deviennent fort douloureux. C'est ce qui en a imposé plusieurs fois à un tel point, qu'on a pris ces déplacemens de muscles pour des luxations des vertèbres.

Les muscles des extrémités se déplacent aussi quelquefois, comme je l'ai vu. Un homme tombe sur ses pieds du premier étage dans la rue ; il fait des efforts pour se retenir, mais en vain ; sa jambe droite se fléchit, et se renverse derrière le genou gauche : on employa tous les moyens possibles pour la remettre dans sa situation naturelle, tantôt par des frictions avec des topiques, tantôt par des frictions sèches ; on eut recours aux rhabilleurs, qui firent des extensions plus ou moins violentes ; mais tous les secours furent inutiles, le malade resta estropié.

Deux ans s'étoient écoulés lorsqu'il fut atteint d'une péripneumonie dont il mourut. On s'assura, par la dissection, 1°. que tous les muscles de l'extrémité malade étoient grêles, pâles et racornis ; 2° que le muscle couturier étoit déplacé et hors de la gaîne membraneuse qui le maintient dans son contour ; 3°. que les muscles de la jambe étoient dans leur situation naturelle ; qu'ils étoient cependant moins rouges et plus grêles que ceux de la jambe saine ; 4°. que les os et les articulations étoient en bon état.

En disséquant le corps d'un cadavre qu'on avoit porté dans mon amphithéâtre, j'ai trouvé le droit antérieur de la cuisse déplacé et en grande partie hors de sa gaîne ; et dans un autre sujet disséqué par un de mes étudians, le tendon supérieur du biceps fut trouvé hors de la coulisse bicipitale et la gaîne déchirée ; l'avant-bras étoit dans l'état d'une médiocre flexion.

8°. *Rupture des muscles* (1). Le déplacement des muscles et la rupture de leurs gaînes membraneuses sont démontrés par ce qui vient d'être dit ; mais les observations prouvent encore que ces mêmes muscles peuvent se rompre et se déchirer par de violentes contractions.

En disséquant des sujets dont les membres paroissoient exté-

---

(1) On trouvera à l'article *des maladies du cœur*, des exemples de rupture de cet organe musculeux. *Duverney* a cité l'exemple d'une rupture d'un des muscles de la cuisse par la violence des convulsions épileptiques ; celle des muscles psoas du côté droit a été observée par Michel *Deramé* : *Mémoires de la Société médicale.*

rieûrement bien conformés, j'ai trouvé des muscles rompus et déchirés, quoique la peau qui les recouvroit ne fût aucunement altérée.

Quelques personnes ont révoqué en doute que les muscles pussent se rompre par des convulsions ; l'observation est cependant décisive là-dessus. Les os même ont été fracturés par une pareille cause.

Un enfant de trois ans, dont parle *Lieutaud* (1) d'après le *Recueil des Mémoires des Curieux de la nature*, étoit atteint d'épilepsie ; pendant les accès de cette terrible maladie, les convulsions étoient si fortes, que l'humérus et le tibia furent fracturés, et que la tête du fémur fut chassée de la cavité cotyloïde. On pourroit citer d'autres exemples de ruptures des muscles ou de fractures des os, recueillis par les auteurs, qui ont été l'effet de violentes convulsions.

II. *Des muscles qui meuvent la peau du crâne et les sourcils.*

La peau du crâne peut être retirée en arrière, en avant et sur les côtés.

Ces mouvemens sont opérés par plusieurs portions musculaires réunies en un seul muscle appelé *épicrâne*, que les anatomistes ont divisé, sans raison, en autant de muscles particuliers. Les occipitaux retirent la peau du crâne en arrière, et relèvent les sourcils ; les frontaux attachés aux os carrés du nez retirent la peau du crâne en avant ; les auriculaires peuvent la faire descendre latéralement : d'où il résulte que c'est par la contraction de toutes ces portions musculaires de l'épicrâne, que la peau et l'aponévrose qu'elle revêt, et qui fait partie desdits muscles, peut être retirée en avant, en arrière et sur les côtés.

Il y a des individus chez lesquels ces mouvemens sont très-apparens ; et c'est sans doute par l'effet de la contraction de ces muscles, que les cheveux sont mus et hérissés, comme cela a lieu lorsqu'on est saisi de frayeur, de crainte ou d'horreur.

Le péricrâne étant retiré en arrière par les muscles occipitaux, les sourcils sont relevés ; et c'est sans doute ce qui a donné lieu à *Lieutaud* d'appeler l'épicrane le *grand surcilier*.

Entre la portion aponévrotique de ce muscle et le crâne, il y a du tissu cellulaire lâche, qui est lubrifié par une humeur onc-

(1) *Hist. anat. med.*, tom. II, 351.

tueuse qui facilite ses mouvemens : cette humeur peut s'épaissir , se ramasser en trop grande quantité , et former des espèces de tumeurs stéatomateuses , larges , plus ou moins volumineuses , et qu'on a quelquefois appelées *la taupe (talpa)*.

Souvent aussi il se fait dans ce tissu cellulaire des dépôts sanguins et même purulens à la suite de coups ou de chutes , ou par d'autres causes ; ces dépôts soulèvent l'aponévrose de l'épicrâne , et l'éloignent de la face externe de la calotte du crâne , en formant une bosse plus ou moins saillante.

Il faut alors donner issue à l'humeur épanchée , pour prévenir l'érosion des os , par de longues incisions ; car les petites , indépendamment qu'elles sont insuffisantes , peuvent être dangereuses.

Il y a , au rapport de *Fabrice Hildan* , des mendians qui se font introduire de l'air , par un petit trou pratiqué au cuir chevelu et à l'aponévrose de l'épicrâne , au moyen d'un petit tuyau , afin de donner à la partie supérieure de la tête un volume monstrueux , croyant ainsi exciter la compassion des passans et en obtenir des aumônes.

J'ai trouvé dans quelques enfans qu'on avoit extraits du corps de leur mère par le moyen du forceps , des épanchemens de sang considérables dans le tissu cellulaire sous l'aponévrose de l'épicrâne.

III. *Des muscles des yeux,*

Ces muscles sont destinés à mouvoir les paupières , ainsi que le globe de l'œil ; les paupières se resserrent de manière que le globe de l'œil en est entièrement recouvert : or, ce mouvement est l'effet de la contraction du muscle *orbiculaire* , dont les fibres circulaires ne peuvent se contracter sans se rapprocher en même temps qu'elles se raccourcissent ; et comme elles sont plus intimement attachées par un repli ligamenteux à la partie antérieure de l'angle interne de l'orbite , la commissure externe des paupières est rapprochée de l'interne par l'effet de la contraction ou de la corrugation du muscle orbiculaire.

Ce muscle, en rapprochant les paupières , couvre la partie antérieure du globe de l'œil , et empêche les rayons lumineux de le pénétrer ; il comprime et repousse le globe en arrière ; il abaisse les sourcils et la peau du front , et tend à relever la lèvre supérieure.

La paupière supérieure reste relevée lorsque l'orbiculaire perd de son action , parce qu'il ne contre-balance plus alors celle du *releveur* de cette même paupière ; elle est aussi relevée lorsque ce dernier muscle est atteint de convulsion : le contraire arrive lorsque le releveur de la paupière supérieure a perdu de son irritabilité, comme cela a lieu dans les affections comateuses et paralytiques ; alors la paupière supérieure descend, recouvre la cornée transparente, et empêche le passage de la lumière dans l'œil.

On remarque, dans la plupart des hommes, que ce relâchement de la paupière supérieure a lieu pendant le sommeil, et même lorsqu'ils y sont disposés.

Dans quelques ophthalmies, les paupières se renversent en dehors ou en dedans (*trichiasis*) par l'effet d'une contraction inordonnée des trousseaux de l'orbiculaire.

Aux approches de la mort, pendant l'agonie, les muscles releveurs de la paupière supérieure et les muscles droits du globe de l'œil, étant affectés de convulsion, la paupière supérieure est relevée en même temps que le globe de l'œil est retourné en haut et en arrière, de manière qu'on ne voit plus la pupille, et que la portion inférieure blanche de l'œil est la seule apparente (1).

La paupière supérieure jouit d'un mouvement qui lui est propre ; elle est relevée vers l'arcade supérieure de l'orbite, et cet effet est opéré par le muscle qui tire son nom de cet usage, le releveur propre de la paupière supérieure.

La paupière inférieure est aussi pourvue quelquefois d'un petit muscle particulier qui peut servir à son abaissement ; *Caldani* l'a décrit, et il est bien apparent dans quelques sujets.

Les mouvemens du globe de l'œil qui sont variés, sont produits par les muscles que nous avons décrits, dont quatre sont à peu près droits, et les deux autres sont obliques.

C'est par le concours des muscles *droits*, que nous portons nos regards, ou que nous tournons le globe des yeux en haut, en bas, en dedans et en dehors, de manière que naturellement les deux axes visuels vont se réunir dans le même point ; mais cette harmonieuse correspondance des mouvemens des muscles d'un œil avec ceux de l'autre, n'a lieu qu'autant que ces muscles se contractent à la fois et également ; car si l'un d'eux vient à se contracter plus fort, ou moins fort que l'autre, plus souvent ou plus rarement, les deux axes visuels ne se rencontrent plus, et cela fait une espèce de strabisme dans lequel des deux yeux inégalement tournés, il n'y en a qu'un qui perçoive la représentation de l'objet ; ou si cette représentation se fait dans les deux yeux, alors l'individu les voit doubles.

Cette inégalité d'action dans les muscles droits, peut non-seulement dépendre d'une cause qui réside en eux ou dans les

(1) *Strabismus orantium*, Sauvages : *Nosolog. meth.*, ord. I, spec. 7.

nerfs qu'ils reçoivent, qui en détruit le mouvement, comme dans la paralysie ; ou qui le rend plus grand qu'il ne faut pour leur équilibre, comme cela a lieu dans quelques convulsions.

Le strabisme peut aussi être l'effet de quelque obstacle formé dans l'orbite qui en déplace le globe, comme une tumeur, ou même un engorgement de la glande lacrymale, tel qu'occupant plus de volume qu'elle ne doit avoir, elle produise une déviation du globe de l'œil, laquelle ne cessera que lorsque son dégorgement sera complet.

Voilà sans doute pourquoi des individus qui voient les objets doubles, ont recouvré leur vue naturelle après un larmoiement considérable, et je pourrois me citer pour exemple à ce sujet. J'ai vu les objets doubles pendant environ un mois, et cet accident n'a cessé qu'après un larmoiement long et abondant que j'ai éprouvé.

Quant aux usages des muscles *obliques*, le grand tourne le globe de l'œil de dehors en dedans, de derrière en avant, et de haut en bas : son tendon étant alors retiré par la portion musculaire contractée, roule dans la poulie avec d'autant plus de facilité, que sa gaîne est humectée de synovie; par l'effet de cette contraction, la pupille est tournée en bas et en dedans.

Le *petit oblique*, au contraire, tourne l'œil de dedans en dehors, et le retire vers l'angle interne de l'orbite en le portant en avant, alors la pupille est tournée en haut et en dehors ; or, les mouvemens de demi-rotation du globe de l'œil dans l'orbite, sont facilités par la disposition du nerf optique qui est lâche, et non tendu, comme quelques anatomistes ont dit qu'il l'étoit.

Les deux muscles obliques, en se contractant à la fois, contre-balancent, comme *Winslow* l'a sur-tout remarqué, l'action des quatre muscles droits, et les empêchent de retirer dans le fond de l'orbite le globe de l'œil trop violemment ; ils empêchent aussi que le diamètre antéro-postérieur de l'œil ne soit raccourci, et que le transversal ne soit augmenté par l'action des muscles droits ; ce qui maintient naturellement le globe de l'œil dans sa forme ordinaire, d'où il ne résulte aucun changement dans la vue des objets.

Nous ne croyons pas, comme quelques physiologistes, qu'il faille que le globe de l'œil se raccourcisse par l'effet de la contraction des muscles droits pour apercevoir les objets éloignés, et qu'il doive être resserré et allongé par les muscles obliques pour apercevoir ceux qui sont proches ; n'est-ce pas seulement par la dilatation plus ou moins grande de la pupille que ces faits d'optique s'expliquent, et non par un allongement et un

raccourcissement du globe de l'œil, qui ne sont rien moins que démontrés, et contre l'existence desquels on peut faire des objections
qui paroissent fondées?

IV. *Des muscles du nez.*

On a réduit à quatre muscles de chaque côté ceux qui meuvent les cartilages du nez, soit pour les éloigner les uns
des autres et agrandir l'entrée des ouvertures nasales, soit pour
rapprocher ces cartilages et rétrécir ces mêmes ouvertures.

Parmi ces quatre muscles, on compte le *pyramidal*, qui est
une production du muscle épicrâne, le releveur commun de
l'aile du nez et de la lèvre supérieure, le transversal et l'abaisseur
de l'aile du nez.

La portion de l'épicrâne appelée le muscle pyramidal a bien
peu d'action pour relever les cartilages du nez; mais cependant,
comme son aponévrose inférieure se prolonge sur la face externe
des cartilages latéraux supérieurs du nez, ils peuvent n'être point
sans quelque effet pour les retirer un peu extérieurement : ces
trousseaux musculeux soulèvent la peau du nez et la froncent
quand ils se contractent; ils peuvent agir dans la douleur, dans
les convulsions, ou encore dans diverses affections de l'ame,
comme lorsqu'on rit ou lorsqu'on pleure, etc.

Mais les *releveurs communs* des ailes du nez et de la lèvre
supérieure ont un effet bien réel pour élever les cartilages
latéraux du nez et les éloigner du cartilage mitoyen ; leur nom
indique leurs véritables usages : ils peuvent aussi, en se contractant à la fois, ou relever directement vers le nez la partie
supérieure de la lèvre supérieure, ou ne relever qu'un seul côté
de cette lèvre, si l'un des deux se contracte seul.

Le *transversal* produit un effet contraire; presque placé horizontalement sur l'aile du nez, il la comprime et la rétrécit en diminuant ainsi l'ouverture nasale.

Le muscle *abaisseur de l'aile du nez ou myrthiforme*, dont
l'insertion à l'os maxillaire est plus inférieure que celle du nez,
doit nécessairement abaisser et comprimer le cartilage auquel il
s'attache ; et si les deux myrthiformes se contractent à la fois,
les deux ouvertures antérieures du nez seront rétrécies.

Dans les enfans qui ont des convulsions, les muscles des yeux
et des lèvres sont rarement agités sans que ceux du nez ne le

2.   53

soient ; aussi voit-on alors leurs narines tantôt dilatées, et tantôt rétrécies.

Ceux qui ont de la difficulté à respirer, comme les asthmatiques, maintiennent les narines dans une dilatation permanente par la contraction convulsive du releveur commun. C'est un très-mauvais signe dans les maladies, de voir les cartilages du nez agités par des mouvemens qui sont l'effet d'une convulsion de leurs muscles ; ils accompagnent la suffocation, en même temps que les hypocondres sont irrégulièrement agités par les convulsions du diaphragme et des autres muscles inspirateurs et expirateurs.

V. Des muscles des lèvres.

On en compte dix-neuf, l'orbiculaire qui est commun aux deux lèvres et qui en fait le contour, les muscles releveurs communs de l'aile du nez et de la lèvre supérieure, les releveurs propres de la lèvre supérieure, les petits zigomatiques, les canins, les grands zigomatiques, les buccinateurs, les carrés, les triangulaires et les muscles à houppe.

L'orbiculaire des lèvres est formé de fibres circulaires, et ne peut se contracter sans que les lèvres ne se resserrent ; les fibres musculaires les plus proches de l'ouverture de la bouche peuvent agir seules ; alors les lèvres rapprochées rentrent en elles-mêmes : mais si les fibres de la grande circonférence de ce muscle se contractent, les lèvres se rapprochent en s'allongeant et en se portant en dehors ; les trousseaux concentriques de ce muscle pouvant se contracter séparément, il y a une grande variation dans leurs contractions pour la formation des sons principalement, et encore pour la mastication et pour la déglutition.

Il n'est pas rare qu'après des affections soporeuses et paralytiques, la lèvre supérieure descende beaucoup plus qu'elle ne faisoit naturellement, et qu'elle ne couvre une partie de l'ouverture de la bouche, ou que la lèvre inférieure descende plus bas, et même qu'elle soit renversée en dehors, et que la salive coule involontairement.

Les convulsions de l'orbiculaire peuvent donner lieu à des mouvemens involontaires, qui sont encore favorisés par celles des muscles qui s'y terminent, et dont nous allons parler.

Les releveurs communs de l'aile du nez et de la lèvre supérieure relèvent en effet, quand ils se contractent, la lèvre supérieure, et en même temps qu'ils agrandissent l'ouverture de la bouche, ils dilatent aussi les narines : si l'un d'eux agit seulement, et s'il est aidé du canin et des zigomatiques du même côté, l'angle de la bouche et de la narine est obliquement élevé de ce côté sans que l'autre le soit, même lorsqu'il est abaissé.

Les *releveurs propres* de la lèvre supérieure sont congénères des précédens ; mais, en relevant la lèvre supérieure, ils peuvent la porter un peu en dehors.

Les muscles *canins* élèvent aussi l'angle des lèvres, mais en le portant un peu en dedans, au lieu que les *petits zigomatiques* l'élèvent en le tirant en dehors ; les *grands zigomatiques* produisent encore plus directement cet effet, chacun ayant son attache supérieure plus latérale que celle du petit zigomatique ; s'il agit avec le petit zigomatique et avec le canin, il relève directement la commissure de la lèvre à laquelle il est attaché ; et si alors ces muscles ne sont pas contre-balancés par les grand et petit zigomatiques et le canin de l'autre côté, il n'y a que l'angle des lèvres qui correspond à ces muscles contractés qui soit élevé : c'est ce qui rend la bouche de travers, et cela peut être l'effet de la convulsion. Mais si les muscles du côté opposé étoient dans le relâchement, alors l'angle correspondant des lèvres descendroit plus bas, et il y auroit une difformité entièrement différente.

Les *buccinateurs* tendent continuellement à retirer, par leur force tonique, l'angle des lèvres en arrière : cet effet est encore plus apparent quand ils se contractent ; ils peuvent aussi s'appliquer fortement sur les dents latérales et postérieures de l'une et de l'autre mâchoires, ainsi que sur les gencives externes qui leur correspondent pour comprimer le bol alimentaire pendant la mastication, et pour le conduire dans la cavité de la bouche : c'est en se contractant qu'ils poussent l'air dans les intrumens à vent ; et c'est sans doute par rapport à cet usage que *Cowper* leur a reconnu, qu'il les a nommés *buccinateurs*.

Dans quelques maux de dents, si l'un de ces deux muscles est trop violemment et trop long-temps contracté, ainsi que ses congénères, ils terminent par acquérir plus de force que les antagonistes ; et, par cette raison, ils retirent l'angle de la bouche de leur côté, et maintiennent les lèvres de travers.

J'ai vu plusieurs individus qui, par un *tic*, se sont habitués à retirer en arrière l'un des angles de la bouche, et ont terminé par avoir la bouche de travers sans avoir éprouvé aucune affection paralytique ni convulsive.

Les *muscles triangulaires* abaissent l'angle des lèvres en le portant un peu en dehors.

Les *carrés* servent à abaisser la lèvre inférieure qu'ils renversent en dehors, et ils sont à cet égard secondés par les muscles à *houppe* qui ont de plus la faculté de froncer et de resserrer la peau du menton.

C'est par l'action de tous ces muscles, que les lèvres se resserrent ou s'élargissent, qu'elles se relèvent ou s'abaissent, qu'elles se portent tantôt d'un côté, tantôt de l'autre, qu'elles se renversent en dehors en s'allongeant, ou en dedans en se retirant, généralement ou partiellement.

C'est par leur moyen que l'ouverture de la bouche est plus ou moins rétrécie, qu'un côté est déprimé et l'autre est relevé ; en un mot, que ces mouvemens sont si singulièrement variés, que de leur action dépendent la mastication des alimens, la déglutition des liquides et des solides, la modification de divers sons formés dans la glotte, la prononciation de quelques lettres, le siffler, l'expuition.

Dans l'état naturel, ces muscles sont entre eux dans un contre-balancement, ou dans un antagonisme qui les maintient en équilibre.

L'ouverture de la bouche est resserrée, si l'orbiculaire seul se contracte, quand les autres muscles sont dans le relâchement ; et elle s'ouvre, si l'orbiculaire cesse d'agir lorsque les muscles qui l'entourent continuent à se contracter.

Mais si la force contractile vient à diminuer dans les muscles d'un seul côté, alors la commissure des lèvres est portée latéralement de l'autre côté, et si les muscles latéraux de la bouche entrent également en convulsion des deux côtés, alors chaque angle de la bouche est attiré vers eux ; ils s'écartent l'un de l'autre, et l'ouverture devient transversale et s'allonge en se rétrécissant.

Dans les paralysies, la bouche est ordinairement tournée du côté sain ; au lieu que, dans les convulsions, la bouche est tournée du côté malade, contorsion qui est bien plus grande, si les muscles du côté opposé sont frappés de paralysie.

Les muscles releveurs de la lèvre supérieure, ainsi que les abaisseurs de la lèvre inférieure, peuvent aussi être affectés ou de convulsion ou de paralysie, d'où résultent divers changemens dans la position des lèvres. Les muscles de la bouche, ainsi que ceux de la face, exécutent-ils des mouvemens doux ; la sérénité règne alors sur le visage. Mais la plupart des maux physiques et moraux troublent l'harmonie de ces mouvemens, certains donnant lieu à des contractions plus ou moins fortes de ces muscles en général, ou de quelques-uns d'eux en particulier, et d'autres occasionnant leur relâchement constant ou par intervalles ; ce qui peut changer la physionomie de l'homme au point de ne pouvoir plus le reconnoître : on y lit la joie ou la tristesse, le plaisir ou la peine, la douceur ou la férocité du caractère. Ces muscles enfin, par leurs contractions, expriment l'état de l'individu, tant du côté moral que du côté physique. Ces contractions sont très-diversifiées : lorsqu'on pleure, les deux coins des lèvres s'éloignent, et l'ouverture de la bouche s'allonge ; dans la peur, les muscles se relâchent, et la bouche est en même temps ouverte ; les dents paroissent dans les ris, et les deux coins de la bouche s'éloignent l'un de l'autre en s'élevant un peu ; la lèvre supérieure remonte, tandis que l'inférieure s'abaisse. Les passions, enfin, sont exprimées par les contractions des muscles de la bouche, des yeux et du nez ; dans l'état naturel même, il règne une certaine contractilité en eux, qui donne à la physionomie, jusqu'à un certain point, l'aspect du caractère de l'individu, qu'un homme adonné à l'étude des hommes pourroit reconnoître, ou du moins fortement présumer (1).

Les muscles de la bouche servant à la parole et à la mastication, leurs affections morbifiques doivent par conséquent troubler ces importantes fonctions. Dans l'apoplexie, leur contraction est diminuée ou même détruite ; dans l'épilepsie, au contraire, ces muscles sont violemment contractés d'une manière permanente, *tonique*, ou, par intervalle, *clonique*.

Qui ne sait pas que les maladies du diaphragme sont ordinairement indiquées par les convulsions des muscles de la bouche, ou par le *ris sardonien* ? Cet accident, qui est très-fâcheux, survient fréquemment dans les maladies inflammatoires du diaphragme, du péricarde, du poumon, du foie, de l'estomac, dans les fièvres malignes. Les mouvemens de la lèvre inférieure précèdent fréquemment le vomissement.

En général on peut avoir une bonne idée du malade quand le visage conserve son air naturel de sérénité ; mais si les traits changent, si les muscles des paupières, du nez, de la bouche, sont agités par des mouvemens convulsifs, toniques ou cloniques, c'est d'un mauvais augure.

Les mourans ont la paupière supérieure relevée et le globe de l'œil à demi-ouvert ; ceux qui respirent avec peine ont le nez pointu, et les muscles agités par des mouvemens convulsifs, la bouche plus ou moins retirée, etc., etc.

_____

(1) Voyez l'ouvrage très-intéressant de *Lavater* : *von Oder Physiognomik*, Lips., 1772, in-8°, ainsi que la belle édition française, et autres ouvrages sur le même sujet, qui ont été traduits et diverses langues, et avec figures.

VI. *Des muscles de la mâchoire inférieure.*

Ces muscles sont de chaque côté le temporal ou crotaphite, le masseter, le ptérygoïdien externe, le ptérygoïdien interne, le digastrique; et quelques-uns y ajoutent le peaucier.

Le *temporal*, attaché aux os du crâne et à l'aponévrose du péricrâne, et inférieurement à l'apophyse coronoïde de la mâchoire inférieure, ne peut se contracter sans relever et sans porter en arrière cette apophyse, sans que le corps de la mâchoire inférieure ne se relève et ne se rapproche de la mâchoire supérieure, et par conséquent sans que la bouche ne se ferme. Alors le condyle de la mâchoire inférieure roule sous l'apophyse transverse de l'os temporal, moyennant le cartilage qui lui est intermédiaire, en se portant de devant en arrière (1).

Le *masseter* relève aussi la mâchoire inférieure et la porte un peu en avant, son attache supérieure à l'arcade zigomatique étant plus antérieure que son attache inférieure à la face externe et au bord inférieur de la branche de l'os maxillaire inférieur.

Le *ptérygoïdien externe* ou le petit ptérygoïdien est dans une situation favorable pour retirer en avant le condyle de la mâchoire inférieure vers l'apophyse ptérygoïde du sphénoïde : ils se contractent ensemble lorsqu'on ouvre la bouche; mais si l'un des deux muscles agit seul, alors le condyle auquel le muscle contracté s'insère est rapproché de l'apophyse ptérygoïde, et porté en avant, tandis que le condyle de l'autre côté roule sur son axe, en se contournant d'avant en arrière; la mâchoire inférieure se contourne ainsi, en se portant en avant par les mouvemens de demi-rotation que ce muscle fait faire au condyle.

Le *ptérygoïdien interne* ou le grand ptérygoïdien relève la mâchoire inférieure, et en cela il est congénère du temporal et du masseter : il la porte aussi en arrière conjointement avec la partie postérieure du temporal, et en cela son usage est opposé à celui du masseter, qui relève la mâchoire inférieure en la portant en avant, et à celui du petit ptérygoïdien externe, qui porte aussi en avant la mâchoire inférieure.

Il n'y a que la portion antérieure du *digastrique* qui puisse être comptée parmi les muscles moteurs de la mâchoire inférieure. Elle est en effet d'autant plus propre à l'abaisser lorsque l'os hyoïde est fixé par ses muscles, qu'elle est attachée à la partie la plus éloignée du centre de ses mouvemens, ou de son articulation aux os temporaux.

(1) *Voyez* ce qui a été dit sur les mouvemens de la mâchoire inférieure, tom. I, pag. 190.

La portion postérieure de ce muscle ne peut en aucune manière concourir aux mouvemens de la mâchoire inférieure. C'est sans raison que *Ferrein* et quelques autres anatomistes ont avancé qu'elle servoit à relever la mâchoire supérieure, et à l'écarter de l'inférieure pour agrandir l'ouverture de la bouche : ce mouvement n'a pas lieu dans l'homme.

Quant à l'usage du *peaucier*, on pourroit peut-être ne pas regarder comme nulle son action sur la mâchoire inférieure pour l'abaisser; ce muscle cependant doit avoir bien peu d'effet à cet égard, se prolongeant au-dessus de la mâchoire inférieure; il paroît qu'il est particulièrement destiné à soulever et à froncer un peu la peau du col et de la face.

On voit, d'après ce qui vient d'être dit, que le crotaphite, le masseter et le grand ptérygoïdien, sont les releveurs de la mâchoire inférieure, et qu'ils sont d'autant plus puissans, qu'ils sont volumineux et tissus de fibres charnues et tendineuses, comme le sont les muscles les plus forts.

Ne faut-il pas en effet qu'ils ayent une force bien grande pour pouvoir rapprocher les dents inférieures contre les supérieures avec assez d'action pour inciser, dilacérer, moudre, écraser les corps durs que nous broyons et atténuons pendant la mastication, ou pour soulever des corps très-pesans en les saisissant entre les dents, comme on le voit journellement?

Beaucoup de force pour abaisser la mâchoire inférieure étoit inutile, car la bouche s'ouvre par le seul relâchement des muscles releveurs de, la mâchoire inférieure. Il ne faut cependant pas croire que la portion antérieure du digastrique soit le seul muscle destiné à ouvrir la bouche : les muscles qu'on place ordinairement parmi ceux de l'os hyoïde servent également à l'abaissement de la mâchoire inférieure, et ces muscles peuvent exercer sur elle, dans quelques cas, une très-forte action.

Les muscles de la mâchoire inférieure recevant beaucoup de nerfs, sont aussi très-exposés aux convulsions, sur-tout chez les enfans, et encore quelquefois chez les grandes personnes atteintes d'épilepsie, après quelques blessures graves, dans des fièvres éruptives ou malignes.

Ces convulsions, qu'on appelle le *trisme*, peuvent être toniques ou cloniques; elles sont quelquefois si fortes, qu'on ne peut éloigner la mâchoire inférieure de la supérieure pour faire prendre quelque nourriture au malade, s'il a toutes ses dents, sans les plus grands efforts pour éloigner la mâchoire inférieure de la supérieure; cela est même quelquefois impossible, et il seroit alors très-dangereux d'employer la violence pour lui ouvrir la bouche : c'est aux remèdes indiqués contre cette convulsion qu'il faut recourir. Nous avons plusieurs fois fait cesser ce trisme par des saignées de pied dans des enfans chez lesquels l'éruption des dents étoit laborieuse ; par des bains, des calmans, sur-tout lorsque le trisme étoit spasmodique ; par des vésicatoires, lorsqu'il falloit provoquer une éruption ; par des anthelmintiques dans des enfans atteints des vers.

Les convulsions sont quelquefois si fortes dans des épileptiques, qu'ils se déchirent la langue dans l'accès.

D'autres fois, ces muscles tombent dans un tel relâchement, que la bouche reste béante : c'est ce qui a lieu dans la syncope, même quelquefois dans certains vieillards décrépits, de manière que leur salive coule alors involontairement hors de la bouche. Dans les fortes attaques d'apoplexie, les muscles releveurs de la mâchoire inférieure sont dans le plus grand relâchement. La mort est annoncée par le relâchement de ces muscles.

VII. *Des muscles qui meuvent l'os hyoïde.*

On en compte ordinairement neuf, dont cinq sont supérieurs et quatre inférieurs.

Les cinq supérieurs sont le mylo-hyoïdien, les deux géni-hyoïdiens et les deux stylo-hyoïdiens, auxquels on pourroit joindre les digastriques.

Les quatre inférieurs sont les sterno-hyoïdiens et les omo-hyoïdiens.

L'os hyoïde est tantôt fixé et tantôt mû par ces muscles. Le *mylo-hyoïdien* le relève et le porte en avant, en même temps que le pharynx s'agrandit, et que la langue est soulevée et portée en avant.

Si l'une des deux portions de ce muscle penniforme agit seule, l'os hyoïde est relevé non directement de bas en haut, et d'arrière en avant, mais un peu latéralement et en avant.

Boerhaave trouvoit dans la compression des glandes salivaires par les muscles, la cause de l'excrétion de la salive dans la bouche pendant que nous mâchons les alimens ; mais *Bordeu* a prouvé que cette action des glandes en étoit absolument indépendante, plusieurs d'elles étant absolument à l'abri de toute espèce de compression. Or, n'est-ce pas plutôt à une certaine sensibilité qu'il faut attribuer la secrétion et l'excrétion de la salive, ainsi que celle des autres secrétions et excrétions, comme on tâchera de le prouver ailleurs ?

Les *géni-hyoïdiens* sont congénères du mylo-hyoïdien, puisqu'ils s'attachent comme ce muscle à la mâchoire inférieure et à l'os hyoïde, mais plus postérieurement; comme eux, ils relèvent l'os hyoïde et le portent en avant.

Ces trois muscles doivent abaisser l'os de la mâchoire inférieure, et être congénères de la portion antérieure du digastrique, s'ils se contractent lorsque les muscles releveurs de la mâchoire inférieure sont dans le relâchement, et que les muscles abaisseurs de l'os hyoïde ne sont pas relâchés, et encore plus s'ils sont contractés.

Les *stylo-hyoïdiens* relèvent aussi l'os hyoïde, mais le portent en arrière avec d'autant plus d'action, qu'ils sont moins contre-balancés par les muscles releveurs antérieurs.

La portion postérieure du *digastrique* opère le même effet sur l'os hyoïde, et d'autant mieux, qu'elle y est attachée par une bandelette membraneuse solide, dont nous avons donné la description.

Si l'un des stylo-hyoïdiens ou l'une des portions postérieures du digastrique se contractoit sans que l'autre stylo-hyoïdien ni l'autre portion postérieure du digastrique agissent, l'os hyoïde seroit obliquement retiré et relevé d'un seul côté.

Pendant que l'os hyoïde se relève, la cavité du pharynx diminue de longueur, et la langue est alors relevée et portée en avant, la trachée-artère allongée et rétrécie.

Les muscles *sterno-hyoïdiens* abaissent l'os hyoïde directement, ou un peu obliquement, s'ils se contractent tous les deux à-la-fois ; sur un côté seulement, si l'un des deux se contracte lorsque l'autre est dans le relâchement.

Les *omo-hyoïdiens* abaissent aussi l'os hyoïde, mais le portent davantage en arrière et obliquement sur un côté, si l'un d'eux agit seul ; ces quatre muscles peuvent être aidés, pour l'abaissement de l'os hyoïde, par les thyro-hyoïdiens et par les sterno-thyro-hyoïdiens.

Les muscles stylo-hyoïdiens et omo-hyoïdiens du même côté se contractant à la fois, portent horizontalement sur leur côté l'os hyoïde et la langue.

C'est par l'action bien ordonnée de ces muscles que la déglutition et même la voix sont opérées; aussi a-t-on plus d'une fois observé que ces fonctions étoient troublées par des causes qui gênoient ou abolissoient leur mouvement ou qui le rendoient irrégulier, comme par la convulsion ou par la paralysie de plusieurs, ou de quelqu'un d'eux seulement.

Sauvages a cité l'histoire d'une altération de la voix occasionnée par la luxation de la grande corne de l'os hyoïde, qu'une violente convulsion des muscles qui s'y attachent avoit produite. On a aussi compté parmi les causes de la dyspnée le renversement d'une des cornes de l'os hyoïde.

VIII. *Des muscles qui meuvent les cartilages du larynx et les cordes vocales.*

De ces muscles, les uns sont destinés à mouvoir le larynx dans sa totalité, et sont généraux; d'autres à mouvoir un ou deux de ses cartilages, et ils sont particuliers ou propres.

Parmi les muscles généraux doivent être comptés les *hyo-thyroïdiens*, les *sterno-thyroïdiens*; parmi les muscles particuliers ou propres sont les *crico-thyroïdiens*, les *crico-aryténoïdiens postérieurs*, les *crico-aryténoïdiens latéraux*, les *aryténoïdiens oblique et transversal*, les *thyro-aryténoïdiens*.

Les *hyo-thyroïdiens* sont destinés à relever le larynx et à le rapprocher de l'os hyoïde, lorsque celui-ci est fixé par ses muscles supérieurs. Mais si ces muscles étoient dans le relâchement, alors les hyo-thyroïdiens abaisseroient l'os hyoïde en le rapprochant du cartilage thyroïde, d'autant plus que les muscles abaisseurs de ce cartilage s'opposeroient à son ascension vers l'os hyoïde.

Les *sterno-thyroïdiens* abaissent le larynx ainsi que l'os hyoïde, étant en cela congénères des sterno-hyoïdiens; ce qui a lieu lorsque nous parlons et encore plus lorsque nous chantons. Le larynx descend pendant qu'on forme les sons graves, et il remonte lorsqu'on forme les sons aigus; et même souvent l'os hyoïde lui-même alors est relevé par les muscles qui lui sont propres. C'est donc par ces quatre muscles que le larynx est relevé ou abaissé.

Les cordes vocales sont tendues par les muscles *crico-thyroïdiens*, car ils ne peuvent se contracter sans abaisser et incliner en avant le cartilage thyroïde, et sans élever le bord supérieur du cartilage cricoïde vers le bord inférieur du cartilage thyroïde : or, par ce rapprochement des cartilages en avant, il en résulte un mouvement de bascule par lequel le cricoïde, ainsi que les aryténoïdes, sont portés en arrière; les cordes vocales sont ainsi tirées par leurs extrémités antérieures et postérieures en sens contraire, et ainsi plus ou moins allongées : or c'est par une telle disposition que les sons deviennent d'autant plus aigus.

Les *crico-aryténoïdiens postérieurs* allongent la cavité de la glotte quand ils se contractent seuls, en retirant les cordes vocales en

arrière ; ils l'élargissent aussi en portant sur les côtés les cartilages aryténoïdes, si les muscles aryténoïdiens oblique et transverse sont dans le relâchement ; mais si ceux-ci se contractent
en même temps que les crico-aryténoïdiens agissent, la glotte
est allongée et rétrécie : mais elle sera bien plus allongée si en
même temps que les crico-aryténoïdiens renversent en arrière
les cartilages aryténoïdes, les crico-thyroïdiens portent en avant le
cartilage thyroïde, et s'ils renversent en arrière la grosse portion
du cartilage cricoïde ; car alors les cordes vocales seront tirées par
les deux bouts.

Les *crico-aryténoïdiens latéraux* portent les cartilages aryténoïdes en dehors et un peu en avant ; les cordes vocales sont
ainsi relâchées, et l'ouverture de la glotte s'agrandit : ce qui a lieu
lorsque nous rendons un son grave.

Les *aryténoïdiens obliques et le transversal* rapprochent les
deux cartilages l'un contre l'autre et resserrent ainsi la glotte.
Or, si les cordes vocales sont alors tendues par la contraction des
crico-thyroïdiens antérieurs et par celle des crico-aryténoïdiens
postérieurs, le son sera très-aigu, sur-tout encore si la trachée-
artère est allongée par un effet de l'élévation du larynx et de
l'os hyoïde, opérée par les muscles destinés à cet usage.

Les *thyro-aryténoïdiens* rapprochent, en se contractant, les
cartilages aryténoïdes du cartilage thyroïde, et sans doute quelquefois aussi le thyroïde des aryténoïdes, ou les uns vers les
autres réciproquement, selon qu'ils s'opposent plus ou moins de
résistance ; ils sont antagonistes des muscles antérieurs et postérieurs du larynx, qui allongent les cordes vocales que ces
muscles thyro-aryténoïdiens peuvent retenir dans un certain relâchement, et les y remettre lorsqu'elles ont été trop tendues.

On voit, par ce qui vient d'être dit, que la glotte peut être
plus ou moins rétrécie ou dilatée, allongée ou raccourcie, selon
que les cordes vocales sont plus ou moins distendues ou relâchées,
écartées ou rapprochées.

C'est par une régularité admirable de tension et de relâchement
des cordes vocales, ainsi que de leur déplacement mutuel par les
muscles que nous venons de nommer, que le son est formé pour
être ensuite perfectionné dans l'arrière-bouche, dans la bouche
et dans le nez, comme on le dira ailleurs à l'article du larynx : mais
s'il arrive que le mouvement de ces muscles soit interverti, troublé,
étant trop violent ou pas assez actif, ou trop précipité, ou trop lent,
la voix est singulièrement changée, ou affoiblie, ou détruite.

Nous renvoyons, à cet égard, à l'article du larynx, dont on
donnera la description à l'article *des organes des sens.*

IX. *Des muscles de la langue.*

La langue a deux sortes de muscles : les uns lui sont propres, et on les appelle *intrinsèques* : les modernes en ont fait deux muscles linguaux.

Les autres, après s'être distribués dans son intérieur, s'attachent hors d'elle à des parties plus ou moins éloignées ; on les nomme *extrinsèques* : ils sont au nombre de six, les génio-glosses, les hyo-glosses et les stylo-glosses.

Les muscles intrinsèques ou les *linguaux* raccourcissent la langue, et concourent à son resserrement ; ils peuvent aussi la rendre concave ou convexe transversalement ou longitudinalement, en abaissant sa pointe ou en la relevant ; ils servent aussi à la porter latéralement ; de sorte que ces muscles peuvent mouvoir très-diversement la langue.

Les *génio-glosses* sont dans la disposition la plus favorable pour attirer la langue en avant et hors la bouche, directement ou latéralement, selon que tous les deux agissent, ou qu'il n'y en a qu'un en action ; ils peuvent aussi, en rapprochant la base de la langue de la partie antérieure de la bouche, la rendre transversalement convexe, si les hyo-glosses et les stylo-glosses se contractent en même temps ; les génio-glosses peuvent aussi faire remonter l'os hyoïde, sur-tout s'ils sont aidés par le mylohyoïdien et par les génio-hyoïdiens, qui forment une espèce de plancher à la langue, en même temps qu'ils la soulèvent contre la voûte du palais mol et osseux.

Les *hyo-glosses* ayant leurs attaches fixes en arrière et en bas à l'os hyoïde et leurs attaches mobiles dans la langue jusqu'à sa pointe, ne peuvent se contracter sans retirer la langue en arrière, en la rendant plus ou moins convexe transversalement.

Les *stylo-glosses* sont dans la situation la plus favorable pour retirer la langue en arrière et en haut, pour l'aplanir, et la rendre convexe d'un côté à l'autre, s'ils agissent ensemble : mais si l'un des deux se contracte seul, l'autre étant dans le relâchement, alors la langue est tirée de son côté et rapprochée contre les parties latérales de la bouche.

C'est par tous ces mouvemens et par d'autres intermédiaires infiniment nombreux, que la langue jouit d'une mobilité admirable, et qu'elle sert à la déglutition, au perfectionnement des sons, à l'expuition et à la succion.

Sa mobilité étant en général d'autant plus grande qu'il y a plus d'irritabilité dans ses muscles et de sensibilité dans ses nerfs, il n'est pas étonnant qu'elle soit l'un des organes que les convulsions agitent ou que la paralysie affecte le plus souvent.

Les médecins praticiens ne manquent pas d'examiner dans quel état sont les mouvemens de la langue, pour pouvoir juger de l'irritabilité, non-seulement de ses muscles, mais encore de ceux du reste du corps.

C'est un bon signe quand un individu menacé de convulsions ou qui en est atteint, a assez d'empire sur lui pour pouvoir modérer les mouvemens de sa langue ; et rien n'est plus favorable dans les apoplectiques que de voir le malade recouvrer la mobilité régulière de cet organe. Nous renvoyons, à l'article de la langue, d'autres remarques à ce sujet.

X. *Des muscles du voile du palais et de la luette.*

Ces muscles sont au nombre de dix, cinq de chaque côté, le palato-staphylin, le glosso-staphylin, le pharyngo-staphylin, le péristaphylin externe, le péristaphylin interne.

Les *palato-staphylins* relèvent et rétrécissent le voile du palais, portant aussi la luette en avant.

Les *glosso-staphylins* doivent, en se contractant, abaisser le voile du palais vers la langue ; ils peuvent aussi relever cet organe vers le voile du palais et avec plus ou moins de force pour comprimer les alimens, et les déterminer à passer dans l'arrière-bouche.

Les *pharyngo-staphylins* abaissent le voile du palais et l'étendent vers les parties latérales du pharynx, dans lesquelles ces muscles se prolongent ; ils sont ainsi congénères des glosso-staphylins pour comprimer le bol alimentaire et le porter en arrière dans le pharynx.

Les *péristaphylins externes* ou inférieurs sont très-propres à étendre le voile du palais ; chacun le retire de son côté en le relevant et en le fixant avec les glosso-pharyngiens, de manière qu'il ne peut pas être renversé vers les fosses nasales.

Les *péristaphylins internes* ou supérieurs relèvent encore plus directement le voile du palais en l'étendant latéralement.

On n'est point étonné quand on réfléchit à l'admirable mécanisme qui règne dans l'action de tous ces muscles pour soulever, abaisser, étendre ou rétrécir le voile du palais, que, lorsqu'ils sont affectés, il survienne des désordres dans la déglutition et dans la formation des sons : et cela arrive, tantôt parce que ces muscles se contractent trop vite ou trop lentement, tantôt parce qu'ils ne se contractent pas avec assez de force ou avec trop d'action : alors les alimens, les liquides sur-tout, refluent dans les fosses nasales ; accident qui est l'effet ordinaire des convulsions ou de la paralysie des muscles du voile du palais.

XI. Des muscles du pharynx.

Ces muscles, qui forment par leur réunion trois espèces de constricteurs, le supérieur, le moyen, l'inférieur, servent non-seulement, comme leur nom l'indique, au resserrement du pharynx, mais encore, par les muscles stylo-pharyngiens, à le raccourcir. Or, les alimens étant comprimés par le premier constricteur et ne pouvant refluer dans la bouche, parce que la langue est retirée vers le pharynx, ni dans les narines, parce que le voile du palais, qui est relevé, en-bouche exactement les ouvertures postérieures ; ces alimens sont forcés de descendre dans la partie moyenne du pharynx, d'où ils sont poussés dans la partie inférieure par le constricteur moyen, et dans l'œsophage par le constricteur inférieur.

Nous entrerons dans quelques autres détails sur l'usage de ces muscles et sur quelques-unes de ses affections pathologiques, à l'article du pharynx.

XII. Des muscles qui meuvent la tête sur le tronc.

On peut réduire les mouvemens de la tête à quatre espèces : elle est fléchie, étendue, inclinée sur les côtés, contournée. On a attribué ces mouvemens à vingt-deux muscles, onze de chaque côté.

On peut généralement établir qu'elle est fléchie par les sterno-cléido-mastoïdiens, par les grands et petits droits antérieurs ;

Qu'elle est étendue par les splénius de la tête, les complexus, les portions supérieures du sacro-lombaire, appelées *petit complexus*, par les grands et petits droits postérieurs.

Qu'elle est inclinée et portée sur les côtés par le droit latéral, et par d'autres muscles de la portion cervicale de la colonne vertébrale ; qu'elle est contournée particulièrement par les petits et aussi par les grands obliques, qui ne peuvent contourner la première vertèbre, sur la seconde, sans contourner la tête : aussi les muscles fléchisseurs et extenseurs de la tête peuvent-ils concourir à contourner la tête sur la colonne vertébrale, s'ils agissent successivement.

Les *sterno-cléido-mastoïdiens* qui sont formés de deux portions, dont l'une est attachée au sternum, à la ligne courbe de l'occipital et à la partie postérieure de l'apophyse mastoïde, et l'autre à la clavicule et à la partie antérieure de cette apophyse, fléchissent la tête s'ils se contractent à la fois; mais si l'un d'eux se contracte seul, il la fléchit de son côté en entraînant la tête et en contournant le menton vers l'épaule de l'autre côté. Les portions de ce muscle qui s'attachent au sternum, ou les sterno-mastoïdiens agissant seuls, peuvent porter la tête en arrière; mais si les cléido-mastoïdiens se contractent seuls, ils concourent à sa flexion. Si les deux portions des deux sterno-cléido-mastoïdiens se contractent à-la-fois, elles fixent la tête et l'empêchent de tourner; mais si l'un d'eux agit seul, l'autre étant dans le relâchement, il la contourne à moins que le splénius de la tête, du même côté, ne s'y oppose; et alors la tête est fléchie du même côté.

C'est par les deux sterno-cléido-mastoïdiens que nous rapprochons la tête de la poitrine lorsque nous sommes couchés, et, pendant ce mouvement, la poitrine est retenue vers le bassin par les muscles droits du bas-ventre qui sont tendus : de sorte que si dans ce moment on vouloit découvrir par le tact l'état des viscères abdominaux, on ne pourvoit les sentir convenablement; il faut au contraire en pareil cas faire soutenir la tête par un oreiller, et avertir le malade de ne pas contracter les sterno-mastoïdiens.

Le *grand dorsal* peut, comme *Winslow* l'a observé, en fixant l'os du bras, fixer aussi la clavicule et rendre l'attache du cléido-mastoïdien plus solide.

Le *grand droit antérieur* ne peut avoir d'autre usage que celui de coopérer à la flexion de la tête sur la colonne vertébrale, d'abord en effaçant la convexité que les vertèbres cervicales forment en avant, et ensuite en la ployant en avant, mouvement d'après lequel la tête est rapprochée de la poitrine.

Le *petit droit antérieur* de la tête est congénère du précédent; mais il agit avec moins d'efficacité, n'ayant que très-peu d'étendue sur les vertèbres, puisqu'il ne s'attache qu'à la première; ce muscle peut aussi aider la flexion latérale de la tête sur le cou, sur-tout s'il est aidé par la contraction du muscle droit latéral de la tête et des muscles latéraux de la portion cervicale. Mais le long du cou, qu'on ne compte pas parmi ceux de la tête, parce qu'il ne s'y attache pas, n'est cependant pas moins propre à la faire incliner en avant, en diminuant la convexité antérieure de la portion cervicale et même en la rendant un peu concave.

Les *deux splénius de la tête* sont placés de manière que chacun d'eux empêche que le sterno-cléido-mastoïdien du même côté ne tourne et n'entraîne la tête en avant ; car ils sont antagonistes à cet égard. S'ils se contractent à la fois, ils inclinent la tête directement vers l'épaule correspondante, tandis que le splénius de la tête et le sterno-cléido-mastoïdien de l'autre côté s'opposent ou modèrent ce penchement.

Les *complexus* coopèrent avec les splénius pour fixer la tête en arrière et l'empêcher de pencher en avant par son propre poids, et encore par l'action des muscles antérieurs ; ce qui a lieu lorsque les muscles extenseurs perdent de leur force naturelle, comme dans ceux qui tombent en syncope. Ce sont ces muscles qui, conjointement avec le splénius de la tête, le trapèze, les grands et petits droits postérieurs, renversent la tête en arrière naturellement, et par l'effet des convulsions, dans ceux qui sont atteints d'épilepsie ou du tétanos postérieur, l'opistonos, dont on voit si souvent des exemples.

Les *grands droits postérieurs* doivent aussi aider le renversement de la tête ; mais les petits droits ne pourroient-ils pas aussi, en rapprochant l'arc postérieur de la première vertèbre vers l'os occipital, servir à la flexion de la tête, ou à son rapprochement de la poitrine ?

Les muscles *petits obliques* doivent, en se contractant, tirer la tête de manière que le menton tourne du côté opposé, et à cet effet ils sont congénères du sterno-cléido-mastoïdien du même côté ; les muscles grands obliques, au contraire, contournent la première vertèbre sur la seconde et en tournant la tête dans leur sens ; ce qui fait que le menton se rapproche alors de l'épaule du même côté de ce muscle, qui est ainsi antagoniste du sterno-mastoïdien, et du grand complexus et congénère du splénius de la tête, de son côté.

Les muscles de la tête doivent être entre eux dans une espèce d'équilibre pour la maintenir dans une situation régulière ; mais si les antérieurs viennent à acquérir plus de force que les postérieurs, ainsi que ceux d'un côté sur ceux de l'autre, nécessairement la tête sera inclinée vers eux : or, cet excès de force peut leur provenir d'une habitude constante de contracter plus souvent certains muscles que d'autres, en maintenant la tête dans telle ou telle situation. Ainsi ceux qui sont habitués à regarder en bas terminent par avoir la tête baissée vers la poitrine, comme cela arrive aux pâveurs, et aux personnes qui écrivent beaucoup sur des tables trop basses ; les paveurs ont aussi ordinairement la tête inclinée vers la terre.

Ces muscles ne peuvent perdre de leur longueur naturelle, sans qu'il n'en résulte un renversement de la tête. Or, c'est ce que l'atrophie de quelques-uns d'eux peut produire, ou par rapport à quelques affections des nerfs, ou des vaisseaux qui viennent s'y distribuer ; ou par rapport à quelque plaie, quelque forte contusion ou compression. Le torticolis peut être aussi occasionné par le déplacement de quelque muscle hors de sa gaîne par des efforts violens, des chutes ou des contusions ; mais il est aussi souvent occasionné par la mauvaise méthode qu'ont les nourrices de tenir la tête de leurs enfans penchée, soit qu'ils soient levés, soit qu'ils soient couchés. Dans ces inflexions, la tête peut être maintenue d'une manière fixe, ou être presque continuellement agitée : et alors s'incline-t-elle en avant, c'est l'*obstipitas annuens* : s'incline-t-elle latéralement, c'est l'*obstipitas renuens*.

La convulsion et la paralysie peuvent donner lieu à ces diverses inflexions ; lorsqu'elle dépend des convulsions, la tête penche du côté des muscles trop contractés ; et si elle dépend de la paralysie des muscles, elle est inclinée du côté opposé.

Les déviations de la portion cervicale de la colonne vertébrale, par la mauvaise conformation des vertèbres, donnent lieu nécessairement au renversement de la tête, parce qu'alors les muscles ne sont plus dans la disposition symétrique de leur arrangement naturel. Or, ces déviations sont l'effet fréquent du vice rachitique dans quelques vertèbres, quelquefois sans augmenter le volume des autres, ou même en diminuant inégalement le volume de quelques-unes d'elles : souvent aussi le vice rachitique gonfle leur corps ligamento-cartilagineux, les dessèche ou les relâche.

On voit par-là que le torticolis dépend de beaucoup de causes diverses ; que son traitement est d'autant plus difficile, qu'il doit être varié, et qu'il faut toujours qu'il soit promptement administré : car lorsque les parties mal conformées ont acquis une certaine induration, alors la maladie est sans remède ; les bandages tant célébrés pour ramener et retenir la tête dans une bonne situation ont rarement un heureux effet (1).

Les vieillards sont fort sujets au tremblement de la tête, parce que ses muscles sont involontairement et irrégulièrement contractés. J'ai vu des familles entières qui en ont été affectées

_____

(1) *Voyez* les *Mémoires de Winslow*, sur quelques vices de conformation de la tête et de l'épine, provenant principalement des affections des muscles : *Acad. des sciences*, 1731, 1740, 1741.

dans un âge avancé, et entr'autres celle du maréchal de Beau-
veau ; j'ai vu aussi un enfant épileptique qui éprouvoit des
tremblemens de tête très-rapides avant et après l'accès; j'ai vu
un autre enfant qui tournoit circulairement la tête plus d'un
quart d'heure avant d'éprouver l'attaque d'épilepsie à laquelle il
étoit sujet depuis long-temps.

Un autre enfant atteint de la fièvre quarte éprouvoit une
agitation latérale de la tête très-fréquente pendant la nuit. On
a aussi vu des enfans atteints de vers, dont la tête étoit violemment agitée par la convulsion de ses muscles, et qui a cessé lorsque
les vers ont été détruits (1).

XII. *Des muscles qui meuvent la colonne vertébrale.*

Ces muscles, dont on a tant multiplié le nombre, peuvent
être réduits aux suivans : le *long du cou*, le *scalène*, le *carré
des lombes*, le *sacro-lombaire*, le *long dorsal*, et le *transversaire épineux*, *les intercostaux du cou et des lombes*, *et
les interépineux du cou.*

Le *long du cou*, en effaçant par sa contraction la convexité
de la portion cervicale de la colonne épinière, et même en la
rendant un peu concave, la fléchit, et entraîne aussi la tête
directement en avant, s'il agit avec son semblable, et obliquement en la tournant vers l'épaule de son côté, s'il agit seul.

Les muscles *scalènes* étant attachés latéralement par leurs
extrémités supérieures aux vertèbres cervicales, et inférieurement à la partie supérieure et un peu latérale des côtes qui
leur donnent un point d'appui beaucoup plus fixe, doivent nécessairement, quand ceux d'un côté se contractent séparément de
l'autre côté, incliner latéralement vers elle la portion cervicale
de la colonne épinière. Dans quelques circonstances, il paroît
aussi que les portions antérieures de chacun des deux scalènes
peuvent se réunir pour produire quelque légère ascension des
côtes et contribuer un peu à l'inspiration. Il paroît aussi que
les portions postérieures des scalènes peuvent concourir au renversement de la portion cervicale de la colonne épinière.

Les muscles *carrés des lombes* plient la colonne vertébrale sur

---

(1) Le duc de Montmorenci fut atteint d'un mouvement involontaire
de la tête après la suppression du flux hémorrhoïdal ; il devint jaune, et
éprouva des accidens qui indiquoient l'affection du foie. Le rétablisse-
ment du flux hémorrhoïdal par les sangsues au fondement, quelques remèdes apéritifs, et des bains, ainsi que le voyage de Spa que je lui con-
seillai, le rétablirent entièrement.

les côtés en concourant à l'extension de l'épine, quand elle a été commencée par les autres muscles destinés à cet usage.

Le *sacro-lombaire*, le *long dorsal*, le *transversaire épineux*, les *interépineux du cou*, les *intertransversaires du cou et des lombes*, mettent le tronc en extension et l'y maintiennent ; ils peuvent aussi le renverser en arrière s'ils agissent ensemble, mais ils le contournent, si ceux d'un côté se contractent successivement après ceux de l'autre, et sur-tout le sacro-lombaire, qui est dans la situation la plus favorable pour relever le tronc, étant le plus éloigné de l'axe du corps.

Le *long dorsal* et le sacro-lombaire peuvent aussi renverser la tête en arrière, puisqu'ils se prolongent jusqu'à la partie supérieure du cou, et qu'ils s'y attachent. *Morgagni* s'est assuré, par la dissection d'un homme dont le muscle long dorsal étoit malade, qu'il étoit également altéré jusqu'à son attache à la partie supérieure de la colonne vertébrale ; ce qui l'a encore plus fortement convaincu qu'il ne se bornoit pas à la partie supérieure du dos (1). Ces muscles peuvent aussi servir à la flexion du tronc latéralement, si ceux de l'autre côté sont dans le relâchement.

Les *inter-transversaires du cou et des lombes* inclinent la colonne vertébrale de leur côté, et les interépineux du cou portent l'épine en arrière.

Les muscles du tronc dont on vient de parler ont des coopérateurs puissans. Les antérieurs ou ceux qui fléchissent l'épine en avant sont aidés dans cette fonction par la portion claviculaire des sterno-mastoïdiens et par les muscles antérieurs de l'os hyoïde, par les muscles du bas-ventre, et sur-tout par les droits et par les grands psoas.

Les muscles postérieurs ou les extenseurs du tronc ont pour congénères, supérieurement, les trapèzes, les splénius de la tête, les complexus ; inférieurement, les grands dorsaux ; latéralement, les muscles angulaires : la portion sternale des sterno-cléido-mastoïdiens, les splénius et autres, inclinent la tête et le cou sur le côté où ils ont leurs attaches.

Les muscles du dos sont ceux du corps humain dont la contraction est la plus permanente, puisqu'on ne peut se tenir debout ni assis sans appui, s'ils ne sont contractés suffisamment pour soutenir le tronc et pour contrebalancer l'action de divers muscles antérieurs du cou affoiblis par les travaux du jour. Nous avons besoin de nous coucher pour réparer nos forces pendant la nuit par le repos, et encore mieux par le sommeil. Les plus légères maladies sont annoncées par le relâchement des muscles du dos ; et nous sommes forcés de nous coucher. Après de

_____

(1) *De sed. et caus. morb.*, epist. LVII, art. 18.

longues maladies, lors même qu'elles ont cessé, les muscles du dos reprennent difficilement leurs forces ; ce qui fait que les malades restent long-temps avec l'épine fléchie ou voûtée.

Chez les vieillards, l'épine est aussi plus ou moins voûtée par rapport à la foiblesse de ses muscles extenseurs. L'inflexion de la taille est quelquefois si considérable, qu'ils ne peuvent plus marcher sans canne ou même sans crosse. La taille s'incline aussi quelquefois sur les côtés. J'ai vu des bosses bien considérables survenues dans la vieillesse (1), et dont la principale cause étoit la foiblesse des muscles dorsaux, à laquelle aussi se joignoit la rétraction des ligamens antérieurs de l'épine, qui s'endurcissent et se raccourcissent presque toujours à cet âge.

Chez les jeunes personnes, la colonne vertébrale se maintient d'autant plus facilement dans sa rectitude, que ses courbures sont moins grandes, que les muscles du dos sont plus forts, et que les ligamens jouissent de toute leur flexibilité.

L'exercice, en même temps qu'il sert au développement (2) des muscles du dos, leur donne aussi plus de force. Les femmes qui n'ont point porté de corps, les ont ordinairement plus volumineux, plus charnus que celles qui en ont porté dans leur jeunesse, et même dans un âge plus avancé. Dans celles-ci, ces muscles sont extrêmement minces, et même quelquefois ils sont plutôt ligamenteux que charnus : or alors l'épine ne peut plus se maintenir sans soutien, et les corps sont nécessaires.

Les muscles dorsaux, qui sont si nombreux et dans des directions très-variées, sont naturellement maintenus et ramenés dans leur situation par des gaines membraneuses qui, quoique fortes, ne peuvent toujours résister à une contraction violente des muscles de la colonne vertébrale : aussi certains trousseaux musculeux, des portions même assez considérables de muscles se déplacent-ils ? l'observation anatomique l'a prouvé ; et lorsqu'il y a un muscle déplacé, l'épine se contourne du même côté, le sujet devient véritablement bossu. On en a vu qui le sont restés toute leur vie. Cependant il y en a aussi eu chez lesquels de pareilles bosses ont été guéries, lors même que le malade s'y attendoit le moins, par un mouvement violent, par une chute ou une forte compression, par des frictions, des douches d'eau minérale administrées pour toute autre vue, comme Ferrein m'en a cité un exemple. Lieutaud (3) et Poutau (4) ont parlé du déplacement ou de la luxa-

(1) Voyez notre Mémoire sur les bosses qui surviennent dans un âge avancé : Acad. des Sciences. 1769.
(2) Voyez nos Remarques sur les muscles en général, p. 396, et nos observ. sur le rachitisme.
(3) Précis de médecine pratique.
(4) Mélanges de chirurgie.

tion des muscles du dos d'après leur propre observation, et j'en ai vu aussi, mais qui n'ont eu que des effets momentanés. La courbure de l'épine, avec un gonflement douloureux, en a été l'effet; des saignées, des bains, de douces compressions, et des mouvemens du tronc les ont détruits. Les anciens chirurgiens ne confondoient-ils pas, comme le peuple le fait. quelquefois encore, un pareil déplacement musculeux avec une prétendue luxation des vertèbres ?

La contraction violente, le racornissement ou le déplacement des muscles antérieurs du tronc, peuvent également donner lieu à l'inflexion de l'épine.

J'ai vu des vieillards qui avoient leur dos si incliné vers la terre que leur tête penchoit jusqu'aux genoux : or, chez eux, non-seulement les muscles dorsaux avoient perdu leur contractibilité naturelle, mais encore les ligamens antérieurs des vertèbres s'étoient raccourcis ; les muscles droits abdominaux avoient aussi perdu de leur longueur primitive : ce qui contournoit l'épine comme une corde courbe son arc. Un cadavre dont il est question dans le journal de *Trévoux*, année 1722, se redressa dès qu'on eut coupé en travers les muscles droits du bas-ventre qui tenoient l'épine ployée. Des déplacemens de ces muscles ont aussi donné lieu à une courbure contre nature de l'épine.

Les spasmes et les convulsions des muscles du tronc peuvent, ou le roidir comme s'il n'étoit formé que d'une seule pièce, ainsi que cela arrive dans le *tetanos*, ou le courber, tantôt en avant, l'*emprostotonos*, tantôt en arrière, *opistotonos*, ou sur les côtés, *tetanos lateralis* : or la différence de ces inclinaisons du tronc tient à la contraction de tels ou tels muscles. Dans le *tetanos*, les antérieurs comme les postérieurs sont en convulsion et se contrebalancent par leurs efforts opposés ; mais dans l'*emprostotonos*, ce sont les muscles antérieurs qui sont plus violemment contractés que les postérieurs ; et dans l'*opistotonos*, au contraire, ce sont les muscles postérieurs qui l'emportent sur les antérieurs. Par la même cause, le tetanos peut être latéral si les muscles d'un côté sont plus violemment contractés que ceux de l'autre côté.

La paralysie des muscles produit un effet contraire sur le tronc, c'est-à-dire qu'il s'incline du côté de ceux qui ont conservé leur force naturelle ; et, par l'effet de cette paralysie, les muscles qui en sont affectés terminent par s'atrophier. Les auteurs n'en ont-ils pas rapporté des exemples, que je pourrois moi-même confirmer par d'autres que ma pratique m'a souvent fournis ? Quelquefois, après des coups et des plaies très-graves en apparence, survenues aux muscles du dos, il n'arrive aucun accident, ni convulsion, ni stupeur, ni

paralysie des extrémités , ni difficulté de respirer , ni palpitation
notable du cœur , ni vomissemens, ni d'autres accidens graves ,
tandis que quelquefois les muscles du dos , ainsi que la peau
qui les revêt , sont à peine lésés , que les accidens les plus for-
midables surviennent , les convulsions ou la paralysie , le délire ,
l'apoplexie , et même des accès d'épilepsie : c'est qu'alors la moelle
épinière est plus ou moins affectée plus haut ou plus bas , soit
qu'il y ait eu en elle quelque forte commotion , soit qu'il y ait
quelque fracture des vertèbres , soit que quelque congestion de
sang se soit formée dans les vaisseaux de la moelle épinière ou
dans ceux qui se distribuent dans ses enveloppes , soit qu'il se
soit fait quelque épanchement dans le canal spinal. Quelles différences ne doit-il pas y avoir dans les accidens des plaies et des
contusions des parties extérieures de l'épine , selon les lésions
des parties intérieures du canal vertébral et de la moelle épinière ?
Elles doivent être bien différentes (1) , et tellement que les unes
peuvent être sans danger , quoique graves en apparence , et les
autres mortelles , quoiqu'elles ne présentent au-dehors aucune
altération dangereuse.

XIII. *Des muscles de la respiration.*

Le *diaphragme* est le principal muscle de la respiration. On y
joint les intercostaux , les surcostaux, les sterno-costaux ou le
triangulaire , les dentelés postérieurs , supérieurs et inférieurs :
or , de ces muscles , les uns servent à agrandir la poitrine et à
faciliter l'inspiration , et d'autres servent à la rétrécir , et par
conséquent à l'expiration.

Les ailes du diaphragme se contractant à chaque inspiration,
refoulent vers le bassin les viscères de l'abdomen , principalement le foie et la rate : or le diaphragme est d'autant mieux
disposé à produire cet effet, qu'il est attaché par ses deux piliers
aux corps des trois premières vertèbres lombaires et aux apophyses
transverses de la première , aux cartilages de toutes les fausses
côtes, ainsi qu'à leurs extrémités osseuses : la partie moyenne de
ce muscle , qui est tendineuse , très-tendue , et sur laquelle le cœur
repose , est dans un repos presque parfait.

(1) Consultez à cet égard *Morgagni* , epist. XL , art. 27 et 28 ; epist. LIV
art. 25 et 26.

Les *muscles intercostaux* externes et internes, nonobstant la différente direction de leurs fibres, servent à élever les côtes et à les porter au dehors, et concourent ainsi à l'inspiration.

C'est ce que l'observation sur les animaux vivans démontre; car, soit qu'on considère les intercostaux externes pendant l'expiration, soit qu'après avoir incisé une portion de ce muscle, on examine pendant le même temps de la respiration l'intercostal interne, on les voit tous deux se contracter et relever la côte inférieure : et comment pourroient-ils avoir un usage différent, malgré la différente direction de leurs fibres, les côtes supérieures étant immobiles ou presque immobiles, et les inférieures jouissant d'une grande mobilité? Elles ne peuvent qu'être relevées vers celles qui sont fixes, relativement à elles, par la contraction des muscles intercostaux, tant internes qu'externes.

Cependant les auteurs ont été partagés d'opinion à ce sujet. *Galien* a cru que les muscles intercostaux externes servoient à l'inspiration en élevant les côtes inférieures vers les supérieures, et que les internes servoient à l'expiration en les abaissant (1); opinion que *Vesale* et le plus grand nombre des anatomistes qui lui ont succédé ont adoptée, notamment *Bayle*, ancien professeur de médecine à Toulouse (2), et *Erhard Hamberger* (3), dans ces derniers temps, que *Haller* a si vigoureusement combattue (4), malgré ses puissans défenseurs (5), et dont enfin *Hamberger* fit verbalement sa rétractation peu de temps avant sa mort : il avoua que ce n'étoit que de peur de se dégrader qu'il n'avoit pas rendu sa rétractation publique.

Les *surcostaux* et les *souscostaux* sont des muscles congénères des intercostaux internes et externes.

Quant au rétrécissement de la poitrine pendant l'expiration, on l'attribue en partie à la contraction des *sterno-costaux*, et à celle des *dentelés postérieurs* et *inférieurs*; mais un pareil usage n'est pas si clairement démontré qu'on ne puisse élever quelque doute sur sa réalité. Les sterno-costaux, en se contractant, ne tendent-ils pas à abaisser le cartilage des côtes? et

---

(1) Voyez l'*Anat.* de *Galien*, publiée par *Dundass*.

(2) *Dissert. physicæ sex*, Toleuse, 1670, in-12.

(3) *De respirat. mechanismo*, Ienæ, 1727, in-4°, et dont nous avons rapporté les titres dans notre *Hist. de l'anat.*, tom. IV, pag. 687.

(4) Commentaires, *Herman Boerhaave*, prælect. physiol. : *Élément physiol.*, tom. III, pag. 37. De respirat. experiment.

(5) *J. G. Hunius*, *Kruger*, *Sauvages*, *Nicolaï Trindelinburg* : Anat. goth., 1746.

comme ces cartilages s'abaissent pendant l'inspiration par leurs extrémités costales, auxquelles les extrémités mobiles des muscles s'attachent, ils ne peuvent être placés que parmi les muscles inspirateurs, et non parmi les expirateurs, comme quelques anatomistes l'ont fait.

Les muscles dentelés postérieurs et inférieurs qui s'attachent aux dernières fausses côtes, ne se contractent-ils pas pendant l'inspiration et non pendant l'expiration, puisque les deux dernières fausses côtes s'abaissent pendant l'inspiration, tandis que toutes les autres s'élèvent ?

On pourroit, avec plus de raison, comprendre comme cause principale de l'expiration la contraction des muscles droits du bas-ventre, et encore celle des obliques et des transverses ; car ils ne peuvent, quand ils se contractent, qu'opérer l'abaissement et le resserrement de la poitrine, leurs attaches aux vertèbres lombaires et au bassin étant fixes. Ces muscles se contractent lorsque les muscles releveurs des côtes et le diaphragme cessent d'agir : or alors ils refoulent les viscères abdominaux vers la poitrine, ainsi que les ailes du diaphragme qui remontent plus ou moins haut dans cette cavité, sur-tout l'aile droite, en rétrécissant à proportion les poumons, et par conséquent leurs bronches, dont l'air qu'elles contiennent est ainsi expulsé.

Indépendamment des muscles dont nous venons de parler, et qu'on ne peut s'empêcher d'admettre parmi ceux de la respiration, quelques physiologistes ont cru devoir y en comprendre plusieurs autres :

1°. Le sous-clavier, dont le principal usage est de ramener la clavicule vers la première côte, et non la côte vers la clavicule ; aussi ce muscle ne peut-il en aucune manière servir à la respiration. Pour que ce muscle remplisse cet usage, il faudroit qu'il soulevât toute la poitrine, ce qu'on ne peut imaginer. Les anciens l'ont regardé comme un des principaux inspirateurs. Fallope s'est cependant contenté de dire qu'il croyoit que ce muscle soulevoit un peu la poitrine (1); mais Riolan doute de cet usage (2). Suivant Winslow (3), ce muscle ne sert qu'à abaisser la clavicule, et ne remplit aucun usage relativement à la respiration, parce que la première côte est souvent soudée avec le sternum. Cependant Haller (4), et après lui Sabatier, et d'autres anatomistes modernes encore, ont pensé que le muscle sous-clavier

(1) Observationes anatomicæ.
(2) Anthrop., lib. V, cap. 22.
(3) Traité des muscles, s. 824.
(4) Haller : Élément. physiol., tom. III, pag. 46.

pouvoit agir en quelques occasions sur la poitrine et l'élever, et cela parce que ce muscle a sa portion charnue implantée à la clavicule, et sa portion tendineuse au cartilage de la première côte ; mais cette raison ne nous paroît nullement convaincante.

2°. On a compté parmi les muscles de la respiration les *scalènes*, quoique *Riolan* les ait placés parmi les muscles du cou (1). En effet, ces muscles sont peu propres à mouvoir les côtes ; et si jamais ils ont cet effet, ce ne peut être que dans des respirations très-forcées : les scalènes antérieurs pourroient alors concourir à cet effet. *Winslow*, pour éviter de résoudre cette difficulté, a tantôt placé les scalènes parmi les muscles de la respiration (2), et tantôt parmi les muscles qui meuvent le cou (3).

3°. Le cervical descendant de *Diemerbroeck*, le long transversaire du cou de *Winslow*, selon nous, portion du long dorsal, ne concourent jamais à la respiration.

4°. Le sterno-cléido-mastoïdien peut servir à l'inspiration lorsque les puissances qui l'opèrent naturellement sont trop foibles pour pouvoir produire leur effet, et alors le sujet renverse violemment la tête en arrière, pour rendre plus fixe l'insertion supérieure du sterno-cléido-mastoïdien (4).

5°. Le grand pectoral, le petit pectoral et le grand dentelé ne servent en aucune manière à la respiration naturelle. *Fallope* (5) est un des premiers qui aient démontré qu'ils n'étoient nullement propres à produire l'effet que les anciens leur attribuoient à cet égard.

Le diaphragme, qui doit être regardé comme le principal agent de la respiration, comme on vient de le dire, exerce sur les viscères abdominaux, conjointement avec les muscles qui entourent la cavité qui les renferme, une action qui mérite bien d'être considérée. Leurs contractions sont alternatives relativement à la respiration. Le diaphragme, en se contractant pendant l'inspiration, repousse, comme nous avons dit, les viscères abdominaux en en-bas et en avant ; et les muscles abdominaux, quand ils agissent, resserrent la cavité abdominale en pressant ces mêmes viscères, et les refoulent vers la poitrine : or ce mouvement alternatif du diaphragme et des muscles abdominaux n'influe-t-il pas sur la circulation du sang dans la veine-porte ?

---

(1) *Anthropog.*, lib. V, cap. 22.
(2) *Traité des muscles*, §. 575.
(3) *Ibid*, 1094.
(4) Haller : *Élément. physiol.*, tom. III, pag. 51.
(5) *Ibid*, pag. 93.

2.

Ces muscles réunissent leur action en se contractant à la fois pour l'expulsion des matières fécales et des urines, lorsque leur excrétion est difficile ; ils agissent ensemble, dans le travail de l'accouchement : alors l'inspiration étant prolongée, le diaphragme étend son action sur les viscères abdominaux, tandis que leurs muscles les resserrent aussi avec plus ou moins de violence. Dans le vomissement, le diaphragme et les muscles abdominaux se contractent à la fois, selon les physiologistes : mais, n'est-ce pas pendant que le diaphragme est relâché et remonté dans la poitrine, et lorsque les muscles abdominaux sont contractés, que les matières passent de l'estomac dans l'œsophage, pour être expulsées par la bouche ? Les alimens pourroient-ils sortir de l'estomac pour entrer dans l'œsophage pendant l'inspiration ? l'œsophage n'est-il pas fortement resserré par le diaphragme, l'orifice qui leur donne passage étant charnu et en contraction comme le reste de la substance charnue de ce muscle (1) ?

L'aorte, qui passe dans un ample interstice du diaphragme, n'est pas entièrement exempte de compression dans les violentes inspirations (2) ; et cette compression, que l'expérience sur les animaux vivans démontre, ne peut-elle pas donner lieu, en quelques cas extrêmes, à un reflux du sang vers les parties supérieures, et produire de funestes effets.

La portion moyenne aponévrotique du diaphragme n'est pas sensiblement déplacée, lors même que les parties charnues ou les ailes de ce grand muscle se meuvent et parcourent de grands espaces ; d'abord, parce qu'elle n'est pas de nature à pouvoir se contracter, et qu'elle adhère intimement aux bords de la face triangulaire du péricarde : ce qui fait que le péricarde maintient le diaphragme contre l'effort que ses ailes et ses piliers font pour l'abaisser pendant les mouvemens de l'inspiration, sur-tout lorsqu'ils sont violens ; et pour cette raison le cœur n'est jamais comprimé, quelque grands que soient les mouvemens du diaphragme.

Plus ce grand muscle remplit de fonctions importantes dans l'économie animale, plus il est essentiel de connoître les affections morbifiques auxquelles il est sujet. Il y en a plusieurs que les ouvertures des corps ont fait reconnoître, telles que l'inflammation, l'endurcissement, la suppuration, l'induration, l'érosion et la rupture. On y a reconnu aussi des tumeurs, des ad-

_____

(1) *Voyez* le *Recueil de nos Mémoires*, tom. II, p. 314, in-8°.

(2) *Voyez* les mêmes expériences, *ibid.*

hérences contre nature : très-souvent on l'a trouvé trop relevé dans la poitrine, ou trop refoulé dans le bas-ventre.

A ces maladies, on doit ajouter les blessures et les hernies des viscères qui se sont faites à travers ce grand muscle, les épanchemens dans la poitrine occasionnés par des blessures du diaphragme, du foie et de la rate, et qu'on auroit cru provenir seulement des vaisseaux thorachiques.

L'*inflammation* du diaphragme est plus commune qu'on ne croit. Rarement est-elle simple, étant presque toujours compliquée de celle des viscères qui sont placés au-dessus, dans la poitrine, ou au-dessous dans le bas-ventre. Diverses ouvertures de ce genre que j'ai faites me l'ont bien confirmé.

Il résulte des observations de *Blasius*, de *Bonnet* (1), de *Dehaen* (2), de *Senac*, de *Lieutaud* et des nôtres, que cette inflammation peut avoir son siége dans la partie musculeuse comme dans la partie membraneuse ou tendineuse, et que les malades qui en ont été atteints ont éprouvé de la difficulté à respirer, une fièvre très-aiguë, et le ris sardonien, avec ou sans délire (3); mais le ris sardonien n'est pas si constant dans les inflammations du diaphragme, qu'il ne manque quelquefois.

Un homme âgé d'environ quarante ans, qui souffroit depuis six à sept jours d'une douleur de goutte au pied, en fut promptement guéri par l'application d'une éponge imbibée d'eau froide, acidulée de vinaigre, sur la partie douloureuse. Il éprouva bientôt après un grand resserrement dans la partie inférieure de la poitrine, avec rétraction des hypochondres dans l'intérieur, de la difficulté de respirer, avec une fièvre très-aiguë : il périt en très-peu de jours.

À l'ouverture du corps, on trouva l'aile droite du diaphragme et une portion du centre tendineux très-rouge et gonflée, et les poumons étoient ramollis, comme dans un commencement de gangrène.

Cet homme n'avoit pas éprouvé le ris sardonien, et avoit toujours conservé sa tête jusqu'au dernier moment de sa vie ; presque toujours, quand le ris sardonien a lieu, la raison est troublée : ce qui peut faire croire, et d'autres raisons encore, que le cerveau est

(1) Voyez l'*Historia anat. med.* de *Lieutaud*, lib. II, sect. VI. *Observ.*, 774 *.

(2) Ibid : *Observ.* 773, 774, et diverses autres, rapportées dans le même ouvrage.

(3) *Morgagni* a fait la même observation : *Inflammat. alias est, alias non est adjunctum delirium*, epist. VII, art. 14 **.

* Voyez les observations très-intéressantes de *Morgagni* à ce sujet.
** *Anat. med.*, epist. LIII, art. 40.

alors plus ou moins affecté, soit idiopathiquement, soit par sympathie.

Très-souvent l'inflammation du diaphragme est réunie à celle du poumon, du foie, de la rate et de l'estomac. On pourroit même dire qu'il est rare que cela ne soit ainsi : or, dans les inflammations du diaphragme, se joignent les symptômes qui indiquent l'affection du poumon, la toux plus ou moins fréquente, le crachement de sang ou de pus ; la lésion du foie, comme la jaunisse, les coliques hépatiques ; le hoquet et le vomissement surviennent, si l'estomac est atteint d'inflammation.

L'inflammation du diaphragme a donné lieu à des indurations squirreuses dans ce grand muscle ; ces indurations ont terminé par des suppurations et même par des ulcérations.

On pourroit trouver dans les auteurs(1) des exemples de pareilles altérations du diaphragme : on y en trouvera aussi sur l'*ouverture* de ce grand muscle, ou par suite d'érosion, ou par rupture.

Un malade dont parle *Lieutaud* (2), qui étoit depuis long-temps atteint de douleurs rhumatismales, éprouva tout d'un coup, sans aucune cause apparente, un vomissement affreux avec une extrême difficulté de respirer, et périt dans un quart-d'heure.

On découvrit, par l'ouverture du corps, qu'il y avoit un épanchement considérable dans la cavité gauche de la poitrine, et un trou au diaphragme, qui communiquoit avec la cavité de l'estomac, qui étoit très-enflammé et même gangrené, ainsi que le lobe du foie qui étoit contigu.

La communication de la cavité de la poitrine avec celle de l'estomac, par l'intermède d'un trou dans le diaphragme, a été plusieurs fois observée, au rapport des anatomistes. J'ai vu aussi une ouverture du diaphragme qui communiquoit avec une rate pleine de pus, dont une partie s'étoit évacuée dans la poitrine. Le diaphragme a même été rongé par suite d'un ulcère du pancréas (3).

Quant aux érosions du diaphragme, à la suite desquelles il s'est fait des épanchemens dans la cavité droite de la poitrine, et dont la matière tiroit sa source du foie, il y en a divers exemples consignés dans les auteurs (4). Les personnes chez lesquelles ces épanchemens ont eu lieu sont mortes presque toutes subitement.

Dans un cadavre qui fut ouvert au Jardin des Plantes, en 1777, on trouva un épanchement purulent dans la cavité abdominale,

(1) De *Lælius à Fonte*, de *Bartholin*, de *Crendal*, cités dans notre *Histoire de l'anat.*, tom. II, pag. 95 et 96.
(2) *Ibid*, pag. 779.
(3) *Mélanges des curieux de la nature*, Lieutaud, tom. II, pag. 97.
(4) Actes d'Édimbourg, *Hist. anat. méd.*, tom. II, pag. 94.

dont la source étoit dans le poumon droit. Il s'étoit formé une adhérence très-forte entre ce poumon et le diaphragme, vers le milieu de laquelle il y avoit un trou qui perçoit l'aile droite de ce grand muscle près de sa portion tendineuse postérieurement, et qui aboutissoit dans la cavité abdominale.

Le diaphragme peut être *refoulé* dans la poitrine par l'accroissement énorme du foie, de la rate, et par une excessive dilatation de l'estomac, et encore par toutes les tumeurs abdominales et par les grands épanchemens dans la cavité du bas-ventre : or alors les poumons sont tellement refoulés dans la poitrine, et comprimés, que de pareils individus périssent suffoqués, s'ils ne meurent de leucophlegmatie, ou d'hydropisie de poitrine.

Les *plaies* du diaphragme sont ordinairement mortelles, sur-tout par rapport aux épanchemens qui en sont la suite. Il est en effet difficile qu'un instrument piquant perce cet organe sans blesser le poumon ou le cœur, si la poitrine a été blessée ; le foie, la rate ou l'estomac, si la blessure est au bas-ventre : le ris sardonien, comme nous l'avons déja dit, est presque toujours un signe certain que le diaphragme est blessé ou affecté, mais pas tellement que son absence soit un signe du contraire.

Les congestions de liquides dans la poitrine, le volume excessif des poumons, l'extrême dilatation du cœur, ainsi que l'hydropisie du péricarde, produisent le refoulement du diaphragme dans le bas-ventre ; et souvent la présence de ces épanchemens est annoncée par la saillie des viscères abdominaux, sur-tout de ceux qui occupent les régions précordiales.

On trouvera, à l'article des nerfs du diaphragme, ainsi qu'à celui où il est question de ses vaisseaux, d'autres remarques sur les affections morbifiques de ce muscle.

Les *tumeurs stéatomateuses* du diaphragme ont donné lieu à une difficulté de respirer, qui a été prise pour un asthme (1). J'ai aussi trouvé une tumeur plus grosse que la tête d'un enfant adhérente à l'aile droite du diaphragme du côté de la poitrine ; elle étoit formée de plusieurs petites hydatides réunies, qui avoient soulevé la plèvre et le poumon droit, lequel n'étoit pas plus gros qu'une pomme de médiocre volume.

Les auteurs ont parlé des indurations cartilagineuses et osseuses (2) trouvées dans ce muscle ; ils ont aussi parlé de l'épaississement du diaphragme par une couche lymphatique dont ses surfaces étoient couvertes ; l'inflammation peut produire un pareil

---

(1) *Observations* de Veslingius ; *Histoire anat.* de Lieutaud.

(2) *Morgagni*, epist. LXX, art. 5.

effet dans le diaphragme comme dans toutes les autres parties membraneuses et musculeuses? C'est par des exsudations lymphatiques que se sont formées des adhérences du diaphragme avec les poumons, avec la plèvre costale, et même avec le médiastin, et aussi avec le foie, l'estomac et la rate. Les ouvertures des corps qui ont été recueillies, ont montré des exemples de ces sortes d'adhérences, et sur l'existence desquelles on n'avoit aucun soupçon, les malades n'ayant souvent éprouvé aucuns symptômes qui eussent pu les indiquer.

XIV. *Des muscles du bas-ventre.*

C'est ainsi que l'on nomme les muscles qui entourent presque complètement la cavité abdominale, et qui sont au nombre de cinq de chaque côté, l'*oblique externe*, l'*oblique interne*, le *transverse*, le *droit* et le *pyramidal*.

Ces muscles forment une paroi à peu près d'égale épaisseur, susceptible de contraction et de relâchement, conjointement avec le diaphragme qui forme la partie supérieure ou la voûte de la cavité abdominale. Cette paroi mobile comprime avec plus ou moins d'action les viscères que la cavité abdominale renferme, de manière que, dans l'état naturel, elle en est toujours remplie sans aucun vide.

Les muscles du bas-ventre et le diaphragme sont ordinairement entre eux dans un contrebalancement tel, que, lorsque les premiers se contractent, l'autre est dans le relâchement, et qu'au contraire lorsque le diaphragme agit, les muscles abdominaux sont relâchés.

Dans le premier temps, la cavité de la poitrine est allongée et rétrécie ; et dans le second, elle est raccourcie et élargie : mais dans ces deux temps la cavité abdominale conserve à peu près une même capacité ; de manière que les viscères abdominaux sont également et uniformément comprimés, et dans un mouvement continuel, tantôt montant vers la poitrine, et tantôt descendant vers le bassin, et encore étant poussés de derrière en avant ou de devant en arrière, mouvemens qui doivent nécessairement favoriser la circulation du sang dans les vaisseaux, et l'action des viscères abdominaux.

Les mouvemens des muscles du bas-ventre et du diaphragme sont, dans l'état naturel, indépendans de la volonté et habituels ; mais leur ordre est quelquefois changé, par exemple, lorsque nous allons à la garde-robe, et, chez les femmes, pendant les efforts de l'ac-

touchement : car alors les viscères abdominaux sont pressés de
toutes parts, comprimés, rétrécis ; et cette action extérieure,
jointe à celle qu'exercent ceux qui sont pourvus de fibres musculaires sur les parties qu'ils renferment, terminent par les
expulser hors de leur cavité.

Indépendamment de ces usages auxquels tous les muscles du
bas-ventre concourent plus ou moins, chacun d'eux en a de
particuliers : les droits relèvent le tronc, si l'on est couché ;
ils le fléchissent dans un homme qui est debout ; mais cependant il
suffit que les muscles du dos se relâchent, pour que le corps
se fléchisse par son propre poids.

Les muscles *droits* compriment les viscères abdominaux dans
les sujets qui ont beaucoup d'embonpoint ; mais dans ceux
qui sont très-maigres, ils ne peuvent avoir cet usage. Ceux
qui, par défaut de conformation ou par cause de maladie,
sont privés des extrémités inférieures ou de leur usage, y sup-
pléent en quelque manière, en soulevant leur tronc à diverses
reprises, moyennant leurs extrémités supérieures qu'ils appuient
avec force contre terre ; le corps étant soulevé, ils contractent
fortement les muscles abdominaux, et principalement les droits
qui portent en avant le bassin ; et relâchant les muscles extenseurs des extrémités supérieures dont ils se sont servis pour
soulever le tronc, ils en reposent la partie inférieure sur le sol :
ce pas fait, ils en font un autre, et successivement ils avancent en
suppléant d'une manière bien foible et bien pénible à la fois,
au défaut des extrémités inférieures.

Les muscles *pyramidaux* sont auxiliaires des muscles droits,
mais n'ont-ils pas aussi des effets particuliers ? pourroient-ils,
comme *Nichols* (1) *Parsons* et autres l'ont dit, en se contractant, abaisser l'ouraque ou plutôt le ligament suspensoire de
la vessie, et faciliter ainsi la contraction de cet organe, par
l'effet de laquelle les urines sont expulsées hors de sa cavité.
Cette explication n'est que conjecturale.

Les muscles *obliques externes et internes* non seulement
peuvent agir séparément, mais encore leurs portions postérieures, dont les fibres charnues sont droites, peuvent agir
indépendamment des fibres obliques : n'ont-ils pas, comme
Winslow l'a dit, les mêmes usages que les muscles droits
ont en avant, de rapprocher la poitrine du bassin et le bassin
de la poitrine ? Elles soutiennent aussi le tronc, quand il est
penché du côté opposé.

Quant à l'usage des muscles *transverses*, il paroît se borner
principalement à resserrer la cavité abdominale, et par consé-

(1) *Compendium anat.* Lond. 1733.

quent à comprimer les viscères qu'elle renferme, sur-tout ceux
de sa région moyenne.

Cette compression est très-étendue, lorsque tous les trousseaux charnus se contractent à la fois ; mais il paroît que quelques-uns d'eux peuvent se contracter séparément ou plus fortement que les autres : et alors si ce sont les supérieurs qui
agissent, la compression tendra davantage à refouler vers le
bassin les viscères, sur-tout les intestins, comme lorsque nous
allons à la garde-robe ; et si au contraire ce sont les trousseaux
inférieurs du transverse qui se contractent, la compression se fait
un peu de bas en haut, comme lorsqu'on vomit.

C'est toujours un bon signe dans les maladies, et sur-tout
dans les fièvres, que le ventre soit souple, ou que les muscles
abdominaux ne soient pas dans une contraction trop grande
et trop permanente : car alors on doit croire qu'il y a dans
les viscères de la cavité du bas-ventre quelque engorgement ou
quelque stimulant, ou lésion de ses nerfs, qui augmente l'irritation des muscles dans lesquels ils se distribuent.

Cette irritation des muscles abdominaux a divers degrés :
celle qui a lieu dans l'inflammation des viscères abdominaux
est très-forte et très-douloureuse au plus léger toucher ; mais
celle qui survient dans la colique de plomb, quoique très-
considérable aussi, n'est point douloureuse, et même quelquefois
les malades aiment qu'on leur comprime le ventre (1).

Dans les hernies avec étranglement, les muscles du bas-
ventre sont violemment contractés, et c'est un mauvais signe,
si, après la réduction de l'hernie, ils ne se relâchent pas.

Les malades ayant des vomissemens, des dyssenteries et des
ténesmes, sont dans un état d'autant plus dangereux, qu'il y
a de la tension dans les muscles abdominaux ; elle annonce
presque toujours un retour d'accidens, si elle subsiste après
qu'ils ont cessé.

Dans les fièvres appelées humorales, quand la maladie a
parcouru ses périodes, et que les symptômes se sont adoucis,
une légère intumescence du bas-ventre sans dureté, non seulement n'est pas de mauvais augure, mais au contraire est
favorable et annonce des évacuations.

Le relâchement subit des muscles du bas-ventre, après leurs
fortes contractions et avec des symptômes d'inflammation, est
un indice certain de la gangrène des viscères abdominaux.

Après de fortes contusions, par des chutes ou par des coups,
la tuméfaction du bas-ventre, quoique sans tension des muscles,

(1) *Voyez* une observation bien intéressante de *Fernel.*

peut être funeste , si elle est occasionnée par un grand épanchement de sang , comme je l'ai observé ; j'ai même trouvé la
rate crevée dans un homme mort après une chute de très-
haut , et dans lequel on n'avoit reconnu aucune espèce de gonflement ni de tension dans les muscles abdominaux.

Il ne faut pas ignorer qu'il se forme quelquefois des congestions de graisse , de pus , des tumeurs stéatomateuses , des
épanchemens de sang , d'eau , des collections d'air entre les
muscles abdominaux , qui peuvent donner lieu à de grandes
méprises ; on en a plus d'une fois fixé sans raison le siége
dans la cavité abdominale ou dans quelques-unes de ses viscères ,
quoiqu'il existât entre le péritoine et les muscles du bas-ventre ,
ou entre ces muscles mêmes.

Les muscles abdominaux sont quelquefois considérablement
allongés par l'effet de la tumescence des viscères de cette cavité ,
pendant la grossesse chez les femmes , par une énorme collection de graisse dans l'épiploon et dans les intestins , mais encore
plus par les collections d'air ou d'eau dans la cavité du bas-
ventre , enfin dans la physconie , produite par ces diverses
causes et par d'autres , étrangères à cet objet : mais alors
ce sont les portions membraneuses des obliques et des transverses qui fournissent le plus à l'extension ; car les portions
musculaires sont beaucoup moins allongées , comme *Santorini*
l'a bien remarqué.

Les muscles droits peuvent *se déplacer* , les gaines membraneuses dans lesquelles ils sont logés et attachés ne suffisent pas
toujours pour les contenir. Quelquefois ils s'écartent les uns
des autres ; et cet écartement peut être très-considérable après
les efforts d'un violent vomissement , après de longs et pénibles
accouchemens , ou enfin après des efforts d'un autre genre , par
exemple , pour soulever un fardeau , pour sauter , pour danser.
J'ai vu plusieurs femmes ayant un écartement considérable entre
les muscles droits ; et ce qui m'a étonné , c'est que quelques-
unes ont encore plusieurs fois heureusement accouché.

XV. *Des muscles des parties de la génération.*

On place parmi les muscles de la génération de l'homme , le
dartos , destiné à resserrer le scrotum , et le *crémaster* dont
l'usage est de relever les testicules ; les *ischio-caverneux* , les
bulbo-caverneux , et les *transverses* , qui concourent plus ou moins

2.   57

à l'érection de la verge et à l'éjaculation de la semence ; mais ces muscles n'agissent pas parfaitement de la manière que l'ont cru des anatomistes célèbres.

Le *bulbo - caverneux* ne peut se contracter sans relever et resserrer le bulbe de l'urètre, et aussi sans comprimer la prostate et le corps caverneux ; c'est ainsi qu'il sert à l'évacuation de l'urine, à l'excrétion de la liqueur prolifique, et au gonflement de la verge : en resserrant le corps caverneux, il en comprime les veines qui sont plus extérieures que ses artères, d'où il résulte que le sang y parvient plus facilement qu'il n'en peut sortir ; or, une telle collection de sang, qui est très-rapide dans les hommes forts et vigoureux, donne lieu à un gonflement de la verge, d'autant plus prompt et considérable, qu'il desire vivement l'acte vénérien, et qu'il y est mieux disposé.

Les *ischio-caverneux* agissent sur le corps caverneux, non en le relevant, comme l'indique le nom de releveurs de la verge, que quelques anatomistes leur ont donné, mais en le comprimant supérieurement et latéralement, tandis que le bulbo-caverneux le comprime inférieurement ; or, de cette manière, ils concourent aussi à retenir le sang dans les cellules du corps caverneux, et par conséquent à son augmentation de volume et de solidité pour l'érection, et, de plus, ils le fixent chacun de leur côté, en le retirant vers la tubérosité de l'ischion, à laquelle est attachée l'extrémité postérieure et inférieure de ces deux muscles.

Le *transverse du périné* concourt à comprimer le bulbe de l'urètre avec le bulbo-caverneux et avec le releveur de l'anus ; il soutient en même temps la vessie ainsi que le rectum, moyennant le sphincter auquel il est uni ; il sert aussi chez les femmes à retenir le vagin : on ne peut comprendre comment des anatomistes ont pu placer ce muscle parmi les dilatateurs (1).

La portion du releveur de l'anus placée sous la prostate, et dont quelques anatomistes ont fait un muscle *prostatique*, comprime la prostate conjointement avec le transverse et le bulbo-caverneux, mais plus immédiatement ; il peut aussi favoriser l'excrétion de la liqueur prolifique, et concourir à celle des urines.

Les ischio-caverneux, chez les femmes, servent au gonflement et à l'érection du clitoris ; en comprimant ses veines extérieures, ils maintiennent le sang dans ses cellules, et fixent en même temps le clitoris vers les os ischion.

Le *sphincter du vagin* resserre et comprime encore la verge

---

(1) Littre : *Acad. des sciences.* 1700.

virile, pendant l'acte de la génération, en même temps qu'il donne au muscle releveur de l'anus une attache plus fixe, et que ce muscle fait remonter l'anus.

Il paroît que le *dartos*, espèce de muscle cutané, perd son action avant que les autres muscles perdent la leur, du moins d'une manière aussi remarquable ; ce qui fait que le premier effet de la vieillesse est un relâchement dans le scrotum, qui va toujours en augmentant dans les autres muscles des organes de la génération.

L'action du *crémaster* diminue aussi dans un âge avancé, et ne relève plus les testicules vers les anneaux ; mais ce que l'âge peut produire, d'autres causes peuvent l'occasionner : ainsi il survient, chez les jeunes gens les plus vigoureux, un épuisement par excès de masturbation, par l'abus des femmes, par un seul accès de fièvre, etc. ; or, dans ce cas, ces muscles sont dans le relâchement, souvent lorsque d'autres sont dans une violente contraction, et que les forces du cœur et des artères sont augmentées.

Mais s'il est des causes qui peuvent relâcher le dartos et le crémaster, il en est d'autres qui peuvent exciter leur contraction ; le froid la détermine : aussi combien de fois n'a-t-on pas ordonné avec succès aux personnes ainsi débilitées, de prendre des bains très-froids! le quinquina et d'autres toniques pris intérieurement, les idées voluptueuses les excitent à la contraction.

Les douleurs de reins font contracter le crémaster, et déterminent l'ascension des testicules. Les médecins ont souvent distingué la colique néphrétique des autres coliques, par la rétraction du testicule qui a lieu dans la première, et qui ne survient pas dans les autres.

Divers faits pathologiques confirment notre opinion sur les usages que nous venons d'attribuer aux muscles de l'urètre et du corps caverneux. Tout ce qui peut exciter la sensibilité de leurs nerfs, peut les déterminer à des contractions violentes, passagères ou permanentes, ou, comme le disent les modernes, à des convulsions *cloniques* ou *toniques* : les pierres de la vessie, des congestions dans l'intestin rectum ou dans les parois de ces deux viscères qui sont contigus, les hémorroïdes, des humeurs âcres qui irriteroient les intestins en général, comme dans la dyssenterie, le rectum en particulier comme dans le ténesme, l'usage intérieur des cantharides ou même leur application extérieure, peuvent déterminer la contraction violente des muscles transverses et releveurs de l'anus, ainsi que celle du bulbo-caverneux, et des muscles ischio-caverneux ; d'où résultent des priapismes graves , et souvent des ischuries ou des dysuries très-fâcheuses et même mortelles.

Il suffit que les nerfs qui vont dans les muscles soient stimulés , pour que ceux-ci se contractent; c'est ce qui fait que souvent il existe des priapismes avec émission ou sans émission de semence , quoique les parties de la génération ne soient pas immédiatement affectées. La piqûre d'un nerf très-éloigné , des douleurs dans les membres , des coups ou blessures à la tête , à l'épine , des congestions dans le mésentère , une pierre du rein , les ont souvent occasionnés.

Ils ont aussi plus d'une fois été l'effet de quelque congestion dans la région lombaire ou dans le bassin ; les vives douleurs de goutte ou de rhumatisme ayant leur siége principalement dans les pieds ou dans les genoux, les ont encore produits.

Cependant si les muscles de la verge étoient inégalement irrités , alors elle seroit contournée par ceux qui seroient plus fortement contractés ; ainsi on a remarqué que la piqûre d'un muscle ischio-caverneux avoit occasionné le renversement de la verge du même côté , tandis qu'au contraire la section totale de ce même muscle avoit été suivie du renversement de la verge , dans un sens contraire , du côté du muscle ischio-caverneux sain.

Mais si l'érection de la verge , régulière ou irrégulière , permanente ou instantanée , est un effet de la contraction des muscles de l'urètre et de ceux du corps caverneux , tout ce qui pourra en diminuer l'irritation ou l'éteindre , produira une diminution dans l'érection , ou la détruira complétement ; ainsi les calmans, comme l'opium , les rafraîchissans et adoucissans , le nymphéa , la laitue , le camphre , pourroient énerver la contraction de ces muscles, comme le font les fortes contusions et les affections comateuses et paralytiques. Aussi alors les stimulans intérieurement et extérieurement, les vesicatoires, pourroient être très-efficaces pour rendre leurs forces aux muscles de la génération.

Il n'est pas surprenant que les vieillards , chez lesquels les muscles de la verge ont perdu leur irritabilité naturelle, qui décroît avec la sensibilité des nerfs , soient privés de l'érection , et qu'enfin il n'y ait plus chez eux ni sécrétion ni excrétion de semence ; les vaisseaux séminaires des testicules s'étant angustiés , et les artères qui y conduisoient le sang s'étant tellement resserrées , qu'elles ne l'y portent plus en assez grande quantité pour qu'il puisse s'opérer en eux aucune sécrétion , et peut-être même que leur sang n'est plus propre par sa nature à fournir la liqueur spermatique , et qu'elle n'a plus son énergie vivifiante.

XVI. *Des muscles de l'anus.*

Ils sont au nombre de trois, le *releveur de l'anus*, le *sphincter interne* et le *sphincter externe*; on pourroit y joindre le *transverse du périné*, dont *Albinus* a fait deux muscles, si on ne le plaçoit parmi les muscles de la génération, comme nous l'avons fait.

Le *releveur de l'anus* relève en effet, quand il se contracte, comme son nom l'indique, l'anus, et le porte en avant, en élevant aussi le fond de la vessie, portion de ce sac membrano-musculeux qui comprend le trigone au niveau de l'orifice du canal de l'urètre, pour faciliter l'écoulement de l'urine.

Cette action du releveur de l'anus sur le rectum et sur la vessie n'est point équivoque : on sent l'anus remonter lorsqu'on rend les urines, et les irritations du rectum qui déterminent la contraction du muscle releveur de l'anus se font bientôt ressentir dans la vessie, et celles qui ont leur siége immédiat dans cet organe se transmettent aussi bientôt dans le rectum; de sorte qu'il y a des communications réciproques entre ces deux organes.

Le releveur de l'anus forme une espèce de cloison mobile inférieure du bas-ventre, qui concourt à soutenir les viscères logés dans cette cavité, et qui contre-balance en quelque manière l'action du diaphragme qui les refoule vers la partie inférieure à chaque inspiration.

Ce muscle relève l'anus, lorsque les matières fécales ont été expulsées, et concourt aussi, avec les deux sphincters, à le resserrer pendant l'acte vénérien. Il relève aussi l'anus, et concourt au dégorgement des vésicules séminales par la compression qu'il tend à exercer sur elles.

Le *sphincter interne* est destiné à resserrer l'extrémité inférieure du rectum pour retenir les matières fécales; il ne s'oppose cependant pas à leur expulsion, lorsque son action est vaincue par celle des fibres musculaires du rectum qui lui sont supérieures; et le *sphincter externe* qui est son congénère agit plus particulièrement sur la peau, pour produire le même effet.

L'irritation de ces muscles donne lieu à un tenesme ou à une extrême constipation, selon que leurs contractions sont courtes et réitérées, longues, durables ou permanentes. Tous les irritans, comme les purgatifs et les lavemens âcres, les stimulent violemment; ils sont aussi vivement agacés dans les dyssenteries et dans quelques fièvres bilieuses.

Des personnes qui avoient avalé du vert-de-gris ont éprouvé

des tenesmes affreux, et d'autres qui ont été empoisonnées par du plomb, ont eu une rétraction de l'anus constante et douloureuse, avec une constipation opiniâtre (1). Les cantharides excitent des spasmes de ces muscles, soit qu'on les prenne intérieurement à la plus petite quantité, ou qu'on les applique extérieurement aux muscles de la génération et de la vessie; ce qui fait que le tenesme, le priapisme, l'ischurie et la dysurie en sont très-souvent les malheureux effets.

XVII. *Des muscles du coccyx.*

Les *ischio-coccygiens* pourroient aussi être comptés parmi les muscles de l'anus, parce qu'ils concourent avec le releveur à le soutenir; mais ils sont en même temps ses modérateurs, en contre-balançant son action, lorsqu'il tend à porter l'intestin rectum trop en avant.

Ces muscles empêchent que le coccyx ne soit renversé en arrière, lorsqu'on fait de trop grands efforts pour aller à la garde-robe, ou, chez les femmes, pendant l'accouchement.

XVIII. *Des muscles de l'épaule.*

On ne compte ordinairement que six muscles moteurs de l'épaule, dont cinq pour l'omoplate; le *trapèze*, le *rhomboïde*, le *grand dentelé*, l'*angulaire*, le *petit-pectoral*, et un seul pour la clavicule, le *sous-clavier*.

Pour se former une idée de l'action de ces muscles, il faut d'abord considérer que l'épaule peut être élevée et abaissée, portée en avant et en arrière, directement ou en se contournant. Les mouvemens directs sont moins grands et moins libres que les circulaires, et ceux-ci sont exécutés par les muscles qui tournent l'omoplate sur son centre, faisant alors sur elle-même un demi-tour en deux sens opposés; or, comme la circonférence d'une roue à beaucoup de mouvement, lors même que son centre paroît immobile, de cette manière, le milieu de l'omoplate se remue à peine, lorsque ses angles parcourent un grand espace.

(1) *Voyez*, à ce sujet, les auteurs qui ont écrit sur les poisons, et nos *Observations* à la suite de celles *sur le méphitisme*, pag. 338. In-8°. 1787.

Lorsque l'angle antérieur s'élève, alors l'angle supérieur et postérieur s'abaisse, et l'angle inférieur s'éloigne de la colonne vertébrale ; au contraire, quand cet angle antérieur s'abaisse, le supérieur et postérieur s'élève, et l'angle inférieur se rapproche des vertèbres.

La clavicule forme avec l'acromion un angle plus aigu, lorsque l'omoplate se porte en avant, et cet angle est beaucoup plus ouvert, lorsque l'omoplate recule. Cela posé, examinons d'abord comment chacun des muscles agit séparément, nous verrons ensuite comment leurs mouvemens se combinent.

Le *muscle trapèze* fait faire à l'omoplate différens mouvemens, les fibres agissant séparément, ou toutes à la fois ; les supérieures élèvent l'angle antérieur de l'omoplate et la clavicule, en même temps qu'elles tirent la tête sur les côtés, et elles la renversent sur l'épaule, lorsque celle-ci est chargée de quelque fardeau, ou qu'elle est fixée par ses autres muscles.

Les fibres moyennes du trapèze tirent l'omoplate en arrière ; les fibres inférieures, lorsqu'elles agissent seules, abaissent l'omoplate et rapprochent la partie supérieure de cet os des apophyses épineuses, en la faisant légèrement contourner ; mais, si tout le trapèze se contracte, alors il produit un mouvement de demi-rotation, tel que l'angle antérieur sur lequel est placée la cavité appelée glénoïde est relevé ainsi que le bras, et que l'angle supérieur s'abaisse et recule ; de même l'angle inférieur se porte de derrière en devant, en s'éloignant des vertèbres.

Le *rhomboïde* tire la base de l'omoplate vers l'épine, et la relève un peu ; alors l'angle inférieur se porte en dedans, en se rapprochant des apophyses épineuses des vertèbres dorsales, en même temps que l'angle antérieur de cet os descend et se porte un peu en dehors.

Le *grand dentelé* éloigne l'angle inférieur de l'omoplate des vertèbres, et le porte en devant ; il tire encore la base de cet os dans cette direction, en relevant et reculant l'angle antérieur, en même temps que l'angle postérieur et supérieur est abaissé et rapproché des vertèbres. Ce muscle est d'autant plus propre à produire cet effet, qu'il est fort et volumineux, et que la majeure partie de ses fibres s'attachent à l'angle inférieur de l'omoplate, par conséquent loin du centre du mouvement de cet os. C'est principalement par la contraction de ce muscle que l'épaule est soutenue, lorsqu'elle est surchargée de quelque fardeau pesant.

Le muscle dentelé remplit un autre usage, celui d'élever les côtes, lorsque les muscles qui opèrent naturellement l'expiration ne peuvent seuls suffire à cette fonction ; lors, par exemple, qu'un homme est suspendu par ses mains, et encore dans celui qui , par cause de maladie , comme par un asthme , par une hydropisie de poitrine , ou par quelque autre cause , est menacé de périr de suffocation : alors , en fixant les épaules dans le plus grand état d'élévation , il recule le point fixe du grand dentelé , des côtes ; ce qui le met en état de les retirer en dehors , et de faciliter l'inspiration , mais d'une manière bien foible.

L'*angulaire* élève l'angle supérieur et postérieur de l'omoplate ; mais en même temps qu'il produit cet effet, l'angle antérieur s'abaisse , et l'inférieur remonte en s'approchant des vertèbres. Cependant ce muscle incline la tête vers l'épaule , si celle-ci est surchargée de quelque fardeau , ou si elle est fixée par d'autres muscles , comme par le grand dentelé.

Le *petit pectoral* tire l'angle antérieur de l'omoplate en bas ; mais alors l'angle supérieur et postérieur se relève , et l'inférieur se porte en arrière en se relevant.

Il résulte que , lorsqu'on *élève l'épaule* , l'angle antérieur est relevé par le trapèze et par le grand dentelé ; que lorsque l'épaule est abaissée , le petit pectoral , l'angulaire et le rhomboïde agissent : ainsi l'omoplate tourne comme sur son centre , et les puissances qui la meuvent sont attachées aux points qui en sont le plus éloignés.

Les usages du muscle *sous-clavier* se bornent à rapprocher la clavicule de la première côte , et en même temps à abaisser l'angle antérieur de l'omoplate ; il ne paroît pas qu'on puisse lui attribuer d'autres usages, quoique les anciens l'aient placé parmi les muscles de la respiration, et qu'ils lui aient attribué la faculté d'élever la poitrine pendant l'inspiration. *Spigel* est le premier qui ait combattu cette opinion (1) ; et la plupart des anatomistes ont pensé depuis comme lui, quoique *Douglass* , *Haller* , *Sabatier* , aient voulu la réhabiliter. En effet, comment concevoir que des deux extrémités du muscle, celle qui est supérieure et externe, attachée à la clavicule, ne soit pas moins fixe que l'inférieure interne qui s'attache par son tendon au cartilage de la première côte ou à cette côte elle-même, laquelle est presque immobile, étant souvent soudée au sternum par l'ossification de son cartilage ? La raison que l'on voudroit déduire de l'attache du tendon à la première côte et non à la clavicule, ne nous paroît d'aucun poids.

Les épaules sont souvent mal conformées et hors la place natu-

---

(1) *De humani corporis fabri.* , pag. 106.

relle, et chez les femmes plus fréquemment que chez les hommes, ayant tantôt une épaule plus élevée que l'autre, et tantôt l'une étant aplatie, lorsque l'autre est convexe.

Il y a des sujets dont les bords postérieurs de l'omoplate forment une saillie en forme d'ailes (*scapulæ alatæ*). Ces vices de conformation proviennent tantôt de la déviation de la colonne vertébrale, tantôt de la mauvaise conformation de la cage osseuse de la poitrine, par un vice rachitique que tant de causes peuvent produire (1) ; tantôt aussi et plus souvent encore par défaut ou excès de force dans les muscles de l'épaule, ceux d'un côté étant plus forts que ceux de l'autre.

La mauvaise manière dont on emmaillotte les enfans, et dont on les porte dans leur premier âge, dont on les habille quand ils commencent à marcher, et leur marche même, la manière dont on les couche, leurs diverses positions, donnent souvent lieu au déplacement des épaules. Les corps de baleine leur nuisent essentiellement, car ils compriment leur poitrine et la resserrent, ils gênent le développement et l'action des muscles du dos et autres, ils repoussent les épaules contre les côtes ; et l'épaule droite que les enfans meuvent plus fréquemment que la gauche, par un défaut d'éducation, étant une fois élevée, est forcée de se maintenir dans cet état d'élévation par le corps même ; ce qui fait qu'en très-peu de temps ces enfans ont une épaule plus haute que l'autre, et communément c'est la droite.

Riolan a observé que les dames françaises (2) avoient presque toutes l'épaule droite plus élevée que la gauche, et sans doute parce qu'elles portoient des corps qui donnoient lieu à cette difformité.

Les lisières encore dont on se sert pour soulever les enfans donnent fréquemment lieu au déplacement des épaules ; *Charles Etienne* a autrefois fait cette remarque, qui est bien juste. Mais une des causes les plus communes de la différence de situation, et même de forme des épaules, c'est l'inégalité d'exercice des extrémités supérieures. Par un très-mauvais défaut d'éducation, on habitue les enfans à se servir presque continuellement de la main droite : alors tous les muscles de cette extrémité, plus exercés que ceux de l'extrémité supérieure gauche, acquièrent plus de force, et les muscles de l'épaule droite la relèvent

___

(1) *Voyez* nos *Observ. sur le rachitisme.*

(2) Principalement les nobles, qui ont ordinairement l'épaule droite plus élevée et plus enflée que la gauche, y ayant à peine dix filles sur cent qui aient les épaules bien faites. *Manuel anat.* p. 664.

davantage ; et comme chacun d'eux a proportionnellement plus de volume que celui qui lui correspond de l'autre épaule, il en résulte qu'elle est non-seulement plus élevée, mais même plus grosse.

Les muscles peuvent acquérir par l'exercice une force extrême. Un homme dont parle *Winslow*, se montroit au public pour gagner de l'argent ; il serroit entre ses épaules un bâton très-uni, et se laissoit ensuite élever à une si grande hauteur, qu'il n'auroit pas manqué de périr s'il s'étoit laissé tomber.

Les difformités des épaules, qui sont si communes, comme on vient de le dire, sont encore augmentées par les moyens mal entendus qu'on emploie pour les détruire. Ce n'est pas sur l'épaule élevée qu'il faut placer un fardeau pour la faire abaisser, mais c'est sur celle qui est trop basse qu'il faut le mettre, pour obliger ses muscles à se contracter, car c'est par leur exercice qu'ils se fortifieront et que l'épaule se relèvera ; le repos des muscles de l'autre épaule produira en eux un effet contraire.

Nous sortirions des bornes que nous nous sommes prescrites, si nous entrions ici dans de plus longs détails à cet égard (1).

XVIII. *Des muscles du bras.*

Neuf muscles meuvent l'os du bras dans la cavité glénoïdale de l'omoplate.

Le *grand pectoral*, le *coraco-brachial*, le *deltoïde*, le *sur-épineux*, le *sous-épineux*, le *grand rond*, le *petit rond*, le *grand dorsal*, le *sous-scapulaire*.

Le *grand pectoral* rapproche l'os du bras de la poitrine en le portant en avant ; il l'abaisse par sa portion inférieure, en même temps qu'il abaisse aussi l'omoplate et la clavicule, et il est d'autant plus propre à produire cet abaissement, que son action peut se combiner à cet effet avec celui du grand dorsal ; il relève l'os du bras par sa portion supérieure, en même temps qu'il le rapproche de la poitrine. Ce muscle concourt encore à tourner l'os du bras de dehors en dedans.

Le *coraco-brachial* rapproche aussi le bras de la poitrine avec moins de force que le grand pectoral, mais il est mieux disposé pour l'élever ; son insertion supérieure à l'apophyse coracoïde étant presque immédiatement au-dessus de l'humérus, ce

(1) Voyez l'*Orthopédie* d'Andry, tom. I, pag. 127. On peut aussi voir, à ce sujet, nos *Observations sur le rachitisme*, p. 101, 290, 292, 359.

muscle peut abaisser le bras, quand il est relevé, et le ramener
en avant, quand il a été porté en arrière par le grand dorsal
et par le grand rond. Il peut aussi abaisser l'angle antérieur de
l'omoplate lorsque le bras est fixé.

Le *deltoïde* est le puissant releveur du bras, en l'écartant
directement du corps, lorsque ses trois portions, l'antérieure,
la moyenne et la postérieure agissent; en le portant en avant,
si l'antérieure se contracte seule; et en arrière, si la portion
postérieure agit seulement : sa portion moyenne est celle qui
l'éloigne de la poitrine plus directement. Dès que ce muscle
se relâche, le bras est abaissé par son poids et par l'action
d'autres muscles. Celle du deltoïde est très-grande, puisque
c'est par elle que le bras est élevé, comme on vient de le
dire, et lors même qu'il soulève un pesant fardeau. Dans quelques cas, ce muscle peut aussi abaisser l'épaule.

Ce muscle est fort épais, et formé de trousseaux en partie
charnus et en partie tendineux, diversement combinés entre
eux, d'où résulte sans doute une grande force.

Le *sur-épineux* concourt à l'élévation du bras, sur-tout
quand elle a été commencée par le deltoïde; il comprime là
tête de l'humérus de haut en bas, et en facilite ainsi le mouvement;
ce muscle doit, par rapport aux adhérences qu'il contracte
avec la capsule articulaire, la soulever et l'éloigner des surfaces
cartilagineuses.

Le *sous-épineux* tourne l'os du bras de dedans en dehors;
il soulève la capsule articulaire, conjointement avec le sur-
épineux, lorsque la portion postérieure du deltoïde élève l'humérus, en le portant en dehors : en même temps ce muscle
réunit son action à celle du sur-épineux, pour empêcher que la
tête de cet os, par un effet de la contraction du deltoïde, ne
froisse avec trop de violence la cavité glénoïdale.

Le *grand rond* abaisse l'os du bras, quand il est relevé;
il peut aussi le faire reculer et rapprocher l'angle inférieur de
l'omoplate de l'os du bras, s'il est fixé en avant par le grand
pectoral et par les autres muscles destinés à cet usage : le
grand rond concourt, avec le grand dorsal, à tourner le bras
de dehors en dedans, lorsqu'on porte l'avant-bras derrière le
dos.

Le *petit rond* concourt à l'abaissement de l'humérus, et le
contourne de dedans en dehors; il soulève la partie inférieure
et externe de la capsule articulaire, en maintenant cependant la
tête de l'humérus dans son articulation.

Le *grand dorsal* abaisse le bras quand il est levé, et le
remet dans sa place à côté de la poitrine; il peut encore

l'abaisser, en retirant l'épaule et la faisant descendre ; il tourne l'os du bras de dehors en dedans, et en rapprochant la main des fesses, ce qui l'a fait appeler *ani tersor* ou *ani scalptor*.

Ce muscle, par son attache à l'angle inférieur de l'omoplate, peut, en le portant en arrière et un peu en haut, abaisser aussi l'angle antérieur et supérieur de cet os, et par conséquent toute l'extrémité supérieure. Le grand dorsal peut aider la respiration, en élevant les fausses côtes ; il peut aussi servir à porter le bas du tronc en avant, ou à le déjeter en arrière dans un homme qui est suspendu par ses mains à un arbre ou à une corde, ou s'il se soutient par des béquilles ou crosses placées sous les aisselles.

Le *sous-scapulaire* tourne l'os du bras de dehors en dedans ; il le porte un peu en arrière et en bas, et de cette manière empêche l'os du bras de se porter en dehors, lorsqu'après l'avoir élevé, nous le portons violemment en arrière ; et même, conjointement avec le sur-épineux et le sous-épineux, il diminue le frottement de la tête de l'os du bras contre la cavité glénoïdale.

Ces trois muscles retiennent aussi la tête de l'os du bras dans son articulation. Lorsque l'extrémité inférieure de cet os est fortement repoussée en arrière, le sous-scapulaire qui adhère à la capsule articulaire par une très-grande étendue, l'éloigne de l'articulation, et prévient ainsi son froissement. Il est même aidé quelquefois à cet effet par deux ou trois trousseaux musculeux très-distincts, de ce muscle qu'il découvre, et qui sont, par leur direction, bien distincts des propres trousseaux sous-scapulaires : ces trousseaux musculeux sont de véritables muscles capsulaires.

Il résulte de ce qui vient d'être dit des usages particuliers de ces neuf muscles de l'os du bras, qu'il est élevé directement par les trois portions du deltoïde agissant de concert ; et un peu aidé du sur-épineux ; que la portion antérieure du deltoïde peut le porter en dedans, et la portion externe en dehors ; qu'il est abaissé par le grand dorsal et par la portion inférieure du grand pectoral, ainsi que par le grand rond, aidé du petit rond et du sous-épineux, et même du sous-scapulaire ; qu'il est porté en dedans, sur la poitrine, par les deux portions du grand pectoral, réunies et aidées du sur-épineux ; qu'il est porté en avant, comme lorsqu'on balance le bras, par la partie antérieure du deltoïde, par le coraco-brachial, le sur-épineux, le grand pectoral ; en arrière, par le grand dorsal, par le grand et le petit ronds, par le sous-épineux et par le sous-scapulaire.

Le bras est tourné en dedans par la portion antérieure du deltoïde, par le coraco-brachial, par le grand pectoral, par le grand dorsal et par le grand rond, et sur - tout par le sous-scapulaire.

Il est tourné en dehors par la portion postérieure du deltoïde, par le sous-épineux, par le petit rond.

C'est par la contraction successive de tous ces muscles, que la tête de l'humérus, le bras étant élevé par le deltoïde, tourne circulairement dans la cavité glénoïdale ; d'où résulte que l'extrémité inférieure du bras peut parcourir un très-grand espace, tandis que la tête de l'humérus roulera presque sur un seul point dans la cavité glénoïdale de l'omoplate.

Il n'est pas inutile de remarquer, pour se former une idée non-seulement des mouvemens naturels du bras, mais encore de ses luxations, que lorsque nous élevons l'extrémité inférieure du bras, la tête de l'humérus roule dans la cavité glénoïdale de l'omoplate de haut en bas ; de manière que si elle n'étoit pas soutenue supérieurement par le sur-épineux, et inférieurement par la longue branche du triceps brachial, cette tête tomberoit alors dans l'aisselle. Lorsqu'on porte trop violemment l'extrémité inférieure de l'os du bras en arrière, la luxation de son extrémité supérieure ou de sa tête se feroit en avant, si le deltoïde, le sur-épineux, le sous-scapulaire, ne s'y opposoient, et encore plus le tendon du biceps qui passe dans la gouttière bicipitale de l'humérus ; qu'il se luxeroit facilement en dehors de la cavité glénoïdale, lorsque son extrémité inférieure est trop violemment repoussée en dedans et en avant, sur la partie antérieure de la poitrine, si le sous-épineux, le petit rond, ne retenoient la tête de l'os de leur côté.

La luxation en dedans seroit aussi très-fréquente sans le secours du sous-scapulaire, qui fait une espèce de rempart intérieur à la tête de l'humérus ; mais il est cependant quelquefois trop foible ; et c'est au-dessous de ce muscle, et entre l'extrémité supérieure du long extenseur de l'avant-bras, que la tête de l'humérus sort de son articulation glénoïdale, dont aussi le rebord est un peu moins saillant en cet endroit que dans le reste de son contour.

C'est par cet endroit de l'articulation que la tête de l'humérus se luxe ; mais souvent cette luxation, d'inférieure et un peu interne qu'elle est d'abord, peut devenir tout-à-fait interne ou externe ; la tête de l'os du bras ne pouvant, par rapport à son poli, être fixée immédiatement sous la cavité glénoïdale de l'omoplate, et demeurer sur le bord antérieur de cet os.

Dans l'état naturel, les muscles du bras, ainsi que ceux des autres membres, se contre-balancent réciproquement ; ce qui n'a pas lieu lorsqu'il y a luxation : alors leur équilibre naturel est rompu , la tête de l'os étant déplacée et plus ou moins éloignée de l'articulation , quelques muscles sont plus tendus que d'autres ; ce qui fait que , dans la luxation interne , l'extrémité inférieure du bras est tournée en dehors , et , dans la luxation externe , en dedans.

Mais à peine a-t-on dégagé la tête de l'os du bras du lieu où elle s'étoit portée , que ces muscles , par leur réciprocité d'action , tendent à reprendre leur équilibre en se contre-balançant entre eux ; et la tête de l'os luxé est alors presque naturellement ramenée dans son articulation , et par la même route qu'elle avoit prise pour s'en éloigner. Et comme dans la guérison des maux l'art ne peut mieux faire que d'imiter la nature , la meilleure manière de réduire les membres est de faire parcourir à l'os , pour rentrer dans l'articulation , le même chemin qu'il a suivi pour en sortir , et par conséquent de faire agir les muscles eux-mêmes ; ce qu'un exercice entendu et habitué des mains du chirurgien praticien fait ordinairement beaucoup mieux que les machines dont on a tant voulu se servir (1) en pareil cas. Il n'y a rien de plus avantageux pour obtenir des muscles un allongement suffisant , que de les étendre dans toute leur longueur , en plaçant les forces de l'extension au poignet , et celles de la contre-extension sur la partie latérale de la poitrine , et non dans le creux de l'aisselle.

On étend ainsi les muscles dans toute leur longueur (1) , sans produire ni ecchymoses , ni distensions , ni rupture ; et cette méthode est celle , soit dit en passant , qui a été adoptée des paysans , des rhabilleurs , et est d'ailleurs celle qui réussit le mieux dans la pratique ; aussi n'ai-je pu m'empêcher de la recommander préférablement à toute autre (3).

Le grand pectoral forme le bord antérieur du creux de l'aisselle , le grand dorsal et le grand rond en forment le bord postérieur : ce creux est d'autant plus profond , que le bras est abaissé et rapproché de la poitrine , et d'autant moins , qu'il est relevé. C'est dans ce creux de l'aisselle que sont logés

_____

(1) *Voyez* la description de l'*ambi d'Hippocrate* et de diverses autres machines ; dans *Oribase* , dans *Ambroise Paré* et dans *Scultet* ; dans les *Traités des maladies des os* de *Petit* , de *Duverney* , etc. ; celle que nous avons donnée nous-mêmes à Montpellier en 1764 , la description de diverses machines pour la réduction des membres ; machines qui sont toutes plus ou moins défectueuses.

(2) *Voyez* , sur cet objet , notre *Mémoire sur l'abus des machines dans le traitement des luxations : Recueil de nos Mémoires* , tom. I.

(3) *Journal de médecine* , année 1766 ; et nos *Mémoires* , tom. II.

les artères, les veines et les nerfs axillaires, plusieurs glandes et beaucoup de vaisseaux lymphatiques, et plus ou moins de graisse dans du tissu cellulaire qui communique principalement avec celui de la poitrine.

Les engorgemens de l'aisselle méritent d'autant plus d'attention de la part du chirurgien, qu'ils peuvent terminer par la suppuration, et qu'il est souvent obligé d'y donner issue par l'incision; mais alors la matière du pus soulève la peau, et l'éloigne de plus en plus des vaisseaux sanguins et des nerfs, ce qui en facilite l'ouverture, et en diminue le danger. Dans plusieurs maladies de poitrine, il se fait des métastases heureuses dans les aisselles : on a vu des phthisies pulmonaires bien confirmées, guéries par de pareils abcès (1); comme aussi on a vu, et plus souvent encore, des congestions dans les aisselles se dissiper promptement, et le poumon s'affecter mortellement ensuite.

XIX. *Des muscles de l'avant-bras.*

On comprend ordinairement le *biceps*, le *brachial interne*, le *triceps brachial*, et l'*anconé*.

Le *biceps* fléchit l'avant-bras sur le bras, en relevant l'os du rayon; il peut, par sa portion coracoïdienne, déterminer la pronation de la main, en ramenant le rayon en dedans, et, par sa portion bicipitale, favoriser la supination, lorsque l'avant-bras est sur-tout en état de pronation.

S'il se contracte lorsque l'avant-bras est fixé par ses muscles extenseurs, il rapproche l'omoplate de l'humérus : la portion coracoïdienne du biceps est congénère de la portion antérieure du deltoïde, pour élever et porter le bras en dedans.

Le tendon bicipital ne concourt pas peu à maintenir la tête de l'os du bras dans sa cavité, et à s'opposer à la luxation du bras en avant, et en haut encore, si d'ailleurs l'apophyse acromion ne s'y opposoit.

Le *brachial interne et antérieur*, qui est un muscle très-fort, fléchit l'os du coude sur celui du bras, en faisant rouler son extrémité supérieure dans la poulie humorale; mais si l'avant-

---

(1) *Observation* de *Pringle*, et d'autres que j'ai citées dans le *Mémoire* que j'ai lu à l'Académie des sciences, en 1770, *sur les communications du tissu cellulaire des bras avec celui de la poitrine; Observations sur la nature et le traitement de la phthisie pulmonaire* à la fin du volume.

bras étoit fixé dans une extension violente, ce muscle pourroit alors fléchir le bras sur l'avant-bras : il relève, par ses trousseaux profonds, la capsule, et l'empêche d'être froissée par les os de l'articulation, au-dessous desquels sont aussi des trousseaux musculeux, souvent bien distincts, destinés à soulever cette même capsule articulaire.

Le *triceps brachial* étend l'avant-bras sur le bras ; il peut aussi étendre le bras sur l'avant-bras, si celui-ci étoit solidement fixé : il peut concourir au rapprochement du bras vers le tronc, et le porter aussi un peu en arrière. Par l'extrémité supérieure de sa longue portion, il soutient la tête de l'humérus dans la cavité glénoïdale de l'omoplate ; et par ses adhérences à la capsule articulaire de cette articulation, il l'abaisse et en prévient le froissement.

Il adhère aussi inférieurement à la face postérieure de la capsule du coude, et la soulève en s'éloignant des surfaces articulaires. Les portions interne et externe du triceps sont des auxiliaires de la longue portion dans l'extension de l'avant-bras ; mais l'interne peut le diriger en dedans, et l'externe en dehors.

Le *petit ancoñé* concourt, avec les trois portions du triceps, à l'extension de l'avant-bras ; mais il paroît peu propre à la commencer lorsqu'il est entièrement fléchi : ce muscle relève aussi la capsule articulaire, et en prévient le froissement.

On voit, d'après ce qui vient d'être dit, qu'il y a deux muscles fléchisseurs, le biceps et le brachial interne et antérieur ; et deux extenseurs, le triceps brachial et l'ancoñé.

Le biceps, naturellement maintenu ou ramené dans sa place par la membrane brachiale, et encore par une gaîne particulière, les distend et même les rompt quelquefois, en se déplaçant par l'effet des grands et violens mouvemens : or, par une telle luxation, le bras reste difforme, l'avant-bras étant fortement fléchi : c'est ce que j'ai vu dans un homme, lequel, pour éviter de tomber dans un précipice, s'étoit accroché aux branches d'un arbre ; le biceps avoit soulevé sa gaîne, et formoit à la partie antérieure du bras une grande saillie.

Ce ne sont pas seulement les corps musculeux du biceps qui peuvent se déplacer, mais aussi le tendon bicipital : il sort quelquefois de sa coulisse, et alors l'avant-bras est fléchi et porté en dedans, et les mouvemens de l'humérus, dans la cavité glénoïdale de l'omoplate, sont très-gênés et très-douloureux.

Les grands déplacemens de ces muscles sont bientôt connus ; mais on ne connoît pas si facilement ceux qui sont légers, qui sont cependant très-communs et très-graves. J'ai vu plusieurs personnes qui ne pouvoient remuer le bras par la douleur vive

qu'ils éprouvoient à sa partie antérieure et supérieure , après un
effort ou une chute. Venoient-elles à faire un mouvement inopiné ,
elles étoient guéries ; sans doute parce que le tendon du biceps ren-
troit dans sa coulisse. Louis XIV, après une chute de cheval à
la chasse, resta long-temps sans pouvoir se servir d'un bras ,
éprouvant des douleurs vives le long de la coulisse bicipitale ; des
topiques adoucissans et relâchans ne produisirent aucun effet.
Valdajou, qui avoit de la réputation pour réduire les membres ,
fut appelé ; il saisit le bras du roi , et l'ayant agité violemment
en divers sens, pour broyer , disoit-il , la synovie ; le roi ne res-
sentit plus par la suite aucune douleur, et se servit de son bras
comme précédemment ; le tendon du biceps étoit sans doute rentré
dans sa place naturelle.

XX. *Des muscles qui meuvent le rayon sur l'os du coude.*

Ils sont au nombre de quatre ; le *long supinateur*, le *court
supinateur*, le *rond pronateur*, et le *pronateur carré*.

Le *long supinateur* doit être placé parmi les fléchisseurs
de l'avant-bras. Il ramène la main de l'état de pronation à celui
de supination.

Le *court supinateur* ne peut avoir d'autre usage que celui que
son nom indique , ne pouvant se raccourcir sans faire rouler sur
son axe le rayon de dedans en dehors.

Le *rond pronateur* fait tourner le rayon dans une direction
contraire de dehors en dedans ; par conséquent il produit la pronation.

Le *carré pronateur* agissant sur le rayon d'une manière à peu
près semblable , fait rouler son extrémité inférieure sur celle de
l'os du coude, de dehors en dedans , et un peu de bas en haut ;
ce qui concourt à produire la pronation de la main , qui suit toujours les mouvemens du rayon.

Le muscle *biceps* ramène l'avant-bras de l'état de pronation
à celui de supination.

Le mouvement de pronation est plus fort que celui de
supination , que nous ne faisons presque que pour ramener
l'avant-bras et la main dans leur situation naturelle.

Il arrive quelquefois que les muscles supinateurs n'ont pas
assez de force pour contre-balancer l'action des pronateurs ; après
de grands efforts, pour tourner une clef , par exemple , l'avant-

bras reste involontairement en pronation jusqu'à ce que ses muscles, ou aient cessé de se contracter, ou jusqu'à ce que leurs antagonistes aient acquis assez de force pour vaincre leur action : quelquefois aussi le long supinateur se déplace après avoir soulevé l'aponévrose brachiale.

XXI. *Des muscles qui meuvent la main sur l'avant-bras.*

On en compte cinq ; le *cubital interne*, le *radial interne*, le *cubital externe*, et les *deux radiaux externes*.

Le *cubital interne* fléchit la main en dirigeant son bord interne et postérieur obliquement en dedans vers le cubitus, et un peu en dedans vers la face interne de l'avant-bras. S'il agit conjointement avec le cubital externe, il produit l'abduction de la main ; et s'il se contracte en même temps que le radial interne, il la fléchit. Ce muscle, en exerçant ces mouvemens de la main, meut la première rangée des os du carpe sur l'extrémité inférieure articulaire du rayon.

Le *radial interne* fléchit, quand il se contracte, la main vers l'avant-bras, en la portant vers le radius ; il fléchit directement la main s'il agit de concert avec le cubital interne, et il en fait l'adduction ou la tourne vers le rayon, s'il se contracte en même temps que les radiaux externes.

Le *cubital externe* incline le bord cubital de la main en arrière et en dehors s'il agit seul, directement en dehors s'il se contracte avec le cubital interne ; et il étend la main ou la renverse sur la face dorsale de l'avant-bras, s'il se contracte conjointement avec les radiaux externes.

Les *deux radiaux externes* tournent obliquement la main en dedans vers le rayon, et en font l'adduction ; et s'ils se contractent en même temps que le radial interne, ils en produisent aussi l'adduction ; ils sont extenseurs de la main, s'ils sont secondés par le muscle cubital externe.

Les mouvemens de rotation du poignet sur l'avant-bras sont l'effet des contractions successives des muscles dont nous venons de parler, et sont d'autant plus faciles, que les trois premiers os du carpe forment, par leur réunion, une espèce de tête polie incrustée de cartilages, qui peut facilement rouler sur la face arti-

culaire presque plane du rayon, et sur celle du cartilage inter-
articulaire qui complète cette articulation.

Il est inutile de faire remarquer que lorsque le bord arrondi
supérieur, ou la tête du carpe, se porte en dedans, l'extrémité
digitale de la main se porte en dehors, ou que la main est étendue, *aut vice versâ*; et que lorsque la tête se porte du côté
du rayon, la main se renverse par son extrémité digitale vers
l'os du coude (1).

Quelques-uns de ces mouvemens sont secondés par le *palmaire
long et grêle*, qui soulève, en se contractant, le ligament annulaire interne, ainsi que l'aponévrose palmaire; ce qui facilite
le mouvement des tendons et la contraction des muscles qui sont
placés par-dessous.

J'ai trouvé dans un cadavre l'os pisiforme détaché du carpe,
et remonté près d'un demi-pouce au-dessus, déplacement que j'ai
attribué à une violente convulsion du cubital interne.

Dans l'amputation de l'avant-bras, les muscles, qui ne sont
attachés aux os que par leurs extrémités, se retirent considérablement vers leurs insertions supérieures dès qu'ils sont coupés; d'où résulte un moignon très-irrégulier (2), si l'on ne prenoit
quelques précautions pour l'éviter.

Il ne faut pas ignorer que l'hémorragie provenant des artères
des muscles coupés entièrement s'arrête souvent beaucoup plus
facilement que celle des artères des muscles adhérens aux os,
qui ne se retirent pas aussi complétement.

Les chirurgiens qui savent que les muscles de l'avant-bras sont
contenus dans des gaînes aponévrotiques longitudinales, observent,
quand il faut donner issue à quelque dépôt, de faire les incisions
longitudinales et non transversales, et de les faire suffisamment
grandes pour éviter l'étranglement inflammatoire, qui est très-
souvent la suite des petites ouvertures.

---

(1) Voyez *Winslow*, pour des détails ultérieurs sur les muscles du
poignet : *Traité des muscles*, n° 900.

(2) *Voyez* notre *Mémoire sur les amputations : Acad. des sciences*, 1773 ;
ou nos *Mémoires*, tom. 1, pag. 141, 1773.

XXII. *Des muscles qui meuvent les doigts.*

Ces muscles sont nombreux ; on peut les distinguer en quatre classes, savoir, les *muscles extenseurs*, les *muscles fléchisseurs*, les *adducteurs* et les *abducteurs*. Les uns sont généraux, ou pour les quatre derniers doigts, et les autres sont propres au pouce, au doigt indicateur et au doigt auriculaire.

Il n'y a qu'un seul *extenseur commun*; mais il y a trois fléchisseurs communs, le *sublime*, le *profond*, et les *lombricaux*.

Les *abducteurs*, ou ceux qui inclinent les doigts vers l'os du coude, sont, le premier interosseux palmaire, le troisième interosseux, et le quatrième dorsal.

Les *adducteurs*, ou ceux qui inclinent les doigts vers le radius, sont, le premier et le second interosseux dorsal, le second et le troisième palmaires.

L'extenseur commun est maintenu dans sa place par l'apo-névrose brachiale, qui fournit des gaînes à ses quatre parties, que les ligamens annulaires externes fixent en général, et cha-cune d'elles en particulier, d'une manière bien plus solide en-core : mais les tendons de ce muscle ne sont pas reçus chacun dans une gaîne particulière sur le dos de la main, comme les tendons des fléchisseurs ; et, pour y suppléer, la nature a établi entre les tendons des bandelettes de communication obliques ou transversales. L'extension des doigts est bornée par les tendons qui s'attachent dans toute l'étendue de leur face palmaire, et par les ligamens croisés internes des articulations.

Quant aux muscles *fléchisseurs*, le sublime et le profond sont aussi maintenus dans leur situation par des replis de la grande aponévrose, et chacun des tendons des deux muscles a une en-veloppe cellulaire qui l'accompagne sous le ligament annulaire interne, et les fixe d'une manière solide, sans nuire à leur mou-vement.

Les tendons du *sublime* fléchissent fortement les secondes pha-langes sur les premières, qu'ils entraînent aussi dans la paume de la main ; et ceux du *profond* agissent immédiatement sur les troi-sièmes phalanges, à la face interne desquelles ils adhèrent, et avec une force extrême, puisque, par la contraction de ces deux mus-cles, nous pouvons nous suspendre à un arbre ou à une corde, le corps même chargé d'un puissant fardeau.

Les *lombricaux* peuvent aider à la flexion quand elle est com-mencée, mais ils peuvent aussi concourir à maintenir les doigts dans l'extension opérée par le long extenseur.

Le pouce a deux extenseurs propres, l'un long et l'autre court. Il est fléchi par deux muscles appelés le long et le court fléchisseurs ; il a un long et un court adducteurs, l'opposant, et un muscle abducteur.

Le petit doigt a un *abducteur*, un *court fléchisseur*, et un *adducteur* ou le *métacarpien*.

C'est par le concours de ces muscles que nos mains jouissent des mouvemens les plus variés, ainsi que la plupart des parties qui la composent ; que nous la fléchissons et l'étendons, la portons en dedans et en dehors, et que nous la contournons ; que nous la rendons concave, ou que nous l'aplatissons ; que nous fléchissons les doigts, ou que nous les étendons ; que nous les portons en dedans ou en dehors, et que nous les contournons aussi ensemble ou séparément. Avec quelle rapidité n'exécutons-nous pas tous ces mouvemens ! Aussi chacun est-il l'effet de la contraction de quelque muscle en particulier, ou de quelqu'un des trousseaux musculeux qui aboutissent à un tendon séparé ; car le sublime, le profond et le long extenseur, quoique ne paroissant au premier aspect formés que d'un seul muscle, sont un composé de plusieurs, ayant chacun un corps musculeux et son tendon. Avec quelle rapidité ne mouvons-nous pas quelquefois nos doigts ! Un joueur de harpe, de violon, de clavecin, porte les doigts sur les cordes ou sur les touches de l'instrument avec une telle vitesse, qu'elle égale presque celle de la pensée. Chaque doigt a un mouvement indépendant de l'autre. Cependant, dans nos mouvemens ordinaires, lorsque nous voulons saisir un corps entre nos doigts, les quatre derniers doigts se réunissent de concert pour s'opposer au pouce qui leur résiste seul ; notre main ressemble à une espèce de pince ou tenailles, dont un côté est composé des quatre derniers doigts qui se réunissent pour le même objet contre un seul, le pouce.

Il faut le concours des cinq doigts pour que l'appréhension soit parfaite ; et comme le pouce fait seul l'office des quatre derniers doigts, l'appréhension est plus difficile dans ceux qui l'ont perdu que dans ceux qui auroient perdu trois des autres doigts.

La main et les doigts sont naturellement dans un commencement de flexion permanente, le pouce étant rapproché de la paume de la main, et les autres doigts étant placés sur lui. Cette flexion est plus forte dans la plupart des convulsions ; mais dans plusieurs maladies, sur-tout dans quelques fièvres malignes, et dans les maladies dans lesquelles le cerveau est grièvement affecté, la mort est précédée par le mouvement convulsif des muscles des doigts ; ils sont tantôt fléchis et tantôt étendus et rapprochés comme si le malade vouloit saisir ou pincer quelque petit corps, des pailles, de brins de fil, etc. Les médecins ont donné à cet état le nom de *carpologie* :

on l'a aussi désigné sous celui de *subsultus tendinum*, parce qu'en effet les tendons de la main, sur-tout ceux de sa face dorsale, sont dans un mouvement continuel, occasionné sans doute par la convulsion des trousseaux du muscle extenseur dont ils sont le prolongement.

La plupart des cadavres ont les doigts de la main fléchis, le pouce étant par dessous les quatre autres doigts ; ils opposent même quelque résistance à l'extension jusqu'à ce que la putréfaction soit survenue, excepté dans ceux qui ont péri par l'asphixie, l'apoplexie, la petite vérole, les infiltrations, qui ont, comme on l'a déjà dit, la plus grande flexibilité dans leurs membres.

XXIII. *Des muscles qui meuvent la cuisse.*

Les mouvemens de la cuisse dépendent de seize muscles ; savoir, le muscle du *fascia lata*, le *grand psoas*, l'*iliaque*, le *pectiné*, les *trois adducteurs*, le *grand fessier*, le *moyen fessier*, le *petit fessier*, l'*obturateur interne*, l'*obturateur externe*, les *jumeaux* ou le *canelé*, le *pyramidal*, le *carré*.

Le muscle du *fascia lata* est principalement destiné à soulever extérieurement l'aponévrose du même nom, à la formation de laquelle il concourt. C'est ainsi qu'il facilite les mouvemens des muscles qu'elle recouvre ; il sert aussi à contourner la cuisse de dehors en dedans.

Le *grand psoas* peut fléchir la cuisse et la contourner un peu en dehors, si le tronc est fortement fixé par ses muscles extenseurs ; mais si ces muscles sont dans le relâchement, alors le grand psoas fléchit le tronc, d'autant plus que la cuisse est plus fortement maintenue en extension par les muscles destinés à cet usage. Le muscle psoas soulève la capsule articulaire de la cavité cotyloïde en même temps qu'il élève le fémur.

L'*iliaque* est congénère du grand psoas ; il concourt avec lui à la flexion de la cuisse ; il soulève la capsule articulaire, et il maintient le bassin pour soutenir la colonne vertébrale.

Le *pectiné* remplit des usages à peu près conformes aux deux muscles précédens, relativement à la flexion de la cuisse : il retient le bassin en avant, lorsque le poids du tronc tend à le fléchir en arrière, pour l'empêcher d'être renversé quand nous sommes debout. Ce muscle s'attache aussi à la capsule articulaire, et la soulève pendant la flexion de la cuisse.

Les *trois adducteurs* portent, comme leur nom l'indique, la cuisse en dedans, en la rapprochant de l'autre. Le supérieur peut aussi concourir à sa flexion, et le postérieur à son extension.

Le muscle *grand fessier* étend la cuisse en arrière ; le *moyen fessier* la porte en dehors, ou en fait l'abduction, et la contourne de dehors en dedans, ainsi que le *petit fessier*, qui soulève en même temps la partie postérieure de la capsule articulaire, et paroît plus propre à continuer l'extension opérée par les deux autres fessiers, qu'à la commencer.

Le moyen fessier peut servir à la flexion de la cuisse ; mais les trois peuvent se combiner pour incliner latéralement le bassin sur le fémur, le grand fessier en agissant sur la partie moyenne et postérieure de sa face latérale, et le moyen fessier sur la partie antérieure de cette face latérale.

L'*obturateur externe* contourne le fémur de dedans en dehors ; il peut de même concourir à le rapprocher.

Le *pyramidal* opère l'abduction de la cuisse en la contournant en dehors ; le *carré* a le même usage, ainsi que l'*obturateur interne* et le *capsulaire* de son tendon. Cette gaîne musculaire le maintient aussi dans sa place, sans qu'il se fasse en elle aucun repli, se raccourcissant en même temps qu'elle se contracte.

On n'est point étonné, quand on connoît les attaches du grand psoas aux vertèbres et au fémur, que lorsque la portion lombaire de l'épine est déviée d'un côté ou d'autre, le malade ait la cuisse fléchie du côté opposé à celui de la déviation, qu'elle paroisse plus courte, et qu'il y ait claudication : or, comme cet accident le frappe davantage que la déviation de l'épine qui est quelquefois légère, les gens de l'art qu'il consulte partagent quelquefois son erreur.

Marc Aurèle Severin cite à ce sujet une observation remarquable, dont on peut faire un usage utile dans la pratique. L'épine étant soutenue par un corps ou par une bonne ceinture, on a quelquefois diminué les effets de la claudication. De vives douleurs dans la partie interne de la cuisse sont survenues, après une chute avec contusion, sur la portion lombaire de la colonne vertébrale, et les malades n'ont éprouvé du soulagement qu'en maintenant la cuisse dans l'état de flexion. Ne sait-on pas aussi que ceux qui souffrent de vives douleurs des reins, fléchissent les cuisses sur le tronc par la contraction des muscles grands psoas, et diminuent ainsi leur douleur ? Les engorgemens des ovaires chez les femmes, ou d'autres tumeurs dans l'un et l'autre sexe, qui ont leur siége dans les régions lombaires ou iliaques, donnent également lieu à la contraction des grands psoas, et forcent les malades à maintenir la cuisse dans l'état de flexion.

Les trois muscles grand psoas, l'iliaque et le pectiné, sont recouverts de tissu cellulaire, plus ou moins rempli de graisse dans l'état naturel, dans lequel peuvent se former des concrétions stéatomateuses, des collections de pus, de lait, d'eau ; et combien d'exemples de cette nature les auteurs n'ont-ils pas recueilli ! Nous en avons nous-mêmes observé de pareils. Souvent ces congestions se propagent très-haut le long du grand psoas ; et leur évacuation ayant eu lieu par une incision à l'aine, il s'en est écoulé une très-grande quantité de fluide, soit aqueux, soit de lymphe, soit de pus ; et à l'ouverture des corps (car les malades en périssent ordinairement), on s'est convaincu que les matières qui formoient la tumeur de l'aine tiroient leur origine, tantôt des reins, et tantôt du pancréas, ou d'autres viscères abdominaux qui étoient quelquefois en suppuration.

On s'est aussi souvent assuré que des collections dans les régions inguinales avoient été formées par des matières laiteuses, et j'ai perdu plusieurs femmes qui avoient eu de pareils dépôts après des couches.

Les muscles rotateurs internes de la cuisse, le tendon de l'obturateur interne principalement, malgré les admirables précautions de la nature pour les maintenir dans leur situation, se déplacent cependant quelquefois, et alors le sujet reste avec la cuisse contournée, de manière que la jambe et le pied sont tournés fixement en dehors jusqu'à ce que les muscles se soient remis dans leur place naturelle ; ce qui arrive quelquefois par l'effet de quelque mouvement imprévu. Une femme que j'ai connue, se guérit d'une claudication en montant en voiture. *Gautier*, ancien chirurgien de la gendarmerie, et de la ci-devant Faculté royale, a aussi recueilli un exemple de ce genre, qui a été cité dans les journaux.

J'ai trouvé le tendon du muscle obturateur interne couvert de concrétions synoviales dans un homme qui avoit long-temps éprouvé des douleurs sciatiques et arthritiques.

XXIV. *Des muscles qui meuvent la jambe.*

Dix muscles sont principalement destinés à cet usage, le *couturier*, le *droit antérieur*, le *triceps* ou *vaste interne* et *externe* ; et le *crural*, le *grêle interne*, le *biceps*, le *demi-tendineux*, le *demi-membraneux*, le *poplité*.

Le *couturier* fléchit la jambe et la contourne de dehors en dedans pour la placer au-devant sur l'autre seule ; et même il la fléchit sur la cuisse du côté opposé. Par son attache au bassin, il tend à l'incliner et à le fixer lorsque nous sommes debout.

Le *droit antérieur* de la cuisse sert à l'extension de la jambe en faisant remonter la rotule ; il concourt à incliner le bassin en avant et à l'empêcher de se renverser lorsque nous sommes debout. Par son extrémité supérieure, il retient la tête du fémur dans la cavité cotyloïde.

Les trois branches du *triceps*, l'interne, la moyenne et l'externe, en retirant la rotule vers la partie supérieure, étendent aussi la jambe, moyennant le fort ligament attaché à cet os et au tibia, et avec d'autant plus de force, que les trois parties du triceps sont très-considérables. Ils étendent aussi la jambe par leurs attaches aux condyles interne et externe du tibia. Ces muscles relèvent en même temps la capsule du genou en se contractant ; et ils sont secondés dans cet usage par les sous-cruraux.

Le *grêle interne* est dans la situation la plus favorable pour rapprocher la jambe de l'autre ; il la fléchit lorsque la cuisse est relevée vers le bas-ventre, et fixe le bassin dans l'homme debout pour l'empêcher d'être renversé en arrière par le poids du corps.

Le *biceps* fléchit la jambe par ses deux portions en la contournant un peu en dehors ; il retire le bassin en arrière et en bas par sa longue portion, et l'empêche de se jeter en avant.

Le *demi-membraneux* fléchit la jambe et la contourne de dehors en dedans, en soulevant, par son tendon récurrent, la capsule articulaire. Il retient aussi le bassin en arrière.

Le *demi-tendineux* est congénère du biceps, tant pour fléchir la jambe que pour fixer le bassin en arrière. Les deux derniers muscles et la longue branche du biceps concourent beaucoup au redressement du tronc lorsqu'il a été incliné, en faisant rouler le bassin de devant en arrière, moyennant la cavité cotyloïde, sur la partie supérieure de la tête du fémur, en même temps que les muscles extenseurs du dos se contractent pour le redresser.

Le muscle *poplité* contourne la jambe de dehors en dedans, et la fléchit en même temps qu'il soulève la partie postérieure de la capsule articulaire.

Il résulte de ce qui vient d'être dit des usages des muscles de la jambe, qu'elle est étendue par le droit antérieur et par les trois branches du triceps ; qu'elle est fléchie par les demi-membraneux, par le demi-tendineux, par le biceps et par le poplité ; qu'elle est portée en dedans ou qu'elle est mise en état d'adduction par le grêle interne et par les trois adducteurs. Quant aux muscles qui la portent en dehors ou la mettent en abduction, il n'y a parmi ceux qu'on vient de nommer que le biceps qui y concourt ; mais les fessiers portent nécessairement la jambe en dehors en y portant le fémur.

La jambe est contournée en dedans avec la cuisse lorsque les muscles propres à celle-ci agissent ; mais encore elle y est portée par les muscles demi-tendineux, demi-membraneux, et par le poplité : elle est tournée en dehors avec la cuisse, ou séparément, mais très-foiblement, par le couturier et par le biceps.

Les muscles qui entourent le fémur, et qui ne sont attachés aux os que par leurs extrémités, se retirent considérablement vers leurs insertions lorsqu'ils sont coupés transversalement ; au lieu que ceux qui sont immédiatement adhérens au fémur, comme les trois adducteurs et les branches du triceps crural, ainsi que la courte branche du biceps, qui y sont attachés par une grande portion de leur étendue, se retirent très-peu quand ils sont coupés : d'où il résulte, d'après l'amputation de la cuisse, que le moignon est très-pointu, et que souvent l'os fait une telle saillie, qu'on est obligé de faire une seconde amputation plus haut que la première.

J'ai prouvé, dans un mémoire que j'ai lu à l'académie des sciences, en 1773 (1), que la meilleure manière de prévenir un tel accident, étoit de ne couper les muscles qu'après avoir mis les membres dans l'état où ils sont lorsqu'ils sont le plus violemment contractés, de couper les muscles fléchisseurs de la jambe après l'avoir mise dans l'état de flexion, et les extenseurs lorsqu'elle est dans une parfaite extension. Par cette méthode, on ne coupe les muscles que lorsqu'ils sont le plus remontés, et par conséquent on en soustrait une moindre partie.

La situation des muscles, relativement à l'os qu'ils entourent, est nécessairement changée lorsque celui-ci est luxé ou fracturé avec déplacement, car alors l'os se rapproche ou s'éloigne de certains muscles ; d'où il résulte que les uns sont alors plus tendus que les autres. Si la tête du fémur étoit luxée en dedans dans le trou ovalaire, alors les fessiers seroient plus tendus, et entraîneroient la cuisse en dehors ; et l'iliaque, le psoas et le pectiné la fléchiroient un peu.

Mais si la luxation étoit en dehors de la cavité cotyloïde, les trois adducteurs étant très-tendus, retireroient l'extrémité inférieure de la cuisse et la jambe en dedans : nous nous abstiendrons d'entrer dans d'autres détails à cet égard. Lorsqu'il y a un décolement du fémur ou une fracture, le bout fracturé remontant plus haut, le genou et les chevilles du pied sont plus relevées.

La rétraction des tendons fléchisseurs de la jambe doit nécessairement occasionner sa flexion : or cette rétraction qui produit

_____

(1) *Recueil de nos Mémoires*, tom. I, pag. 141.

quelquefois une espèce d'ankilose a lieu après de violentes convulsions, après des brûlures, des plaies; elle peut aussi dépendre d'un vice vénérien, scrophuleux, scorbutique, ou d'un vice rachitique qui auroit fait augmenter le volume des os du genou en proportion inégale de ses muscles, et les auroit laissés trop courts, ou qui en auroit produit la rétraction immédiatement.

Mais de quelque cause que provienne la flexion de la jambe, elle est quelquefois si forte, que les talons touchent les fesses des deux côtés, ou d'un côté seulement. Plusieurs de ces malades sont obligés de se traîner sur leurs genoux. Si les bains de vapeurs, les autres émolliens ont guéri ces sortes d'ankiloses, c'est bien rare. On n'a pas toujours non plus retiré des effets complétement heureux des extensions mécaniques, ni même des remèdes internes mercuriaux et anti-scorbutiques, qui sont cependant les mieux appropriés, dont *Dehaen* a obtenu quelquefois un grand avantage, et dont nous avons vu aussi d'heureux effets sur des malades dont les muscles commençoient à s'atrophier.

Sans aucune des maladies dont nous venons de parler, les genoux des vieillards se plient, et en même temps leur épine se fléchit; ce qui fait que la hauteur de leur corps diminue.

Le raccourcissement très-fréquent des muscles fléchisseurs est le résultat de diverses causes; mais leur allongement excessif, relativement à la longueur du fémur qui a été observée, est très-rare; alors les genoux sont déjetés en arrière. *Saltzman* dit que cette difformité reconnoît souvent pour cause, en Allemagne, l'extension violente des muscles fléchisseurs, occasionnée par un jeu bien mal entendu que l'on fait avec les petits enfans : de grandes personnes, après les avoir assis sur leur avant-bras, et fixé fortement leurs jambes contre la partie antérieure de leur poîtrine, les laissent pancher sur leur dos, la tête en bas. Or, par une pareille manœuvre souvent réitérée et prolongée, il arrive que les muscles de la jambe sont étendus outre mesure, et que l'articulation des genoux reste vacillante; et de plus encore, ce qui peut être très-funeste, c'est que le cerveau s'engorge, et que ses fonctions en sont plus ou moins troublées (1). Un jeu d'un autre genre, qui a lieu en France, n'est pas moins funeste : on soulève les enfans par la nuque et par le menton, pour leur faire, comme on dit, voir leur grand-père. Un pareil amusement a coûté la vie à un enfant dont *J. Louis Petit* nous a donné l'histoire dans son traité des maladies des os.

_____

(1) Voyez l'*Orthopédie d'Andry*, où il cite différens autres jeux de cette espèce.

XXIV. *Des muscles qui meuvent le pied sur la jambe.*

On comprend parmi ces muscles le *jambier antérieur* et le *péronier antérieur*, les *jumeaux*, le *soléaire*, le *plantaire*, le *jambier postérieur*, le *long* et le *court péroniers latéraux*.

Le *jambier antérieur* fléchit le pied et tourne sa plante en dedans.

Le *péronier antérieur* est son auxiliaire pour fléchir ; mais, s'il agit, il tourne la plante en-dehors en relevant son bord externe.

Ces deux muscles concourent à fixer aussi la jambe lorsque nous sommes debout ; ils la rapprochent du pied lorsque nous nous fléchissons comme pour nous mettre à genoux ou pour relever un corps de terre, et ils sont dans ces deux cas secondés par le long extenseur propre du gros orteil, et par le long extenseur des quatre premiers orteils.

Les *jumeaux* et le *soléaire* sont les plus forts extenseurs du pied. Les jumeaux concourent aussi à fléchir la jambe sur le pied, et peut-être encore le plantaire grêle y concourt, mais très-foiblement. Ces muscles sont d'autant plus propres à étendre le pied, que l'attache de leur tendon à la face postérieure et inférieure du calcanéum est éloignée du centre du mouvement du pied ou de la poulie de l'astragal, qui se meut sous l'extrémité inférieure du tibia (1).

Le muscle *plantaire grêle* éloigne, par son extrémité supérieure charnue, la partie postérieure de la capsule articulaire du genou, et par sa portion tendineuse soulève la gaîne du

_____

(1) On trouve souvent, sur-tout dans les vieilles personnes, des concrétions plus ou moins dures, qui ont même la consistance des os, et qu'on appelle *sésamoïdes*, dont *Vesale*, et *Fallope*, son disciple, et presque tous les anatomistes ont fait mention ; ils les ont regardées comme des espèces de poulies de renvoi qui facilitoient les mouvemens des jumeaux. On a remarqué que cette sorte d'os surnuméraires se déplaçoient quelquefois, et que de ce déplacement il en résultoit de la douleur et de la gêne dans les mouvemens.

Le cardinal de *Luynes*, en descendant de voiture, sentit une vive douleur dans l'articulation du genou postérieurement ; il ne put étendre la jambe, ni même la fléchir ; il garda sa chambre trois ou quatre jours sans pouvoir marcher. Appelé en consultation avec *Dufouard*, nous trouvâmes une petite dureté sur le condyle interne du fémur, qui disparut quelques jours après : le malade ayant fait un mouvement forcé, il fut guéri, sans doute par le replacement de l'os sésamoïde.

tendon et la capsule qui entoure son attache au calcanéum ; en sorte qu'il est plutôt un muscle capsulaire qu'un fléchisseur du pied.

Le *jambier postérieur* sert à étendre le pied et à le tourner un peu en dedans.

Le *long péronier* latéral est aussi un extenseur du pied, et le tourne un peu en dehors en relevant son bord externe.

Le *court péronier* latéral est auxiliaire du long péronier latéral.

L'action de tous ces muscles pour étendre le pied, est augmentée de celle du long fléchisseur des quatre derniers orteils et du long fléchisseur du gros orteil ; mais si tous ces muscles agissent sur le pied et l'étendent, ils peuvent aussi, par leurs attaches au tibia et au péroné, les maintenir et les fixer fortement en arrière pour les empêcher de s'incliner en avant ou de se fléchir lorsqu'on marche, qu'on saute ou qu'on est en station.

Indépendamment de la membrane du fascia lata qui revêt ces muscles, ils ont séparément leur gaîne cellulaire qui les fixe avec plus ou moins de solidité ; mais ces gaînes cédant à leurs violens efforts, ces muscles peuvent se déplacer et quelquefois seulement par quelques-uns de leurs trousseaux.

Il n'est pas rare que les muscles, soit antérieurs, soit postérieurs de la jambe, se déplacent chez les danseurs et quelquefois avec rupture des vaisseaux, d'où il résulte des enchymoses plus ou moins grandes.

Ces accidens sont moins étonnans que la rupture d'un ou des deux tendons d'Achille (1), peu connue des anciens chirurgiens, et dont tant de modernes ont parlé d'après leurs propres observations ; et en effet, cette rupture n'est pas rare : il faut sans doute pour qu'elle ait lieu, que les muscles extenseurs se contractent avec une force incroyable pour relever le pied en même temps qu'une autre force considérable tend à le fléchir, comme une chute sur la partie antérieure de la plante du pied, ou un saut.

Quelquefois il n'y a que la capsule du tendon d'Achille, qui souffre une violente extension, et le tendon du plantaire s'est rompu seul.

Sauvages, qui avoit voulu connoître la force du tendon d'Achille, y a attaché des poids énormes sans pouvoir le rompre ; tantôt les muscles ou se déchiroient ou se détachoient de la corde

(1) Voyez le *Mémoire de J. L. Petit, Acad. des sciences*, 1722 ; et les savantes remarques de *Louis*, célèbre chirurgien, dont la perte ne sera pas de long-temps réparée, qui servent d'introduction à l'édition qu'il a publiée *des maladies des os* de ce grand chirurgien.

avec laquelle il les avoit fixés, et tantôt la corde se cassoit elle-même. J'ai été témoin des expériences de ce grand médecin.

XXV. *Des muscles des orteils.*

Ils sont communs aux orteils, ou propres au gros orteil, ou au petit orteil : on peut les diviser en quatre classes ; en ceux qui étendent les orteils, qui les fléchissent, qui les portent en dedans ou en dehors.

Le long et le court extenseurs des orteils les relèvent ou les étendent. Le fléchisseur long, le fléchisseur court des quatre derniers orteils et les lombricaux abaissent ou fléchissent les orteils ; le premier interosseux dorsal et les trois interosseux plantaires sont adducteurs des quatre derniers orteils, ou les rapprochent du gros.

Les trois derniers interosseux dorsaux sont abducteurs, ou les éloignent du gros orteil.

Le gros orteil est étendu par son extenseur propre ; il est fléchi par son long (1) et par son court fléchisseurs.

Il est rapproché des autres doigts ou porté en dehors par son abducteur et par le transversal, et porté en dedans vers l'autre pied par son adducteur.

Le petit orteil est éloigné des autres doigts ou mis en abduction par un muscle qui lui est propre ; il est fléchi par un muscle qui lui est particulier, le court fléchisseur.

C'est de l'inégalité de longueur ou de force des muscles moteurs du tarse, que dépend souvent la situation vicieuse des pieds.

Les muscles adducteurs sont - ils raccourcis, les pieds sont tournés en dedans, et tellement renversés, que leur plante est quelquefois plutôt supérieure qu'inférieure.

Sont-ce les muscles externes et abducteurs qui sont raccourcis ; alors le bord interne du pied est en bas, l'externe en haut, et

---

(1) Il faut que ce muscle ait une force extrême, puisque c'est par l'effet principal de sa contraction que nous pouvons nous soutenir sur la pointe du gros orteil, même étant chargé d'un fardeau considérable. Les danseurs, soutenus sur le bout d'un des orteils, font tourner plusieurs fois leur corps en conservant leur équilibre, moyennant l'autre extrémité qu'ils tiennent plus ou moins élevée et éloignée du centre de gravité.

la plante du pied est tournée en dehors : mais si le défaut de
longueur se trouve dans les muscles fléchisseurs , alors le dos
du pied est relevé , et quelquefois à un tel point , qu'il est
contigu à la jambe même , et de telle manière , que la peau des
deux parties est unie et épaissie en forme de ligament ; on voit
aussi des enfans qui ont les pieds dans l'extension la plus forte ,
occasionnée par une extrême rétraction des muscles extenseurs.

Des enfans viennent au monde avec un pareil défaut de configu-
ration , et d'autres fois elle est accidentelle ; des brûlures racornissent la peau et les muscles ; des convulsions renversent les
pieds , mais alors ce renversement n'est pas permanent ; il peut
provenir de la paralysie des muscles qui sont placés du côté
opposé à celui vers lequel le pied est renversé , laquelle paralysie est souvent précédée et suivie d'apoplexie.

Or , le renversement du pied par le vice de ses muscles , ne
doit pas être confondu avec ceux qui sont l'effet du rachitisme
qui affecte particulièrement les os ; aussi les guérit-on presque
toujours par une bonne situation des pieds , par des mouvemens
doux et variés, bien plutôt que par l'usage des machines et des
bandages qui ont rarement un heureux effet (1) , et dont on ne
doit user qu'avec beaucoup d'intelligence et de circonspection.

_____

(1) On peut lire nos *Observ. sur le rachitisme*, et on y trouvera des
exemples de renversement des pieds , et du traitement heureux que nous
avons conseillé, pag. 129, 338.

Fin du second volume.

TABLE

DES

ARTICLES D'ANATOMIE

CONTENUS

DANS CE VOLUME.

QUATRIÈME CLASSE.

Des muscles de l'extrémité inférieure.

— PREMIÈRE SECTION.

Des muscles de la cuisse.

SECONDE PARTIE.

Fin de la Table.

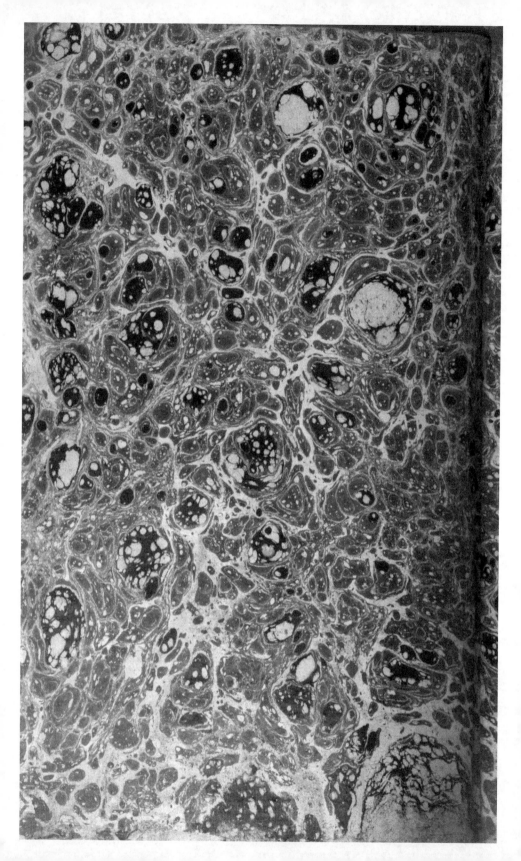

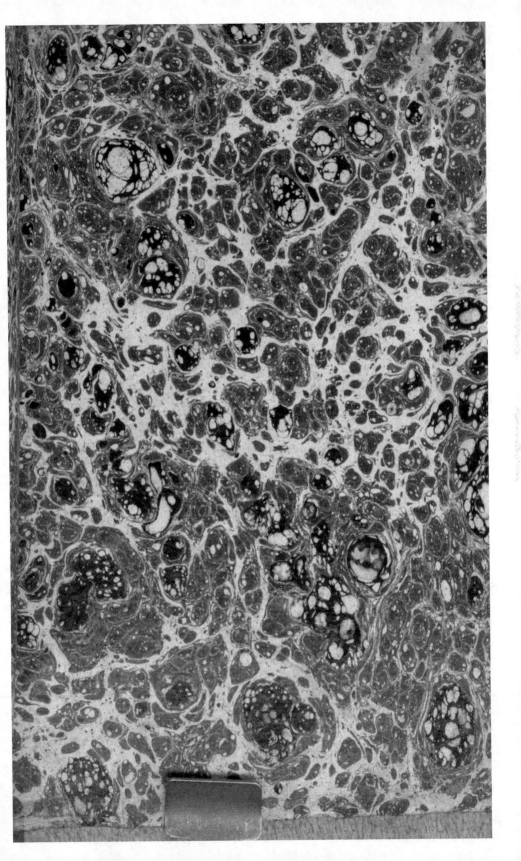

Check Out More Titles From HardPress Classics Series In this collection we are offering thousands of classic and hard to find books. This series spans a vast array of subjects – so you are bound to find something of interest to enjoy reading and learning about.

Subjects:
Architecture
Art
Biography & Autobiography
Body, Mind &Spirit
Children & Young Adult
Dramas
Education
Fiction
History
Language Arts & Disciplines
Law
Literary Collections
Music
Poetry
Psychology
Science
...and many more.

Visit us at www.hardpress.net

CPSIA information can be obtained
at www.ICGtesting.com
Printed in the USA
BVHW041338230819
556642BV00019B/1701/P